신앙교육
어떻게 할 것인가

신앙교육, 어떻게 할 것인가?

현유광 지음

생명의 양식
THE BREAD OF LIFE

목차

책 머리에 6
들어가는 말 8

제1부 성경의 주제 15

I. 성경이 보여주는 관계 19

II. 관계의 회복-예수 그리스도 그리고 믿음 36

제2부 신앙이란 무엇인가? 49

I. '신앙'(믿음)이란 무엇인가? 51

II. 기독교 신앙의 핵심 내용 57

III. 신앙의 구조 90

IV. 신앙의 3요소 95

V. 전도, 믿음 그리고 성령님이 하시는 일 109

VI. 믿음과 행함 그리고 예수님을 닮은 인격형성의 관계 115

VII. 신앙의 종류 133

VIII. 변함이 없는 '구원의 확신'은 가능한가? 165

제3부 신앙교육이란 무엇인가? 179

I. 일반교육의 정의 180

II. 신앙교육의 요소 183

III. 일반 교육학과 신앙교육 192

IV. 발달심리학을 통한 신앙교육 250

V. 신앙교육의 목표 6가지 290

제4부 신앙교육, 어떻게?(실천편) 303

I. 부모 305

II. 교회 지도자 358

III. 교회 공동체 '서로' 368

나가는 말 372
미주 375
정리 390

책 머리에

필자는 "신앙교육, 어떻게 할 것인가?"라는 주제로 책을 쓸 생각을 10여 년 전에 했다. 고현교회 담임이신 박정곤 목사께서 이런 나의 생각에 관심을 가져 주셨다. 그리고 고현교회를 통해 후원해 주셨다. 그런데 나의 게으름과 무능력으로 일의 진행이 더뎠고, 한때는 집필을 포기한 적도 있었다. 박정곤 목사께서는 주님의 마음으로 필자를 격려해 주셨고, 나의 부족함과 어려움을 돌파하도록 도와주셨다. 박정곤 목사와 고현교회에 깊은 감사의 말씀을 드린다.

나 자신과 나의 아내, 우리의 2녀1남의 자녀들 그리고 나에게 주신 여섯 손주들을 생각해 본다. 내가 그들에게 지금까지 행한 신앙교육이 너무나도 부족했음을 부인할 수 없다. 그럼에도 불구하고 '지금 여기서' 생각해 보면, 하나님의 은혜와 긍휼하심이 풍성함을 나는 감사하며 자랑한다. 나의 모든 것이 하나님의 은혜임을 고백한다. 하나님의 은혜와 복을 계속 믿고 누리며, 하나님의 뜻을 이루는 나의 남은 날들이 되기를 소망한다.

나의 자녀들 그리고 손주들이 살아가는 세상은, 때로는 은밀하게 그리고 때로는 강하게, 그들이 하나님을 떠나 살도록 부단히 압력을 가한다. 모든 한국교회의 교인들과 그들의 자녀들 또한 그리스도인으로서 정체성을 유지하고 사명을 수행하며 살아가는 것이 쉽지 않은 현실이다. 이런 상황에서 『신앙교육, 어떻게 할 것인가?』라는 책이 완성되어 출간하게 되었다.

하나님이 필자에게 주신 자녀들부부가 주님의 은혜와 진리를 누리면서, 그들 각각의 자녀들을 믿음의 사람으로 양육하는 데 이 책이 도움이 되기를 기대한다. 한국의 기독교인 부모들과 교회 지도자들이 이 책을 통해 성경에 기초한 믿음을 확립하며, 진정으로 하나님의 사랑을 누리며 살기를 기도한다. 나아가 그들의 신앙교육을 통해 믿음의 자녀들 그리고 건강한 교회가 세워지길 기대한다. 하나님을 사랑하고 이웃을 사랑하는 믿음의 용사들이 나타나길 기원한다. 그리하여 대한민국과 세상에서 교회가 부흥하며, 하나님의 나라가 흥왕하길 소원한다.

이 책의 출판을 위하여 수고해 주신 (고신)총회 교육원(원장 이기룡 박사)과 특히 김은덕 출판실장 그리고 편집팀께 깊은 감사를 드린다.

"새 계명을 너희에게 주노니 서로 사랑하라
내가 너희를 사랑한 것 같이 너희도 서로 사랑하라"(요13:34)

주후 2025년 목련꽃이 만개한 계절에
천안 채움채寓居에서 저자

들어가는 말

　미국에는 아미쉬(Amish)[1]라는 공동체가 있다. 이들은 기계를 멀리하며 간단한 도구를 주로 사용한다. 그들은 도구를 사용해서 집안일이나 농사 일을 한다. 기계를 사용하면 크고 많은 일들을 혼자서 처리할 수 있어 유익함에도 불구하고, 그들은 기계를 그들의 삶에 들이기를 거부한다. 그래서 자동차나 컴퓨터, 트랙터나 크레인, 세탁기 등을 멀리한다. 큰일을 할 때는 여러 사람들이 모여서 함께 힘을 모아 수행한다. 이들은 얼굴과 얼굴을 맞대고 이야기를 나누고, 함께 모여 일하는 것을 인간다운 삶으로 생각한다. 이들은 전화기 사용도 긴급상황에만 허용한다. 이들은 자연친화적 단순한 삶, 수수한 옷, 정치와 종교의 분리[2], 그리고 전쟁과 같은 폭력을 거부하는 평화주의(Pacifism)를 지향한다.

　이런 폐쇄성과 엄격함은 아미쉬 젊은이들로 하여금 종종 외부 세상을 동경하게 만든다. 그들이 아미쉬 공동체 밖의 일들을 직접 또는 간접적으로 듣고 경험하게 될 때, 정체성의 혼돈을 겪게 된다. 이런 과정을 통해 일부는 아미쉬 공동체를 벗어나 바깥세상으로 떠나기도 한다.

어떤 아미쉬 공동체에서는 16세 전후의 청소년들에게 '럼스프링어(Rumspringa)'³라는 시간을 준다. 이것은 청소년들이 다른 지역의 아미쉬 사람들을 만날 기회를 갖게 하며, 배우자도 찾을 수 있게 하기 위함이다. 또한 여행을 하면서 자신들의 삶과 아주 다르게 움직이는 세상을 몸으로 부딪쳐 보는 경험을 젊은이들에게 주려는 목적도 있다. 이런 과정을 거치면서 그들은 아미쉬 공동체와 바깥세상을 비교할 기회를 갖는다. 아미쉬의 지도자들은 젊은이들이 그런 경험을 통해, 마음을 정할 기회를 준다. 즉 세례를 받고 아미쉬 공동체에 머무르거나, 아니면 떠날 수 있는 선택권을 그들에게 부여한다.⁴ 대부분의 젊은이들은 2년 내외의 럼스프링어를 거치면서, 23세가 되기 전에는 자신의 진로를 결정한다.⁵ 이에 관한 소설과 영화도 있다.⁶

한 세기 전(1920년 경)에는 미국 전역에 약 5천 명 정도의 아미쉬들이 있었다고 한다. 그로부터 약 70년 뒤인 1992년 통계에 의하면 약 13만 명 정도로 아미쉬 사람들이 늘어났다.⁷ 가디언(The Guardian)지(誌) 2018년 12월호에 의하면, "최근… 아미쉬 사람들의 숫자는 546개 정착촌에 330,265명으로 늘어났다. 이들은 현재 대륙 전체에서 가장 빠르게 성장하는 종교단체"⁸라고 한다. 연(1920-2018년 사이)평균 성장률은 약 4.37퍼센트이다.

그들의 수적 성장은 주로 출산율에 기인한다. 아미쉬 사람들은 한 부부 당 평균 7명의 자녀를 낳는다. 이와 함께 젊은이들이 아미쉬 공동체에 남는 비율이 80% 정도라고 한다.⁹ 높은 출산율을 고려하지 않더라도 이 정도면 아미쉬의 신앙교육은 성공적이라고 평가할 수 있다. 그렇다면 아미쉬의 폐쇄적인 교육방법을 우리가 전적으로 수용해야 할까?

"신앙교육을 어떻게 할 것인가?"라는 질문에 답하는 것은 쉽지 않다. 세상과 격리되어 엄격한 규율을 가르치고 훈련하는 것이 어린이들에게는 효과가 있다. 대부분의 아동들은 부모가 시키는 대로 잘 따라 하기 때문이다. 그러나 십대가 되면 이야기가 달라진다. 청소년기에는 비교의식이 생긴다. 자신과 친구들을 살펴보고, 자신의 부모와 친구의 부모를 서로 비교해 본다. 자신의 처지에 대해 감사하기도 하고 불만스러워하기도 한다.

강압적인 권위자의 요구에 순응하는 십대들이 있다. 그러나 그렇지 않은 이들이 더 많다. 청소년들은 나이가 들어감에 따라 자기 주장이 점점 더 분명해진다. 자기의 생각을 수용해 주면 다행으로 생각한다. 그러나 자기 생각이 받아들여지지 않을 때는 반항한다. '중2병'이라는 말이 있듯이 청소년들에게 신앙교육을 하는 것은 쉬운 일이 아니다.

그렇다면 규칙도 정하지 않고 자녀들이나 학생들이 원하는 대로 내버려 두는 자유방임적인(laissez-faire) 교육방식을 따를 것인가? 이 역시 거친 파도가 몰아치는 해변에 아이들을 내버려 두는 것과 같이 매우 위험한 일이다. 청소년들의 미묘한 심리는 신앙교육에서 어떤 한 가지 방법이 옳다고 단정하기 어렵게 만든다. 엄격함이나 자유방임이나 어느 한 가지 방법을 택하여 자녀들을 획일적으로 신앙교육하는 것은 결코 효과적인 방법이 될 수 없다.

성경의 인물 사무엘이나 다윗 같은 이들을 보라. 그들은 하나님을 사랑하고 하나님의 뜻을 존중한 사람들이다. 그러나 그들의 자녀들 중에 하나님 앞에서 올곧게 살지 못한 이들이 있었다. 결과만을 두고 보면 그들의 자녀교육은 실패했다.

반면에 히스기야 왕의 아버지 아하스는 하나님을 떠난 사람으로서 악명 높았다. 그럼에도 불구하고 히스기야는 하나님을 의지하며 순종한 선한 왕으로 평가받는다. 요시야 왕은 어떤가? 요시야의 아버지인 아몬 왕은 므낫세를 이어 왕이 되었고 우상숭배에 전심이었다. 그러나 그의 아들 요시야는 유대왕국을 하나님 앞에 바로 서게 하는 개혁을 일으켰다. 아버지의 신앙생활이 엉망이었고, 자녀들을 신앙으로 이끄는 모범이나 수고가 없었음에도, 히스기야나 요시야는 다윗의 길로 행했다. 이것은 신앙교육의 미묘함과 어려움을 단적으로 보여준다.

이런 결과들을 보면서, 자녀들 또는 교회의 어린이나 젊은이들을 위한 신앙교육을 어떻게 해야 할까? 부모나 교회의 노력이 별 효과가 없다고 생각해서,

'될대로 되라'고 하면서 포기할 것인가? 지도자들이 잘못해도 하나님이 알아서 하실 것이기 때문에 걱정할 것이 전혀 없다고 그냥 방치해도 괜찮을까?

신앙교육에 대해 일단 다음과 같이 결론을 내릴 수 있다. 자녀들의 신앙교육을 위해 부모에게 주신 하나님의 뜻과, 모든 세대의 신앙교육을 위해 교회 지도자들에게 주신 하나님의 명령을 그들은 기억하고 순종해야 한다. 신앙교육과 관련된 하나님의 명령 두 가지를 들라고 하면, 신명기 6:4-9과 마태복음 28:18-20이라고 하겠다. 구약 신명기 6:4-9의 '쉐마'(히브리어로 '들으라'는 뜻) 본문은 자녀들의 신앙교육을 위해 부모에게 주신 것이다.

4 [들으라, 이스라엘아] 우리 하나님 여호와는 오직 유일한 여호와이시니
5 너는 마음을 다하고 뜻을 다하고 힘을 다하여 네 하나님 여호와를 사랑하라
6 오늘 내가 네게 명하는 이 말씀을 너는 마음에 새기고
7 네 자녀에게 부지런히 가르치며 집에 앉았을 때에든지 길을 갈 때에든지 누워 있을 때에든지 일어날 때에든지 이 말씀을 강론할 것이며
8 너는 또 그것을 네 손목에 매어 기호를 삼으며 네 미간에 붙여 표로 삼고
9 또 네 집 문설주와 바깥 문에 기록할지니라

모든 그리스도인들의 신앙교육을 위해 교회 지도자들에게 주신 하나님의 명령 중 대표적인 것은, 신약 마태복음 28:18-20에 기록된 주님의 지상명령(至上命令)이다.

18 예수께서 나아와 말씀하여 이르시되 하늘과 땅의 모든 권세를 내게 주셨으니
19 그러므로 너희는 가서 모든 민족을 제자로 삼아 아버지와 아들과 성령의 이름으로 세례를 베풀고
20 내가 너희에게 분부한 모든 것을 가르쳐 지키게 하라 볼지어다 내가 세상 끝

날까지 너희와 항상 함께 있으리라 하시니라

당신이 지난날 부모로부터 받은 (신앙)교육을 생각해 보라. 그리고 당신이 부모라면 지금 당신의 자녀를 어떻게 신앙으로 교육하고 있는지 점검해 보라. 당신과 당신이 속한 교회의 신앙교육을 통해 예수 그리스도를 믿고 입교 또는 세례받는 이들이 얼마나 되는가? 하나님을 사랑하고 이웃을 사랑하는 예수님의 성숙한 제자들이 당신의 교회를 통해 얼마나 잘 양육되고 있는지 평가해 보라.

부모와 교회 지도자들은 쉐마와 주님의 지상명령을 따라 살아야 한다. 부모는 자신들이 먼저, 삼위일체 하나님을 믿고 하나님을 사랑해야 한다. 그리고 자녀들에게 부지런히 하나님의 말씀을 가르쳐야 한다. 교회의 지도자들은 세례를 베풀고 주님이 분부하신 모든 것을 지키도록 가르치면서, 교인들을 예수님의 성숙한 제자로 양육해야 한다.

위의 두 가지 명령이 부모와 교회 지도자들에게 따로 주어진 것이라고 할 수 있다. 하지만 부모가 교회 지도자가 될 수도 있으며 교회 지도자가 부모의 역할을 할 수도 있다. 따라서 두 명령 모두 부모나 교회 지도자들이 함께 수행해야 한다.

하나님의 사람들은 신앙교육에 대한 주님의 명령을 성실히 순종하여 지키며 다음 세대를 가르쳐야 한다. 하지만 그런 노력에도 불구하고 원치 않는 결과가 나타날 때는, 자신들의 부족함을 헤아리며 회개해야 한다. 하나님의 자비를 구해야 한다. 이와 대조적으로 우리의 부족한 순종에도 불구하고 하나님은 우리를 사용하셔서 자주 믿음의 자녀들과 사람들을 세우신다. 이때 우리는 "모든 것이 하나님의 은혜입니다"라고 고백하며 하나님께 영광을 돌려야 한다.

이 책에서는 먼저 성경의 중심 주제에 대해 살펴본다. 이어서 믿음(신앙)이란 무엇이며, 믿음이 어떤 구조를 가지고 있으며, 어떻게 믿음이 형성되는가를 다룬다. 그다음 우리가 꼭 알고 믿고 고백해야 할 믿음의 핵심 내용과 믿음 그리고 행함과 인격형성의 관계를 설명한다. 이어서 신앙의 종류와 구원의 확신을 소개한다.

후반부에서는 (신앙)교육에 대해 다룬다. 교육이란 무엇이며, 신앙교육의 주체이신 성령 하나님에 대해 서술한다. 이어서 일반교육학을 통해 활용할 수 있는 교육방법과 발달심리학을 통해 얻을 수 있는 신앙교육을 위한 실제적인 지혜를 소개한다. 그리고 신앙교육의 목표를 제시한다.

마지막으로 신앙교육의 주체가 되는 부모(양육자)와 교회지도자 그리고 그리스도인 상호 간의 역할과 교육방법들을 제안한다. 여기서 필자는 매우 구체적인 신앙교육의 방법들을 제시하려고 했다. 독자들이 이 방법들을 숙지하고 즉시 실행에 옮길 것을 기대한다.

> 내가 사람의 방언과 천사의 말을 할지라도
> 사랑이 없으면 소리 나는 구리와 울리는 꽹과리가 되고

고린도전서 13:1

제1부
성경의 주제

제1부
성경의 주제

"성경의 전체 내용을 한 단어로 요약하라"고 묻는다면 당신은 무엇이라고 대답하겠는가? "언약, 하나님, 예수님, 성령님, 사랑, 창조, 구원, 믿음, 하나님의 나라" 등등, 몇몇 단어가 나올 것이다.

그러면 이런 모든 단어들을 망라(網羅)하는 한 단어, 성경 전체를 요약하는 단어를 말해 보라. 이 모든 것들을 아우르는, 성경의 핵심을 가리키는 단어는 무엇일까? 사람에 따라 다양한 대답이 나올 수 있겠지만, 필자는 '관계'라고 생각한다. 성경은 여러 가지 관계들을 보여준다. 우선 성경은 직접 또는 간접적으로 삼위 하나님 사이의 관계를 알려준다. 다음으로 성경은 하나님과 사람 사이의 관계를 보여준다. 그리고 성경은 나의 옛사람과 새사람의 관계에 대해서도 언급한다. 또한 성경은 사람과 사람 사이 곧 이웃과의 관계가 어떠해야 할지를 지속적으로 가르쳐 준다. 이뿐만 아니라 성경은 사람과 세상 만물(자연, 돈, 권력, 명예 등)이 어떤 관계를 이루어야 하는지를 일러주는 하나님의 말씀이다.

성경은 하나님의 성품과 사역, 그리고 세상과 인간이 어떻게 존재하게 되었나를 가르쳐준다. 하나님은 성경을 통하여 먼저 모든 것이 조화롭고 평화로운 에덴의 형편을 간략하게 보여준다. 이어서 범죄로 타락한 인간과 그들을 구원하셔서 관계를 회복케 하시는 하나님을 증거한다. 성경은 구원받은 하나님의 자녀들이 다양한 관계 속에서 무엇을 하며 어떻게 살아야 하는지를 보여준다. 그리고 이 세상의 마지막에 대해서도 말씀한다.

이런 내용들을 정리한 것이 교리이다. 하이델베르크 요리문답, 웨스트민스터 신앙고백서 및 대·소요리문답 같은 교리서들이 있다. 이런 중요한 교리(요리 要理)들의 출발점에 사도신경이나 니케아신경, 아타나시우스신경[10] 등이 있다.

기독교는 이런 성경에 근거한 신경(信經)이나 교리서 같은 '기둥' 안에 존재한다. 성경적 신앙생활을 위해 교리는 반드시 필요하다.[11] 그러나 현실에서, 교리는 믿는다고 하는데 하나님은 보이지 않는 사람들을 가끔 볼 수 있다. 그 대표적인 예가 예수님 시대에 종교 지도자들인 서기관과 바리새인일 것이다.

오늘날도 성경과 교리는 잘 아는데, 예수 그리스도의 향기를 맡을 수 없는 그리스도인이나 교회가 존재한다. 싸움닭처럼 이웃을 비판하고 정죄하는 일에만 골몰하는 사람들이 종종 있다. 그들은 하나님을 머리로는 아는데 하나님과 대화가 별로 없고, 하나님과의 친밀한 교제나 이웃을 사랑하는 마음이 없다. 하나님과 이웃과의 관계에서 사랑이 없는 사람들은, 이데올로기[이념(理念), 주의(主義)]로서 기독교를 표방(標榜)하는 이들일 가능성이 높다.

이데올로기는 자신이 믿는 바를 절대시하면서, 거기에 동의하지 않는 이웃을 혐오하고 증오하게 만든다. 이데올로기는 목적이 수단을 정당화한다고 믿으며, 관계를 파괴하고 사랑을 질식시킨다. 우리의 신앙이 이데올로기로 변질되지 않도록 경계해야 한다. 성경적인 신앙은 도그마(신조)로만 존재하는 것이 아니라, 하나님 사랑, 이웃 사랑을 추구하는 인격적인 관계이기 때문이다.

사도 바울은 '사랑의 장'으로 알려진 고린도전서 13:2에서 이렇게 고백한다. "내가 예언하는 능력이 있어 모든 비밀과 모든 지식을 알고 또 산을 옮길 만한 모든 믿음이 있을지라도 사랑이 없으면 내가 아무 것도 아니요." 성경과 관련한 모든 비밀과 모든 지식을 알고 예언하는 능력을 받고 산을 옮길 만한 믿음이 있다 해도, 사랑이 없으면 아무 것도 아니다. 하나님을 사랑하고 이웃을 사랑하는 관계를 풍성하게 만들지 못하는 지식이나 주장만으로는 참 믿음이라고 할 수 없다. 성경의 중심에는 사랑이 있고, 사랑은 관계를 이루는 데 가장 핵심되는 요소이기 때문이다.

성경이 가르치는 관계에 어떤 것이 있을까? 성경이 보여주는 중요한 관계들을, 다음 장에서 보다 자세히 살펴본다.

I. 성경이 보여주는 관계

제1부
성경의 주제

성경은 삼위 하나님 사이의 관계, 하나님과 사람 사이의 관계, 하나님과 나와의 관계, 사람과 사람 사이의 관계 그리고 사람과 세상 만물과의 관계에 대해 가르쳐준다.

가. 삼위(三位) 하나님 사이의 관계

삼위 하나님 사이의 관계는 어떻게 묘사할 수 있을까? 성경에 계시된 하나이신 삼위 하나님 사이의 관계를 설명할 때, '페리코레시스'(περιχώρησις)[12]라는 표현을 사용하기도 한다. 이 헬라(그리스)어는 삼위 하나님 사이에 있는 하나 됨(unity)과 구별됨(distinction)을 묘사한다. 이동영은 동방의 교부들의 깨달음에 근거하여, 상호사귐, 상호침투, 그리고 상호내주(內住)의 세 가지로 페리코레시스의 특성을 설명한다.[13] 즉 '페리코레시스'는 상대방을 수용하고 포용하면서, 함께 공동의 뜻을 이루지만, 각자의 정체성을 유지하는 형편을 나타낸다.

삼위 하나님은 서로를 수용하고 서로에 대해 관여하며, 각 위가 구별되면서도 하나를 이루는 관계 가운데 존재하신다. 이렇게 하나님이 존재하시는 형편은, 사람의 머리로는 완전히 이해하기가 불가능한 신비로운 관계다. 따라서 삼위일체 하나님에 관해 그리스도인은 성경이 가르치는 내용을 알고, 믿음으로 받아들여야 한다. 이런 점에서 '페리코레시스'는 삼위 하나님 사이의 관계에 대한 성경의 가르침을, 완전할 수는 없지만 상당히 잘 보여준다.

삼위 하나님은 페리코레시스의 관계성 속에서 하나가 되셔서 그의 온전하고 영원하신 뜻을 수행하신다. 삼위 하나님은 하나이시면서 책임을 나누어 일하신다. 죄인을 구원하시는 삼위 하나님의 사역을 간단하게 다음과 같이 말할 수 있다. 즉 성부 하나님은 하나님과 원수가 된 사람들을 구원하시려는 계획을 세우셨다. (물론 계획의 과정에서 성자와 성령께서 함께하셨지만, 성부 하나님께서 주도하셨다.) 성자 하나님은 자기를 비워 참사람이 되셔서 십자가와 부활을 통해 성부 하나님의 계획을 실행하셨다. (성부 하나님의 절대주권 아래, 예수님의 탄생에서 부활까지 성령님의 일하심이 이 과정에 있었다.) 성령 하나님은 구원의 은혜와 복을 각 사람과 교회와 세상에 적용하신다. (역시 성부 하나님의 섭리와 성자 하나님의 사역들과 말씀을 근거로 성령께서는 일하신다.)

삼위일체 하나님은 앞에서 언급한 페리코레시스적 관계를 통해 서로를 향한 내향적 운동의 성격을 지닌다. 이와 함께 하나님은 외향적 상호 운동의 성격 또한 지닌다. 이를 "치르쿰-마니페스타치오"(circum-manifestatio)라고 부르며 "상호표출"로 번역한다. "성부는 성자와 성령의 영광을 표출하시고, 성자는 성부와 성령의 영광을 표출하시며, 성령은 성부와 성자의 영광을 표출하신다."[14]

삼위일체 하나님의 상호 관계성에 대해 살펴보았다. 이제는 삼위일체 하나님과 사람 사이의 관계를 알아본다.

나. 창조주 하나님과 피조물인 사람 사이의 관계

하나님은 스스로 계시는 분, 시공(時空)을 초월하시면서 또한 그 안에 함께하시는 분이시다. 삼위일체 하나님은 태초에 우주만물과 사람을 지으셨다. 하나님은 창조주이시고, 사람은 그의 피조물이다. 하나님은 창조주로서 사람에 대해 모든 권한을 가지신다. 이사야 선지자는 하나님을 떠난 이스라엘의 현실을 보면서 이렇게 탄식한다. "소는 그 임자를 알고 나귀는 그 주인의 구유를 알건마는, 이스라엘은 알지 못하고 나의 백성은 깨닫지 못하는도다…"(사1:3) 하나님은 창조주이시고 사람을 비롯한 모든 피조물들의 주인이시다. 시편 24:1은 이렇게 증거한다. "땅과 거기에 충만한 것과 세계와 그 가운데에 사는 자들은 다 여호와의 것이로다"

1. 하나님의 형상으로 지음받은 사람

하나님은 다른 피조물들과 구별된 특별한 존재로 사람을 만드셨다. 하나님은 사람을 다른 동물들과 다르게 하나님의 모양, 그의 형상대로 지으셨다. 모든 동물들은 본능적인 욕구를 지니고 살아간다. 짐승들은 주위 환경이나 눈앞의 현상에 대해 놀램이나 호기심이나 두려움의 본능적인 감정을 느낀다. 그러나 그것을 넘어서는 반응을 보이지는 못한다. 동물들은 그런 감정이나 경험을 기초로 사람처럼 "왜 내가 놀랐지? 그런 일이 일어난 원인이 무엇이지?"하며 인과(因果)관계를 찾을 수 있는 능력이 일시적으로만 있거나 아예 없다.

하나님은 동물들과는 달리 사람들에게 이성을 주시고 창의적인 사고력을 주셨다. 사람도 외부와 내부의 자극이나 일어나는 일들에 대해 다른 동물들과 같이 초기에 비슷한 '놀람'의 반응을 보인다. 그러나 사람은 그런 반응을 보임과 동시에 자신을 향해 '왜?'라고 묻고, 또 일어난 현상과 자극에 대해 '왜?'라는 질문을 던진다.

'놀람'(wonder)을 가리키는 헬라어는 '다우마제인' (θαυμάζειν)이다. 소크라테스는 '놀람'을 철학의 출발점으로 본다.[15] 사람은 다른 짐승과 달리 '놀람'이라는 단순한 본능적인 반응(reaction)을 넘어, 그 원인을 구명하려는 능동적 반응(proaction)을 지속적으로 한다. 그리고 그런 경험을 축적하면서 더 정확한 원인 규명과 더 나은 대처 방법을 알아낸다. 사람은 말과 글을 통해 다른 사람과 생각을 교환하면서 지혜를 공유하고 후대에 물려준다. 이것이 하나님의 형상인 사람과 다른 동물들이 구별되는 특별한 모습이다.

2. 자유의지

더욱이 하나님은 사람을 자신과 진정한 사귐을 가질 수 있는 존재로 창조하셨다. 하나님은 사람에게 자유의지를 주셨다. 하나님은 사람을 그의 뜻에 순종할 수도 있고, 불순종할 수도 있는 인격체로 창조하셨다. 그 이유는 무엇일까? 그것은 하나님께서 그의 형상대로 지으신 사람과 진정한 교제 관계를 가지시기 위함이다.

탁상시계 가운데 알람을 맞추어 놓으면 벨소리 대신에 "아이 러브 유!"를 말하는 것이 있다. 처음 몇 번은 자기를 사랑한다는 시계의 소리에 그 주인은 흐뭇함을 느낄 수 있다. 그러나 매일 아침 그 말을 듣게 될 때, 그는 그 시계를 사랑하는 마음보다 기계적으로 반복되는 말에 식상하게 될 것이다. 명령에 무조건적으로 복종하는 로봇을 가진 주인은 로봇을 통해 많은 도움을 받을 수 있다. 그는 자기 말을 잘 듣는 로봇을 좋아할 것이다. 그 로봇을 아끼기도 한다. 그러나 그 로봇이 그렇게 복종하는 것이 자기를 사랑하기 때문이라고는 전혀 생각하지 않을 것이다.

주인과 로봇 사이에는 진정한 사귐이 이루어질 수 없다. 로봇과는 달리 강아지나 고양이 같은 애완동물은 차원이 다른 교감을 사람에게 준다. 말이 잘 통하지는 않지만, 사람과 애완동물 사이에는 기쁨과 즐거움을 나눔이 어느 정도 가능하기 때문이다. 현대인들이 그런 점에서 애완동물을 '반려동물'로까지 격상시키는 것 같다. 자신을 애완동물의 '엄마, 아빠'로 부르는 것은 삼갈 일이다.

하나님은 자기의 말을 알아듣고 기뻐하고 감사할 수 있는 고귀한 신분과 마음을 사람에게 주셨다. 이뿐만 아니라 하나님은 사람에게 심지어 자기를 거부하고 대항할 수 있는 자유의지까지 주셨다. 이로써 자기를 반역할 수도 있는 사람이 진심으로 자기를 사랑할 때 주어지는 온전한 기쁨을 누리길 원하셨다. 하나님은 기계적이 아닌 진정한 인격적 관계를 사람과 더불어 가지려고 하셨다. 그래서 하나님은 자신과 거의 대등한 존재로 사람을 지으시고(시8:5), 그와 깊은 인격적 관계를 맺기 원하셨다.

현재 당신의 하나님과 관계는 어떤 상태에 있는가? 기계적, 형식적인 관계인가? 아니면 대화가 있고 감정의 교류가 있는가? 기쁨과 감사가 있고, 때로는 섭섭함이나 죄송한 마음이 있는 인격적인 사귐이 이루어지는 관계인가?

우리가 죄인이었을 때 우리는 하나님을 멀리하고 원수 노릇을 했었다. 그러나 예수 그리스도를 믿으므로 죄를 용서받고 '의롭다'함을 받은 우리는 하나님의 사랑받는 자녀가 되었다. 하나님의 자녀의 권세를 받은 우리는 언제 어디서나 "은혜의 보좌 앞에 담대히 나아갈" 권리를 얻게 되었다.(히4:16) 우리와 항상 함께하시는 주님과 동행하는 은혜를 우리는 누리게 되었다. 당신은 하나님께서 허락하신 이 복된 관계를 풍성히 누리며 살고 있는가?

다. 하나님과 나와의 관계

1. 자아발견

삼위일체 하나님과 나와의 관계는 어떤가? 대부분의 사람들은, "나는 어떤 존재인가? 무엇을 위해 살아야 하는가?" 그리고 "어떻게 살아야 하는가?"에 대해 관심을 가질 때가 있다. 사람들은 어려운 일이 생길 때 돌파구를 찾기 위해 자신에게 이런 질문을 던진다. 또한 형편이 좋아 허랑방탕하게 살 때도 좀 더 의미있는 인생에 대한 갈급함이 생겨 이런 질문을 하기도 한다. 사람들은 특히 하루를 끝내고 밤의 어둠 속에 혼자 남겨질 때, 자신을 돌아보며 자신의 정체(正體)와 존재의 의미에 대해 생각할 기회를 갖는다.

청소년기에는 자신과 남을 비교할 수 있는 의식이 발달한다. 지금 하는 일을 통해 앞으로 어떤 일이 생길지 장래를 추측할 수 있게 된다. 청소년기에는 현재 주어진 어떤 결과에 대해 그 원인을 찾는 인지능력이 발달한다.[16] 이에 따라 청소년기에 이르면 "나는 누구인가?"라는 질문을 하게 된다. 자신에 대해 생각하면 할수록 사람들은 보통 자신의 근원과 삶의 목적 그리고 의미 있는 삶에 대해 답을 찾지 못하고 미궁에 빠진다. 인간과 사회에 대해, 폭넓게 아는 것도 부족하고, 생각하는 능력도 모자라는 대부분의 청소년들은 자신의 존재와 정체에 대해 혼란스러워한다. 이런 힘든 현실을 벗어나기 위해 청소년들은 독서와 사색에 몰두하면서 답을 찾으려고 한다. 때로는 충동적인 생각을 행동으로 옮김으로써 답답함을 해소하려고도 한다.

자신을 정확하게 이해하려는 시도는 청소년기에만 국한되어 일어나는 것은 아니다. 청소년기 이후 청년기와 장년기 그리고 노년기에도 사람들은 계속해서 정체성 위기(identity crisis)를 겪는다. 이런 존재에 관한 질문에 답하기 위해 많은 철학사상들이 나타났다. 이런 철학사상들과 달리 실존주의는 인간의 정체를 찾는 부담을 덜기 위해 나타났다고 할 수 있다.[17] 실존주의 철학은 '지금 여기서'(here and now)라는 실존을 강조하고 현실참여를 강조한다. 나의 존재의 근원이나 목적 같은 인생의 본질에 대한 질문보다 실존(현재 당면한 문제)을 중심으로 답을 찾으려고 한다.

그러나 사람은, 본질의 문제(생로병사, 고독, 방황, 다툼, 죄, 삶의 의미, 가치, 성숙)[18]에 대한 답을 추구하지 않을 수 없는 존재이다. 많은 종교와 철학은 인간 본질에 대한 답을 찾기 위해 많은 수고와 노력을 해왔다. 그러나 그러한 노력의 결과는 진리의 일부만 드러낼 뿐이다. 이런 노력은, 시각장애인들이 각각 코끼리의 한 부분을 만져보고 그것만을 가지고 코끼리를 다 파악한 것으로 단정 짓는 잘못에 비유할 수 있다. 사람은 자신의 노력만으로는 자신과 세상을 올바로 알 수 없다. 오직 하나님의 계시의 말씀인 성경을 통해서만이 인간의 근원과 삶의 목적 그리고 그가 살아가는 세상에 대해 정확하게 이해할 수 있다.

칼빈(John Calvin)은 기독교강요 제1권의 제목을 "창조주 하나님에 대한 지식"으로 붙이고 제1장을 "하나님에 대한 지식과 우리 자신에 대한 지식은 서로 관계가 있다"로 했다. 즉 "나는 왜?"라는 본질과 연관된 질문에 대해, 성경에 계시된 하나님을 알면 그 답은 분명하게 드러난다. 에베소서 2:10은 이렇게 말씀한다. "우리는 그가 만드신 바라 그리스도 예수 안에서 선한 일을 위하여 지으심을 받은 자니…" 얼마나 우리의 본질을 간단명료하게 제시하는가!

창세기 1장과 2장은 하나님께서 사람을 창조하신 과정과 사명을, 사건 중심으로 증거한다. 이어서 성경의 나머지 부분들은, 여러 가지 사건들의 기록(역사서)과 시문(詩文) 그리고 예언과 편지들을 통해, 사람의 본질과 실존의 문제에 대해 정확무오한 답을 준다. 문제는 사람들이 성경의 진리를 무시하거나 외면하고, 자신의 머리로만 답을 찾으려 하는 데서 발생한다.

2. 하나님과 나와의 관계

하나님과 죄인인 나와의 관계는 자연적으로 이루어지지 않는다. 아담이 하나님과 '선악과(善惡果) 언약'을 지키는 동안에, 그는 동산에 거닐기도 하시는 하나님과 친밀한 사귐을 자연스럽게 누렸다. 그러나 아담이 하나님의 명령을 거역하고 선악을 알게 하는 열매를 먹음으로써 하나님과 사람 사이의 아름답고 복된 관계는 깨어졌다. 그리고 죽음이 사람을 지배하게 되었다. 사람은 하나님을 두려워하고 멀리하게 되었다. 하나님을 외면하고 등을 돌리게 되었다. 하나님을 대적하는 원수가 되었다. 사람은 마음이 어두워져서 하나님을 올바르게 알 수도 볼 수도 없게 되었다. 이런 일들은 예수님을 믿지 않거나 믿음이 연약해질 때 오늘도 우리가 경험하는 일들이다.

그러나 하나님은 원수된 사람들을 먼저 찾으시고, 예수 그리스도를 통하여 새로운 관계를 맺으셨다. 마태복음 5:8에서 예수님은 선포하셨다. "마음이 청결한 자는 복이 있나니 그들이 하나님을 볼 것임이요." 사람의 마음은 죄로 더러워졌다(사44:18, 렘17:9). 어느 누구도 하나님을 볼 수 없게 되었다. 그러나 예수 그리스도를 믿는 사람의 마음은, 그의 십자가에서 흘리신 피로 깨끗하게 된다.

청결해진 마음의 눈으로 능력과 공의와 사랑의 하나님을 볼 수 있게 된다. 예수님을 믿는 사람들은, 전능하시고 지혜로우신 창조주 하나님, 죄를 심판하시는 공의의 하나님, 그리고 죄를 용서하시고 그의 자녀로 삼아주시는 사랑의 하나님을 마음의 눈으로 보고 만나게 된다.

하나님은 예수 그리스도 안에서, 자기와 사람 사이의 관계를 새롭게 하신다. 회복을 뛰어넘어 경이로운 관계를 맺으신다. 과거에는 창조주와 피조물의 관계였고, 공의의 하나님과 죄인의 관계였다. 그러나 이제는 그리스도 안에서 아빠 아버지와 그의 사랑받는 아들과 딸의 관계를 맺으신다. 예수 그리스도를 믿는 사람들에게 아버지와 자녀라는, 상상을 초월하는 관계의 은혜와 복을 하나님은 주신다.

라. 자신과의 관계-옛사람과 새사람

시편 기자인 고라 자손 중 한 사람은 다음과 같이 선언한다. "내 영혼아 네가 어찌하여 낙심하며 어찌하여 내 속에서 불안해 하는가 너는 하나님께 소망을 두라 그가 나타나 도우심으로 말미암아 내가 여전히 찬송하리로다"(시편42:5) 그는 11절에서도 그리고 43:5에서도 그렇게 외친다. 시편 103:1에서 다윗은 "내 영혼아 여호와를 송축하라 내 속에 있는 것들아 다 그의 거룩한 이름을 송축하라"고 자신에게 당부한다.

1. 옛사람 새사람

한 사람을 둘로 구분하는 내용이 성경에 가끔 보인다. 사도 바울은 고린도후서 4:16에서 '겉사람'과 '속사람'으로 묘사한다. "그러므로 우리가 낙심하지 아니하노니 우리의 겉사람은 낡아지나 우리의 속사람은 날로 새로워지도다" 여기서 '겉사람'은 분명히 외모를 가리킨다.

로마서 7:15-25에서 사도 바울은 '내 속사람, 내 마음'과 '육신, 내 속에 거하는 죄'로 구분하는 것을 볼 수 있다. 거듭난 그리스도인에게 선을 행하려는 마음과 육신의 정욕에 끌리는 죄성이 자주 대립하는 상황에서 탄식이 일어난다. 이런 절망적인 형편에서 그는 예수 그리스도 안에서 쉼과 소망을 누린다. 로마서 8장은 한 사람 안에서 일어나는 이런 위기 관계를 극복하려면 그리스도 안에서 성령님을 의지하라고 가르쳐준다.[19]

성경에서 한 사람을 둘로 나누어 '옛사람'(롬6:6, 엡4:22, 골3:9)과 '새사람'(삼상10:6, 엡2:15, 4:24, 골3:10)으로 나누기도 한다. '새사람'(new self)은 거듭남으로써 얻게 된, 성령님의 이끌림을 받는 '속사람'을 가리킨다. 이와 대조적으로 '옛사람'(old self)은 거듭나긴 했으나 이전의 생각과 말과 행동에서 아직 벗어나지 못한 상태를 말한다. 시편 기자의 독백 "내 영혼아 여호와를 송축하라 내 속에 있는 것들아 다 그의 거룩한 이름을 송축하라"는 그의 안에 있는 새사람의 독백으로 볼 수도 있고, 아니면 새사람이 옛사람에게 하는 말이라고 할 수도 있다. 거듭난 사람 안에는 '옛사람'과 '새사람'이 함께 존재한다. 그리스도인은 '새사람'이 '옛사람'을 주도하는 삶을 이루며 살아야 한다. 이를 성화(聖化)라고 부른다.

2. 내적갈등

사람들은 자신에 대해 두 가지 대조적인 생각을 가지고 있다. 하나는 자신을 지나치게 높이 평가하는 생각이다. 이런 사람들은 하나님이 없다고 하거나 그를 무시하면서 살아간다. 이웃에 대해서도 우월감을 가지고 그들을 업신여긴다. 다른 하나는 자신을 너무 초라하게 여기고 절망하는 생각이다. 이들은 하나님에 대해서도 너무 멀리 계신 분으로 생각하고, 하나님도 자기에게는 관심이 없다고 단정한다. 다른 사람들을 볼 때도 자기 자신에 대해 열등감을 느끼며 그들과 관계 맺기를 주저한다.

이런 두 가지 생각과 태도는 모두 잘못된 것이다. 우리가 하나님과 올바른 관계를 맺지 못할 때, 이웃과 관계에서도 건강하지 못한 형편에 빠지게 된다. 이런 상황에서 하나님과 관계나 이웃과 관계를 튼튼하게 하려면 어떻게 해야 할까? 먼저 자신이 예수 그리스도 안에 있음을 확인해야 한다. 예수님을 하나님의 아들, 나의 구주, 나의 주님이심을 믿고 고백해야 한다. 이 믿음을 통해 하나님이 나의 모든 죄, 하나님과 관계를 가로막는 죄를 용서하셨음을 확실히 받아들여야 한다. 하나님이 나를 사랑하시는 아버지가 되심을 붙들어야 한다. 그래도 믿음이 잘 생기지 않을 때, 우리는 시편 기자들처럼 나의 옛사람에게 명령해야 한다. "내 영혼아 네가 어찌하여 낙심하며 어찌하여 내 속에서 불안해 하는가 너는 하나님께 소망을 두라" 귀신들린 아들을 예수님께 데려온 아버지처럼 주님께 부르짖어야 한다. "내가 믿나이다 나의 믿음 없는 것을 도와 주소서"(막9:24)

우리는 종종 죄를 짓거나 믿음이 약해져서 실망하고 낙심하고 좌절에 빠지기도 한다. 우리 자신을 계속해서 들여다보고 있으면 더 큰 혼란에 빠지거나, 아니면 더 깊은 실망과 절망의 늪으로 빠져든다. 하나님이 나를 사랑하신다는 것을 머리로는 알지만, 그 사랑이 나의 마음에 와닿지 않는 상황에 처하기 때문이다. 내 안의 새사람이 옛사람을 주도하지 못하고 도리어 눌려있는 형편이라고 할 수 있다. 이런 때에 우리는 우리 안에 있는 옛사람의 고정관념과 감정에 휘둘리지 말아야 한다. 하나님의 말씀을 의지하여 새사람이 옛사람을 주도하도록 해야 한다.

3. 비행착각(飛行錯覺 Spatial disorientation, vertigo)

비행착각 현상이 있다. 파일럿이 자신의 눈을 사용하여 시계비행(視界飛行)을 하다가, 하늘과 바다를 반대로 생각하는 착각을 일으킬 때가 가끔 있다고 한다. 이럴 때 사고를 방지하고 정상적으로 조종하기 위해 필요한 것이 무엇일까?

그것은 자기의 감각을 의지하지 않고 비행기의 계기판을 의지하여 비행하는 것이다. 이를 계기비행(計器飛行)이라고 한다.

나의 삶이 피곤하고 힘들어 의욕을 잃고 좌절하게 될 때, 우리는 우리의 옛 사람이 주도하는 감정에 휘둘리기가 쉽다. 하나님이 나의 기도를 듣지 않으신다는 느낌을 받는다. 나는 구원 받기로 예정된 사람이 아니라는 자괴감도 가진다. 하나님이 나를 버리셨다는 생각도 하게 된다. 하나님은 존재하지 않는 분이라는 절망감도 가진다.

이런 부정적이고 파괴적인 자신의 감정과 주위 사람들의 비신앙적인 조언과 세상과 사탄의 공격 속에서 혼란스러울 때 어떻게 해야 할 것인가? 비행착각 속에서 파일럿이 계기판을 의지하듯, 우리는 내 감정이나 기분 대신에 하나님의 말씀을 의지해야 한다. 그리고 말씀을 따라 성령님을 의지하여 시편기자처럼 우리 자신에게 명령해야 한다. 그럼으로써 성령님과 말씀에 의해 새사람이 옛사람을 주도하는 관계가 되는 은혜를 누릴 수 있다. 잠언 3:5-6은 이렇게 권면한다. "너는 마음을 다하여 여호와를 신뢰하고 네 명철을 의지하지 말라 너는 범사에 그를 인정하라 그리하면 네 길을 지도하시리라"

마. 사람과 사람 사이의 관계

1. 사람 사이의 갈등

사람과 사람 사이 관계의 출발은 첫 사람인 아담과 하와에게서 볼 수 있다. 아담이 하와를 처음 봤을 때, "이는 내 뼈 중의 뼈요 살 중의 살이라"(창2:23)고 감탄하며 행복해했다. 하나님과 '선악과 언약'이 깨어지기 전까지 이 두 사람은 서로에 대해 기뻐하며 사랑하며 섬기며, 함께 에덴동산에서 일하며 지냈다. 그러나 죄가 세상에 들어오게 되자 둘의 관계는 깨어지고, 범죄하기 전과는 완전히 다른 모습을 나타내게 되었다.(창3, 4장) 자신의 잘못을 책임지지 않으려 하고 남을 비난하게 되었다. 아담과 하와의 첫아들인 가인은 하나님께 분노하며 동생 아벨을 죽이기까지 했다. 가인의 후손 라멕은 자기를 해친 자에게 77배의 벌을 요구하는 복수의 화신이 되었다. 노아 시대에 이르러 땅은 속속들이 썩었고, 그 이유는 모든 사람들의 행위가 부패했기 때문이었다(창6:12). 홍수 심판 이전이나 이후의 사람들의 마음은 별로 달라진 것이 없었다고 창세기 8:12은 다음과 같이 증거한다. "…사람의 마음이 계획하는 바가 어려서부터 악"하다(창8:21).

인간관계에서 발생하는 이런 악을 제어하고 질서를 유지하기 위해 하나님은 십계명을 주신다. 그리고 국가나 사회는 법을 제정하여 사람들 사이의 관계가 악화되거나 적대적이 되지 않도록 조치한다. 그럼에도 불구하고 세상에는 이웃을 속이고 해롭게 하고 배신하고 심지어 죽이는 악행이 쉴 새 없이 발생한다. 사람에게 찾아오는 많은 불행과 고통스런 일들이 있지만, 인간관계에서 생기는 불화는 지옥을 경험하게 한다.

2. 거래? 아니면 섬김?

부부나 가족 그리고 이웃과의 관계에서 법을 초월한 사랑이 없지는 않다. 그러나 하나님을 떠난 세상에서 진정한 사랑을 찾기는 불가능하다. 대부분의 인간관계는 거래(去來 give and take)로 이루어진다. "네가 나를 사랑하고 인정해 준 만큼 또는 플러스 마이너스 알파로 나도 너에게 해준다. 네가 나를 사랑해주지 않고 인정해 주지 않는다면, 나도 너를 사랑하거나 인정해 줄 수 없다"라는 관계다. 이런 세상에 하나님의 아들이신 예수님은 오셔서, 죄인들을 섬겨주시고 자기 목숨까지도 십자가에서 내어주셨다.

예수님만이 하나님과 사람 사이의 친밀한 관계를 회복케 하신다(요14:6). 사람과 사람 사이의 불편하거나 적대적인 관계까지도, 서로 사랑하며 돕고 섬기는 관계로 바꾸신다. 하나님의 사랑을 받고 그의 인정을 받는 사람은, 다른 사람을 거래의 대상으로 생각하지 않는다. 섬김의 대상으로 바라보고 섬기게 된다.[20]

예수 그리스도를 통해 하나님과 화목하게 된 사람들은 이웃을 진정으로 사랑할 수 있게 된다. 그리스도인은 이웃을 예수님이 주시는 은혜와 진리로 섬기게 된다. 소금과 빛으로서 세상을 건강하고 명랑하게 바꾸는 역할을 하게 된다. 하나님의 진노와 저주 아래 신음하며 고통하는 이웃들을 하나님과 화목하게 하는 일을 하게 된다. 하나님과 평화는 이웃과 평화로운 관계로 이끈다. 예수님은 그의 백성들이 자기처럼 이웃을 사랑하라고 요한복음 13:34-35에서 명령하신다.

> 새 계명을 너희에게 주노니 서로 사랑하라
> 내가 너희를 사랑한 것 같이 너희도 서로 사랑하라
> 너희가 서로 사랑하면 이로써 모든 사람이 너희가 내 제자인 줄 알리라

현재 당신과 당신의 가족이나 이웃과의 관계는 어떤가? 상대방이 나에게 해준 만큼만 그에게 베풀고 있는가? 조금이라도 내가 손해봤다고 생각되면 억울해하고 화를 내고 앙갚음을 하지는 않는가? 아니면 얻은 것이 없더라도 과분한 하나님의 사랑과 복을 받은 사람으로서 계속 이웃에게 베풀고 섬기고 있는가? 예수님의 사랑을 받은 사람은 손해를 보더라도 예수님처럼 가족과 이웃을 사랑하며 살아간다. 우리의 힘으로는 절대로 그렇게 살 수 없다. 그러나 성령님의 도우심을 받을 때, 우리는 서로 사랑하며 섬기며 살아갈 수 있다.

바. 나와 세상 만물과의 관계

우주만물을 창조하신 하나님은 아담과 하와에게 특별구역으로 에덴동산을 만들어주셨다. 하나님은 두 사람이 이곳을 경작하고 지키면서, 생육하고 번성하여 땅에 충만하기 위한 힘과 지혜를 갖추기를 원하셨다. 사람은 하나님의 사랑과 은혜를 받아 누리며, 하나님을 사랑함으로써 그의 이름을 높이도록 창조되었다. 사람은 가족과 이웃을 돕고 사랑하도록 지음 받았다. 사람은 세상 만물을 하나님의 뜻대로 다스림으로써 자신의 필요를 충족 받으며 하나님께 영광을 돌려야 했다.

하나님-사람-세상 만물의 수직관계와 사람들 사이의 수평관계는 하나님께서 세상에 두신 창조 질서였다. 그러나 사람이 하나님과 언약을 깨뜨리며 타락함에 따라 창조 질서는 붕괴되었다. 사람들은 하나님 대신에 돈과 재물과 권력과 명예와 쾌락을 더 좋아하고 추구하게 되었다. 하나님의 존재를 부정하거나 하나님을 이용해서 자신의 유익을 추구하게 되었다. 또 다른 사람들을 이용하고 망하게 해서라도 자신의 생존과 이익을 얻으려고 했다.

하나님을 반역한 아담으로 인해 창조 질서는 파괴되었고, 혼돈과 생존경쟁과 우상숭배가 세상에 만연하게 되었다. 첫 사람의 타락은 하나님보다 자신과 자

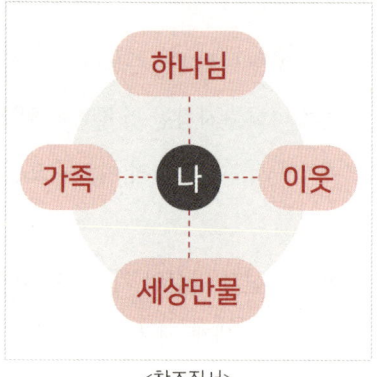

<창조질서>

<죄로 인해 붕괴/왜곡된 창조질서>

신이 중요하게 생각하는 사람을 더 섬기는 죄성을 사람들마다 갖게 했다. 그리고 세상의 것들(돈, 재물, 명예, 권세, 인기, 쾌락)을 더 섬기는 우상숭배를 하게 만들었다. 특별히 인간의 타락은 자연환경에도 영향을 미쳤다. 땅에는 엉겅퀴와 가시덤불이 번식하여 사람들의 생활을 어렵게 만들었다. 오늘날 환경문제는 인류의 존속에 커다란 위협이 되고 있다. 사람과 세상 만물과 관계를 환경문제를 중심으로 살펴본다.

1. 환경문제 발생의 근원

인간의 생존에 위기의식을 고조시킨 환경문제의 근원을 어디서 찾을 것인가? 미국의 역사학자인 화이트(Lynn Townsend White, Jr)는 1967년 「과학」(Science)(저널)에 기고한 "생태 위기의 역사적 뿌리"(The Historical Roots of Our Ecologic Crisis)라는 논문에서, 생태계적 위기의 책임을 기독교에 돌렸다. 창세기 1:28에 나오는 '정복하라'는 하나님의 명령이 자연파괴를 가져왔다고 단정한 것이다.[21]

송태현은 화이트의 주장을 다음과 같이 요약한다. "생태 위기의 근원은 인간과 자연을 이분법적으로 구분하고 자연을 인간중심적인 관점에서 바라보는 기독교와 그에 영향을 받은 근대과학에 있다." 화이트는 중세 이후 기독교는 자연을 정복하고 다스릴 대상으로 보았다. 이에 따라 과학이 발달하면서 사람은 자연을 착취하게 되었다. 그 결과 환경파괴가 왔다는 것이 화이트의 주장이라고 송태현은 밝힌다.[22]

이런 화이트의 주장에 대해 쉐퍼(Francis A. Schaeffer)는 하나님이 사람에게 자연에 대한 지배권을 주셨음에 동의한다. 이어서 타락한 인간은 이 지배권을 남용하였다고 지적한다. 쉐퍼는 성경이 가르치는 '정복'은 자연을 존중하면서 사랑으로 지배하는 것임을 밝힌다. 기후변화의 원인을 성경에서 찾는다면, 하나님의 뜻을 벗어난 인간의 탐욕이라는 것이다. 성경은 사람을 자연의 착취자가 아닌 청지기(관리자), 그리고 파괴자가 아니라 보호자라고 쉐퍼는 증거한다.[23] 흥미로운 분석이 The Green Bible(초록성경)에서 볼 수 있다.[24] 이에 따르면 성경 전체 31,102개 절 가운데 2,400개 절(7.72%)이 친환경과 연관이 있다고 한다.[25] 하나님의 명령과 가르침은, 자연과 환경을 착취하는 것과 전혀 상관이 없다.

하나님께서 노아로 하여금 방주를 준비하게 하셔서 동물들을 보존하게 하신 것은 이에 대한 분명한 증거다. 이뿐만 아니라 신명기 22:6-7은 다음과 같이 말씀한다. "길을 가다가 나무에나 땅에 있는 새의 보금자리에 새 새끼나 알이 있고 어미 새가 그의 새끼나 알을 품은 것을 보거든 그 어미 새와 새끼를 아울러 취하지 말고 어미는 반드시 놓아 줄 것이요 새끼는 취하여도 되나니 그리하면 네가 복을 누리고 장수하리라." 안식일, 안식년, 희년과 같은 제도는 사람의 안식과 자연의 쉼을 위한 것이다. 로마서 8:19-22은 하나님의 자녀들이 피조물들의 신음하며 고통하는 상황을 해결할 책임이 있음을 언급한다. 그리고 이사야 11:6-9은 예수 그리스도를 통하여 사람과 자연 사이의 평화로운 관계가 궁극적으로 회복됨을 보여준다.[26] "그 때에 이리가 어린 양과 함께 살며 표범이 어린 염소와 함께 누우며 송아지와 어린 사자와 살진 짐승이 함께 있어 어린 아이에게 끌리며"(6절)

2. 기후위기 시대

우리는 기후 위기 시대에 살고 있다. 사람은 자연을 착취하고, 이로인해 자연은 사람이 살기 힘든 기후변화를 일으킨다. 이런 상황에서 하나님은 그의 자녀들이 탐심을 버리고 자연을 보호하면서 활용할 것을 원하신다.

그리스도인들은 기후변화의 주범인 탄소(炭素)배출을 삼가야 한다. 세종특별자치시는 가정에서 탄소배출을 줄이는 구체적인 방안을 다음과 같이 제시한다.[27] 실내온도를 여름에는 권장기준보다 1도씩 높이고, 겨울에는 1도 낮춰라. 샤워 시간을 평소보다 1분만 줄여라. 사용하지 않는 콘센트는 빼놓아라. 이와 함께 가전제품을 구입할 땐 반드시 에너지소비효율 1등급인지 확인하고 구입하라. 친환경 소재 제품을 사용하라. 쓰레기를 줄여라. 자가 승용차 사용을 줄이고 대중교통을 이용하라. 숲을 함부로 훼손하지 않도록 하라.

그리스도인들은 자연보호와 기후 지킴이로서 이런 운동에 참여해야 한다. 이와 함께 '소비가 미덕'인 시대이긴 하지만, 그리스도인은 '아나바다'(아껴쓰고 나눠쓰고 바꿔쓰고 다시쓰자)에 힘써야 한다. 자연보호를 위한 행동에 앞장서야 한다. 자연의 청지기로서 환경을 지키는 법을 제정하는 일을 주도하고 협력한다. 이로써 하나님이 주신 세상을 아름답게 보존하고, 파괴된 자연이 회복되도록 해야 한다. 성경은 사람이 자연과 좋은 관계 즉 자연을 활용하되, 착취하지 말고 보호하라고 당부한다.

II. 관계의 회복-예수 그리스도 그리고 믿음

가. 관계를 화목하게 하시는 중보자 예수님

1. 중보자

'중보자'(仲保者)란 적대적 또는 원수 관계에 있는 양측 사이에서, 서로 화해하여 관계를 회복하도록 역할을 하는 이를 가리킨다.[28] 하나님과 사람은 창조주와 피조물의 관계에 있다. 성경은 삼위일체 하나님이 창조주가 되심을 선포한다. 그리고 우주만물과 인간이 모두 하나님의 피조물임을 증거한다. 하나님은 그의 지으신 만물과 사람에 대해 소유권을 가지신다(시24:1). 죄가 이 세상에 들어오기 전에는 세상에 하나님의 나라가 완전하게 이루어지고 있었다. 모든 관계가 의롭고 평화로웠고, 그 가운데 기쁨이 있었다(롬14:17). 그러나 첫 사람 아담과 하와가 하나님의 명령을 어기고 언약(창2:17)을 깨뜨렸다. 이에 따라 죄가 세상에 들어왔고 하나님이 말씀하신 대로 사람은 죽게 되었다.

성경에서 말하는 죽음은 분리(分離 separation, alienation)를 말한다. 죄로 말미암아 하나님과 분리된 사람에게 수치스러움과 두려움이 임했다. 하나님과 분리되어 그로부터 소외되고 단절됨으로써 영적인 죽음이 즉시 아담과 하와에게 임했다. 여기에 더하여 언약을 파괴하여 타락한 죄인들에게는, 노쇠나 질병이나 사고(事故)를 통해 결국 육체의 죽음도 왔다. 하나님과 사람, 한 개인의 옛 사람과 새사람, 사람과 사람(이웃), 그리고 사람과 자연 사이에 평화롭던 관계가 뒤틀리고 분열되고 파괴되었다.

2. 관계의 회복

성부 하나님은 구약시대에는 제사제도를 세우셨다. 이를 통해 자신과 이스라엘 사이에 평화로운 관계가 회복되고 유지되는 길을 마련하셨다. 그리고 장차 오실 예수 그리스도를 제사제도를 통해 미리 보여주셨다. 때가 찼을 때 하나님은 그의 독생자 예수 그리스도를 세상에 보내셨다. 성자께서 사람이 되셔서 세상에 오신 목적은, 하나님과 죄인들 사이의 관계를 새롭게 하고 풍성하게 하기 위함이다.

죄를 범한 모든 사람들은 공의로우신 하나님의 진노와 저주 아래 있다. 그들은 하나님과 관계가 단절된 상태에서 신음하고 고통스러워한다. 사람들은 괴로움과 비참함을 벗어날 길을 찾는다. 그들은 하나님만이 주실 수 있는 생명과 복을 대체할 수 있는 것들을 찾고 추구한다. 편안함, 쾌락, 권세, 명예, 돈 그리고 문화활동(창4:20-22)을 통해 의와 평안과 기쁨을 누려보려고 한다. 그러나 그러한 것들은 진정한 만족이나 행복을 사람에게 줄 수가 없다. 그러한 방법들은 목이 마르다고 바닷물을 마시는 것과 다름없다. 더욱더 갈증과 답답함을 느끼게 될 뿐이다. 많은 유명인들과 재력가들 그리고 그들의 자녀들이 종종 방탕한 삶에 빠지는 것이 이런 악순환의 증거다. 세상의 모든 것에 부족함이 없지만, 진정한 생명과 행복의 근원이신 하나님을 멀리하고 등졌기 때문이다.

공의로우시며 동시에 사랑이신 하나님은, 죄인들이 당신과 관계를 회복할 수 있는 특별한 길을 준비하셨다. 예수 그리스도를 믿음으로 주시는 죄와 죽음과 둘째 사망(영벌)으로부터 구원을 받고 누리는 복음이다. 예수님을 믿는 죄인들을 '의롭다' 하시고, 그들에게 아버지와 자녀라는 사랑의 관계를 회복하시는 기쁜 소식이다.

죄인들은 예수님을 믿음으로 모든 죄를 용서받고 하나님의 자녀의 권세를 받고 영생과 천국을 선물로 받는다. 예수님을 하나님의 아들, 유일한 중보자로 인정한다. 그를 십자가에서 화목제물로 죽으신 구세주 나의 구주로 믿는다. 예수님을, 죽음을 이기고 부활하사 하늘과 땅의 모든 권세를 가지신 만왕의 왕, 나의 주님으로 믿고 신뢰한다. 이 믿음은 죄인들로 하여금 하나님과 새로운 관계를 맺게 한다. 예수님은 중보자가 되셔서 하나님께 대하여 원수 노릇 하던 죄인들의 신분을 의인으로 바꾸어 주신다. 하나님 아버지의 사랑받는 자녀의 권세를 자기 백성들에게 주심으로써 기쁨과 감사와 찬송을 풍성하게 허락하신다. 하나님 나라의 회복을 위해 예수님의 증인으로 그리고 세상의 소금과 빛으로 살며 하나님의 청지기로 살게 하신다.

나. 하나님과 친밀한 관계 회복은 믿음을 통해서 이루어진다

1. 믿음을 통한 관계회복

사람과 사람 사이나, 하나님과 사람 사이에나 믿음이 있어야 관계가 원활하고 친밀하게 된다. 믿음은 인격적인 관계를 견고하게 하고 풍성하게 만든다. 남편과 아내 사이, 부모와 자식 간에 믿음이 없으면 진정한 사귐은 불가능하다. 서로 불신하게 될 때 그들 사이에는 피상적인 관계가 형성되거나, 아니면 서로 미워하고 다툼이 일어나는 적대적인 관계가 된다. 의처증(疑妻症)이나 의부증(疑夫症)이 있는 부부를 상상해 보라. 의심을 받는 사람이나 의심하는 사람이나, 두 사람 모두 답답함과 고통 속에 생지옥을 경험한다. 그러나 어떤 관계이든지 서로 간에 믿음과 신뢰가 있을 때, 사랑과 섬김과 즐거움이 그들 사이에 있게 된다.

하나님과 사람 사이도 마찬가지다. 하나님을 믿지 않는 사람은 하나님의 존재를 부인하거나 하나님을 무시하며 제멋대로 살아간다. 그런 상황에서 하나님과 복된 관계가 이루어질 수 없다. 하나님을 무시하거나 그의 존재를 부인할 때, 하나님이 주시는 은혜와 복을 누릴 수 없다. 하나님께 대해 원수로 행하게 된다. 그러나 예수 그리스도를 하나님의 아들, 나의 구주, 나의 주님으로 알고 믿고 고백할 때, 나를 향한 하나님의 사랑을 경험하게 된다.

믿음은 죄를 용서하시는 하나님의 은혜를 누리게 만든다. 믿는 사람은 예수님의 의가 전가되어 하나님께서 주시는 의롭다 함을 받는다. 그뿐만 아니라 하나님의 자녀의 권세를 받는다. 하나님 아버지의 은혜의 보좌 앞에 담대히 나아가 그와 친밀한 교제를 나눌 수 있는 관계를 갖게 된다(히4:16).

2. 믿음으로 의롭다 함을 받음

로마서에서 사도 바울은 '의(義)'를 지속적으로 언급한다. '의'는 인격적인 관계에서 필수적인 것이다. 의는 죄와 허물이 없거나 간과(看過) 또는 용서받음으로써 서로 친밀한 관계를 유지하는 데 문제가 없는 상태를 말한다. 남편이나 아내가 다른 여자나 남자와 성적 관계를 맺는다면, 상대방에 대해 의(義)를 잃어버리게 되고 서로의 관계는 깨어지게 된다. 이와같이 의는 관계를 유지하고 풍성하게 하는 데 기본적이고 필수적인 것이다.

아담의 범죄 이후, 사람은 나면서부터 죄성을 가지게 되었고 죄를 계속 짓게 되었다. 사람은 하나님과 교제하는 데 필요한 의(義)를 잃어버린 존재가 되었다. 따라서 그는 공의로우신 하나님의 진노와 저주를 벗어날 수 없는 비참한 존재가 되었다. 하나님은 공의의 하나님으로서 반드시 죄를 벌하시는 분이시기 때문이다. 공의의 하나님만 생각하면 죄인들에게는 희망이 전혀 없다.

그러나 하나님은 또한 진노 중에라도 긍휼을 베푸시는 사랑의 하나님이시다. 하나님은 예수 그리스도의 대속(代贖)의 죽으심과 부활을 믿는 믿음을 통해, 죄인들에게 예수님의 의를 전가(轉嫁)해 주신다. 예수님을 믿는 믿음은 하나님과 사람 사이의 원수 관계를 소멸케 만들고, 대신에 아버지와 자녀의 관계를 누릴 수 있게 한다. 나 자신에 대한 불만과 낙심 그리고 절망에서 해방되어, 자족(自足)과 기쁨과 감사가 생기게 만든다. 나아가 나와 이웃과 관계도 서로 사랑하며 섬기는 사이로 회복되고 풍성하게 한다. 이 사실은 온 율법과 선지자의 강령에 관한 예수님의 말씀(마22:37-40)에서 확증된다.

예수께서 가라사대 네 마음을 다하고 목숨을 다하고 뜻을 다하여
주 너의 하나님을 사랑하라 하셨으니 이것이 크고 첫째 되는 계명이요
둘째는 그와 같으니 네 이웃을 네 몸과 같이 사랑하라 하셨으니
이 두 계명이 온 율법과 선지자의 강령이니라

예수 그리스도를 알고 믿고 고백하는 사람들에게는 하나님과의 평화로운 관계, 아버지와 자녀의 친밀한 관계가 이루어진다. 그리고 이웃을 사랑하고 섬기는 평화롭고 복된 관계가 회복된다. 예수님을 믿음은 죄인을 의롭게 하고, 모든 관계를 사랑으로 풍성하게 만든다.

다. 관계를 맺게 하고 풍성하게 만드는 믿음

정대용(가명)은 사업을 하다가 빚이 쌓여서 10억이 되고 결국 부도에 직면하게 되었다. 가까운 친구 하나가 돈이 많은 사람 김성건(가명) 사장을 소개해 주어서 만나게 되었다. 지금까지 그와 아무런 관계가 없는 생면부지의 사람이었다. 그러나 친구가 소개했기 때문에 인사를 나누고 자신의 사정을 이야기했다. 그런데 김성건 씨가 별로 관심이 없어 하고 자신의 부채를 갚아줄 생각도 없다고 판단하면, 정대용은 그를 믿지 못하고 결국 둘의 관계는 끝날 것이다.
그러나 김성건 씨가 자신의 이야기를 진지하게 들어주면, 정대용은 그에 대한 믿음이 조금 생길 것이다. 만약 돈을 빌려주면 사업을 일으켜서 언제까지는 전액 상환을 하겠다는 정대용의 계획에 대해, 김성건 씨가 긍정적으로 받아들인다. 그리고 실제로 돈을 빌려주면 정대용은, 그를 믿는 관계로 들어갈 것이다. 더욱이 그가 정대용의 부채상환뿐만 아니라 추가 사업자금까지 지원을 해주면, 정대용은 그를 완전히 신뢰하게 될 것이다. 김성건 씨가 사업을 이렇게 해보라

고 조언을 해주면 그 말을 신뢰하고 시도해 볼 것이다. 정대용은 사업이 원활하게 이루어짐에 따라 김성건 씨에게 감사를 표할 것이다. 그는 김성건 씨로부터 빌린 돈에 대해 원금 일부와 이자를 빠짐없이 갚아나간다면, 두 사람 사이에 믿음의 관계는 꽃을 피우게 될 것이다.

1. 관계와 믿음

모든 관계는 서로에 대한 믿음이 없는 상태에서도 일단 시작은 될 수 있다. 대부분의 관계는 서로에 대한 믿음이 없는 상태에서 시작한다. 새로운 사람을 만나게 될 때, 그 사람에 대한 정보가 전혀 없는(믿을 만한 근거가 없는) 상태에서 그와 인사를 나누고 이야기를 나눔으로써 관계가 일단 출발할 수 있다. 관계가 시작된 후 다른 사람들로부터 그에 대한 좋은 평가를 듣던가, 그와 직접 이야기를 나누면서 그의 좋은 점들을 발견하게 될 때, 그 둘의 만남은 친밀함이 더해지고 빈번하게 된다. 그 관계는 점점 더 깊어지게 된다.

그러나 반대로 상대방에 대해 나쁜 소문을 듣게 되거나 그의 말이 진실하지 않음을 직접 확인하게 된다면, 그 둘 사이의 관계는 가까워지기 어렵게 된다. 그의 말과 행동이 일치하지 않음을 보게 되면 그에 대한 믿음을 잃어버린다. 그러면 그 사람을 멀리하게 되고 관계는 깨진다. 믿음은 관계를 이루는 데 핵심 요소이다.

2. 하나님과 사람의 관계

사람과 사람 사이의 관계에서는 서로에 대한 믿음을 잃어버릴 수 있는 상황이 자주 발생한다. 사람은 완전하지 못하기 때문이다. 죄인이기 때문이다. 악한 사람은 거짓말을 하고 사기를 치면서 자기 유익을 추구한다. 그런 일의 희생자가 된 적이 있거나 그런 소문을 들은 사람은 그를 더 이상 믿으려고 하지 않는다. 서로에 대한 믿음이 생기지 않으면 그 둘 사이의 관계는 멀어지거나 단절되고 만다.

선한 사람은 상대방을 이용하거나 해하려는 악한 목적을 가지고 말하거나 일을 꾸미지는 않는다. 그러나 유한한 사람이기에 생각지도 않게 약속을 지킬 수 없는 상황에 부닥치기도 한다. 그래서 상대방의 마음을 상하게 할 수 있고 곤경에 빠지게 할 수도 있다. 이런 때에 두 사람의 관계는 서로에 대한 믿음이 흔들림에 따라 위기를 만나게 된다. 이런 상황에서 만약 잘못한 사람이 용서를 구하고, 상대방은 그를 이해해 주고 용서할 때, 그 관계는 회복되고 발전할 수 있다. 그러나 상대방에 대한 믿음을 회복할 수 없다고 판단하게 될 때, 그 관계는 파탄에 이르게 된다. 이와같이 서로에 대한 불신(믿음 없음)은 관계를 파괴한다. 그러나 서로에 대한 긍정적인 믿음은 인격적인 관계를 친밀하게 또 풍성하게 만든다.

하나님은 사람들과 달리 완전하신 분이다. 그는 죄로 말미암아 불행과 고통 그리고 절망 속에 살아가는 사람들을 불쌍히 여기셨다. 그리고 독생자 예수 그리스도를 죄인들의 중보자, 구원자, 주님으로 세우셨다. 예수님을 믿기만 하면 영생을 주시겠다고 약속하셨다.

라. 믿음을 요구하시는 하나님

성경은 하나님께서 사람들에게 믿음을 요구하신다고, 직접 또는 간접적으로 줄기차게 증언한다. "아브람이 여호와를 믿으니 여호와께서 이를 그의 의로 여기시고"(창15:6), "복음에는 하나님의 의가 나타나서 믿음으로 믿음에 이르게 하나니 기록된바 오직 의인은 믿음으로 말미암아 살리라 함과 같으니라"(롬1:17) "제자들에게 이르시되 너희 믿음이 어디 있느냐 하시니 그들이 두려워하고 놀랍게 여겨…"(눅8:25) "믿음이 없이는 하나님을 기쁘시게 할 수 없"(히11:6)다고 성경은 밝힌다.

1. 오직 믿음으로

하나님께서 죄인들에게 믿음을 요구하시는 이유는 하나님이 원수 노릇하는 인간과 관계를 새롭게 시작하고 발전시키고 풍성하게 만들려고 하시기 때문이다. 사람은 신뢰하기 어려운, 불완전하고 타락한 존재이다. 완전하신 하나님께서 허물투성이인 사람을 보실 때, 사람은 하나님이 관계를 맺을 만한 상대가 전혀 될 수 없다. 죄인인 사람들은 공의로우신 하나님의 진노와 저주의 대상일 뿐이다.

그럼에도 불구하고 하나님은 죄인들을 먼저 사랑하셨다. 하나님은 구원자를 보내실 것을 약속하시고 때가 되매 그의 아들(성자)을 세상에 보내셨다. 구원자는 곧 말씀이 육신이 되신 예수 그리스도이시다(요1:14). 예수님의 십자가에서 죽으심과 부활하심을 통해, 하나님은 죄인들을 향하신 그의 사랑을 분명하게 보여주셨다. 능력과 공의와 사랑이신 하나님은 그의 아들, 예수 그리스도를 나의 구주와 주(主)로 믿는 믿음만을 보시고 죄인들과 관계를 회복시키신다. 오직 예수 그리스도를 믿음으로 죄인은 의롭다 함을 받고, 하나님의 자녀의 권세를 받는다.

2. 사람의 머리와 힘으로는 하나님을 믿을 수 없음

인간은 무지하고 연약하고 악하기까지 하다. 그러나 하나님은 완전하시다. 그의 능력(지혜)과 공의와 사랑은 영원하며 무궁하며 변치 않는다. 모든 면에서 유한한 사람은 하나님을 잘 알지도 못하고 온전히 믿지도 못한다. 사람들은 자신이 가진 제한되고 정확하지 않은 정보와 지식을 가지고 하나님을 판단하고 하나님을 거부하기도 한다. 그들은 하나님을 자주 의심하고 믿지 않음으로써 하나님을 멀리하고 그에게 등을 돌리고 하나님의 존재를 부인하기까지 한다. 그 결과 죄인들은 죄의 문제를 해결하지 못하고, 죽음의 공포에서 헤어나지 못한다. 예수 그리스도 안에서 주시는 하나님의 자녀 권세를 누리지 못하고, 무거운 죄의 짐, 책임의 짐을 지고 신음하며 살아간다.

성경은 죄로 말미암아 타락한 죄인들을, 죽은 자라고 말한다(엡2:1). 죽은 자는 자신의 구원을 위해 아무 것도 할 수 없다. 자신의 힘으로 하나님을 믿는다는 것은 불가능하다. 죄로 말미암아 영적으로 죽었고 죄와 비참한 상태에 있는 사람이, 하나님과 관계를 회복할 수 있는 유일한 방법은 성령님의 거듭나게 하시는 은혜에 있다.

3. 믿음과 회개

성령님에 의해 거듭난 믿음의 사람들은 하나님의 은혜와 사랑을 알게 된다. 그리고 그가 행하신 놀라운 일들에 감격한다. 그들은 지난날 자신의 죄를 자복하며 회개한다. 지난날 범한 죄들로 말미암은 죄책감과 완악함과 절망감의 올무에서 해방과 자유를 누린다. 하나님의 진노와 저주 아래 신음하며 고통하던 자신을 구원해 주신 주님께 감사하며 영광을 그에게 돌린다.

이제 예수 그리스도를 믿어 구원받은 이들은 죄를 멀리한다. 다시 죄를 지을 때 자복하고 회개한다. 교회(종교)개혁의 도화선이 되었던 루터의 95개 항의문의 첫 번째 내용은 다음과 같다. "우리들의 주님이시며 선생이신 예수 그리스도께서 '회개하라…'(마4:17)고 말씀하실 때 그는 신자들의 전 생애가 참회(깊이 뉘우치는 것)가 되어야 한다는 것을 의미한다."[29] 믿음의 시작과 계속 믿음으로 사는 그리스도인의 삶에서 회개와 감사는 평생 지속되어야 한다.

믿음이 먼저인가 아니면 회개가 먼저인지에 대한 신학 논쟁이 있다. 이에 대해 유해무는 다음과 같이 간략하게 정리한다. "회개는 신앙에 포함된다."[30] 예수 그리스도 안에서 성령님의 도우심으로 하나님의 사랑을 믿는 사람은 자신이 죄인임을 인정한다. 그는 자신의 과거 죄악들을 회개한다. 이제 죄를 범하지 않기로 결단한다.

4. 더 친밀한 관계를 위한 회개와 믿음

그러면 성령으로 거듭난 사람들은 더 이상 죄를 짓지 않게 되는가? 당신 자신을 생각해 보라. 하나님의 자녀로서 죄와 전혀 상관없이 살고 있는가? 그렇지 않다. 예수 그리스도를 믿음으로 하나님의 자녀가 된 그리스도인들도 정도의 차이는 있겠지만 완전과는 거리가 먼 사람들이다. 그들은 모든 죄를 용서받고 의롭다 함(칭의)을 하나님으로부터 받았다. 그러나 어느 누구도 완전한 거룩함을 이세상에서는 이룰 수 없다. 다만 그들은 세상을 떠나기까지 거룩함을 추구하는 성화(聖化 죄를 멀리하고 거룩하신 예수님을 닮아가는 삶)의 길을 걸을 뿐이다.

성숙한 그리스도인들도 믿음이 흔들리며 하나님을 멀리할 때가 생긴다. 믿음이 약해질 때, 하나님의 사람들은 낙심하거나 좌절하기도 한다. 그러나 그들은 "믿음의 주요 또 온전하게 하시는"(히12:2) 예수 그리스도를 바라보고 의지한다. 자신의 죄를 회개함으로써 하나님과 관계를 회복하고 또 유지하고 더욱 돈독하게 한다. 죄를 인정하고 회개할 때, 예수 그리스도의 은혜와 하나님 아버지의 사랑은 더욱 분명하게 나타난다(롬5:20).

하나님은 믿음으로 의롭다 함을 받은 그의 자녀들에게 지속적으로 믿음을 요구하신다. 왜냐하면 우리가 어떤 상황에 있든지 전능하시고 공의로우시고 우리를 사랑하시는 하나님 아버지를 믿고 의지할 때, 우리는 사죄의 은총을 누리며 그의 말씀에 순종할 마음을 갖게 되기 때문이다. 우리의 믿음과 순종은 하나님과 더욱 새롭고 풍성한 관계로 들어가게 만든다. 그리고 하나님의 자녀로서 성령님 안에서 아빠 아버지와 날로 더욱 친밀하고 풍성한 관계를 누리게 된다(고후4:16).

믿음과 회개는 관계를 맺고 발전시키고 풍성하게 하는 데 필수적이다. 믿음이 없으면 하나님의 사랑을 누릴 수도 없고 하나님을 기쁘시게 할 수도 없다. 하나님과 관계를 회복하고 풍성하게 하려면 사람에게는 의(義)가 요구된다. 사람은 자신의 노력만으로는 하나님이 인정하시는 의롭다 함을 가질 수 없다. 이사야 선지자는 이렇게 말한다. "무릇 우리는 다 부정한 자 같아서 우리의 의는 다 더러운 옷 같으며…(사64:6)"

죄인들은 그들의 선한 행위나 업적을 통해 하나님 앞에서 의롭다 함을 얻을 수 없다. 아담과 하와는 하나님의 법에 온전히 순종함을 통해 의롭다 함을 얻을 수 있었다. 첫 사람들은 순종을 통해 의롭다 함을 얻어 하나님과 친밀한 교제를 가졌다. 그러나 그들이 하나님과 언약을 어기고 선악과를 먹은 후에는 순종을 통해 의롭다 함을 얻을 가능성은 제로가 되었다. 긍휼이 풍성하신 하나님은 도무지 소망이 없는 죄인들에게, 의를 회복할 수 있는 새로운 길을 주셨다. 예수 그리스도를 믿음으로 주어지는 전가(轉嫁)된 의(義)다. 오직 예수 그리스도를 믿음으로만 죄인들은 의롭다 함을 선물로 받는다. 그리고 그가 주시는 의를 활용하여 하나님과 복된 관계를 본격적으로 시작하고, 믿음과 순종과 회개를 통해 점점 더 풍성한 은혜의 관계로 나아가게 된다.

당신은 하나님의 사랑을 받은 그리스도인으로서 하나님을 사랑하고 그의 말씀에 순종하고 있는가? 당신은 죄를 범했을 때, 회개함으로써 구원의 기쁨을 회복하는가? 하나님의 용서의 사랑에 감사하며 하나님의 뜻에 순종하기를 더욱 힘쓰는가? 다시 넘어져도 예수님의 대속의 십자가를 바라봄으로써 죄의 올무에서 벗어나 경건한 삶으로 나아가는가?(시124:7)

마. 성경과 교리를 가르치는 목적은 무엇인가?

부모가 자녀들에게, 그리고 목사나 교사가 교인들(어린이를 포함해서)에게 성경을 가르치고 교리를 가르치는 목적이 무엇인가? 단순히 성경과 교리의 내용을 알고 외우게 하는 것이 궁극적 목적인가? 아니다. 물론 성경과 교리를 가르침으로써 하나님이 어떤 분이신지를 자녀들과 교인들이 알게 하는 것은 필요한 일이다. 그러나 성경의 내용을 알게 하는 것은 신앙교육의 궁극적인 목적이 아니다.

바람직한 신앙교육이 이루어지려면 거기서 한 걸음 더 나아가야 한다. 즉 교인들이 성경을 앎으로써 하나님을 더 깊이 알아가도록 해야 한다. 그리고 그를 믿음으로써 하나님과 친밀하고 복된 관계를 맺고 누리게 하는 것이, 성경과 교리를 가르치는 가장 중요한 목표이다. 칼빈(John Calvin)의 역작 『기독교강요』는 성경의 진리와 기독교의 교리가 경건한 삶의 증진에 있으며, 이는 곧 하나님과의 사랑과 존경의 관계를 풍성히 하는 것에 있음을 분명히 하고 있다.[31]

칼빈은 하나님의 진리가 혼탁해진 중세(中世 주후 5-15세기)를 돌아보며 기독교의 핵심 진리를 『기독교강요』에 담아내었다. 이 책의 원제목을 풀어 번역하면 다음과 같다. "경건과 관련한 거의 모든 종합적 내용과 구원의 교리를 알기 위해 필요한 모든 사실들을 담고 있는 기독교적 신앙의 기초가 되는 교훈, 경건에 대한 열심이 있는 모든 사람이 읽기에 매우 가치 있는 작품, 그리고 최신판. 가장 기독교적인 프랑스 왕을 위해 머리말을 쓰며, 믿음의 고백으로서 그에게 이 책을 헌정한다. 저자, 노용의 존 칼빈. 바젤, 1536."[32]

칼빈은 경건에 관심이 있는 사람들을 위해 기독교강요를 저술했다. 그가 말하는 '경건'은 "하나님의 은혜를 우리가 깨달음으로써 생기는 하나님에 대한 사랑에 존경이 결합된 것"[33]을 가리킨다. 성경을 알고 교리를 알려는 목적은, 경건한 삶 곧 하나님을 사랑하고 존경하는 관계 속에서 그와 동행(同行)하기 위함임을 칼빈은 여기서 밝히고 있다.

성경과 교리를 가르치는 궁극적인 목적은 지식의 전달로 끝내서는 안된다. 반드시 서로 사랑하는 관계의 본격적 시작, 발전 그리고 풍성함으로 나아가도록 해야 한다. 먼저는 하나님과의 적대적인 원수 관계가 바뀌어, 아버지와 자녀 간의 사랑과 존경의 관계를 맺게해야 한다. 나아가 가르침을 받는 이들이 하나님과 친밀한 사귐을 누리게 인도한다. 또한 하나님의 자녀된 자신을 존귀히 여기면서, 이웃과도 사랑과 섬김이 풍성하도록 돕는 것, 곧 경건이 성경과 교리를 가르치는 목표다.

> 그러므로 믿음은 들음에서 나며 들음은
> 그리스도의 말씀으로 말미암았느니라

로마서 10:17

제2부
신앙이란 무엇인가?

제2부
신앙이란 무엇인가?

'신앙'이란 무엇인가? 믿음이 올바르고 좋은 부모는 자녀들이 하나님을 믿고 그와 동행하는 사람이 되기를 소원한다. 그들이 하나님을 사랑하고 이웃을 사랑하는 믿음의 사람으로 자라도록 부모들은 모범을 보인다. 그리고 자녀들을 성경말씀으로 가르치고 돌본다. 목회자와 교회학교 교사는 교인들과 그의 자녀들이 하나님을 믿고 의지하며 그의 뜻을 따라 살도록 양육한다. 부모와 교회의 지도자들은 그들이 맡은 사람들이 하나님을 믿고 그와 교제하며 동행하는 경건한 신앙인이 되도록 교육한다.

믿음의 사람이 되고 성숙한 신앙인이 된다는 것은 어떤 것인가? 성경에서 말하는 '신앙(믿음)'이 무엇인지 먼저 알아본다.

I. '신앙'(믿음)이란 무엇인가?

가. 신앙의 정의

믿음'이란 무엇인가? '신앙'이란 무엇을 말하는가? 먼저 '신앙'의 정의를 내려 본다. '신앙'이란 무엇인가? <다음 한국어사전>은 '신앙'을 다음과 같이 정의한다. "1. 신과 같은 성스러운 존재를 신뢰하고 복종함 2. 믿고 받드는 일."[34] 기독교에서 '신앙'이란 하나님과 그와 관계되는 일들을 믿고 받드는 일이다. '받들다'에는 "받아들여 지지하고 소중히 여기다"[35]라는 뜻이 있다. 신앙이란, 하나님을 신뢰하고 나아가 그의 뜻에 복종하는 것이다. 신앙과 비슷한 순수한 우리말에 '믿음'이 있다. 그러면 신앙과 믿음은 어떤 차이가 있는가?

신앙과 믿음은 많은 경우 혼용한다. 여기서 '믿음'의 정의를 참고할 필요가 있다. <네이버 국어사전>에서는 '믿음'을 "1. 어떤 사실이나 사람을 믿는 마음. 2. 초자연적인 절대자, 창조자 및 종교 대상에 대한 신자 자신의 태도로서, 두려워하고 경건히 여기며, 자비·사랑·의뢰심을 갖는 일"[36]이라고 정의한다. <다음 한국어사전>에는 "1.(기본의미) 믿는 마음. 또는 그렇다고 여기는 바. 2. [종교] 신과 같은 성스러운 존재를 신뢰하고 복종함. 또는 그러한 종교"[37]로 정의를 내린다. 두 사전이 내린 정의를 보면 믿음은 "믿는 마음"이다. 그리고 절대자와 같은 존재를 신뢰하고 복종하는 것이다.

대체로 '믿음'이란 단어는 다양한 믿음의 대상(목적어)에 두루 사용된다. 어떤 사실과 관련하여 '믿음'은 쓰인다. 또 어떤 사람과 연관되어 사용되기도 하고 또 절대자에 대해서도 사용된다. 이렇게 '믿음'은 다양한 대상과 연관하여 사용되는 반면, '신앙'은 주로 초자연적인 절대자나 종교와 연결되어 쓰고 있다.

"나는 하나님을 믿는다. 나는 부모님을 믿는다. 나는 친구를 믿는다. 나는 오늘 신문의 보도가 사실이라고 믿는다"와 같이 '믿음'은 다양한 대상에 골고루 사용된다. 앞에서 예로 든 문장에 사용된 '믿는다' 자리에 '신앙한다'를 넣고 읽어보라. 맨 첫 문장을 제외하고는 매우 어색한 문장이 되고 만다.

'신앙'이라는 단어는, "나는 하나님에 대한 신앙이 있다. 나는 기독교 신앙을 가지고 있다. 나의 신앙은 성경을 기초로 한다. 웨스트민스터 신앙고백서" 등과 같이 절대자나 종교와 연결되어 사용된다. 그러나 "나는 아버지를 신앙한다." "나는 조만간 남북한이 평화로운 가운데 통일이 될 것을 신앙한다"라는 말은 매우 어색하다. '신앙'이란 말을 그런 문맥에서는 사용하지 않음을 단번에 알 수 있다.

일상생활에서 기독교 신자들은 '신앙'보다는 '믿음'이라는 단어를 많이 사용한다. "믿음을 더하여 주소서. 나는 하나님을 믿는다. 하나님께 대한 나의 믿음이 자라기를 원한다. 나는 믿음이 약하다." 기도할 때나 일상생활에서 두루 '믿음'이란 단어를 사용하고 있다.

두 사전의 정의에서 '믿음'은 '믿는 마음'이라고 했다. 그러면 '믿는'다는 것은 무엇인가에 대한 설명이 필요하다. <다음 한국어사전>의 정의에 따르면 믿음이란 의심하지 않는 것이다. 그리고 의지하며 기대를 저버리지 않고 희망을 놓지 않는 마음의 상태를 말한다.

나. 믿음은 '무엇을'이라는 목적어(대상)를 필요로 한다

"나는 믿는다"라는 말은 완전하지 않은 문장이다. 왜냐하면 '누구를' 또는 '무엇을' 믿는지 밝히지 않고 있기 때문이다. "나는 아버지를 믿는다"와 같이 '아버지'가 들어가면 이 말은 충분하기도 하고 불충분하기도 한 문장이 된다. "이 말을 한 사람이 아버지를 전폭적으로 신뢰하고 있구나"라는 뜻으로 보면 충분한 말이다. 그러나 "어떤 일, 어떤 이유 때문에 아버지를 믿고 있지?"라는 질문이 가능한 점에서 불충분하다고도 할 수 있다. "나는 아버지가 나의 어려운 처지를 이해하시고 도와주실 것을 믿는다"라고 하면 뜻이 명쾌한 말이 된다. 이 말에서 볼 수 있듯이 '믿는다'라는 말에는 믿음의 대상(목적어)이 드러나야 한다. 더 완전한 문장이 되려면 그 믿음의 대상이 어떤 존재인가에 대한 설명이 따라와야 한다.

1. 믿음의 목적어, 내용

어떤 사람이 "나는 하나님을 믿는다"라고 했다. 이 말에서 그가 믿는 '하나님'이 어떤 분인가에 대해 의문을 제기할 수 있다. 그의 말에 '하나님'과 연관된 설명이 없기 때문이다. 따라서 동일하게 "나도 하나님을 믿는다"라고 또 다른 사람이 고백했을 때, 그 하나님에 대한 구체적인 설명이 없다면, 그 두 사람이 믿는다고 하는 '하나님'이 서로 다른 하나님일 수도 있다. 한 사람은 유대교 신자로서, 다른 한 사람은 기독교인으로서 말했을 때처럼 서로 다른 고백이 될 수 있다.[38]

결국 "하나님을 믿는다."는 선언은, 그 하나님이 하신 말씀(성경)과 그가 하신 또는 하실 일을 근거로 이루어진다. 사도신경이나 웨스트민스터 신앙고백서 같은 신조(信條)나 요리(要理)문답서(catechism)가 필요한 이유다. 내가 믿는 하나님과 나의 이웃이 믿는 하나님이 같은 분인가 아닌가를 분별하는 데 이런 신앙고백이나 교리서가 사용된다.

그런데 성경에서도 '믿음'이 목적어가 없이 언급되는 경우가 많다. "이에 예수께서 그들의 눈을 만지시며 이르시되 너희 믿음대로 되라 하시니"(마9:29), "제자들에게 이르시되 너희 믿음이 어디 있느냐 하시니…"(눅8:25), "먼저 내가… 내 하나님께 감사함은 너희 믿음이 온 세상에 전파됨이로다"(롬1:8), "…오직 의인은 믿음으로 말미암아 살리라…"(롬1:17) "이로 말미암아 주 예수 안에서 너희 믿음과 모든 성도를 향한 사랑을 나도 듣고"(엡1:15), "내가 살 것과 너희 믿음의 진보와 기쁨을 위하여…(빌1:25) 등등. 이런 경우 믿음의 대상(목적어)은 대부분 하나님임은 분명하다.

2. 믿음의 목적어를 살펴보라

성경을 읽거나 가르치는 사람은 '믿음'이라는 단어가 등장할 때, 여기서 언급된 '믿음'의 목적어가 무엇인지를 찾아볼 필요가 있다. 만약 목적어가 보이지 않는다면, 어떤 내용(목적어)이 생략되어 있는지 문맥을 통해 알아낼 수 있다. 목적어를 찾을 때 기억해야 할 것이 하나 있다. 유해무는 이에 대해 다음과 같이 설명한다. 성경에서 '믿다'라는 동사의 목적어를 파악하려고 할 때 두 가지 목적어를 생각해야 한다. "성경에서 '믿다'란 동사의 목적어는 일차적으로 여격, 곧 인격(누구)이며, 대격(그 누구에 관한 무엇)은 부차적이다."[39] 따라서 성경에서 '믿다'의 목적어를 찾을 때 먼저 믿음의 대상(whom)에 대해 문맥을 살피면서 확인해야 한다. 만약 믿음의 대상이 하나님이시라면, 이제는 그의 성품(person)과 그가 하시는 일들(사역 works)을 살펴야 된다.

앞서 간단하게 살펴본 것처럼 성경에는 '믿음'이라고만 언급하고 그 믿음의 목적어를 생략한 경우가 너무 많다. '믿음'이란 단어가 나올 때, 그 믿음의 내용(목적어)을 살펴보라. 많은 경우 그 '믿음'은 하나님을 가리킨다. 이제 그 하나님이 어떤 분이신지(성품과 사역)를 살펴라. 당신의 믿음이 자라기를 원하는가? 성경을 읽고 연구하고 묵상하면서 '믿음'이란 단어를 만날 때, 그 앞뒤 문맥을 살펴보라. 하나님은 어떤 성품을 가지신 분이고 그가 어떤 일을 하시며 어떤 방식으로 일하시는 분인지 연구하고 묵상해 보라. 그리하면 하나님을 아는 지식과 은혜 가운데 더욱 풍성한 하나님과 관계를 누리게 될 것이다.

다. 신앙(믿음)은 선택과 고백의 과정을 통과한다

성령과 말씀으로 거듭나지 못한 '육에 속한 사람'(고전2:14)은 하나님을 알 수 없다. "하나님의 성령의 일들을 받지 아니"하기 때문이다. 그가 하는 모든 일들은 하나님을 영화롭게 할 수 없고 도리어 하나님을 대적한다. 심지어 그가 행하는 이웃을 돕는 일 같은 선행(善行)도 하나님 앞에서는 선한 일이 될 수가 없다. 왜냐하면 그가 한 일이 하나님을 영화롭게 하지 못하고 자기 자신에게 영광을 돌리게 되기 때문이다.[40]

성령으로 거듭난 사람은, 지금까지 살아온 죄의 길을 버리고 예수 그리스도를 선택하고 믿음을 고백할 수 있다. (물론 이 모든 것도 하나님의 은혜로 이루어진다. 엡2:8) 예수님을 믿게 될 때 그는 새로운 피조물 곧 죄의 노예에서 하나님의 자녀로 존재(신분)가 바뀐다. 그리고 그는 세례(유아세례교인은 입교)를 받기로 선택한다. 신앙고백을 한 후 받는 입교나 세례 예식을 통하여 그는 공적으로 예수님과의 연합과 하나님의 자녀가 되었음을 확증 받게 된다. 아울러 교회의 정회원이 된다. 성찬에 참여할 자격을 얻는다.

거듭난 사람은 이제 이전 삶의 방식을 즉각적으로 떠나기로 선택한다. 그러나 과거의 모든 잘못들을 단번에 다 정리하고 떠날 수 있는 것은 아니다. 믿음으로 의롭다 함을 받고 하나님의 자녀가 되었지만, 과거에 죄를 짓던 습관을 완전히 벗어난 것은 아니기 때문이다. 더욱이 우리의 육체에 있는 징욕과 우리가 살고 있는 세상 그리고 사탄은 지속적으로 우리를 죄의 길로 이끈다.

거듭난 사람은 하나님이 기뻐하시는 일들을 선택하며 살려는 마음을 갖게 된다. 즉 거듭나기 전에는 하나님 앞에서 선을 행할 능력이 전혀 없었다. 그러나 성령으로 거듭난 후에는 죄의 길, 지난날의 삶에 머무를 수도 있고, 아니면 하나님 중심의 선을 행할 수도 있는 상태가 된다. 거듭난 사람은 옛사람의 길을 걸어가든가, 아니면 성령님의 도우심을 받아 믿음으로 새사람의 길을 선택하며 살아갈 수 있다.

결국 성경에서 말하는 '믿음'이란, 하나님께 나아가는 것이다. 나를 위해 독생자 예수 그리스도를 주신 하나님의 능력과 공의와 사랑 때문에, 나는 하나님을 선택한다. 그리고 믿음은 나를 그에게 맡기며 그와 동행하는 것이다. 믿음은 하나님께 자신의 모든 것을 드린다고 고백하게 만든다. 그리고 하나님의 말씀에 순종하며 살기를 결단하게 만든다.

로마서 10:9-10은 신앙에서 선택과 고백을 다음과 같이 증거한다. "네가 만일 네 입으로 예수를 주로 시인하며 또 하나님께서 그를 죽은 자 가운데서 살리신 것을 네 마음에 믿으면 구원을 받으리라 사람이 마음으로 믿어 의에 이르고 입으로 시인하여 구원에 이르느니라" 자신과 세상 대신에 하나님의 독생자 예수 그리스도를 마음으로 선택하고 믿을 때 의롭다 함을 받는다. 이제 그 믿음을 입으로 고백할 때 구원은 공적으로 확증된다. 신앙은 선택과 고백의 과정을 거친다.

II. 기독교 신앙의 핵심 내용

나와 이웃의 관계 그리고 나와 하나님과의 관계 시작점에는 믿음이 필요하지 않다. 부모님이 주일마다 예배에 참석하기 때문에 엄마의 뱃속에서부터 하나님과 관계가 시작될 수 있다. 길을 가다가 전도지를 받고 읽는 가운데 호기심이 생겨서 예배에 참석할 수도 있다. 친구의 성화에 못이겨 교회의 초청잔치 모임에 참여할 수도 있다. 이렇게 하나님과 관계가 시작될 때는, 믿음이 꼭 필요한 것은 아니다. (물론 하나님의 은혜로운 섭리가 그 가운데 있음은 분명하다.) 그러나 모든 관계가 발전하고 풍성해지기 위해서는 믿음이 요구된다. 하나님과 관계도 마찬가지다.

한 청춘남녀가 우연히 만나서 교제를 시작할 때, 서로에 대한 이끌림이나 호기심 또는 기대감은 있지만 믿음은 아직 없을 것이다. 그러나 이 만남이 결혼으로 발전하려면 서로에 대해 알아가며 믿음이 쌓여가야 한다. 결혼하여 부부가 되면 행복할 것이라는 확신이 두 사람 모두에게 있어야 한다.

하나님과 사람 사이 관계의 시작은 매우 특별하다. 그것은 하나님이 창세 전에 먼저 사람을 택하셨기 때문이다. 그리고 하나님은 그 사람을 속속들이 다 아신다. 따라서 그가 하나님을 믿고 하나님과 동행하는 복된 관계를 가지려면, 하나님이 어떤 분이신지를 먼저 알아야 한다. 하나님을 믿으면 어떤 좋은 일이 나에게 생기는지 확인해야 한다. 그리고 하나님을 믿음으로써 나에게 주어진 선한 결과(기도응답, 순종을 통해 받은 은혜와 복 등)를 경험해야 한다. 그럴 때, 하나님에 대한 믿음이 그에게 생긴다. 삼위일체 하나님이 어떤 분이시고 어떤 일을 세상에 그리고 나에게 하셨는지를 알아갈 때, 하나님을 믿고 의지하며 그에게 헌신할 수 있다. (이 과정에서 성령님이 하시는 일은 제2부 "V. 전도, 믿음 그리고 성령님이 하시는 일"에서 자세하게 설명한다.)

하나님은 먼저 우주만물에 자신을 드러내셨다. 그의 능력과 지혜 그리고 위엄과 영광을 세상에 나타내셨다. 이를 자연계시 또는 일반계시라고 한다. 사람은 범죄하여 타락하였다. 그 결과 눈과 마음과 생각이 어두워졌다. 자연에 나타난 하나님의 영광을 올바로 이해하지 못하고 왜곡하게 되었다. 해와 달과 별들을 볼 때 하나님의 능력과 지혜를 찬양하는 대신에, 그것들에게 절하고 숭배했다. 하나님은 이런 죄인들의 무지를 깨우치시기 위해 특별계시를 주신다(웨스트민스터 신앙고백서 1장 1절 참고).

사람들은 죄로 말미암아 눈과 마음이 어두워져서, 죄인들을 향한 하나님의 사랑을 도무지 알 수 없게 되었다. 하나님은 이런 죄인들에게 긍휼을 베푸셔서 특별계시를 주셨다. 곧 독생자 예수 그리스도를 보내실 것을 구약을 통해 사람들에게 알리셨다. 하나님의 특별계시의 핵심인 그의 아들을 세상에 보내셨다. 그리고 그의 성품과 하신 일 그리고 하실 일들을 신약에 기록하게 하셨다.

성경은 구약 39권, 신약 27권으로 구성되어 있다. 구약은 929장, 신약은 260장 총 1,189장이다. 구약 23,145절, 신약 7,957절 총 31,102절로 되어 있다.[41] 비교적 방대한 분량이다. 그러나 쉬지 않고 성경을 읽으면 약 75시간에 창세기 1장부터 요한계시록 22장까지 통독이 가능하다. 하루 8시간씩 읽으면 열흘만에 독파할 수 있는 분량이다. 신구약 성경을 통해 사람들은 성부, 성자, 성령 하나님의 성품과 사역들을 명확하고 충분하게 알게 된다. 우리가 가져야 할 믿음의 내용은 성경에 모두 기록되어 있다.

종교개혁가들은 성경의 가장 중요한 내용을 교회의 지도자들과 그리스도인들과 그의 자녀들, 그리고 새로이 예수님을 믿고 세례를 받으려는 사람들에게 가르치기 위해 교리를 세우고 책으로 만들었다. 마르틴 루터는 1529년 『소요리문답』과 『대요리문답』을 출간했다. 존 칼빈은 『기독교강요』(1536), 『제네바 신앙고백서』(1536), 『제네바교회 교리문답』(1542) 등을 저술했다. 그후 개혁교회가 좋아하는 교리서인 『하이델베르크 요리문답』이 우르시누스 (Zacharias Ursinus)와 올리비

아누스(Caspar Olevianus) 공동명의로 1563년 세상에 나타났다.

장로교회의 교리표준으로 알려진 웨스트민스터 신앙고백서(1646), 소요리문답과 대요리문답(1648)은 영국에서 만들어졌다. 영국의회는 영국과 스코틀랜드 교회의 대표자들을 모아 통합교회를 이루기 위한 신학적 근거를 마련하도록 했다. 총회는 런던의 웨스트민스터 교회당(과 인근 지역)에서 1643년 7월 1일부터 첫 회의를 했고, 1649년 2월 22일에 신앙고백을 포함한 표준문서와 관련한 회의를 끝냈다. 영국의회는 1648년에 대부분의 회의의 결과를 받아들였다. 스코틀랜드교회 총회는 그보다 1년쯤 앞선 1647년 8월 27일 앞의 세 문서들을 교리표준으로 채택했다.

이러한 교리서들은 성경 전체에서 뽑아낸 핵심 진리를 담고 있다. 그리스도인이라면 최소한 하이델베르크 요리문답이나 웨스트민스터 소요리문답, 둘 중 하나는 반드시 읽고 공부해야 한다. 많은 교인들이 '교리'라고 하면 어렵다고 생각한다. 그래서 교리서를 공부할 생각을 아예 안 하려는 경향도 있다.

대부분의 교리서의 중심 내용이 무엇인지 알고 있는가? 교리서들은 놀랍게도 사도신경[42]과 십계명과 주기도문을 중심으로 되어 있다. 특별히 하이델베르크 요리문답에는 그리스도인이 가져야 할 핵심적인 믿음이 담긴 사도신경과 하나님 사랑 이웃 사랑을 구체적으로 실천하도록 돕는 십계명, 그리고 소망을 가지고 기도하도록 돕는 주기도문이 담겨 있다.[43] (여기에 더하여 성례에 대한 내용이 포함되어 있다.)

교회는 성경공부와 함께 교리교육을 시행해야 한다. 교리는 우리 몸을 지탱해 주는 뼈대(골격)와 같은 것이다. 하나님과의 복된 관계를 누리는 데 필요한 핵심되는 내용이 교리서에 담겨있다. 그리고 성경공부는 교리라는 뼈대 위에 근육과 살을 튼튼히 하고 아름답게 하는 것으로 비유할 수 있다. 성경공부는 '지금 여기서' 우리와 함께하시는 하나님을 만날 기회를 제공한다. 골격과 근육과 살이 함께 있어야 몸(신체)이라고 할 수 있다. 이처럼 교리교육과 성경공부를 병

행할 때, 바르고 아름다운 신앙생활, 하나님과 동행하는 역동적인 삶을 가지게 된다.

교리를 알지 못하면 이단의 공격에 쉽게 신앙이 무너진다. 교리를 잘 알면 성경을 더욱 잘 이해하게 된다. 그러나 교리만 알고 성경을 읽고 묵상하기를 소홀히 하면 하나님과 실존적인 친밀한 사귐이 어려울 수 있다. 교리교육과 성경공부 어느 한쪽에 치우치는 것은 건강한 신앙생활에 걸림이 된다. 둘은 함께 가야 한다.

세례를 받으려는 사람은 교회를 통해 참된 믿음의 내용을 배우고 고백한다. 이런 믿음의 내용을 가장 간략하게 담고 있는 신앙고백으로 사도신경이 있다. 이와 더불어 니케아(-칼세돈)신경(325, 451)과 아타나시우스신경(6세기)이 있다. 그중 가장 보편적으로 교회가 사용하는 것이 사도신경이다. 사도신경에는 성부, 성자, 성령 하나님에 대한 핵심되는 내용 12가지(성부 1가지, 성자 6가지, 성령 5가지)가 담겨있다.

사도신경(使徒信經 The Apostles' Creed)은 사도들이 가르친 신앙의 내용을 담은 문서다. 예수님의 열두 사도가 한 문장씩 고백한 12가지의 신앙을 모은 것이라는 속설도 있으나, 사실로 받아들이기는 어렵다. 사도신경은 주후 2세기경부터 모습이 나타나기 시작하여 3세기경에 현재의 형태를 갖게 되었다. 가장 이른 시기에 문서화 된 사도신경(헬라어)은 주후 341년 마르셀루스(Marcellus of Ancyra)가 로마의 주교인 율리어스(Julius)에게 보낸 편지에서 발견된다.[44]

성경과 교리서들과 사도신경을 참고하여 필자 나름대로 우리 신앙의 핵심 내용을 살펴보았다. 그리고 삼위일체 하나님을 중심으로 우리가 믿는 바를 아래와 같이 정리했다.

가. 성부 하나님

하나님의 특별계시인 성경은, 성부 하나님의 성품과 사역(과거에 하신 일, 현재 하고 계시는 일, 그리고 앞으로 하실 일)에 대해서 증거한다. 하나님에 대한 성경 전체의 증거를 요약해서 알려면 어떻게 해야 할까? 웨스트민스터 소요리문답을 참고할 수 있다. 제4문답은 이렇게 말한다.

질문: 하나님은 어떤 분이십니까?
답: 하나님은 영이신데 그의 존재하심과 지혜와 권능과 거룩하심과 공의와 인자하심과 진실하심이 무한하시며 영원하시며 불변하십니다.

하나님은 몸이 없으신 영(靈)이시다. [때때로 "하나님의 손, 눈, 귀"와 같은 표현이 성경에 나오지만, 이것은 의인화(擬人化)한 묘사이다.] 하나님은 영이시기 때문에 우상숭배자들을 매우 미워하신다. 그는 눈에 보이지 않으신다. 그러나 그는 분명히 존재하신다. 그는 지혜의 근본이시고, 그에게는 불가능한 일이 없다. 하나님은 거룩하시다. 성경에서 말하는 '거룩'은 구별된다는 뜻이다. 하나님은 창조주로서 사람을 만드셨기에 사람과 비교될 수 없는 구별된 분이시다.

그는 공의로우신 분으로서 죄를 미워하시고 죄인을 심판하신다. 그러나 하나님은 진노 중에도 긍휼을 베푸시는 인자한 분이시다. 그는 거짓이 조금도 없는 진실한 분이시다. 하나님의 거룩하심은 특별히 그의 무한, 영원, 불변한 속성에서 나타난다. 혹자는 이를 하나님의 '비공유적(非共有的 하나님만이 지니신) 속성'으로 부르기도 한다. 사람도 지혜나 능력 같은 하나님의 속성을 부분적으로 가진다(공유적 속성). 그러나 무한하고 영원하고 불변하는 지혜나 능력은 절대 가질 수 없다. 하나님은 사람과 구별되는 거룩한 분이시다.

당신은 하나님을 믿는 사람이다. 만일 중학교 2학년생이 당신에게 찾아와서 "하나님은 어떤 분이신가요?"라고 묻는다면, 당신은 무어라고 대답하겠는가?

당신이 믿는 하나님을, 어떻게 간단명료하게 그 학생에게 가르쳐 주겠는가? 언제라도 부닥칠 수 있는 상황이니 진지하게 답을 찾아서 말해보라.

필자는 창세기를 통해 (성부) 하나님의 성품과 사역을 가르치기를 좋아한다. 창세기를 통해서 알 수 있는 하나님은 첫째로 우주만물을 창조하신 전능하시며 지혜로우신 분이다(1-2장, Generation). 둘째로 죄를 지은 타락한 사람(3-11장, Degeneration)에 대해 벌(심판)하시는 공의로운 분이시다. 셋째로 진노 중에도 인자와 긍휼을 베푸시는 사랑의 하나님, 새롭게 하시는 하나님이시다(12장 이하, Regeneration). 각각에 대해 간단하게 아래에 설명한다.

1. 하나님은 전능하시며 지혜로우시다

하나님은 말씀으로 우주만물을 지으셨다. 그가 말씀하시니 빛이 생겼고, 궁창이 만들어지고, 물과 뭍이 나뉘어졌다. 하나님은 해와 달과 별들을 만드시고, 물고기와 새들을 지으셨다. 그리고 땅에서 사는 각종 동물들을 지으시고, 마지막에 그의 형상을 따라 사람을 창조하셨다. 하나님은 그가 지으신 모든 것을 보시며 심히 만족하셨다. "하나님이 지으신 그 모든 것을 보시니 보시기에 심히 좋았더라"(창1:31) 하나님은 엿새 동안 이 모든 창조의 일을 이루시고 기뻐하시고 만족하셨다. "보시기에 심히 좋았더라"는 말씀은 예술가가 작품을 완성한 후 흡족하여 낙관을 찍거나 사인을 하는 일에 견줄 수 있다. 하나님은 창조의 일을 마치신 후 제7일에 안식하셨다.

우주만물 그리고 그 가운데 동식물과 사람을 창조하신 하나님은 전능한 분이시다. 그가 만드신 모든 것들을 볼 때, 하나님의 능력과 함께 그의 무한한 지혜를 알게 된다. 질서 있게 움직이는 삼라만상을 생각하면 하나님의 위대하심을 찬송하지 않을 수 없다. 태양을 기준으로 23.4도 기울기의 축으로 자전하며, 1년을 주기로 태양을 중심으로 공전하는 지구는 하나님의 지혜에 감탄하게 만든다. 얼음으로 뒤덮인 북극과 남극 그리고 그 사이에 다양한 기후를 보이는 5

대양 6대주는 하나님의 놀라운 능력과 지혜를 찬양하게 만든다.

하나님이 창조하신 사람은 어떤가? 사람의 눈, 귀, 코, 입, 혀 그리고 몸 안의 모든 기관(器官)들은 하나님의 신묘막측하신 능력과 지혜를 알게 한다. 하나님께서 사람에게 부여하신 능력과 지혜 또한 완전하지는 않지만 무궁무진하다. 사람들이 발견하고 발명한 것들(분자, 원자, 만유인력법칙, 상대성원리, 망원경, 현미경, 카메라, 자동차, 컴퓨터, 로켓, 스마트폰, 로봇 등)을 볼 때, 하나님께서 사람들에게 특별한 능력과 지혜를 주셨음을 부인할 수 없다.

하나님의 모양대로 지음을 받은 아담과 하와는, 하나님과 이야기를 나누며 친밀한 관계 속에서 즐겁고 평화롭게 살아갔다. 그들은 하나님이 주신 지혜와 능력을 활용하여 에덴동산을 다스리며 경작하였다. 하나님께서 맡기신 사명에 순종하며 그의 이름을 높였다. 그들은 '에덴'(기쁨, 환희)에서 하나님을 기뻐하며 감사하며 찬송하며 살았다.

하나님은 능력과 지혜가 무한, 영원, 불변하신 분이심을 창세기 1, 2장은 증거한다. 우리는 전능하시고 지혜로우신 창조주 하나님을 믿어야 한다. 이런 하나님과 교제하며 그의 보호하심과 인도하심 그리고 도우심을 누리며 사는 인생은 복되다. 그러나 첫 사람 아담과 하와의 범죄로 하나님과 사람 사이의 화목하고 친밀한 관계는 깨졌다.

2. 하나님은 공의로우시다

하나님은 우주만물의 창조주시다. 하나님은 그의 형상대로 아담과 하와를 창조하셨다. 하나님은 자기보다 조금 못하지만 그들에게 큰 능력과 지혜를 주셨다. 하나님은 그들에게 생육하고 번성하여 땅에 충만할 것을 명하시고, 땅을 정복하고 모든 생물을 다스릴 지혜, 능력 그리고 사명을 주셨다. 하나님은 그들에게 만물을 위임하시고, 관리자와 통치자로 세우셨다. 하나님은 사람을 다른 동물이나 로봇처럼 피동적 또는 기계적으로 순종하는 존재로 창조하지 않으셨다.

하나님은 그들에게 자유의지를 주셨다. 하나님은 사람들이 그에게 순종할 수도 있고 반역할 수도 있는 자유를 주셨다. 왜 그렇게 하셨을까? 하나님은 사람들로부터 진정한 감사와 찬송을 받기를 원하셨기 때문이다.

선악을 알게 하는 나무

이런 상황에서 한 가지 우려스러운 것은 사람들이 창조주이시며 통치자이신 하나님을 잊어버리는 것이었다. 이런 일이 발생하는 것을 방지하기 위한 최소한의 장치로 하나님은 동산 중앙에 선악을 알게하는 나무와 생명나무를 두셨다. 그리고 사람과 언약을 세우셨다. "동산 각종 나무의 열매는 네가 임의로 먹되 선악을 알게 하는 나무의 열매는 먹지 말라 네가 먹는 날에는 반드시 죽으리라"(창2:17)

하나님께서 사람에게 무한한 자유를 주시면서 단 한 가지 하지 말아야 할 일을 주셨다. 사람들이 선악과를 볼 때마다 그들은 확인해야 했다. 그들의 창조주이신 하나님이 계시고, 선악과만은 그들이 먹어서는 안 된다는 언약이었다. 그리고 자신은 만물의 통치자이지만, 하나님의 청지기(주인이 아니라 관리인)라는 사실이었다. 이 언약 안에서 사람은 거의 무한한 자유를 누리며 하나님께 영광을 돌리며 기쁘고 평화롭게 살 수 있었다. 그러나 뱀의 유혹에 넘어간 하와와 아담은 하나님이 주신 언약을 깨뜨리고 죄를 짓고 타락하고 말았다.

언약을 깨뜨린 사람

범죄한 아담과 하와에게 하나님이 말씀하신대로 영적 죽음이 임했다. 성경에서 '죽음'은 분리를 의미한다. 범죄한 사람들은 하나님을 두려워하며 그를 피하여 숨었다. 하나님과 화목한 관계가 깨졌다. 영적인 분리 곧 단절이 있게 된 것이다. 아담이 930세가 되었을 때 그의 육체의 생명도 끝이 왔다. 결국 영과 육의 분리가 있게 되었다.

아담과 하와는 범죄의 책임을 자신이 지려고 하지 않았다. 이로써 친밀함 대신 적대적인 관계가 사람들 사이에 시작되었다. 첫 사람들은 하나님과 언약을 지키는 동안은 죄가 무엇인지 전혀 알지 못했다. 그들은 죄와 상관없는 순수함 그 자체였다. 그러나 선악과를 먹어 하나님과 언약을 깨뜨린 그들은 비로소 죄가 무엇인지 그 결과가 얼마나 비참한 것인지 알게 되었다.

공의로우신 하나님은 언약을 깨뜨린 아담과 하와에게 그리고 유혹자 뱀에게 벌을 내리신다. 사람의 타락으로 말미암아 땅에도 저주가 임했다. 사람은 하나님이 주신 사명을 이루기 위해서 일해왔다. 그러나 이제는 자신의 목숨을 이어가기 위해 그리고 살아남기 위해 일하게 되었다. 죄로 말미암아 하나님의 진노와 저주 아래 사람은 비참함과 불행 가운데 신음하며 괴로워하며 살게 되었다. 사람이 아무리 자신이 성공했다고 자찬하고 자랑해도, 하나님과의 친밀한 관계가 사라진 인생은 어두움과 공허함과 혼란을 피할 수 없게 되었다.

전능하시고 지혜로우신 하나님은 또한 공의로우시다. 그는 첫 번째 언약을 통해 사람에게 가장 행복한 길을 주셨지만, 사람은 어리석게도 그 길을 떠났다. 하나님은 범죄한 사람을 벌하신다. 벌과 저주를 통해 하나님은 그의 정의와 공의를 나타내신다.

성경은 피조물인 사람들이 공의로우신 하나님을 경외하라고 가르친다. 하나님을 우습게 즉 만홀(漫忽)히 여기지 말라고 사람들에게 경고하신다(사1:4). 공의로우신 하나님을 믿는 사람은 두렵고 떨림으로 그를 인정하고 섬겨야 한다. 여호와 하나님을 경외하는 것이 지혜의 근본이기 때문이다(시111:10, 잠9:10).

전지전능하시고 지혜로우신 하나님, 그리고 죄를 미워하고 벌하시는 정의와 공의의 하나님을 우리는 알고 믿고 고백해야 한다. 그러나 만약 하나님이 전능하시고 공의로우심이 전부라면, 우리 죄인들은 고통과 불행과 비참 가운데서 아무런 희망이 없이, 이 땅에서 그리고 영원히 지옥에서 살 수밖에 없다. 그러나 하나님은 사랑이시다. 하나님의 인자와 긍휼하심을 알고 믿음으로써, 우리는 하나님과의 관계 회복(의로움)과 이에 따르는 기쁨과 소망 그리고 평화와 지혜를 누리며 살아가게 된다.

3. 하나님은 사랑이시다

범죄하여 수치심과 두려움에 싸여있는 아담과 하와를 찾으신 하나님은 공의로우실 뿐만 아니라 사랑이시다. 공의의 하나님은 아담과 하와 그리고 뱀을 벌하셨다. 그러나 진노 중에서도 하나님은 메시아를 보내셔서 죄인들과의 관계를 회복하실 것을 말씀하셨다. 창세기 3:15은 사탄의 머리를 깨뜨리실 메시아가 오실 것을 보여준다. 구원의 기쁜 소식을 처음으로 알리는 말씀이라고 해서 이 구절을 '원시(原始)복음'(Protevangelium)이라고 부른다. 또한 하나님은 무화과 나무잎 대신에 짐승을 잡아 가죽옷을 지어 그들에게 입히신다.

여호와 하나님의 사랑이, 살인자 가인과 위로자 노아 그리고 바벨탑 사건에서 분명히 나타난다. 그러나 하나님이 아브람을 부르시고 그를 복으로 삼으시는 사건(창12장)에서 그의 사랑이 본격적으로 드러난다. 하나님은 아브라함의 후손 가운데 메시아 곧 예수 그리스도를 태어나게 하셔서 죄인들을 구원하신다. 공의의 하나님은 또한 사랑이시다.

자기를 배신하고 반역한 죄인들을 위해 예수 그리스도는 그들의 죄를 십자가에서 대속(代贖)하신다. 그리고 예수님을 믿는 그들을 의롭다고 불러주신다(칭의). 구약시대에는 짐승을 화제로 드리며 피를 뿌리는 제사 제도를 하나님은 세우셨다. 하나님은 뱀의 머리를 깨뜨리실 메시아를 고대하며 믿음으로 피의 제사를 드리는 이들의 죄를 용서해 주셨다. 그리고 그들을 자기의 친(親)백성으로 삼아주셨다. 하나님은 사랑이시다.

첫사람 아담이 하나님과 언약을 어김으로써 죄가 세상에 들어왔다. 하나님은 온 인류의 조상 아담과 더불어 '선악과 언약'을 맺으셨다. 아담은 온 인류의 대표로 하나님과 언약을 맺었다. 따라서 그의 범죄는 모든 사람을 죄와 죽음의 권세 아래 출생하게 만들었다. 공의로우신 하나님의 심판 아래 처한 인생에게는 참 기쁨이나 평안이나 소망이 없다. 불행과 비참 가운데 살아가는 인생이 되었다.

그러나 사랑의 하나님은 그의 독생자를 세상에 보내셨다. 하나님은 그를, 세상 죄를 지고 가는 하나님의 어린양 곧 화목제물로 삼으셨다. 하나님은 예수 그리스도를 믿는 사람들의 죄를 도말하신다. 그들을 의롭다고 하신다. 그뿐만 아니라 그들을 그의 자녀 삼아주시며, 천국을 그들에게 기업으로 주신다. 하나님은 인자와 긍휼이 무한하시며, 사랑이시다.

당신은 능력과 지혜의 하나님을 믿는가? 죄를 미워하고 벌하시는 공의와 정의의 하나님을 믿는가? 공의의 하나님이 당신을 사랑하셔서 그의 독생자 예수 그리스도를 세상에 보내신 것을 믿는가? 예수님을 믿으므로 죄를 용서받은 기쁨이 있는가? 하나님의 사랑받는 자녀의 권세를 받은 그리스도인으로서, 그의 보호하심과 인도하심의 은혜와 복을 누리며 살고 있는가?

나. 성자 예수 그리스도

우리의 믿음의 핵심에는 성부, 성자, 성령 삼위일체 하나님이 계신다. 이제 성자 예수 그리스도를 믿는다는 것이 어떤 것인지 구체적으로 알아본다. 예수님은 그의 제자들과 함께 빌립보 가이사랴로 가셨다. 이때는 예수님이 제자들과 2년 이상의 시간을 보내신 후였고, 이제 십자가를 앞두신 때였다. 예수님은 제자들에게 두 가지 질문을 하셨다. 하나는 "사람들이 나를 누구라고 하느냐?"(막8:27) 였다. 두 번째 질문은 "너희는 나를 누구라 하느냐?"(막8:29)였다. 당신은 예수님이 어떤 분이라고 생각하고 믿고 있는가?

예수님이 누구신가에 대해 꼭 알고 믿고 고백해야 할 내용 세 가지를 당신의 신앙고백으로서 말해보라. 여러 가지 대답이 있을 수 있다. 그러나 필자는 예수 그리스도에 대해 다음과 같은 세 가지를 믿고 고백한다. 첫째로, 예수님은 하나님의 독생자(獨生子)로서 사람이 되신, 참 하나님이시며 참 사람이시다. 그는 하나님과 죄인 사이에 유일무이한 중보자이시다. 둘째로, 예수님은 십자가에서 죄인들을 대신하여 죽으심으로써 구세주 곧 나의 구주, 나의 구원자가 되신다. 셋째로, 예수님은 죽음을 이기시고 부활하셔서 하늘과 땅의 모든 권세를 가지신 만왕의 왕, 만유의 주(主), 나의 주님이시다. 이 세 가지에 한 가지를 더한다면 예수님은 우리 인생의 랍비 중의 랍비시며 우리 삶의 모범자이시다. 당신은 예수님을 그렇게 알고 믿고 고백하고 있는가?

1. 예수님은 하나님의 독생자, 참 하나님이시며 참사람이시다
그는 하나님과 죄인 사이에 유일무이한 중보자이시다

구약에는 오실 메시아와 관련된 예언이 약 300회 나온다.[45] 예수 그리스도는 구약에서 예언된 대로 이 땅에 오셨다. 예수님은 동정녀(童貞女) 마리아에게 성령이 임하심으로 수태(受胎)되어 출생하셨다. 요한복음은 특별히 예수님이 하나님이심을 증거한다. 요한복음 1장은 이렇게 시작된다. "태초에 말씀이 계시니라 이 말씀이 하나님과 함께 계셨으니 이 말씀은 곧 하나님이시니라" 요 1:14에서 '말씀이 육신이 되'셨다는 말로써, 말씀(로고스)이 곧 예수 그리스도이심이 드러난다. 예수님은 참 하나님이시며 또한 참 사람이시다.

사람이 되신 성자(聖子)
하나님이 사람이 되신 것은 사람의 머리로 도무지 이해할 수 없는 놀라운 사건이다. 이런 일을 가리켜 '신비'(神祕)라고 한다. 성경에 기록된 '신비'는, 어떻게(how) 그런 일이 일어날 수 있는가에 대해서 도무지 알 수 없는 것이다. 그렇지만 성경의 '신비'는 왜(why) 그런 일이 일어나야 하는가에 대해서는 분명하다.
성자 하나님은 사람이 되셔서 배고픔과 피곤함을 경험하셨다. 예수님은 명예

욕과 권력과 인기에 대한 유혹을 받으셨다. 고난을 피하고 쉬운 길을 가고 싶은 욕구도 느끼셨다. 예수님은 사람이라면 겪을 수 있는 모든 시험을 받으셨다. 그러나 죄를 짓지는 않으셨다.(히4:15)

예수 그리스도는 인간이 되심으로써 사람의 연약함과 무지와 악함을 몸과 마음으로 경험하셨다. 우리 주님은 사람들을 무기력하게 만들고 고통스럽게 하는 죽음의 권세에 대해 분노하셨다.(요11:33, 38) 그리고 사람들을 죄와 죽음과 영원한 형벌로부터 구원하시기 위해 화목제물이 되셔서 십자가를 지셨다. 죄가 없으신 성자 예수님은 사람이 되심으로써 하나님과 죄인들 사이를 화목케 하는 중보자가 되셨다.

다미엔(Damien, 1840-1889) 신부가 있다. 그는 건강한 사람으로서 하와이 제도 가운데 하나인 몰로카이라는 섬에 있는 나환자 집단 수용지에 들어갔다. 나환자들은 다미엔의 돌봄과 섬김을 받으면서도 그의 사랑에 대해 의심의 눈초리를 보냈다. 다미엔은 그들의 닫힌 마음을 열기 위해 다음과 같은 기도를 했다. "주님이시여, 저를 한센병자로 만들어 주세요. 죄인을 구하기 위해서 죄인 같이 되셨던 예수님처럼, 한센병자를 진심으로 섬기기 위해 저도 한센병자가 되기를 원합니다."[46] 다미엔이 한센병자가 되기를 원한 것은 예수님이 인간이 되신 것과는 비교가 될 수 없다. 그러나 사람이 되신 성자를 이해하는 데 조금 도움이 된다. 거룩하신 하나님이 죄인과 같은 모습으로 우리를 찾아오셨다.

중보자

예수님은 사람이 되심으로써 하나님과 사람 사이에 유일무이한 중보자가 되셨다. 중보자가 되기 위한 중요한 요건 중 하나는 중재(仲裁)를 하려는 양쪽을 다 잘 알아야 하는 것이다. 즉 하나님도 잘 알아야 하고, 사람도 속속들이 알아야 하는 것이다. 예수님은 본래 하나님이시다. 그가 사람이 되셨다. 그는 하나님이시면서 사람이 되심으로써 완전한 중보자의 자격을 갖추셨다. 예수 그리스도는 중보자로서 또한 화목제물이 되셨다. 하나님의 진노와 저주 아래 고통받는 사람들을, 거룩하신 하나님과 화평한 관계로 회복케 하시기 위함이다. 예수님은 참 하나님이며 참사람이 되셔서 중보자가 되셨다. 우리를 위해 중보자가 되셔서 거룩하신 하나님과의 관계를 회복케 하신 예수님께 감사와 찬송과 영광을 돌린다.

웨스트민스터 대요리문답(WLC)은 참 하나님과 참 사람이신 중보자에 대해 다음과 같이 가르친다.[47]

(WLC 38문) 중보자가 하나님이시어야 하는 것은 왜 그런가?
답: 중보자가 하나님이시어야 하는 것은 그의 인성이 하나님의 무한하신 진노와 사망의 권세 아래 침몰하는 것으로부터 방지하고 지탱하기 위한 것이다. 그리고 그분의 고난과 순종과 중재하심에 가치와 효능을 주시는 것이다. 그뿐 아니라, 하나님의 공의를 만족시키며, 하나님의 은총을 간구하고, 특별한 백성을 값주고 사며, 그들에게 그분의 영(성령)을 주시고, 그들의 모든 원수를 정복하여 영원한 구원에 이르게 해야 하기 때문이다.

(WLC 39문) 중보자가 사람이어야 하는 것은 왜 그런가?
답: 중보자가 사람이어야 하는 것은 그분이 우리의 성품을 향상시키시며, 율법에 순종하심을 보이시며, 고난을 받으시고 우리를 위하여 중재하시며, 우리의 연약함을 동정하시고자 함이었다. 그리하여 우리가 양자[養子]가 되고 위로를 받아 은혜의 보좌로 나아갈 수 있게 하고자 함이었다.

(WLC 40문) 중보자가 하나님이시면서 동시에 사람으로서 한 인격을 이루시는 것은 왜 그런가?
답: 하나님과 사람을 화해시키는 일을 하도록 되어 있는 중보자는 하나님이시면서 또한 사람이어야 한다. 이 신인(神人)은 한 인격 안에서라야 하였고, 신성과 인성의 각기 고유한 일들이 우리를 위하여 하나님이 받으신 바 되고, 온전하신 인격자의 일로써, 우리의 의지하는 바가 되어야 하기 때문이다.

2. 예수님은 구세주이시며 우리/나의 구주이시다

예수님을 '구세주(救世主)'라고 부른다. 세상을 죄와 죽음 그리고 둘째 사망으로부터 구원한 분이시기 때문이다. 구원(救援)이란 위기나 절망적인 상황에서 건짐 받는 것이다. 예수님은 십자가에서 죽으심으로써 그의 백성들의 죗값을 대신 지불하셨다. 예수님이 십자가에서 죽으심이, 나를 대신한 그리고 나를 위한 것임을 알고 믿을 때 구원을 얻는다. 그리고 우리는 예수님을 나의 구주(救主 Savior)라고 고백한다. 예수님을 나의 구주라고 부를 때, 우리가 받아 누리는 구원을 세 가지로 생각할 수 있다.

첫째, 죄에서 구원을 받는다

죄로부터 구원은 죄책(罪責)과 죄의 권세로부터 건짐 받음을 의미한다. 먼저 우리가 범한 죄에 대한 책임으로부터 구원을 받는다는 뜻이다. 죄를 지은 사람은 그 양심이 화인(火印) 맞아 무감각해지지 않은 이상 죄책감으로 괴롭고 힘들다. 결국은 죽음에 이르고 영원한 지옥의 고통을 겪게 된다. 예수님은 이런 죄의 책임과 형벌을 우리 대신 담당하시고 우리를 죄책에서 건지신다. 우리에게 자유와 기쁨을 주신다.

다음으로 죄의 권세에서 승리를 보장받았다는 뜻이다. 예수 그리스도를 믿는 사람들에게는 더 이상 정죄가 없다. 로마서 8:1-2은 이를 증거한다. "그러므로 이제 그리스도 예수 안에 있는 자에게는 결코 정죄함이 없나니 이는 그리스도 예수 안에 있는 생명의 성령의 법이 죄와 사망의 법에서 너를 해방하였음이라" 죄에서 구원은 출생에서부터 예수님을 믿는 그 시점까지의 죄만 용서받는 것이 아니다. 우리가 이 세상을 떠나기 전까지 짓는 모든 죄에 대해 하나님은 정죄하지 않으시고 우리를 예수님 안에서 의롭다고 하신다. 그리고 예수님은 우리에게 죄와 더불어 싸워 이길 능력을 주신다.

물론 하나님의 용서를 받고 정죄가 더 이상 없다고 해서, 우리가 이제 마음대로 죄를 지어도 된다는 것은 결단코 아니다. 우리는 정죄를 받지 않게 되었지만, 죄를 지을 때마다 회개하고 더 이상 죄를 범하지 않아야 한다(롬6:1-2, 15). 그리고 우리가 하나님으로부터 정죄를 받지 않게 되었다고 해서, 이웃에 대해 끼친 피해나 고통에 대한 책임을 지지 않아도 된다는 것은 결코 아니다.

이창동 감독의 2007년 개봉 영화 <밀양>이 있다. 거기에 이런 장면이 나온다. 유괴범에게 아들을 잃은 신애는 하나님의 사랑을 알게 된다. 그 사랑을 전하기 위해 감옥에 갇혀있는 유괴범을 찾아간다. 범인은 감옥에서 이미 복음을 듣고 믿음을 갖게 되었다. 그는 신애에게 하나님이 자신의 죄를 용서해 주었다고 고백한다. 신애는 이 말을 듣고 자신의 아픔과 고통에 대해 자기에게 용서를 구한 적도 없었던 범인의 '뻔뻔함'에 아연실색한다. 신애는 이 일로 하나님의 공의와 사랑에 대해 못마땅하게 생각하고 하나님을 떠난다.

우리는 예수 그리스도 안에서 모든 죄를 용서받았다. 하지만 이웃에게 잘못한 일에 대해 개인적인 사과와 피해보상을 해야 할 책임이 그리스도인에게는 있다. 공동체나 국가에 대해 잘못한 일에 대해서도 법적인 절차를 따라 보상하거나 배상해야 한다. 그리고 때로는 국가나 사회의 법을 따라 처벌까지도 감수해야만 한다. 하나님께서 우리의 죄를 용서하셨다고 해서, 우리가 다른 사람에게 끼친 해악에 대해서도 책임이 없게 된 것은 결코 아니다.

예수님은 세상 죄를 지고가는 하나님의 어린양이시다. 그의 대속의 죽음은, 고통스런 죄책에서 우리를 자유케 하신다. 그리고 죄의 권세에서 우리를 자유케 하시고 죄와 더불어 싸울 수 있게 하신다. 승리를 주신다. 십자가를 통해 죄책에서 그리고 죄의 권세에서 구원하신 예수님께 감사와 찬송을 드리자.

둘째, 죽음의 권세로부터 구원을 받는다

죄의 삯은 사망이다(롬6:23). 인간의 범죄로 말미암아 죽음이 있게 되었다. 모든 사람은 죽는다. 죽음은 모든 사람들을 두렵게 하고 공포심을 갖게 한다. 그러나 예수님을 믿으므로 죄를 용서받은 그리스도인은 죽음의 권세에서 해방되었다. 히브리서 2:14-15은 이렇게 증거한다. "…[예수 그리스도는 자신의] 죽음을 통하여 죽음의 세력을 잡은 자 곧 마귀를 멸하시며 또 죽기를 무서워하므로 한평생 매여 종노릇 하는 모든 자들을 놓아주려 하심이니" 예수님은 그를 믿는 사람들에게, 죽음의 권세와 공포로부터 자유를 주시는 분이시다. 그뿐만 아니라 영생을 주신다. 천국의 시민권을 주신다.

그리스도인이 천국을 사모하는 것에 대해 어떤 사람들은 '현실도피'라고 비난하기도 한다. 그러나 영생을 얻고 천국 시민권을 얻은 그리스도인들은 결코 현실을 도피하지 않는다. 그들은 현실에서 부닥치는 어려움과 때로는 죽음이 예상되는 상황에서도 영생을 얻었기에 두려워하지 않고 하나님의 뜻에 순종한다. 천국 소망은 그리스도인들로 하여금 현실에서 부딪치는 어려운 일 그리고 큰 희생을 요구받는 주님의 일에 더 적극적인 참여자가 되게 한다. 천국의 시민이 되었기 때문에 하나님의 뜻이라면 죽음까지도 두려워하지 않게 된다. 천국 소망은 현실의 어려움이나 위협에 굴복하지 않고 악의 세력에 맞서게 만든다. 죽음의 권세를 벗어나 영원한 생명을 얻고 천국을 얻었기 때문이다. 예수 그리스도는 죄인들을 죽음의 권세에서 구원하셨다.

셋째, 하나님의 최후 심판에서 구원이다

하나님은 세상의 마지막 날, 살아있는 사람들과 죽었던 사람들을 심판하신다. 각 사람의 죄와 허물은 하나님 앞에서 속속들이 다 드러난다. 어느 누구도 자신의 죄악을 하나님 앞에서 절대로 숨길 수 없다. 모든 죄인들은 영원한 지옥의 고통을 받을 운명에 있다.

그러나 예수님을 구주로 믿는 사람들의 죄와 허물은 예수님의 피로 도말(塗抹)되었다(사43:25). 심판주 하나님은 예수 그리스도를 믿는 사람들을 의롭다고 하시며 그들의 죄를 간과(看過)하신다(롬3:25). 자신의 공로로 하나님의 최후 심판을 통과할 사람은 아무도 없다. 그러나 예수님의 의(義)를 전가(轉嫁)받은 그리스도인들은 하나님의 심판을 통과한다. 그리고 그리스도인들은 지옥이 아닌 천국에서 영원히 살게 된다.

예수 그리스도 안에서 우리에게 주시는 구원의 은혜에 대해 웨스트민스터 신앙고백서 20장(그리스도인의 자유와 양심의 자유) 1절은 아래와 같이 정리해서 보여준다.

"그리스도께서 복음시대의 성도들을 위해 값 주고 사신 자유는 다음과 같다. 그들은 그 죄책과 하나님의 정죄하시는 진노, 그리고 도덕법의 저주로부터 해방되었다(갈3:13, 살전1:10, 딛2:14). 또한 이 악한 세상과 사탄의 굴레 및 죄의 통치에서 벗어나게 되었으며(갈1:4, 행26:18, 롬6:14, 골1:13) 환란과 사망과 무덤이 주는 고통 및 영원한 형벌로부터 자유롭게 되었다(시119:71, 롬8:1,28, 고전15:54-57). 또한 그들은 하나님께 자유롭게 나아가(롬5:1,2) 순종하게 되는데, 이는 노예적인 공포심 때문이 아니라 어린이 같이 단순하게 행하는 사랑과 자원하는 마음으로 인한 것이다(롬8:14,15, 요일4:18). 이 모든 것들은 구약시대의 성도들에게도 적용되었다(갈3:9,14). 그러나 신약시대에는 성도들의 자유와 특권이 더욱 증가되었다…".[48]

3. 예수님은 만왕의 왕, 만유의 주, 나의 주님이시다

세례를 베풀기 전, 교회는 세례 지원자의 신앙을 점검한다. 자신이 하나님의 진노와 저주 아래 있는 죄인임을 인정하는지 확인한다. 예수 그리스도를 믿음으로 죄를 용서받고 하나님의 사랑받는 자녀가 되며 천국의 시민권을 얻었는지 물어본다. 이에 대한 확신이 없으면 세례교육을 통해 믿음을 가질 수 있도록 돕는다. 구원을 얻는 믿음에 있어서 가장 중요한 것은, 예수님이 하나님의 아들, 나의 구주, 나의 주님이심을 알고 믿고 고백하는 것이다.

한국교회가 세례교육을 할 때 예수님을 믿음으로 구원을 받는다는 것은 열심히 가르친다. 그러나 예수님이 만왕의 왕, 만유의 주(主)이시며 나의 주님이심을 가르치는 일에는 부족한 듯하다. 세례는 예수님과 함께 죽고, 예수님과 함께 부활함을 상징한다. 따라서 세례는 예수님을 믿음으로 구원과 영생을 얻었음을 인치는 표다. 또한 세례는, 나는 이제 새생명, 영원한 생명을 받은 사람으로서 예수님께 온전히 헌신하며 그와 동행하는 삶을 살겠다는 결단을 나타낸다. 갈라디아서 2:20에서 사도 바울은 예수님을 믿고 세례 받은 사람의 삶을 다음과 같이 고백한다. "내가 그리스도와 함께 십자가에 못 박혔나니 그런즉 이제는 내가 사는 것이 아니요 오직 내 안에 그리스도께서 사시는 것이라 이제 내가 육체 가운데 사는 것은 나를 사랑하사 나를 위하여 자기 자신을 버리신 하나님의 아들을 믿는 믿음 안에서 사는 것이라"

한국교회가 교인들로 하여금 세상을 이기며 세상을 변화시키는 역할을 감당하게 하려면 어떻게 해야 할까? 예수님이 구원의 은혜와 복을 주셨음을 가르치는 데 머물러서는 안 된다. 예수님이 만왕의 왕이시며 나의 주님이심을 알고 믿고 고백하게 도와야 한다. 주 예수 그리스도의 증인으로 그리고 세상의 소금과 빛으로 헌신하며 살도록 이끌어야 한다. 예수님이 하늘과 땅의 모든 권세를 가지신 나의 주님이심을 믿고 세례받는 사람은, 그의 뜻에 온전히 순종하기로 결단한다. 주님이신 예수님께 순종하며 헌신하는 그리스도인들이 많이 세워질 때, 교회는 이웃과 세상을 변화시키며 하나님의 나라는 흥왕하게 된다.

4. 예수님은 우리 인생의 랍비(선생)이시며 모범자이시다

예수님은 하나님의 아들로서 하나님과 죄인들 사이에 중보자가 되셨다. 십자가에서 죽으심을 통해 구세주가 되시고 또한 우리의 구주가 되셨다. 그리고 예수님은 부활을 통해 자신이 하늘과 땅의 모든 권세를 가진 만왕의 왕, 만유의 주, 그리고 우리의 주님이 되심을 증명하셨다.

예수님은 또한 그리스도인들뿐만 아니라 각 사람이 따라가야 할 인생의 길이요 모범자이시다. 모든 사람은 예수님의 삶을 본받아야 한다. 그렇게 사는 사람들은 의미있고 풍성한 인생을 누린다. 예수님은 말씀하셨다. "사람이 나를 섬기려면 나를 따르라 나 있는 곳에 나를 섬기는 자도 거기 있으리니 사람이 나를 섬기면 내 아버지께서 그를 귀히 여기시리라"(요12:26).

랍비 중의 랍비

예수님은 랍비 중의 랍비이시다. 위대한 멘토(mentor)이시다. 타의 추종을 불허하는 제자 삼는 이(disciple-maker)시다. 예수님의 가르침에는 권위가 있었다. 그의 설교를 들은 이들이 감탄하며 놀랐다. "그들이 그 가르치심에 놀라니 이는 그 말씀이 권위가 있음이러라"(눅4:32) 예수님은 랍비 중의 랍비이시며 그리스도인의 모범이시다.

설득력 있는 가르침에 대해 아리스토텔레스는 3가지 요소를 갖추어야 한다고 했다. 그것은 로고스(logos), 파토스(pathos), 에토스(ethos)이다. 로고스는 가르치는 내용이 논리적으로나 학적으로 사실에 근거하여 일관성이 있음이다. 파토스는 말하는 사람이 청중을 알고 그들의 감정과 가치와 관심을 고양하는 열정을 가리킨다. 그리고 에토스는 말하는 이의 말의 내용과 행동이 일치하고 신뢰할 수 있는 형편에 있음을 말한다.[49]

예수님의 가르침을 아리스토텔레스의 기준으로 평가하는 것은 합당하지 않을 수도 있다. 그러나 이해를 돕기 위해 조금 무리를 해본다. 예수님의 가르침에는 로고스, 파토스, 에토스의 3가지가 모두 포함되어 있었음은 분명하다. 예수님은 요한복음에서 강조하는 바처럼 '말씀'(로고스)이셨다. 그는 자신의 말을 듣는 이들에 대해 사랑과 긍휼히 여기는 마음을 가지셨다. 예수님은 '진실로 진실로'라는 말을 자주 사용하셨고, 요한복음에 기록된 것만 25회이다. 그는 한 개인 또는 무리들에게 말씀하시면서, 진실함과 간절함으로 가르치셨다. 예수님은 하나님의 뜻을 이루시는 데 '파토스'가 충만한 분이셨다. 예수님은 그의 말과 행동이 일치하는 '에토스'가 분명하게 드러나는 랍비 중의 랍비이셨다. 예수님은 로고스, 파토스, 에토스의 3요소를 초월하는 삶과 가르침을 보여주신 랍비 중의 랍비, 유일하신 랍비이시며 하나님이시다.

모범자

예수 그리스도는 우리 인생의 모범자이시다. 복음서를 중심으로 예수 그리스도의 말씀과 행동을 알 수 있다. 예수님을 묵상하면, 우리가 지금 여기서 무엇을 그리고 어떻게 하며 살아야 할지를 아는 데 도움을 받을 수 있다. 예수님은 우리의 삶에 모범자이시다. 예수님은 우리 앞서가시며 "나를 따라오라"(막 1:17)고 하신다. 또 말씀하신다. "나는 마음이 온유하고 겸손하니 나의 멍에를 메고 내게 배우라 그리하면 너희 마음이 쉼을 얻으리니"(마11:29)

쉘든(Charles Monroe Sheldon)이 1896년에 출판한 『그의 발자취를 따라서』(In His Steps: What Would Jesus Do)라는 소설이 있다.[50] 출판 후 얼마 안 되어 3천만 부 이상이 팔리는 베스트셀러가 되었다. 책의 내용은 레이몬드 제1교회의 맥스웰 목사가 금요일 아침에 겪은 일로 시작한다. 그의 목사관에 실업자 떠돌이(Jack Manning)가 찾아와 도움을 구했는데, 목사는 이를 거절했다. 그리고 며칠 후 떠돌이는 예배시간에 교인들의 긍휼을 호소하며 죽는다. 이에 충격받은 목사는 그다음 주일 설교에서, "먼저 '예수님이라면 어떻게 하셨을까?'를 생각하고 예수님처럼 살자"고 교인들에게 도전했다. 이 책은 교인들 중 예수님처럼 살아간 사람들-맥스웰 목사를 포함해서 신문사 사장, 사업가, 부친으로부터 백만 달러를 유산으로 받은 20대 여성, 소프라노 가수-의 순종하는 삶을 그리고 있다.[51] 예수님은 우리 인생의 모범자로서 우리 앞서가시며 "나를 따라 오너라!"고 말씀하신다.

모든 사람은 예수님의 성품을 본받아야 한다. 각 사람은 그들의 성품에 모난 부분이 있기 마련이다. 따라서 날마다 예수님의 성품을 닮아가는 그리스도인이 되어야 한다. 갈라디아서 5:22-23은 성령의 아홉 가지 열매를 열거하는데 이는 예수님의 성품을 보여준다. "오직 성령의 열매는 사랑과 희락과 화평과 오래 참음과 자비와 양선과 충성과 온유와 절제니 이같은 것을 금지할 법이 없느니라" 예수님의 삶에는 성령의 열매가 곳곳에서 나타난다. 우리의 힘만으로 이런 열매를 맺으며 사는 것은 불가능하다. 예수님의 삶을 묵상하며 성령님의 도우심을 받을 때 비로소 가능하다.

은혜와 진리

요한복음에는 예수님을 "은혜와 진리가 충만"한 분(요1:14)으로 묘사한다. '은혜'는 "받을 자격이 없는 사람에게 주어지는 선물"이라고 정의할 수 있다. 우리는 죄인으로서 하나님의 사랑과 복을 받을 자격이 전혀 없다. 그러나 하나님께서는 은혜를 주신다. '진리'는 참된 이치, 참된 도리 곧 하나님의 뜻을 가리킨다. 예수님은 그의 언행을 통해 은혜와 진리를 드러내셨다.

은혜가 따뜻한 느낌이라면, 진리는 차가운 느낌이 들기도 한다. 사람이라면 마땅히 머리는 진리로 냉철하고, 가슴은 사랑으로 따뜻해야 한다. 그러나 사람은 이 두 가지를 동시에 갖추기가 불가능하다. 어느 한쪽으로 치우치기 마련인 것이 사람이다. 그러나 예수님은 은혜와 진리가 충만하시다. 이뿐만 아니라 예수님은 그의 충만한 은혜와 진리를 우리에게 주신다. "우리가 다 그의 충만한 데서 받으니 은혜 위에 은혜러라"(요1:16) 그래서 우리는 은혜 위에 은혜를 누리며 은혜와 진리를 이웃에게 나누어 줄 수 있다.

특별히 인간관계에서 갈등이 생길 때, 은혜와 진리가 충만하신 예수님을 묵상하라. "예수님이라면 어떻게 하셨을까?"를 생각해 보라. 기도하면서 주님께 질문하라. "예수님이라면 이런 형편, 이런 상황에서 어떻게 하셨을까요?" 주님이 무어라고 대답하실지 묵상해 보라. 그리고 주님께 당신의 마음을 은혜와 진리로 충만케 해달라고 기도하라. 그리고 성령님의 인도하심에 순종하라. 그리하면 당신은 성령의 열매를 맺으며 기쁨과 감사로 충만하게 될 것이다.

예수 그리스도는 하나님의 아들로서 사람이 되셨고 하나님과 우리 사이의 유일무이한 중보자이시다. 예수님은 우리의 구주가 되신다. 그는 나의 왕, 나의 주님이 되신다. 그뿐만 아니라 우리 모두의 위대한 랍비와 모범자이시다. 그를 믿고 의지할 때, 모든 일에서 성령의 열매를 맺으며, 은혜와 진리로 충만한 삶을 이루게 된다.

다. 성령 하나님

예수님이 승천하신 후 그의 제자들은 성령님을 기다리며 마음을 같이 하여 기도했다. 예수님은 "내가 너희를 고아와 같이 버려두지 아니하고 너희에게로 오리라"고 하셨다"(요14:18). 승천하신 후 약 열흘 만에 예수님은 성령님을 그의 제자들에게 보내셔서 그의 약속을 지키셨다. 성령님은 고아와 같이 외롭고, 무시당하고 무능하고 상처 잘 받는 또 자주 교만하기도 하는 그의 백성들을 찾아오셨다. 그리고 그들의 보혜사(保惠師)[52]가 되셔서 항상 함께해 주시고 변호해 주시고 지혜와 능력을 주셔서 세상을 이기게 하신다. 성령 하나님은 우리의 위로와 도움과 힘이 되신다.

그리스도인들은 성령님이 하시는 일들을 알고 그의 도움을 항상 누려야 한다. 성령님을 믿고 그의 이름을 부르며 의지할 때, 그가 주시는 은혜와 복을 풍성히 누릴 수 있다. 더 이상 고아가 아닌 하나님의 사랑받는 자녀로서 그와 함께 승리하는 삶을 이룰 수 있다. 성부와 성자께서 그의 백성들에게 성령님을 보내주신 것은 너무나도 기쁜 소식이다. 당신은 성령님이 함께하심을 알고 믿는가? 그가 우리의 마음에 내주하시며 베푸시는 은혜를 당신은 얼마나 누리며 살고 있는가? 성령님이 당신에게 주시는 은혜와 복을 몇 가지 말해보라.

많은 그리스도인들이 성령님의 은혜를 많이 누리고 있으면서도, 정작 성령님과 더불어 친밀한 교제를 갖지 못하는 경우가 있는 듯하다. 그 이유 중 하나는 그들이 성령님을 은사와만 연결시켜서 생각하기 때문이다. 성령님이 주시는 눈에 띄는 은사 곧 방언, 방언통역, 능력, 신유 등은 교회의 건덕을 위해 중요하다. 그러나 성령님의 이런 은사만을 생각하면, 성령께서 나와 별로 상관이 없다는 느낌을 받을 수 있다.

그러나 성령님은 은사를 각 사람에게 나누어주시는 일 외에 다른 많은 일들을 우리 안에서 행하신다. 성령님은 우리와 항상 함께해 주시고, 말씀을 생각나게 하신다. 그는 우리를 거듭나게 하시며, 우리가 꿈을 꾸게 하시며, 성령의 열매를 맺게 하시고, 교회를 하나가 되게 하신다.

성령님으로 충만하기 위해 내가 무엇인가를 해야 한다는 강박관념을 때로는 내려 놓아야 한다. 이미 나와 함께하고 계시는 성령님을 기억하고 그를 잠잠히 묵상하라. 그가 주시는 위로와 평강과 지혜와 능력을 가만히 헤아려 보라. 성령님의 은혜를 확인하고 누려라. 그 은혜 안에서 염려나 두려움을 성령님께 넘기고 맡겨라. 강하고 담대하라. 그리고 성령님의 인도하심을 따라 순종해 보라. 당신은 성령님의 일하심을 느끼며 놀라운 경험을 하게 될 것이다.

성령님은 천지창조에 참여하셨고(창1:2), 예수님의 출생부터 부활까지도 관여하셨다(마1:18, 4:1, 12:28, 롬1:4 등). 성령님의 사역 중 그리스도인이라면 꼭 알고 믿고 누려야 할 중요한 몇 가지를 간략하게 아래 열거한다. 성령님의 여러 사역들을 확인하면서, 우리 안에 계시며 교회 가운데 계시는 성령님의 놀라운 은혜와 복을 풍성히 누리는 당신이 되기를 기대한다. 성령님을 의지하면 의지할수록 우리의 기쁨과 감사가 풍성해질 것이다. 우리에게 성령님을 보내주신 성부와 성자께 감사와 영광을 돌리게 될 것이다.

(성령님의 사역에 대한 좀 더 자세한 설명은, 제3부의 "나. 신앙교육에서 성령님의 역할"을 참고하라.)

1. 성령님은 예수님의 말씀을 가르치시고 생각나게 하심

"보혜사 곧 아버지께서 내 이름으로 보내실 성령 그가 너희에게 모든 것을 가르치고 내가 너희에게 말한 모든 것을 생각나게 하리라"(요14:26)

성령님은 선지자들과 사도들에게 하나님의 말씀을 가르치고 생각나게 하심으로써 성경 66권을 기록하게 하셨다. 성령님은 또한 기록된 성경을 읽을 때, 우리로 하여금 하나님의 뜻을 깨닫게 하신다. 성경을 읽지 않을 때도 불현듯 주님의 말씀이 생각나게 하시고, 현재 처한 상황에서 어떻게 해야 할 것을 가르쳐 주시는 분이 성령님이시다.

2. 성령님은 죄인을 거듭나게 하셔서 하나님의 나라에 들어가게 하심

"예수께서 대답하여 이르시되 진실로 진실로 네게 이르노니 사람이 거듭나지 아니하면 하나님의 나라를 볼 수 없느니라… 예수께서 대답하시되 진실로 진실로 네게 이르노니 사람이 물과 성령으로 나지 아니하면 하나님의 나라에 들어갈 수 없느니라"(요3:3, 5)

사람의 능력이나 지혜로는 하나님을 믿을 수 없다. 구원의 은혜를 누릴 수 없다. 하나님 나라에 들어갈 수 없다. 성령님만이 하나님의 깊으신 뜻을 알게 하신다. 성령님만이 죄인을 거듭나게 하실 수 있다. 성령님은 타락한 세상과 죄인들을 재창조하신다.

모든 사람은 죄로 말미암아 하나님과 관계가 끊어져 있고, 영적으로 죽은 상태에 있다. 죽은 자는 하나님과 관계를 회복하기 위해 어떤 일도 할 수 없다. 오직 하나님의 은혜로 새 생명을 얻을 때 비로소 새로운 관계를 누릴 수 있다. 성경을 백 번 이상 읽고 또 다 암송할 수 있다고 해도, 성령께서 거듭나게 하지 않으시면 천국을 볼 수 없고 들어갈 수 없다. 요한복음 3장에 기록된 니고데모는 이스라엘의 선생이요 바리새인이었고 유대인의 지도자였다. 또 그는 부자였다(요19:39). 인간적으로 흠잡을 데가 전혀 없는 사람이었다. 그러나 예수님은 그의 마음에 하나님의 나라가 임하지 않았음을 아셨다. 예수님은 말씀하셨다. "사람이 물과 성령으로 나지 아니하면 하나님의 나라에 들어갈 수 없느니라"(요3:5)

성령으로 거듭난 사람만이 하나님 나라의 의와 평강과 희락을 누릴 수 있다 (롬14:17). 당신은 성령으로 거듭났는가? 하나님 나라의 복을 현재 누리며 살고 있는가? 그렇지 못하다면 성령님의 이름을 부르라. 그리고 그의 인도하심을 따라 순종하라.

3. 성령의 열매를 맺게 하심

"오직 성령의 열매는 사랑과 희락과 화평과 오래 참음과 자비와 양선과 충성과 온유와 절제니 이같은 것을 금지할 법이 없느니라"(갈5:22-23)

성령께서는 그를 의지하며 순종하는 사람들의 인격을 변화시킨다. 그들의 삶에 성령의 열매를 맺게 하신다. 성령의 열매는 예수님의 성품을 가리킨다. 성령께서 거듭나게 하시므로 죄인들은 단번에 하나님으로부터 의롭다 하심을 받고 (칭의) 그리스도인이 된다.

그리스도인이라는 이름을 얻었다고 해서 그 즉시 그들의 성품이 예수님처럼 자동적으로 바뀌는 것은 아니다. 예수님을 닮아가는 성화의 과정을 밟아야 한다. 성령님의 도우심을 받아 예수님을 알아가고 예수님처럼 생각하고 말하고 행동해 보는 과정을 통해 성령의 열매를 맺게 된다.

성령의 열매는 보통 예수님처럼 사는 것이 불가능한 현실에서 맺게 된다. 그리스도인들은 성화의 과정을 거치면서 예수님을 닮은 모습들이 어느 정도 형성된다. 그러나 아직 완전하지는 못하다. 때로는 인간관계가 깨어져서 더 이상 아내를 또는 남편을 사랑할 수 없다는 절망감에 허덕일 때도 있다. 이런 상황에서 그리스도인은 예수님처럼 살기를 포기하거나 좌절해서는 안 된다. 도리어 "성령님, 나는 할 수 없습니다. 나를 주장해 주세요. 사랑으로 섬기겠습니다. 도와주세요"라고 기도해야 한다. 그런 기도를 들으시는 성령님은 우리를 도우신다. 우리에게 사랑을 공급해 주시고 사랑의 열매를 맺게 하신다.

4. 은사를 주셔서 교회를 섬기게 하심

"각 사람에게 성령을 나타내심은 유익하게 하려 하심이라 어떤 사람에게는 성령으로 말미암아 지혜의 말씀을, 어떤 사람에게는 같은 성령을 따라 지식의 말씀을…"(고전12:7-8)

성령님은 그리스도인 한 사람 한 사람에게 은사를 나누어주신다. 고린도전서 11장에는 지혜의 말씀, 지식의 말씀, 믿음, 병고침, 능력 행함, 예언함, 영들 분별함, 각종 방언 말함, 방언들 통역함의 은사들이 나온다. 로마서 12장에는 섬기는 일, 가르치는 일, 위로, 구제, 다스림, 긍휼 베풂의 은사가 있음을 보여준다. 이런 모든 은사는 교회를 유익하게 하기 위해서 성령께서 각 사람에게 나누어 주신 것이다. 은사는 교회의 유익을 위함이다. 그런데 성령의 은사로 말미암아 교회가 싸운다면 너무나도 어리석은 일이다.

그리스도인들 중에 성령의 은사를 하나도 받지 못한 사람은 아무도 없다. 그리고 성령의 모든 은사들을 받은 사람은 단 하나도 없다. 성령께서 당신에게 주신 은사를 말해보라. 그 은사를 활용하여 교회를 유익하게 하고 있는가? 하나님을 사랑하고 이웃을 사랑하는 마음으로 그 은사를 사용하라

5. 권능을 주셔서 예수님의 증인이 되게 하심

"오직 성령이 너희에게 임하시면 너희가 권능을 받고 예루살렘과 온 유대와 사마리아와 땅 끝까지 이르러 내 증인이 되리라 하시니라"(행1:8)

승천을 앞두신 예수님은 제자들에게 성령께서 임하실 것을 약속하셨다. 그리고 성령이 임하시면 권능을 받게 된다고 하셨다. 그 권능으로 예루살렘에서 시작하여 땅끝까지 이르러 자신의 증인이 되리라고 제자들에게 말씀하셨다. 예수님의 승천 후 그의 말씀대로 기도에 전혀 힘쓰던 제자들에게 성령께서 임하셨다. 그들은 권능을 받았다. 움츠러들었던 제자들은 성전 뜰로 나갔다. 그리고 예수 그리스도의 죽으심과 부활을 거기 모인 이들에게 증거하였다.

성령님은 오늘날도 그리스도인들에게 권능을 주셔서 예수님의 증인으로 살게 하신다. 성령님은 그리스도인들의 삶을 통해 이웃들에게 예수님을 믿는 삶의 복됨을 증거하신다(현존전도). 그리스도인들이 주위 사람들에게 전도지를 나눠주며, 교회로 초청하며, "하나님이 당신을 사랑합니다"라는 따뜻한 말을 전함으로써, 성령님은 그들을 증인으로 사용하신다(선포전도). 성령께서는 그리스도인들로 하여금 복음의 진리를 이해하게 하시고 전도의 열심과 권능을 부어 주신다. 성령으로 충만함을 받은 사람들은 가족과 친구들에게 구원의 기쁜 소식을 전하며 그들을 복음으로 설득한다(설득전도). 성령께서는 사람들에게 권능을 주셔서 이웃에게 전도할 뿐만 아니라 땅끝에 있는 사람들에게도, 직접 가든지 아니면 사람을 보내어 선교하며 예수님의 증인이 되게 하신다.

6. 성령께서는 하나님의 자녀들을 위해 기도해 주심

"이와 같이 성령도 우리의 연약함을 도우시나니 우리는 마땅히 기도할바를 알지 못하나 오직 성령이 말할 수 없는 탄식으로 우리를 위하여 친히 간구하시느니라 마음을 살피시는 이가 성령의 생각을 아시나니 이는 성령이 하나님의 뜻대로 성도를 위하여 간구하심이니라"(롬8:26-27).

살다 보면 어려운 일을 만날 때가 있다. 고통스런 일들을 만나기도 한다. 기도해야 함을 머리로는 알지만 기진맥진하여 도무지 기도가 안나올 때도 있다. 이런 때 사람들은 어찌할 바를 알지 못하여 낙심하고 좌절하기 쉽다. 그러나 성령님은 그가 사랑하시는 사람들을 포기하지 않는 분이시다. 사람들은 무엇을 위해 기도해야 할지, 어떻게 기도해야 할지 몰라 방황하고 포기할 수 있다. 그러나 성령 하나님은 이런 때에도 그들을 위해 기도해 주신다.

이 사실을 믿는 사람은 어떤 상황 가운데서도 평안을 누리며 희망을 회복할 수 있다. 로마서 8장 26절과 28절에는 대조되는 단어가 나온다. "우리는… 알지 못하나"와 "우리가 알거니와"가 그것이다. 무엇을 어떻게 기도해야 할지 모르는 절망적인 상황에서 성령 하나님이 기도해 주심을 믿는 사람은, 모든 것을 합력하여 선을 이루시는 하나님 아버지(롬8:28)를 만나게 된다. 성령님은 우리를 위해 기도해 주시며, 하나님께서 모든 것이 합력하여 선을 이루실 것이라는 소망을 주신다. 성령님은 어떤 어려움 가운데서도 우리를 지혜롭고 강하게 하시며, 우리가 사랑으로 행할 수 있도록 도우신다.

7. 하나가 되게 하시는 성령님

"평안의 매는 줄로 성령의 하나되게 하신 것을 힘써 지키라"(엡4:3)

성령께서는 예수님을 믿는 하나님의 백성들을 하나가 되게 하신다. 그들은 예수 그리스도를 머리로 해서 한 몸을 이루었다(롬12:5, 엡1:22). 모든 하나님의 자녀들은 머리이신 예수 그리스도의 몸이요 그 지체이다. 각 지체는 머리의 지시를 따라 움직이며 이로써 하나임을 드러낸다.

그런데 우리의 현실을 보면 많은 교회 안에 불화가 있고 갈등이 있다. 다툼이 있고 분열이 있다. 이런 형편에 대해 성경은 너희가 성령으로 거듭남을 통해 이미 하나가 되었음을 선언한다. 그리고 머리이신 예수님의 마음과 뜻을 헤아려 보라고 하신다. 각 사람이 주님께 순종할 때 교회가 하나임을 확인할 수 있다. 교회를 예수님 안에서 하나가 되게 하신 분은 성령님이시다. 우리가 예수님의 마음을 가지고 상대방을 존중하며 섬길 때 교회가 하나 됨을 세상에 나타내게 된다.

8. 우리 앞에 놓여있는 큰 산과 같은 어려움을 극복하게 하심

"…이는 힘으로 되지 아니하며 능력으로 되지 아니하고 오직 나의 영으로 되느니라 큰 산아 네가 무엇이냐 네가 스룹바벨 앞에서 평지가 되리라…"(슥4:6-7)

바벨론에 포로로 끌려갔던 유대인들은 약 70년이 지나서 예루살렘으로 돌아오게 되었다. 페르시아 왕 고레스가 주전 538년에 칙령을 내렸기 때문이다(스1:1-3). 총독 스룹바벨은 주전 537년에 예루살렘으로 돌아온 후 536년 경부터 성전 재건을 시도했다. 그러나 자금과 인력의 부족 그리고 주위 이방인들의 방해로 공사는 진전이 더뎠고 결국 중지되고 말았다.

하나님은 약 15년이 지난 주전 520년 경 학개와 스가랴 선지자를 보내셔서 성전 재건을 독려하신다. 스가랴 선지자는 사람의 힘이나 능력으로가 아니라, 하나님의 영 곧 성령으로 이 일이 이루어질 것이라고 선언한다. 그리고 스룹바벨 앞을 가로막고 있는 큰 산과 같은 장애물이 성령님의 도우심으로 평지와 같이 사라질 것이라고 선포하며 격려한다. 결국 주전 516년에 예루살렘 성전은 완공된다.

하나님은 그의 백성에게 일을 맡기실 뿐만 아니라, 그 일을 감당할 지혜와 능력을, 성령님을 통해 주신다. 하나님께서 당신에게 맡기신 일이 있는가? 그 일이 너무 버겁고 힘든가? 우리 앞에 놓인 큰 산을 평지로 만들어 주시는 성령님이 우리와 함께 하고 계신다. 성령 하나님은 그의 백성들이 태산과 같은 난관을 돌파하고 극복할 수 있도록 우리와 함께 하시며 돕는 분이시다.

9. 성령님은 자녀들에게는 예언, 젊은이들에게는 환상, 나이든 분들에게는 꿈을 주심

"하나님이 말씀하시기를 말세에 내가 내 영을 모든 육체에 부어 주리니 너희의 자녀들은 예언할 것이요 너희의 젊은이들은 환상을 보고 너희의 늙은이들은 꿈을 꾸리라"(행2:17; 요엘2:28).

잠언 29:18은 "묵시가 없으면 백성이 방자히 행"하게 된다고 말씀한다. '묵시'(하존 חָזוֹן)는 비전, 계시로 번역된다. '방자히 행'한다는 말은 고삐 풀린 망아지처럼 절제 없는 행동을 가리킨다. 사람에게 비전은 미래를 바라보게 하며 현재의 열악한 조건과 상황을 타개하며 극복하며 초월할 수 있게 한다. 성령님은 각 연령층의 사람들에게 예언을 하게 하고 환상을 보게 하며 꿈을 주셔서 미래를 향해 전진하게 하신다.

인생은 종종 힘든 상황에 처한다. 곤경에 빠진 사람들은 희망을 쉽게 잃어버리고 체념하고 좌절한다. 그러나 성령께서는 절망 가운데 신음하는 이들에게 비전과 꿈을 주신다. 성령님은 하나님의 자녀들에게 비전과 꿈을 주셔서 어떤 상황 속에서도 목표를 향해 나아가게 하신다.

10. 성령님은 사명을 탁월하게 이루게 하심

"하나님의 영을 그에게 충만하게 하여 지혜와 총명과 지식으로 여러 가지 일을 하게 하시되"(출35:31)

성령 충만을 받은 사람으로 성경에 처음 언급된 사람은 누구일까? 광야에서 성막 건축을 주도한 브살렐이다. 하나님은 그를 성령으로 충만케 하셨다. 모세를 통해 하나님께서 말씀하신 대로 성막 안팎을 만드는 일을 주도하게 하셨다. 설계도만을 보고 많은 사람을 동원하여 새로운 일, 전대미문의 일을 이루는 것은 매우 어려운 일이다. 브살렐은 그러나 성령님으로 충만함을 받아 그 일을 완성했다. 결국 성막은 하나님의 뜻대로 완성되었다. 거기에 하나님의 영광이 임했다. 성령님은 하나님이 맡기신 일을 탁월하게 수행할 수 있도록 돕는 분이시다.

현재 맡은 일이 어렵고 부담스러운가? 성령님을 의지하라. 성령님은 당신이 맡은 일을 완성할 수 있도록 도우신다. 성령님께 지혜와 총명과 지식을 주시도록 기도하라. 성령께서 당신을 도우셔서 그 일을 탁월하게 마무리하게 하실 것이다.

성령께서 하시는 일들에는 위에 열거된 것 외에도 많이 있다. 그러나 우리가 꼭 알고 믿고 누려야 할 것들 가운데 중요한 것 열 가지를 앞에서 열거했다. 성령 하나님은 우리의 현재의 삶에 수많은 복과 은혜를 주시는 분이시다. 성령님의 도우심을 힘입어 삼위일체 하나님과 동행하며 그의 복을 누리며, 하나님의 이름을 높이는 우리 모두가 되길 기대한다.

이신칭의(以信稱義)

사도신경은 성경의 내용을 최소한으로 압축 요약 한 것이다. 사도신경은 성경을 근거로 구원을 받은 이들이 고백하는 믿음의 내용, 곧 창조와 구원과 심판과 영생을 언급한다. 다른 말로 하면 사도신경은 성부와 성자와 성령 하나님의 성품 또는 사역을 간략하게 보여준다.

그러나 사도신경 내용에 종교개혁가들이 강조한 오직 믿음으로 구원을 받음(이신칭의)은 직접적으로 나타나지 않는다.[53] 사도신경이 전도용이 아니라, 예수님을 믿기로 작정한 이들의 세례교육을 위해서 애초에 작성되었기 때문이다. 오늘날 사도신경을 가지고 세례교육을 할 때, 이 점을 기억하고 이신칭의 교리를 가르칠 필요가 있다.

대부분의 한국교회들은 예배를 시작하면서 사도신경을 함께 읽거나 암송한다. 이로써 예배에 참여하는 그리스도인들이 지금 여기서 예배하는 대상이 누구인지를 밝힌다. 그리고 성부 성자 성령 삼위일체 하나님을 예배한다는 사실을 함께 고백함으로써 그들이 하나임을 확인한다.

그러나 문제가 하나 있다. 그것은 사도신경으로 신앙을 고백하는 이들 가운데 많은 분들이 이런 의미를 잘 알지 못한다는 것이다. 그냥 습관적으로 암송하는 사람들이 많다. 교인들에게 다음과 같은 질문을 던져보라. 예수님은 유대인들에게 고난을 받았는데, 왜 "본디오 빌라도에게 고난을 받아"라고 고백하는가? "나는 성령을 믿으며, 거룩한 공교회… 믿습니다"에서 '공교회'는 무슨 뜻인가? '영생'을 설명해 보라. 이런 질문에 대해 정확하게 답하는 교인은 많지 않을 것이다.

이런 약점을 극복하기 위해 교회 지도자들은 하이델베르크 요리문답으로 사도신경의 12가지 항목을 깊이 있게 가르쳐야 한다. 그리고 예배 인도자는 한번씩 질문을 던질 필요가 있다. 예를 들면, "여러분들이 이 시간에 예배하는 삼위일체 하나님은 어떤 분이십니까?" 또는 "우리가 믿고 예배하는 성부 성자 성령 하나님은 어떤 분이십니까?"라는 인도자의 질문에 이어서 회중이 신앙고백 하는 것이다. 습관적인 신앙고백 순서를 탈피하기 위해 예배 인도자는 때때로 이런 방식을 활용할 때 유익이 있다.[54]

III. 신앙의 구조

누구든지 자신의 믿음이 성장하기를 원하고, 다른 사람의 믿음이 자라도록 돕기를 원한다면 신앙의 구조를 이해할 필요가 있다. 신앙의 구조를 알면 믿음의 각 단계에서 무엇을 먼저하고 다음으로 무엇을 해야 할지 알 수 있다. 이로써 자신의 믿음이 올바로 성장하는 데 도움을 얻는다. 신앙의 단계를 알게 되면 다른 사람의 믿음이 자라도록 도울 수 있는 방법을 찾을 수가 있다. 믿음은 삼위일체 하나님과 관계를 발전시키고 그와 더불어 친밀한 교제를 갖기 위한 것임을 기억하라.

그러면 신앙은 어떤 구조로 이루어져 있는가? 믿음은 어떤 단계를 밟으며 형성되는가?

가. 3요소

신앙의 구조는 인격의 3요소에 빗대어 설명할 수 있다. 인격은 지, 정, 의 3요소로 구성된다. 어떤 사물이나 사람에 대한 믿음, 특히 초월자에 대한 신앙은 그 대상(하나님)에 대한 앎이 필요하다. 따라서 지식(notitia)이 신앙의 첫째 요소다. 두 번째 요소는 그 지식에 대한 자신의 정서적 동의(assensus)다. 그리고 믿음의 세 번째 요소는 동의한 지식에 대한 의지적인 신뢰(fiducia)이다. 이렇게 믿음의 세 요소가 갖추어질 때, 온전한 믿음이라고 한다.[55]

일찍이 마르틴 루터의 동역자인 멜란히톤은 1552년에 출판한 요리문답에서 다음과 같이 '믿음'을 세 요소로 설명했다. "믿음으로 사람이 죄 사함을 얻고 의롭다 함을 얻게 되는데 이 믿음은 마귀나 불신자에게서 볼 수 있는 역사론적인 지식에 그치는 것이 아니다. 참으로 이 진정한 믿음은 믿음의 조항들[사도신경] 모두를, 그리하여 그 조항들이 가르치는 목적인 그리스도의 은혜의 약속을 알고 진실하다고 붙드는 것이다. 따라서 믿음은 중보자이고 구속자인 하나님의 아들 예수 그리스도를 참으로 전심으로 신뢰하는 것이고, 그리하여 그분 때문에 그리고 그분을 통하여 우리가 죄 사함과 은혜와 구원을 얻는 것이다."[56]

성경에서 말하는 구원을 얻을 수 있는 참 믿음이란 성경의 가르침과 일치하는 지식에서 출발한다. "하나님은 죄인들을 구원하시기 위해 예수 그리스도를 세상에 보내셨다. 그를 믿으면 영생을 얻는다"(요3:16)는 말씀을 알아야 한다.

그러나 지식만으로는 구원 얻는 믿음이 될 수 없다. 성경에 기록된 내용을 알 뿐만 아니라, 그다음 단계로 그 사실에 대해 정서적인 동의가 있어야 한다. "하나님이 나를 사랑하시는구나. 예수님이 나의 죄를 대신해서 죽으셨구나. 예수님을 믿으면 영생을 얻는구나. 그래, 나도 그렇게 생각한다." 이렇게 성경의 가르침을 개인적으로 받아들이는 것이 동의이다.

마지막으로 의지적으로 신뢰해야 한다. "나는 나의 노력, 나의 힘, 나의 공로로 하나님의 인정을 받는 길을 포기하겠다. 대신에 예수님을 믿고 의지한다. 나의 구원(하나님의 사랑받는 자녀가 된 것)은 예수님을 믿음으로 주어진 것이다. 하나님, 감사합니다"라고 결단하는 것이 의지(신뢰)에 해당하는 요소다. 성경에서 가르치는 내용에 대해 알고 동의하고 신뢰할 때 참 믿음, 구원 얻는 믿음이 된다. 그 믿음으로 우리는 하나님이 주시는 구원의 은혜와 복을 누리게 된다.

나. 2요소

앞서 믿음의 구조가 지, 정, 의 세 부분으로 이루어져 있다고 했다. 그러나 하이델베르크 요리문답 21번을 보면 참된 믿음의 구조를 세 요소가 아닌 두 요소로 나눈다.

> **제21문: 참된 믿음이란 무엇입니까?**
> 답: 참된 믿음은 하나님께서 그의 말씀에서 우리에게 계시하신 모든 것이 진리라고 여기는 확실한 지식이며, 동시에 성령께서 복음으로써 내 마음 속에 일으키신 굳은 신뢰입니다. 곧 순전히 은혜로, 오직 그리스도의 공로 때문에 하나님께서 죄 사함과 영원한 의로움과 구원을 다른 사람뿐 아니라 나에게도 주심을 믿는 것입니다.

여기서 볼 수 있듯이 하이델베르크 요리문답은 구원 얻는 믿음 곧 참된 믿음을, "하나님의 계시의 말씀을 진리라고 여기는 확실한 지식"과 "성령께서 사람의 마음속에 일으키신 굳은 신뢰"의 둘로 구분한다. 하이델베르크 요리문답은 지식과 신뢰의 둘만을 믿음의 요소로 제시한다. 즉 믿음을 지정의의 3요소로 구분할 때의 '정서(동의)'의 요소를 언급하지 않고 있다.

필자는 칼빈이 그러했던 것처럼 '정서(동의)'를 '굳은 신뢰'(의지)에 포함시켜 이해한다. 칼빈은 "…동의하는 것 그 자체가 머리(brain)에 속한 것이라기보다는 오히려 마음(heart)에 속한 것이고, 지성(undertanding)에 속한 것이라기보다는 의지(disposition)에 속한 것이라는 이유이다."라고 했다.[57]

믿음이 두 요소로 이루어졌느냐 아니면 세 요소로 구성되었는지의 논란은 그리 중요한 것은 아니다. 왜냐하면 대부분의 개혁신학자들이 믿음에 있어서 '정서(동의)'의 요소를 부정하는 것이 아니기 때문이다. 믿음을 두 요소로 보는 이들이, 동의를 '지식' 아니면 '신뢰' 둘 중 어느 한쪽에 포함시키는 차이가 있을 뿐이다.[58]

믿음의 여러 요소들을 언급할 때 우리는 믿음이 전인적 인간의 행위요, 부분적 행위가 아니라는 사실을 명심해야 한다. 더욱이 믿음은 인간의 정상적인 기능을 통해 활동하며, 어떤 특별한 기능으로 활동하지는 않는다. 이러한 점에서 믿음은 이와 유사한 영혼의 모든 활동들과 공통점을 가지며, 따라서 믿음의 활동이 단순한 듯 보이기도 한다. 하지만, 좀 더 세밀히 관찰한다면 믿음 활동은 복합적이고 복잡하다는 것을 발견하게 된다. 따라서 믿음에 대한 올바른 개념을 얻기 위해서는 믿음을 구성하는 다양한 요소들을 구분할 필요가 있다.

즉, 믿음이란 전인적 통합적 행위이기 때문에, 그냥 하나로 묶어서 보는 것이 옳지 몇 가지 요소로 구분하는 것이 적당하지는 않다. 하지만 믿음을 보다 잘 이해하기 위해서 이런 요소들로 나누는 것은 유익하기도 하다는 말이다. 따라서 어떻게 구분하는 것이 맞느냐로 논쟁하기보다는, 어떤 식으로 설명하는 것이 보다 이해하기 좋은가를 가지고, 각 사람이 나름대로 둘(두 요소 아니면 세 요소) 중에 하나를 선택하는 것이 바람직하다. 필자는 믿음을, 지정의 3요소로 구분하여 아래에서 보다 자세히 설명하려 한다.

그러면 믿음에 있어서 지정의 각 단계는 어떤 과정을 거치면서 형성되는가? 하이델베르크 요리문답 65문답을 살펴본다.

65문: 오직 믿음으로만 우리가 그리스도와 그의 모든 은덕(恩德)에 참여할 수 있는데, 이 믿음은 어디에서 옵니까?
답: 성령님에게서 옵니다. 그분은 거룩한 복음의 강설로 우리의 마음에 믿음을 일으키며, 성례의 시행(施行)으로 믿음을 굳세게 하십니다.

믿음은 거룩한 복음 즉 성경말씀을 선포하고 가르칠 때, 성령님을 통해 사람들의 마음에 생겨난다. 그리고 세례와 성찬의 성례가 시행될 때, 성령님을 통해 믿음이 튼튼해지고 성장한다. 믿음이 마음에 형성되는 과정을 믿음의 3요소인 지정의를 가지고 설명한다면 다음과 같다. 성경말씀을 듣고 읽고 연구함으로써 복음의 내용을 머리로 알 수 있다. 그리고 복음의 내용을 자신의 경험이나 올바른 생각을 통해 깨닫고 가슴으로 동의할 수 있다. 마지막 단계, 마음으로 복음을 받아들이고 신뢰함으로써 구원에 이를 수 있다.

사람이 성경을 열심히 읽고 공부함으로써 구원의 복음에 대해 지식을 얻을 수 있다. 나아가 그 지식에 대해 수긍하며 동의도 할 수 있다. 그러나 지식과 동의와 달리, 신뢰는 사람의 노력이나 지혜로 생겨나는 것은 절대로 아니다. 사람의 힘으로 하나님을 신뢰하는 것은 불가능하다. 왜냐하면 우리의 영혼이 죄로 말미암아 죽었기 때문이다. 따라서 우리에게 은혜로 주신 구원의 복음을 신뢰하는 일은 사람의 지혜나 노력으로는 불가능하다. 오직 성령님을 통해서만 가능하다(고전2:12-16). 사람에게 있는 직관이나 이성은 복음에 대해 알고 동의하는 데 이르게도 한다. 그러나 신뢰는 오직 성령님이 주시는 선물 곧 은혜이다.

이제 믿음의 구조 3요소를 보다 상세하게 그리고 예를 들며 알아본다.

IV. 신앙의 3요소

가. 신앙의 지적 요소-지식

의지(意志)-신뢰
정서(情緒)-동의
지식(知識)-앎

"나는 우리나라 대한민국의 대통령을 안다. 그의 집무실이 어디 있는지도 알고, 그가 살고 있는 관저도 알고, 영부인의 이름도 알고, 그의 가족 형편도 비교적 소상히 안다. 대통령이 좋아하는 음식도 알고, 그가 읽고 있는 책도 알고 있다. 그가 미국 대통령을 만나 정상회담을 가진 것도 안다."

내가 이렇게 비교적 자세하게 대통령에 대해서 알고 있다고 해서 대통령과 내가 친밀한 관계를 가지고 있다고 할 수는 없다. 나는 대한민국의 국민 중 한 사람으로서 매스컴을 통해 대통령에 대해 많은 것을 알고 있다. 하지만 대통령과 나 사이에 친밀한 관계를 이루는 데는 결정적인 한계가 있다. 그것은 대통령이 나를 잘 모르기 때문이다. 내가 대통령을 알 뿐만 아니라 대통령도 나를 개인적으로 알 때, 비로소 마음을 나누는 교제 관계가 성립된다. 서로에 대해서 알지 못하면 관계가 친밀해지기 어렵다. 피상적인 관계만 이루어질 뿐이다. 관계는 서로가 서로에 대해 알고 서로를 믿을 때 풍성해진다.

1. 하나님과 관계 형성

그러면 하나님과 김명석(가명) 청년의 관계는 어떠한가? 하나님과 사람 사이의 관계는, 대통령과 나 사이의 관계와 완전히 다른 모습을 보인다. 하나님은 김명석 씨를 너무나도 잘 아신다. 하나님은 시편 139편에 의하면, 김명석 씨를 그의 모태에서 직접 지으셨고, 그의 모든 행위를 익히 알고 계신다. 누가복음 12장에 의하면 하나님은 김명석 씨의 머리털 하나까지도 다 관리하시는 분이시며,

그의 삶을 완전하게 아시는 분이시다.

그런데 하나님과 김명석 씨 사이에 왜 친밀한 관계가 이루어지지 않을까? 그 이유는 김명석 씨가 하나님을 잘 모르기 때문이다. 김명석 씨가 하나님과 복된 관계를 이루기 위해 필요한 것은 무엇일까? 무엇보다 먼저 김명석 씨는 그를 위해 예수 그리스도를 보내신 하나님을 알아야 한다. 하나님의 위대하심과 공의와 사랑에 대한 지식을 가져야 한다. 그럴 때 김명석 씨는 기쁘고 복된 하나님과 관계를 누릴 수 있는 첫걸음을 내딛게 된다.

2. 전도와 믿음

하나님은 사람들과 관계를 맺기 위해 전도라는 미련한 방법을 사용하신다. 로마서 10:17은 이렇게 말씀한다. "그러므로 믿음은 들음에서 나며 들음은 그리스도의 말씀으로 말미암았느니라" 하나님의 보내심을 받은 전도자가 그리스도의 말씀을 선포하거나 가르칠 때, 그 말씀을 듣는 이들에게 믿음이 생길 수 있다.

믿음의 첫 번째 단계는 전도자가 전하는 예수 그리스도의 구원의 기쁜 소식을 듣고 복음의 내용을 아는 것이다. 하나님은 가족이나 친구 또는 이웃들의 전도를 통해 사람들이 복음을 듣게 하신다. 오늘날에는 성경을 직접 읽거나 SNS(문자, 카톡, 메타 등)와 동영상이나 영화를 통해서도 전도가 이루어진다. 하나님과 관계를 맺는 출발점은 복음의 내용을 우선 머리로 알아야 하는 것이다.

어떤 사람이 "나는 하나님을 믿는다"라고 말했다. 이 고백이 하나님의 인정을 받는 믿음이 되기 위해서 첫 번째로 필요한 것은, 그가 믿는다고 한 '하나님'이 성경에 계시된 하나님과 일치해야 한다. 그 사람은 하나님이 우주 만물을 말씀으로 창조하셨다는 사실(창세기 1~2장의 내용)을 알고 그렇게 말했는가? 첫 사람 아담과 하와는 선악을 알게 하는 나무의 실과를 먹음으로써 하나님과 언약을 깨뜨려 죄를 범했다. 모든 사람은 하나님의 진노와 저주 아래 있는 죄인임을 그는 알고 있는가? 하나님이 죄인들을 사랑하셔서 독생자를 주셨음을, 그는 직접 성경을 읽거나 설교를 듣고 아니면 전도를 받아 알고 있는가?

하나님이 인정하시는 믿음은 반드시 성경에 기록된 내용을 아는 데서 시작한다. 물론 어느 누구도 성경에 기록된 내용을 모두 다 알 수는 없다. 그러나 가장 기본적인 내용은 알아야 한다. 그 기본적인 내용은 하나님의 천지(우주만물)와 사람창조, (첫 사람 아담과 하와의 범죄와 타락으로 인한) 자신의 죄인 됨, 하나님의 공의의 심판, 그리고 예수 그리스도를 통한 구원, 마지막 날의 심판과 영원한 천국이라고 하겠다. 이런 사실을 알게 될 때, 그는 전능하시고 지혜로우신 하나님, 죄를 미워하시는 공의로우신 하나님, 그리고 죄는 미워하시나 죄인을 사랑하셔서 구원을 베푸시는 하나님과 관계를 시작할 근거를 마련하게 된다.

3. 모태교인

엄마의 뱃속에서부터 교회에 다닌 사람들은 자기를 보통 '모태신앙'이라고 한다. 과연 '모태신앙'이 가능한 것일까? 앞서 신앙이란, 목적어가 필요하고 어떤 대상과 그에 대한 지식에서부터 출발한다고 밝혔다. 그렇다면 '모태신앙'인이란 존재하기 어렵다. 어머니 뱃속에서부터 예수님을 알고 믿고 고백한 사람은 없기 때문이다.

혹 세례요한에 대해서는 그렇게 부를 수 있을지도 모르겠다. 왜냐하면 그는 마리아가 그의 어머니 엘리사벳을 찾아왔을 때, 마리아의 복중에 계신 하나님의 아들로 인하여 모태에서 기쁨으로 뛰놀았다고 했기 때문이다(눅1:41-44). 믿음의 가정에서 출생하는 어린이는 '언약의 백성'임에는 틀림없다. 그러나 '모태신앙'이라고 부르기는 합당치 않다. 따라서 엄마의 뱃속에서부터 교회를 다닌 사람은 '모태 신앙인'이라고 하기보다는 '모태교인'이라고 하는 것이 옳다. 믿음은 대상을 앎(지식)에서 출발한다.

여기서 한 가지 더 알아야 할 것이 있다. 그것은 복음에 대한 지식이 없는 어린아기의 구원과 관계된 것이다. 이에 대해 웨스트민스터 신앙고백서 10장 3절은 이렇게 말한다. "선택받은 성도가 영아기에 죽을 경우, 그리스도로 말미암아 성령에 의해 중생하여 구원을 받게 된다(눅18:15,16, 요3:3,5, 행2:38,39, 롬8:9, 요일5:12). 이런 경우 성령께서는 자기가 기뻐하시는 때와 장소와 방법에 따라 임의로 역사하신다(요3:8). 또한 선택을 받기는 했지만 말씀의 전파에 의한 (행4:12) 외적인 부르심을 받아들일 능력이 없는 자들의 경우도 이와 마찬가지다."[59] 예수 그리스도에 대해 지적으로 알 수 없는 영아들은, 예외적으로 성령께서 거듭나게 하심만으로 그들을 구원하신다.

4. 성경에 근거한 지식

만약 "나는 하나님을 믿는다"라고 말한 사람이 성경(복음)의 기본적인 내용을 알지 못하면서 그렇게 말했다면 그는 그리스도인이라고 할 수 없다. 그는 참 믿음이 아닌 맹신(盲信)을 하고 있기 때문이다. 이런 상태에서 그가 교회 생활은 할 수 있다. 그러나 그가 참된 신앙생활을 하고 있다고는 할 수 없다. 혹 그가 "예수님을 믿으면 병이 낫고, 부자가 된다"라는 이야기를 듣고 교회 생활을 시작했다면, 하나님은 그를 이해해 주시고 용인하실 것이다. 그러나 그가 교회 생활을 오래 했음에도 불구하고 그 지식에만 머물러 있고 예수 그리스도를 모른다면 그의 믿음은 미신(迷信)이다.

북왕국 이스라엘은 그들의 참 남편이신 하나님을 떠나 우상을 섬기고 있었다. 잘먹고 잘사는 일에 마음을 빼앗겨 이웃을 배려하지 않고 자기중심으로 살고 있었다. 그들은 공의로우신 하나님의 징계를 앞두고 있었다. 하나님의 말씀을 무시하고 물질 중심의 가치관에 사로잡혀 멸망의 길을 가고 있었다. 이때 호세아 선지자는 그들을 향해 외친다. 이스라엘이 하나님의 진노와 심판의 대상이 되어 멸망을 앞두게 된 이유를 그는 이렇게 알려준다. "내 백성이 지식(knowledge)이 없으므로 망하는도다 네가 지식을 버렸으니 나도 너를 버려 내 제사장이 되지 못하게 할 것이요 네가 네 하나님의 율법을 잊었으니 나도 네 자녀들을 잊어버리리라"(호4:6) 여기서 '지식'은 하나님의 율법과 관계가 있다. 그리고 호세아 4:1에 의하면 "하나님을 아는 지식"이다. 하나님과 교제하며 그를 믿고 의지하며 그의 은혜와 복을 누리기 위한 첫걸음은, 여호와 하나님을 아는 것이요 그의 말씀을 아는 것이다.

하나님이 사람들에게 요구하시는 믿음은 반드시 성경에 계시된 기본적인 내용(복음)을 아는 데서 출발한다. 그뿐만 아니라 성장하는 신앙인이 되기 위해서는 성경의 내용을 점점 더 많이 그리고 정확하게 알아가야 한다. 그럼으로써 하나님을 더 깊이 알게 되고, 그와 사귐(관계)과 나눔이 더 풍성해진다. 올바른 믿음이란 성경에 기록된 내용들을 귀로 듣거나 연구하거나 묵상하면서 성경의 내용을 알아가는 데서 시작한다.

5. 지식과 믿음

칼빈은 믿음과 성경의 유기적인 관계를 다음과 같이 설명한다. "우리는 믿음과 말씀 사이에 영속적인 관계가 있다는 것을 기억해야 한다. 우리가 태양광선을 그 광선의 근원인 태양으로부터 분리시킬 수 없는 것과 같이, 믿음을 말씀으로부터 분리시킬 수 없다… 그리고 요한은 이와 같은 믿음의 근원을 제시하기 위해 이렇게 말한다. '이것을 기록함은 너희로 믿게 하려 함이요'(요20:31)"[60] "만일 믿음이 말씀과 상관이 없게 되면, 믿음은 무너지거나 맹신 또는 미신이 된다. 그러므로 진리의 말씀 없이는 참 믿음이 존재하지 않는다."[61]

믿음은 지식에서 출발한다. 따라서 믿음이 자라가고 열매를 맺기 위해서는 성경을 알아야 한다. 성경에서 증거하는 하나님을 머리로 알아야 한다. 하나님을 믿기 원하는가? 믿음이 자라기를 바라는가? 설교를 경청하라. 성경을 펴서 한 절이라도 읽어보라. 교회의 성경공부 모임에 참여하라.

믿음의 사람이 되기를 원한다면, 성경이 가르치는 핵심 진리를 알아가라. 하나님의 창조와 인간의 타락, 그리고 예수 그리스도를 통한 구원과 장차 있을 하나님의 심판과 영원한 천국에 대한 성경의 가르침을 확인하라. 이러한 가르침을 머리로 알 뿐만 아니라, 나아가 이를 가슴으로 동의하라. 그리고 하나님이 나를 사랑하심을 마음으로 신뢰하라. 그리하면 구원을 얻고 하나님의 사랑을 누리며 살게 된다.

나. 신앙의 정서적 요소-동의

참 신앙은 성경을 머리로 알아가는 지식에서 출발한다. 그러나 지식만으로는 불충분하다. 성경의 내용을 알 뿐만 아니라 거기에 정서적인 공감과 동의(同意)가 더해져야 한다. 그리할 때 하나님이 인정하시는 참 믿음에 한 걸음 더 접근하게 된다.

어떤 사람이 "하나님이 세상을 이처럼 사랑하사 독생자를 주셨으니 이는 그를 믿는 자마다 멸망하지 않고 영생을 얻게 하려 하심이라"(요3:16)는 말씀을 듣게 되었다. 그는 이 말씀에서 '세상'이라는 단어에 자신이 포함된다는 설명도 들었다. "하나님이 당신을 사랑하십니다"라는 말도 들었다. 그런데 그가 그 말씀을 깊이 생각해 보려고 하지 않고, 동의를 하지 않는다. 그렇다면 그는 하나님의 사랑을 받고 누리는 자리로 나아갈 수가 없다.

1. 지식과 동의

참 믿음은 성경의 내용을 단지 머리로 아는 것만으로는 성립되지 않는다. 하나님이 그의 백성들에게 요구하는 믿음은, 성경의 내용을 알 뿐만 아니라 정서적으로 공감하고 동의하는 것을 포함한다. "아, 하나님이 나를 사랑하시는군요." 또는 "하나님이 나를 사랑하신다는 말씀에 나는 동의합니다"라는 반응이 있어야 한다.

대통령이 나에 대해 관심을 가지고 있다는 이야기를 나는 들었다. 대통령이 나를 지금 만나기를 원한다는 말을 나는 비서실장을 통해 알게 되었다. 그런데 내가 "그럴 리가 없어. 뭔가 착오가 있었겠지." 하면서 그 말을 받아들이지(동의) 않는다고 하자. 그러면 어떤 일이 있게 될까? 나에게 주어진 대통령과 만날 수 있는 특별한 기회를 날려버리게 된다. 대통령을 개인적으로 만나 이야기를 나누고 교제할 수 있는 기회를 놓치고 만다.

"하나님이 나를 사랑하셔서 독생자 예수님을 세상에, 그리고 나에게 주셨다"는 말씀을 내가 듣고 "그럴 리가 없어 뭔가 착오가 있나 보다"라고 생각한다면 하나님의 사랑을 나는 누릴 수 없다. 그런데 그 말씀을 듣고 "하나님이 나를 사랑하신다고? 예수님이 나를 대신해서 죽으셨다고?"라 하며 "그렇구나"라고 동의한다. "예수님이 어떤 분이시지? 나를 위해 어떤 일을 하셨지?"라고 생각하며 성경을 공부하며 예수님을 알아간다. 예수님을 통해 나에게 주시는 하나님의 사랑을 알아가고 동의한다면, 나는 구원의 자리로 한 걸음 더 가까이 가게 된다.

2. 깊이 생각하고 동의하라

세상에서 가장 먼 거리는 머리부터 가슴까지라고 한다. 이 말은 현대인들에게 더욱 잘 들어맞는다. 현대를 가리켜 영상문화의 시대라고 말한다. 보는 것은 믿는 것(Seeing is believing)이라는 말이 있듯이, 사람들은 눈에 보이는 것은 아무런 검증 과정을 거치지 않고 받아들이는 경향이 있다. 생각할 여지를 주지 않고 정보를 주입시키기 때문에, 텔레비전을 '바보상자'(idiot box)라고 부르기도 한다.

게임에 몰두하는 청소년들은 감각기관을 통해 받아들인 정보에 대해 즉각적으로 반응을 보인다. 생각을 한 후에 반응을 보이면 게임이 끝나기 때문이다. 그들은 현재 눈에 보이는 변화에 대해 0.1초의 망설임도 없이 즉각적으로 반응해야 한다. 그래서 게임에 중독이 되다 보면 현실에서도 생각할 겨를없이, 보이는 상황에 즉각적으로 반응을 나타내게 된다. 이에 따라 감정이나 분노의 조절이 잘 안 되어 쉽게 폭력을 휘두르거나 막연한 우울증 또는 무기력증에 빠지기도

한다. 사람이 생각하지 않고 행동이 앞설 경우, 실수하게 되고 후회할 일들이 많게 된다.

3. 전염성이 있는 감정

현대인들은 깊이 생각하기를 싫어한다. 특히 죄나 죽음이나 지옥 같은 문제에 대해서는 더 그러하다. 따라서 복음을 전하는 이나 성경을 가르치려는 사람들은 듣는 사람들의 머리와 가슴 사이의 거리를 좁히기 위해 노력해야 한다. 즉 들은 말씀을 가슴으로 생각해 볼 수 있는 기회를 제공해야 한다. 여러 가지 방법들을 생각할 수 있다. 그러나 가장 확실한 길은 전도자나 교사(목사나 부모)가 듣는 이들에게 진실된 관심을 보이고, 진심으로 사랑하고 마음을 다하여 섬기는 것이다. 시간이 좀 걸리기는 하겠으나 진심은 결국 통하기 마련이기 때문이다.

사람의 감정에는 전염성이 있다. 어떤 정보나 지식이 마음의 결단으로 전환되기 위해서는 그 정보를 가진 사람의 가슴에 기쁨, 놀람, 죄송함, 두려움, 기대감, 그리고 감사와 사랑 같은 감정이 강하게 또는 은밀하게 발생해야 한다. 전하는 사람의 이런 감정들이 듣는 이들에게 그 정보에 대한 긍정적이고 수용적인 반응을 가져오게 한다. 수용적인 반응 곧 동의는 구원 얻는 믿음과 결단의 자리로 인도한다. 그러나 전하는 이들이 하나님의 사랑에 대해 감사하는 마음이 없고 기쁨이나 감격이 없다면, 듣는 사람들은 어떤 반응을 보일까? 그들은 전하는 메시지에 대해 별 흥미를 느끼지 못하게 될 것이다. 구원의 기쁜 소식에 공감하거나 동의하기 어려울 것이다.

예레미야 36장에는 여호야김 왕이 나온다. 그는 예레미야를 통해 주신 하나님의 경고와 임박한 재난의 말씀을 듣게 된다. 여호야김은 하나님의 말씀을 들었다. 하나님께 순종하지 않는 유다의 멸망이 가까이 왔음을 알게 되었다. 그러나 그는 그 말씀을 받아들일 수 없었다. 그는 경고의 말씀을 듣고 동의하고 회개해야만 했다. 그러나 그는 임박한 재난을 두려워하거나 피할 길을 찾지 않았다. 하나님의 말씀에 동의하는 대신 그는 칼을 가져다가 경고의 말씀이 기록된 두루마리를 베고 불에 던져 태워버렸다. 말씀에 동의하지 않은 여호야김 왕은 결국 구원의 은혜를 누리지 못하고 죽고 만다. 참 믿음은 어떤 사실을 머리로만 아는 것이 아니라 가슴으로 느끼고 공감하고 동의하는 과정을 필요로 한다.

4. 지식에서 동의로 이끄는 교육

우리나라의 일반 학교에서 대부분의 과목들은 정보 전달을 위주로 이루어진다. 심지어는 도덕이나 윤리 과목도 학생들의 생각이나 태도나 심성의 변화를 추구하지 않는 듯하다. 단지 석가나 공자, 소크라테스나 칸트의 가르침을 교사는 전달하고, 학생들은 암기하는 데 급급한 것 같다. 그러한 내용들을 앎으로써 학생들의 도덕성을 함양케 하는 일에는 무관심한 듯하다. 수업을 통해 학생들의 도덕성과 삶에 건강한 태도를 증진하는 일에는 교사들이 관심도 없고 거기에 할애할 시간도 없어 보인다. 단지 학생들이 시험에서 좋은 점수를 얻도록 돕는 것이 교사의 지상 목표인 듯하다.

이런 현상은 비단 일반 학교 교육에서만 일어나는 것이 아니다. 심지어는 전인적인 삶의 변화를 추구해야 하는 교회교육의 현장에서도 얼마든지 볼 수 있다. 교회학교 교사들이 분반공부 시간에 성경의 내용을 가르치기는 하지만, 그 내용이 그들의 삶에 어떤 의미가 있는지를 가르칠 시간적 여유도 없고, 의지도 없어 보인다. 교회학교 학생들은 교사의 가르침이 자신의 삶에 어떤 의미가 있는지 앎과 삶을 연결시킬 기회를 갖지 못하고, 깊이 생각할 능력도 없는 듯하다. 성경을 지식으로만 배우는 데도 시간이 넉넉하지 않기 때문이다.[62]

하나님의 말씀을 학생들이 가슴으로 느끼며 공감하고 동의할 수 있도록 돕는 교육이 필요하다. 이런 교육이 되려면 성경 본문에 대해 질문을 던져야 한다. 성경의 내용을 확인하며 그 의미를 찾을 수 있어야 한다. 즉 성경의 사실에 근거한 해석의 과정을 거쳐야 한다. 성경 전체의 요절이라고 할 수 있는 요한복음 3:16을 해석하면 어떤 교훈을 찾을 수 있을지 학생들에게 생각할 기회를 줘야 한다.

교수방법 중 질문은 학생들이 본문을 해석할 기회를 제공하는 데 효과적인 방법이다. "'독생자'는 무슨 뜻인가? 또 누구를 가리키는가? '세상'은 나를 포함하는가? '예수님을 믿는다'는 것은 어떤 것인가? 멸망이란 무엇인가? 예수님이 하나님의 아들, 나의 구주, 나의 주님이 되심을 알고, 그렇다고 인정하는가? 왜 예수님을 믿으면 멸망하는 대신에 영생의 복이 나에게 주어지는가?" 이런 질문이 가능하다.

5. 묵상

이런 질문에 대답을 찾고 해석을 하려면 어떻게 해야 할까? 묵상이 필요하다. 묵상이란 성경의 한 부분을 반복해서 연구하며 되새김질(반추) 하는 것이다. 본문의 내용을 관찰하고 해석하고 자신에게 적용하는 것이다.

묵상하는 방법에는 두 가지가 있다. 하나는 하나님의 말씀을 세심하게 연구하며 나에게 어떤 의미가 있는가를 능동적으로 찾는 것이다. 성경 본문의 내용을 세심하게 관찰함으로써 정확한 이해를 한다. 나아가 본문의 해석을 통해 하나님께서 주시려는 교훈을 내가 주도적으로 찾아 것이다. 하나님은 성경 66권에 그의 깊으신 뜻을 이미 계시하셨다. 따라서 하나님을 알아가려면 성령님의 도우심을 받아 지성을 활용하여 내가 성경을 연구해야 한다. 이 과정에서 QT교재나 주석책의 도움을 받을 수 있다.

묵상의 다른 방법은 수동적으로 하나님의 말씀(음성)을 기다리는 것이다. "하나님! 본문을 통해 나에게 말씀하소서. 제가 듣겠습니다"라고 기도한다. 그리고 본문을 거듭 생각하면서 성령님의 조명(照明)을 겸손히 기다리는 시간을 갖는다.

첫째 방법은 이미 완성된 하나님의 계시를 적극적으로 나의 편에서 연구하고 그 의미를 이해해 가는 묵상의 방법이다. 이와 대조적으로 둘째 방법은 성경을 오늘도 살아있고 운동력이 있는 하나님의 말씀(히4:12)으로 믿는다. 그리고 나 자신을 성령님께 맡기면서 그의 가르치심을 받아 누리는 묵상 방법이다. 이를 위해 본문을 머리로 반추하면서 침묵하며 기다린다.

이 두 가지 방법은 동시에 이루어져야 한다. 첫째 방법만을 사용하면 지성주의(intellectualism)에 머무르게 되기 쉽다. 그러면 오늘도 살아계셔서 지금 여기서 말씀하시는 하나님을 경험하기 어렵게 된다. 둘째 방법만을 활용하면 주관주의(subjectivism)나 신비주의(mysticism)에 빠져 진리에서 멀어질 가능성이 높아진다. 앞의 두 가지 접근(해석) 방법을 함께 보완적으로 활용하면, 하나님의 말씀을 올바르게 이해하게 되고 가슴으로 느끼며 공감하고 동의하는 은혜를 누릴 수 있다. 여러 책들을 참고하여 성경을 연구함과 동시에, 기도하면서 성령님의 인도하심을 따를 때, 은혜와 진리로 충만함을 받는 복을 누리게 된다.

다. 신앙의 의지적(意志的) 요소-신뢰

구원을 받으며 열매 맺는 신앙이 되려면 성경을 알아야(지식) 하고, 거기에 정서적인 공감과 동의가 있어야 한다. 그러나 그것만으로 충분하지 않다. 예수 그리스도가 나를 대신하여 십자가에서 죽으셨음을 머리로 알고, "그래 맞아. 예수님이 나의 죗값을 십자가에서 다 치루셨어"라면서 가슴으로 동의한다고 해서 구원의 복이 임하게 되는 것은 아니다. 참된 신앙이 되기 위해서는 여기에 더하여 성경 말씀에 대한 신뢰가 필요하다.

1. 지식, 동의, 그리고 신뢰

야고보서 2:19에 이런 말씀이 나온다. "네가 하나님은 한 분이신 줄을 믿느냐 잘 하는도다 귀신들도 믿고 떠느니라." 귀신들도 하나님은 한 분이신 줄을 믿는다. (여기서 '믿는다'는 지식을 가지고 있다는 뜻이다.) 그리고 귀신들은 그 사실을 인정하면서 두려워 떠는 감정적인 반응도 보인다. 하나님이 한 분이심에 대해 동의했다고 볼 수 있다. 그러나 귀신들은 구원의 하나님을 신뢰하며 의지하지 않는다. 귀신들은 하나님의 절대주권을 안다. 그러나 그를 신뢰하려는 마음이 없고 의지할 수도 없다. 하나님을 의지하여 감사하며 순종하려 하지 않고 도리어 대적한다. 귀신은 하나님이 어떤 분이신지를 알고 두려워하기도 하지만, 그를 신뢰(의지)하지 않는다. 따라서 구원을 받을 수 없다.

만약에 어느날 갑자기 비서실장이 언제 어디로 나오면 대통령을 만날 수 있다고 말해주었다고 하자. 나는 그 사실을 전해 듣고 잘 믿어지지는 않았지만 동의하고 받아들였다. 그런데 다른 일에 마음이 빼앗겨 대통령을 만날 약속을 소홀히 한다면, 나는 대통령을 만날 수 없게 된다. 믿음은 지식과 동의 그리고 신뢰 곧 나 자신을 드리는 것을 요구한다. 다른 바쁜 일이 있어도 대통령과 약속을 중요하게 생각하여 나 자신을 거기에 드려야 한다. 지식과 동의와 신뢰를 가지고 나를 하나님께 그리고 그의 말씀에 맡길 때, 구원의 은혜와 복을 비로소 누리게 된다. 예수 그리스도를 알고 동의하고 신뢰하는 참 믿음을 가진 사람은, 하나님의 말씀에 순종하겠다는 결단을 한다. 그리고 행동으로 옮기게 된다.

참 믿음을 가진 사람이란, 예수 그리스도의 대속의 죽음과 부활을 머리로 알고, 가슴으로 동의할 뿐만 아니라, 예수님을 마음으로 의지하고 신뢰한다. "예수님, 나를 대신하여 십자가에서 죽어주시고 부활하심을 알게 되었습니다. 감사합니다. 나는 하나님의 구원을 받을 자격이 도무지 없는 죄인입니다. 그러나 하나님의 아들 예수님이 나를 대신하여 십자가에서 죽으시고 또 부활하셔서 나의 구원자가 되시고 나의 주님이 되셨음을 동의하고 받아들입니다. 예수님을 믿음으로써 나의 죄를 용서받았고 하나님의 자녀의 권세를 주셨다는 사실을 나는 신뢰합니다. 나의 삶을 주님께 드립니다." 이렇게 지식에서 정서적 동의로, 정서적 동의에서 의지적 신뢰에 이르게 될 때 참 믿음, 구원을 얻는 믿음이 된다. 참 믿음을 통해 하나님과의 관계가 본격적으로 시작되었다. 이제 친밀한 교제를 풍성하게 누리는 자리로 나아가게 된다.

2. 한센(문둥)병자 나아만

열왕기하 5장에는 아람의 군대장관 나아만이 한센병을 고침받는 사건이 나온다. 이 사건은 구원 얻는 믿음을 이해하는 데 도움을 준다. 나아만은 포로로 잡혀온 어린 하녀를 통해 기쁜 소식을 듣는다. 그의 문둥병이 사마리아에 있는 선지자에게 가면 고침을 받을 수 있다는 것이었다(지식). 그는 마음으로 동의한다. 나아만의 동의는 물에 빠진 사람이 지푸라기라도 잡는 심정에서 나온 것과 같은 동의라고 할 수도 있다. 그의 괴롭고 힘든 형편에서 나온, 최소한 소녀의 말을 거부하지 않고 받아들인 동의다. 그러나 하나님은 때로 그런 동의도 기쁘게 받으신다.

예수님이 "낙타가 바늘귀로 들어가는 것이 부자가 하나님의 나라에 들어가는 것보다 쉬우니라"(마19:24)고 하신 이유가 무엇일까? 부자에게는 물질에 부족함이 없어 하나님의 은혜에 대한 갈급함이 없기 때문일 것이다. 나아만은 나병으로 인해 영육 간 곤고한(가난한) 상태에서 어린 소녀의 말을 아내를 통해 듣고 이를 받아들였다(동의했다). 그는 아람 왕의 허락을 요청한다. 그리고 윤허를 받아 그는 이스라엘 왕에게로 나아간다. 치유의 길에 들어선 것이다.

그는 하나님의 사람 엘리사를 찾아간다. 선지자는 "요단강에 몸을 일곱 번 씻으라. 네 살이 회복되어 깨끗하리라"(왕하5:10)는 명령과 약속을 나아만에게 준다. 나아만은 한센병이 치유될 수 있는 지식을 그의 머리에 갖게 되었다. 그러나 그는 이 기쁜 소식에 가슴으로 동의할 수가 없었다. 왜냐하면 다메섹에 있는 강들보다 깨끗하지 않은 요단강 물에 몸을 씻는 것으로는 자신의 한센병이 절대로 나을 수 없다는 이성적인 판단 때문이었다. 하나님의 사람 엘리사의 말보다 자신의 합리적인 생각을 더 신뢰했기 때문이다. 그러나 그의 종들의 강권을 받아들여 자신의 생각을 포기한다(동의). 그리고 엘리사의 말이 미심쩍지만 그 말에 자신을 맡긴다(신뢰). 그리고 그 믿음에 근거하여 자신의 몸을 요단강 물에 일곱 번 담근다. 그러자 "그의 살이 어린 아이의 살 같이 회복되어 깨끗하게 되었"다(왕하5:14). 나아만의 믿음은 요단강에 몸을 일곱 번 담그게 만들었고 그 결과 한센병에서 깨끗함을 얻게 했다. 나아만이 낫게 된 지식-동의-신뢰의 과정을 예수님을 통해 구원 얻는 믿음과 연결할 수 있다.

성경은 하나님에 대한 믿음과 하나님께 대한 사람의 의무를 가르쳐 준다.[63] 하나님에 대한 믿음 중 가장 중요한 지식은 예수 그리스도를 믿음으로 주어지는 구원의 기쁜 소식이다. 사람들의 전도를 통해, 또는 성경이나 신앙서적을 읽음으로써 이 사실을 머리로는 어느 정도 알 수 있다. 그러나 그들은 사람이 선하게 살아야하고, 악행보다 선행을 조금이라도 더 많이 해야 '구원' 같은 것을 얻는다는 합리적인 생각을 버리지 않는다. 예수님을 믿음으로 주어지는 구원의 기쁜 소식에 동의하지 않는 것이다.

'믿음으로 얻는 구원'이란 그들로서는 도무지 이해할 수가 없는 것이다. 자신의 비참한 현실을 바로 보고 실험적으로라도 한번 동의를 해보면 구원의 길에 한 걸음 더 다가갈 수 있다. 그러나 무지 또는 교만으로 인해 복음에 동의하지 않고 거부할 때, 하나님의 구원의 은혜와 복을 결코 누릴 수 없다.

하나님은 말씀의 능력과 성령님의 사역을 통해 복음을 듣는 그의 백성들의 눈과 귀 그리고 가슴을 열어 주신다. 그들로 하여금 예수 그리스도의 복음을 가슴으로 동의하게 하신다. 그리고 마음으로 신뢰하게 하신다. 그리하여 하나님은 죄인을 구원하시고, 하나님과 우리 사이에 아버지와 자녀의 관계를 맺으신다. 믿음은 하나님과 관계를 본격적으로 시작하게 하고 풍성하게 한다. 믿음은 하나님과 더욱 친밀한 아버지와 아들, 아버지와 딸의 관계로 나아가게 한다.

V. 전도, 믿음 그리고 성령님이 하시는 일

나사로는 병이 들었다. 마르다와 마리아는 예수님께 사람을 보내어, 속히 오셔서 나사로의 병을 고쳐달라고 요청했다. 그러나 예수님은 소식을 들은 즉시 그들에게로 가지 않으셨다. 결국 나사로는 죽었다. 예수님은 그가 죽은 지 나흘이 되었을 때 슬픔 가운데 있는 그의 누이들을 찾아오셨다. 그들은 예수님이 나사로가 죽기 전에 오셔서 그의 병을 고쳐주지 않으심에 대해 섭섭함과 불만을 예수님께 드러낸다.

가. 무덤에서 나온 나사로

죽음의 권세 아래 무기력하고 아파하는 나사로의 누이들과 사람들을 보시면서, 예수님은 비통해 하시며 눈물을 흘리신다(요11:35). 그리고 나사로가 안치된 무덤을 찾아가신다. 예수님은 무덤을 막고 있는 돌을 치우게 하신다. 죽어 고약한 냄새를 풍기며 어둠 속에 누혀있는 시체를 향하여 예수님은 큰소리로 명령하신다. "나사로야, 나오라!"(요11:43) 죽었던 나사로는 주님의 음성을 듣고 무덤 밖으로 어기적거리며 걸어 나왔다.

나사로는 죽었다. 그의 오감은 더 이상 작동할 수 없었다. 나사로의 시체는 예수님의 외침을 들을 수 있는 가능성이 전혀 없었다. 그러나 그는 예수님의 명령을 듣고 무덤 밖으로 걸어 나왔다. 그 이유는 무엇일까? 나사로가 예수님의 음성을 듣기 직전 또는 듣는 동시에 살아났고, 그의 오감이 이제 작동하게 되었기 때문이다. 나사로는 다시 살아났기 때문에 주님의 음성을 들을 수 있었다. 죽음에서 생명을 얻었기 때문에 예수님의 말씀을 듣고 무덤 밖으로 걸어 나왔다.

나사로가 다시 살아난 사건은 믿음과 성령님의 일(사역)을 이해하는 데 도움을 준다. 모든 사람들은 죄로 말미암아 죽었다(엡2:1). 죄인들은 코의 호흡이 끊어지기 전까지 육적인 기능과 정신적인 기능은 살아 작동하고 있지만, 그들의 영은 죽어 있어 하나님과 교제할 수 없는 상태다. 하나님의 진노와 저주 아래 있음으로 말미암아 겉모양은 화려하게 보이기도 하지만 그의 속사람은 비참한 형편에 있다. 전나무가 뿌리와 분리되어 죽은 상태이지만, 온갖 장식으로 아름답게 꾸민 방 안의 크리스마스트리 같은 신세이다. 이런 죄인들을 하나님은 사랑하셨다. 예수 그리스도 안에서 그들을, 죄를 용서받는 은혜와 하나님의 자녀가 되는 복 가운데로 부르신다. 이를 '부르심' 또는 '소명(召命)"이라고 한다.

나. 외적소명과 내적소명

하나님의 부르심(소명)에는 외적소명과 내적소명의 두 가지가 있다. 외적소명(外的召命)은 요한복음 3:16의 "그를 믿는 자마다 멸망하지 않고 영생을 얻게 하려 하심이라"에서 보는 것처럼 모든 인류 곧 불특정다수를 향한 '영생'(구원)에로 초대다. 그러나 이 부르심에 대해 영적으로 죽어있는 죄인들은 올바른 반응을 보이지 못한다.

외적 부르심과 대조적으로 내적소명(內的召命)은 예수 그리스도의 구원의 기쁜 소식을 개인에게 적용하는 효력이 있는 부르심이다. 죽은 나사로는 생명을 얻고 청각도 되살아났다. 그래서 예수님의 "나사로야, 나오라!"고 하시는 소리를 듣고 무덤 밖으로 나왔다. 성령께서는 나사로에게 새로운 생명을 주셨다. 그는 살아났기 때문에 주님의 '나사로야, 나오라!'는 부르심을 들을 수 있었고 무덤 밖으로 나오게 되었다.

모든 죄인들은 예수님의 구원의 복음에 대해 자기 자신의 의지만으로는 결코 신뢰의 반응을 보일 수 없다. 그들의 영혼이 죽었기 때문이다(엡2:1). 그러나 기쁜 소식이 죄로 말미암아 죽었지만 창세 전에 하나님의 택함을 받은 이들에게 전해진다. 그때 그들은 그 복음 자체의 능력과 성령님의 일하심으로 말미암아 중생(重生 born again) 곧 위로부터 다시 나게 된다. 하나님의 부르심에 반응을 보일 수 있게 된다. 나사로처럼 죽음에서 생명의 자리로 나아오게 된다. 내적소명을 '효력있는 부르심'이라고 하는 이유가 여기에 있다.

다. 오직 성령으로만 거듭남

아직 거듭나지 못한 사람들은, '예수님을 믿음으로 주어지는 구원의 기쁜 소식'을 들어야 한다. 성령께서는 복음을 듣는 이들 중 택한 사람을 거듭나게 하시기 때문이다. 성령님은 죄인들로 하여금 예수 그리스도를 마음으로 믿고 입으로 시인할 수 있게 하시기 때문이다. 내적소명은 분명히 구원의 복음을 개인에게 적용시키는 성령님의 은혜와 함께한다. 성령님은 그가 계획하신 때에 한 사람을 거듭나게 하셔서 복음이 들리게 하시고, 예수 그리스도를 신뢰하게 하신다. 구원의 은혜와 복을 주신다.

믿음은 들음에서 나고 들음은 그리스도의 말씀으로 말미암는다(롬10:17). 따라서 구원의 은혜와 복을 누리려는 죄인들은 마땅히 전도에 귀를 기울여야 한다. 주님의 말씀을 읽고 듣고 연구하고 묵상해야 한다. 그뿐만 아니라 거듭난 이들은 믿음이 자라고 성숙하여 성령의 열매를 비롯한 찬송과 전도와 선행의 열매를 풍성히 맺기 위해, 그리스도의 말씀을 계속 듣고 마음에 품어야 한다. 믿음의 시작과 성숙은 성령님의 일하심과 더불어 하나님의 말씀과 불가분리의 관계에 있다.

성경을 가까이하고 묵상하라. 설교를 들어라. 이것은 사람이 해야 할 책임이다. 그러나 하나님의 말씀이 나에게 효력 있게 적용되는 것은, 성령님이 하시는 일이다(고전2:12,14). 따라서 사람에게는 자랑할 것이 없다(고후10:17). 오직 하나님의 은혜로 우리가 거듭나 구원을 받기 때문이다. 그리고 그의 도우심을 힘입어 그리스도 안에서 성숙하고 열매를 맺을 수 있기 때문이다(요15:5-6).

라. 성경, 성령님, 거듭남

에베소서 2:8은 "너희는 그 은혜에 의하여 믿음으로 말미암아 구원을 받았으니 이것은 너희에게서 난 것이 아니요 하나님의 선물이라"고 선언한다. 예수 그리스도를 믿고 구원을 받은 것은 사람에게서 난 것이 아니라 전적으로 하나님의 선물이다. 고린도전서 2:12, 14은 이렇게 말씀한다. "우리가 세상의 영을 받지 아니하고 오직 하나님으로부터 온 영을 받았으니 이는 우리로 하여금 하나님께서 우리에게 은혜로 주신 것들을 알게 하려 하심이라…육에 속한 사람은 하나님의 성령의 일들을 받지 아니하나니 이는 그것들이 그에게는 어리석게 보임이요, 또 그는 그것들을 알 수도 없나니 그러한 일은 영적으로 분별되기 때문이라" 이 말씀은, 하나님으로부터 온 영 곧 성령님을 통해 죄인들은 거듭나서, 믿음으로 그들에게 주시는 구원의 복을 누리게 됨을 가르쳐 준다.

유해무는 말씀과 성령님 그리고 중생과 믿음의 관계를 다음과 같이 설명한다. "성령과 말씀에 의한 소명은 속사람을 완전히 새롭게 하며, 이 새로움이 믿음에로 나아오게 한다. 즉 내적 갱신인 중생이 없이는 믿음이 있을 수 없다. 소명이 마음을 어루만져서 변화시켜야 한다."[64]

사도요한은 그의 복음서를 기록한 목적을 다음과 같이 피력한다. "오직 이것을 기록함은 너희로 예수께서 하나님의 아들 그리스도이심을 믿게 하려 함이요 또 너희로 믿고 그 이름을 힘입어 생명을 얻게 하려 함이니라"(요20:31) 성령께서 복음서를 기록하게 하시고 또 복음을 전하게 하시는 이유는, 죄인들로 하여금 예수님이 하나님의 아들이시고 구원자이심을 믿도록 돕고, 예수님을 믿음으로 생명 곧 영생을 얻게 하기 위함이다. 성령님과 성경말씀은 죄인들을 거듭나게 하고 믿음으로 구원에 이르게 한다.

마. 사영리와 전도

전도의 방법 중 이슬비 전도, 고구마 전도, 브릿지(다리)전도 그리고 사영리(四靈理 네 가지 영적 이치) 전도 등이 있다. 사영리(The Four Spiritual Laws)라는 대학생선교회에서 보급한 작은 책자를 가지고 전도하는 방법은 1970년 전후에 보급되어 많이 활용되었다. 지금도 사용되어 많은 사람들을 그리스도에게로, 구원의 자리로 인도하고 있다.

어떤 사람들은 이 방법의 한계를 다음과 같이 지적한다. 첫째, 하나님이 누구신지에 대한 설명이 부족하다. 둘째, 사람의 타락과 죄에 대한 설명에 오해의 여지가 있다. 셋째, 구원의 길이 너무 단순하게 설명되어 있다. 특히 사영리의 결론 부분의 영접기도는 '자판기' 같이 구원이 주어지는 것처럼 오해를 불러일으킬 수 있다고 주장한다.[65]

필자는 이런 평가에 대해 신학적으로 타당성이 충분하다고 인정한다. 그러나 예수님이 십자가에서 죽으실 때 한 강도는 끝까지 주님을 욕했다. 그러나 다른 강도(눅23장)는 거룩하신 예수님을 보고 그의 긍휼을 구함으로써 막판에 구원을 받았다. 구브로 총독 서기오 바울(행13장)은 사도 바울을 통해 짧은 시간 복음을 들었으나 (유대인 마술사가 눈이 멀게 된 사건에 충격을 받고) 믿음을 가졌다. 사영리는 앞의 두 사람이 듣고 본 것보다 복음의 내용을 충실히 포함하고 있지 않을까? 따라서 사영리의 부족함 때문에 전도에 사용하지 말라고 하는 것은 다시 생각해 볼 필요가 있다.

앞서 언급한 대로 예수님의 복음을 선포하고 가르쳐도, 영적으로 죽은 죄인들이 반응하지 않는 것은 당연하다. 그러나 성령께서 말씀과 함께 일하실 때, 죄인들에게 거듭남의 은혜가 임하게 된다. 그들은 구원의 기쁜 소식에 반응하여 기뻐하며 감사하며 하나님을 찬양하게 된다. 비록 사영리 소책자의 내용이 구원의 복음을 온전히 담지 못하고 있다 해도, 성령님은 종종 이를 사용하셔서 죽은 영혼들을 거듭나게 하시고 구원의 은혜와 복을 믿고 누리게 하신다. 사영리보다 더 좋은 전도방법이 있으면 그것을 사용해서 전도하면 된다. 딱히 더 좋은 방법이 없다면 성령께서 함께하시며 일하시기를 기대하면서 사영리를 활용해서 전도하면 된다. 때로는 사영리의 골격은 유지하면서 자신의 신학의 입장을 따라 일부 내용을 수정보완해서 전도할 수도 있다.

죄인들이 거듭나는 것은 살아있고 항상 있는 하나님의 말씀으로 된다(벧전 1:23). 성령께서 거듭나게 하실 때, 새 생명을 받은 사람은 예수님의 음성을 듣고 알고 믿게 된다. 믿는 사람은 하나님의 나라에 들어가게 된다(요3:5). 사람의 전도는 복음을 최대한 성경대로 전달하려고 최선을 다해야 한다. 그러나 사람의 노력은 완전과는 거리가 멀 수밖에 없다. 하지만 성령 하나님은 전도자의 미련하고 부족한 복음 전도를 사용하신다. 죄인들로 하여금 구원자 예수 그리스도를 알고 믿도록 도우신다. 말씀과 성령으로 거듭나게 하시고 영생의 복을 누리게 하신다.

VI. 믿음과 행함 그리고 예수님을 닮은 인격형성의 관계

믿음은 지식과 동의와 신뢰의 3요소로 이루어짐을 보았다. 나사렛 예수를 하나님의 아들, 나의 구주, 나의 주님으로 알고 동의하고 신뢰하는 것이 구원을 얻는 믿음이다. 이 믿음으로 죄인들은 죄를 용서받고 하나님의 자녀의 권세를 받고 천국 시민권을 얻는다. 이제 그리스도인들은 이 세상에서 영생의 복을 누리며, 하나님의 자녀로서 하나님의 뜻에 순종하며 살아가게 된다. 예수님을 점점 닮아가게 된다.

예수님을 닮은 인격
행함
믿음-지식, 동의, 신뢰

가. 믿음과 행함의 관계

성경은 "오직 의인은 믿음으로 말미암아 살리라"(롬1:17)고 선언한다. 죄로 말미암아 죽었던 인생이 새로운 생명을 얻으려면 최소한 다음 세 가지 사실을 알고 믿고 고백해야 한다. 첫째는 예수 그리스도가 참 사람이심을 믿을 뿐만 아니라 하나님(의 아들)이심을 믿어야 한다. 참 사람이시며 참 하나님이신 예수님이 하나님과 죄인들 사이에 유일무이하고 완전한 중보자가 되심을 믿어야 한다(딤전2:5). 둘째로 예수님이 십자가에서 피를 흘려 죽으심으로써 구세주가 되셔서 자기 백성을 죄와 죽음과 사탄의 압제에서 구원하시고 자유케 하셨음을 믿어야 한다. 그리고 그 분이 나의 구주이심을 믿어야 한다(딤후1:10). 셋째로 예수님이 죽음을 이기고 부활하심으로써 부활의 첫 열매가 되셨고, 만왕의 왕, 만유의 주가 되시며 나의 주님이 되심을 믿어야 한다(마28:18).

이 믿음을 통해 하나님은 자기 백성의 죄와 허물을 도말해주신다. 그리고 그들을 그의 자녀로 삼아주신다. 또 영생을 선물로 주신다. 하나님은 하늘나라를 그들의 본향(本鄕)으로 주신다(히11:16). 구원 곧 하나님과 관계 회복 그리고 그에 따르는 은혜와 복은 오직 예수 그리스도를 믿음으로써 누릴 수 있게 된다(요14:6).

1. 믿음으로 구원받은 사람의 삶

하나님은 믿음으로 죄와 죽음과 사탄의 지배 아래서 구원받은 그리스도인들이 다음과 같이 살기를 원하신다. 첫째, 하나님은 그의 자녀들이 그를 예배하며, 자신과 친밀한 교제를 항상 갖고 살아가기를 기대하신다. 둘째, 십계명을 기준으로 하나님 사랑, 이웃 사랑을 실천하며 살기를 원하신다. 셋째, 예수님의 증인으로서 가족들과 이웃들에게 삶을 통하여 그리고 입을 열어서 예수 그리스도의 구원의 기쁜 소식을 전하라고 하신다. 넷째, 세상의 소금과 빛으로서, 선지자-제사장-왕으로서 각자가 위치한 영역으로부터 시작하여 땅끝까지 정의롭고 공의로운 하나님의 나라를 이루며 드러내기를 소원하신다.

창세기 15:6은 "아브람이 여호와를 믿으니 여호와께서 이를 그의 의로 여기시고"라고 했다. 이로써 하나님과 관계를 맺기 위해 아브람에게 필요했던 것, 곧 의(義)롭다 함을 누리기 위한 방편은 믿음임을 분명하게 밝힌다. 하나님께서 요구하시는 의(義)는 아브람의 완전한 행동(순종)의 대가로 주어진 것이 절대로 아니다. 아브람이 하나님 여호와를 믿음으로써 주어졌다. 로마서 1:17은 "복음에는 하나님의 의가 나타나서 믿음으로 믿음에 이르게 하나니 기록된 바 오직 의인은 믿음으로 말미암아 살리라 함과 같으니라"라고 증거한다. 로마서 4:24은 "의로 여기심을 받을 우리도 위함이니 곧 예수 우리 주를 죽은 자 가운데서 살리신 이를 믿는 자니라"고 말씀한다. 구약시대의 아브라함뿐만 아니라, 신약시대에 살고 있는 모든 사람들도 믿음으로써 의롭다 칭함을 받고 구원을 받는 것이 하나님의 뜻이다.

2. 믿음으로 구원받은 그리스도인의 순종(행함)

믿음과 행함의 경계는 분명하다. 우리는 예수 그리스도를 믿음으로 의롭다 함을 받고 구원을 받는다. 그러나 구약시대에는 구약 율법의 613가지('하지 말라'는 명령 365가지, '하라'는 명령 248가지)를 하나도 빠짐없이 다 지켜야만 구원을 받을 수 있었다. 물론 이 명령들을 다 지킬 수 없는 이스라엘 백성들을 위해 하나님은 예수 그리스도를 예표하는 제사제도를 주셨다. 율법을 모두 지킬 수 있는 사람은 아무도 없다. 로마서 3:23이 "모든 사람이 죄를 범하였으매 하나님의 영광에 이르지 못하더니"라고 선언한 이유다.

예수 그리스도를 믿음으로 주어지는 유일무이한 구원의 길을 하나님은 우리에게 주셨다. 믿음으로 구원받은 하나님의 자녀들은 이제 하나님의 은혜에 감사하여, 하나님을 사랑하며 자신의 모든 것을 하나님께 드린다. 그의 말씀대로 살기로 결단한다.

한 선교사가 100여 년 전에 아프리카에 갔다. 하루는 멀리서 한 원주민의 비명을 들었다. 그는 즉시 라이플(장총)을 들고 뛰쳐나갔다. 사자가 원주민을 잡아 먹으려는 것을 보고 선교사는 방아쇠를 당겨 그를 구해냈다. 그 원주민은 선교사의 발 앞에 엎드리며 쉬지 않고 감사의 말을 쏟아냈다. 선교사가 집에 돌아와 쉬고 있는데 밖이 소란스러워 나와보았다. 그곳에는 그가 살려준 원주민과 그의 아내와 자녀들 그리고 가축들이 모두 와 있었다. 그 원주민은 선교사에게 엎드리며 말했다. "나와 나의 가진 모든 것은 이제 모두 당신의 것입니다."

예수 그리스도를 믿음으로 하나님의 구원의 선물을 받게 된 사람은, 예수님이 자신의 구원자일 뿐만 아니라 자신의 주님이심을 인정한다. 이제 자신의 모든 것이 하나님의 것임을 고백한다. 하나님께 자신의 모든 것을 드리고, 그의 말씀을 따라 살기로 작정한다. 그리고 순종하기를 힘쓴다.

그러나 이때 문제가 생긴다. 로마서 7장에서 사도 바울이 고백했던 것처럼 하나님께 순종하는 것이 쉽지 않은 것이다. 자주 넘어지는 것이다. (물론 신앙생활에 연륜이 쌓일수록 죄를 범하는 빈도가 줄어들기도 한다.) 사도바울은 다음과 같이 고백했다. "그러므로 내가 한 법을 깨달았노니 곧 선을 행하기 원하는 나에게 악이 함께 있는 것이로다"(21절)

감사한 것은 사도 바울이 이런 절망적인 상황에서 말을 끝맺은 것이 아니라는 것이다. 사도 바울은 "우리 주 예수 그리스도로 말미암아 하나님께 감사"한다(롬7:25). 이어서 그는 선언한다. "그러므로 이제 그리스도 예수 안에 있는 자에게는 결코 정죄함이 없나니 이는 그리스도 예수 안에 있는 생명의 성령의 법이 죄와 사망의 법에서 너를 해방하였음이라"(롬8:1-2)

그리스도인이 하나님의 말씀대로 살려고 하나 그렇게 살지 못하는 형편을 하나님은 아신다. 그래서 예수님을 믿음으로 구원 받은 그의 자녀들을 결코 정죄하지 않으신다. 우리 아버지 하나님은 우리에게, 다시금 성령님의 인도하심에 따라 살며, 말씀에 비추어 회개하며 살라고 하신다. 그리고 새로운 마음으로 다시 순종하는 삶을 가지라고 하신다. 우리의 순종하는 삶에 변화가 있고 성숙이 있어야 하지만 우리는 어쩔 수 없이 죄를 범한다. 그러나 하나님 아버지는 회개하고 돌이키는 우리를 기쁘게 받아주시고 의의 길로 인도하신다.

하나님의 자녀들은 마지막 날 영화(榮化)의 자리로 옮겨지기까지 이 세상에서 성화(聖化 sanctification)의 과정을 거친다. 하나님의 자녀로서 아버지의 뜻에 순종하는 과정이다. 하나님의 말씀에 순종하는 과정을 통해 그들의 인격은 예수 그리스도를 닮아간다. 성화의 과정은 쉽지 않다. 자주 실패하며 죄책감에 빠진다.

죄책감 때문에 마음이 무겁고 괴로운가? 하나님을 가까이하기가 어려운가? 죄책감은 "회개하라, 빨리 하나님 아버지께로 돌아오라, 그리고 은혜로 주어진 구원의 기쁨을 회복하라"는 성령님의 강권하심이다. 그리스도인은 자신의 부족함과 연약함과 악함 때문에 좌절할 것이 아니다. 도리어 너무나도 연약하고 악한 나임에도 불구하고 하나님은 나를 사랑하셨음을 기억해야 한다. 그리고 오늘도 나를 사랑하시는 하나님을 믿으므로 죄를 회개하고 다시금 순종하는 삶으로 나아가야 한다. 예수님을 믿으므로 의롭다 함을 받은 우리는 "일곱 번 넘어질지라도 다시 일어나"(잠24:16)는 하나님의 자녀들(의인)이다. 우리를 하나님의 사랑에서 끊을 어떤 존재나 사건은 없다(롬8:31-39).

3. 구원과 영화(榮化)

예수님을 믿음으로써 누리는 구원은, '이미 그러나 아직'(already but yet)이라는 성격이 있다. 예수 그리스도를 믿으므로 우리는 이미 구원을 받았다. 그러나 완전한 구원(더 이상 죄와 상관이 없는 상태에 이르름)은 아직 이루어지지 않았다. 믿음으로 의롭다 함을 받아 의인(義人)이 되고 하나님의 자녀의 권세는 얻었으나, 영화(glorification)의 상태 곧 죄와 상관이 없는 상태에는 아직 도달하지 못했기 때문이다.

예수님을 믿음을 통해 하나님은 우리를 새로운 피조물로 만드신다. 하나님은 그의 자녀들(새로운 피조물)에게 예수님을 닮아가라고 하신다(롬8:29). 하나님을 사랑하고 이웃을 사랑하라는 새계명을 주신다. 그리고 복음 전도의 사명과 문화적 사명을 주신다. 사명을 원활하게 수행하는 사람이 되려면 훈련과 헌신이 필요하다. 예수 그리스도를 믿으므로 주어진 놀라운 은혜와 복을 지속적으로 그리고 더 풍성하게 누리기 위해서 필요한 것이 하나님의 말씀(뜻)에 순종하는 것(행함)이다. 완전한 구원(영화)에 이르기까지 그러하다.

영화의 상태는 신자가 이 세상을 떠남과 동시에 이루어지거나, 예수님이 다시 오실 때 완전하게 이루어지게 된다. 그리스도인이 이 세상에 사는 동안 완전한 구원에 이르지는 못한다. 그러나 그리스도인은 예수님을 믿음을 통해, 단번에 하나님의 자녀의 권세를 얻음과 동시에 완전한 구원을 보장받고 있다.

당신은 예수 그리스도를 믿음으로 받은 구원의 복을 누리고 있는가? 하나님께서 주신 구원을 잃어버릴 수 없음을 아는가? 하나님의 사람으로서 살아가는 동안 훈련과 교육이 필요함을 인정하는가? 성령님의 도우심을 따라 기쁘고 즐겁게 하나님을 사랑하고 이웃을 사랑하고 있는가? 그렇게 살지 못하는 때에 즉시 회개함으로 구원의 기쁨을 회복하는가? 새로운 마음으로 하나님의 자녀답게 살기를 힘쓰는가?

4. 육신, 세상, 그리고 사탄

왜 하나님의 자녀가 된 후에도 그리스도인이 죄를 범하는가? 예수님을 믿음으로 구원을 받은 후에도 하나님의 자녀가 죄를 짓는 이유가 무엇인가? 자신을 돌아보며 답을 찾아보라.

그 이유는 첫째로, 우리가 몸 안에서 살아가고 있는데, 육신에 과거의 나쁜 습관과 정욕이 남아있기 때문이다. 다음으로 그리스도인이 살아가는 세상으로부터 오는 유혹이 있기 때문이다. 마지막으로 사탄이 우는 사자와 같이 계속 하나님의 사람들을 공격하기 때문이다. 육신에 남아있는 과거의 습관과 정욕, 세상 풍조, 그리고 사탄은 수시로 그리스도인들이 하나님의 말씀대로 살지 못하게 유혹하고 공격한다(하이델베르크요리문답 127번 참고).

신자의 육체에는 여전히 악한 습관과 죄성(정욕)이 남아있다. 그래서 구원받은 신자도 성령님의 인도하심을 따라 살지 않고 육신을 좇아 살 때가 종종 있다. 성경은 지속적으로 "…너희는 성령을 따라 행하라 그리하면 육체의 욕심을 이루지 아니하리라"(갈5:16), "사랑하는 자들아…너희를 권하노니 영혼을 거슬러 싸우는 육체의 정욕을 제어하라"(벧전2:11)고 권면한다. 육체의 욕심을 따라 살지 말고 성령님을 좇아 살라고 강권한다.

이뿐만 아니라 믿음으로 하나님의 자녀의 권세를 받은 사람들이 되었지만, 그들은 계속해서 이 세상 안에서 살아간다. 그리스도인은 세상에 속하지는 않앉지만, 세상에서 살아간다(요17:16). 세상의 풍조와 문화는 지속적으로 그리스도인에게 영향을 끼친다. 지금으로부터 50년쯤 전에는 '동성애'라는 단어는 입에 올리기도 어려웠다. 그러나 2천 년대를 전후해서 영화나 드라마에서 이런 일들이 다루어졌다. 또 커밍아웃[coming out 자신의 성(性)취향을 공개하는 것]이 이루어지고, 이를 매스컴이 보도했다. 이에 따라 사람들은 이런 일들을 점차 대수롭지 않게 생각하게 되었다. 그리스도인 중에서도 이에 대한 경계심이 느슨해져서 "그럴 수도 있지"라고 하기도 한다(롬1:26-32).

정신을 차리고 주의하지 않으면, 가족이나 친구들 그리고 대중매체들(매스컴)이 그리스도인의 생각과 삶에 지대한 영향을 끼친다. 세상의 영향력이 끊임없이 하나님의 자녀들을 유혹하고 공격하여 거룩한 삶을 멀리하게 만들며 세속적인 삶의 방식으로 돌아가게 한다. 세상의 풍조에 서서히 물들어 죄를 죄로 여기지 않게 하기도 한다. 따라서 하나님의 사람들은 하나님 중심, 성경 중심, 가정과 교회 중심으로 살기 위해 깨어있어야 한다. 부단히 성경 말씀에 비추어 자신과 세상을 점검하고 악한 생각이 틈타지 않도록 경계해야 한다.

베드로전서 5:8은 대적하는 마귀가 삼킬 자(하나님의 사람들)를 찾는다고 말씀한다. "근신하라 깨어라 너희 대적 마귀가 우는 사자 같이 두루 다니며 삼킬 자를 찾나니…" 사탄은 호시탐탐 하나님의 자녀들을 노린다. 이런 위험을 그리스도인은 겁낼 것이 아니라, 대적해야 한다. 사탄의 공격에서 승리하기 위해 성경은 그리스도인들이 하나님의 말씀과 성령님으로 충만하기를 촉구한다. 그렇지 않으면 사탄의 노리개가 될 수 있기 때문이다. 그리스도인은 선한 일, 의로운 일, 하나님의 뜻에 합당한 일에 관심을 가지고 자신의 시간과 힘을 그 일에 쏟아야 한다(롬6:13). 적극적으로 "선을 행하지 아니하면 죄가 문에 엎드"린다(창4:7). 기회를 틈타 하나님의 사람으로 범죄하게 만든다. 따라서 하나님의 사랑받는 자녀들은 마귀를 대적해야 한다(벧전5:9).

하나님은 그의 자녀들이, 육신과 세상과 마귀의 유혹에 넘어가지 않고 믿음으로 살아가도록 도우신다. 하나님은 성경과 기도(대화)를 통해서 그의 백성들이 진리의 길을 걷도록 도우신다. 하나님은 또한 성례를 통해 그들을 강하게 하신다. 세례를 자신이 받음(또는 입교)을 통해서 또는 다른 이들이 세례받는 것을 봄으로써, 나의 공로가 아닌 전적으로 하나님의 은혜로 주신 구원을 확인하게 도우신다. 그리고 성찬에 참여하는 하나님의 자녀들에게, 예수 그리스도의 십자가의 대속으로 주어진 은혜를 기억하고 확인하게 하시고 힘을 주신다. 승천하신 예수님은 그의 백성들에게 교회와 목사와 교사 그리고 장로 같은 직분자를 주심으로써 그들의 믿음이 자라게 하고 하나님의 영광을 위한 삶을 충실하게 만드신다(엡4장).

하나님은 그의 자녀들이 다시금 죄에 빠지게 될 때, 회개를 통해 그들과 관계를 회복케 하시며 더 풍성하게 하신다.[66] 이단의 하나인 구원파에서는 구원받은 사람들은 회개할 필요도 없고 기도할 이유도 없다고 가르친다.[67] 그러나 성경은 아래와 같은 이유로 하나님의 자녀들이 범죄할 때, 회개하며 기도해야 한다고 증거한다.

예수 그리스도를 믿음으로 의롭다 함을 얻고 하나님의 자녀의 권세를 얻은 이들은 하나님의 뜻을 따라 살아가는 성화(聖化)의 길을 걸어간다. 이 과정에서 하나님의 뜻을 따라 살지 못하는 형편 곧 죄를 범하는 경우가 생긴다. 하나님의 택하심을 받아 죄를 용서받고 하나님의 자녀의 권세를 받았음을 믿는 사람들은 죄와 사탄의 참소로 인한 절망 중에서도 믿음[68]을 활용하여 회개한다. 회개하여 죄 용서함을 받은 사람은 구원의 기쁨을 새롭게 누리면서 감사하며 소망 가운데 의의 길을 계속 걷는다.

5. 회개해야 할 이유

이미 구원을 받은 사람이 회개해야 할 이유는 무엇인가?[69] 첫째로, 하나님은 믿음으로 모든 죄를 용서받고 그의 자녀가 된 사람들이 예수님을 닮아가는 거룩한 삶을 살아가며, 그의 온전하심에 이르기를 원하시기 때문이다(마5:48 빌 2:12-14, 롬8:29).

예수 그리스도를 믿음으로 말미암아 구원을 받았지만, 이 세상에 사는 동안 하나님의 뜻을 따라 완전하게 살지 못하고 계속 죄를 지으며 살아가는 것이 그리스도인의 현실이다. 하나님은 그의 자녀들이 회개를 통해 세상과 구별된 거룩한 삶으로 조금씩이라도 전진하기를 촉구하신다. 이렇게 죄를 회개하고 거룩한 삶으로 나아갈 때, 하나님은 이를 기뻐하시고 그의 자녀들에게 구원의 확신을 더해 주시고 복을 주신다.

그리스도인은 죄를 범할 때 자주 구원의 확신을 잃어버린다. "내가 이렇게 살아서 하나님의 아들이라고 할 수 있겠나? 천국에 갈 수 있겠나?" 사탄은 그리스도인이 죄를 범할 때 참소하며 구원의 확신을 뺏어간다. "이왕 버린 몸"이라는 낙심 가운데 타락의 내리막길로 밀어 넣는다.

성경은 이미 그리스도 안에서 정죄함이 없게 된 하나님의 자녀들에게, 죄를 지었을 때 회개하라고 명한다. "만일 우리가 우리 죄를 자백하면 그는 미쁘시고 의로우사 우리 죄를 사하시며 우리를 모든 불의에서 깨끗하게 하실 것이요"(요일1:9) 회개는 예수 그리스도 안에서 죄를 용서받았음을 확인하게 만든다. 그리고 새롭게 의의 길, 생명의 길, 하나님 아버지의 온전하심같이 온전하게 되는 길로 전진하게 한다.

둘째로, 하나님의 사람들이 자신의 죄로 인해 슬퍼하고 아파하며 회개할 때, 하나님은 그들과 친밀한 교제를 회복하시고 기쁨을 주신다. 죄를 범하면 하나님을 가까이하기가 부담스럽게 된다. 성경읽기나 기도하기가 싫어진다. 주일 예배를 멀리하게 된다. 하나님 아버지를 멀리하게 되고, 사는 것이 힘들고 귀찮게 느끼게 되고, 세상을 가까이하게 된다. 결국 구원의 확신도 희미하게 되어 기쁨마저 사라진다.

하나님의 통치 아래 있을 때는 하나님의 나라가 주는 의와 평강과 희락을 누린다(롬14:17). 그러나 죄를 범하면 마음이 어두워지고, 쇳덩어리를 마음에 올려놓은 것 같은 답답함과 무거움을 느끼게 된다. 그러나 자신의 악함을 인정하고 하나님 앞에서 죄를 자복하고 회개할 때, 하나님은 그의 자녀들의 죄의 짐을 맡아주신다. 예수 그리스도 안에서 사죄의 확신을 주시고 구원의 기쁨을 회복시켜 주신다. "주의 구원의 즐거움을 내게 회복시켜 주시고 자원하는 심령을 주사 나를 붙드소서"(시51:12) 다윗은 범죄로 말미암아 구원의 기쁨을 잃어버렸으나, 회개를 통해 즐거움을 회복할 수 있었다.

셋째로, 더 큰 죄를 범하지 않기 위하여 작은 죄를 회개해야 한다. "바늘 도둑이 소도둑이 된다"는 속담이 있다. 작은 죄를 회개하지 않고 방치하게 되면 점점 더 큰 죄를 범하게 된다. 사무엘하 11장에 보면 다윗이 간음죄와 살인 교사(教唆) 죄를 범한다. 그런데 이 중범죄의 시발점은 요압을 비롯한 군사들이 전쟁 중에 있었음에도 불구하고 다윗은 참전하지 않은 안일함에 있었다. 오후 늦게 일어난 그의 나태함에서도 악랄한 죄들의 원인을 볼 수 있다.

하나님은 그의 자녀들이 깨어있어 죄를 멀리하기를 원하신다. 그리고 죄를 범하게 되면 속히 회개하고 하나님께로 돌이키기를 원하신다. 야고보서 1:15은 "욕심이 잉태한즉 죄를 낳고 죄가 장성한즉 사망을 낳느니라"고 말씀한다. 열 번째 계명은 이웃의 것을 탐내지 말라고 명한다. 탐심은 하나님 대신에 우상을 섬기게 하는 죄를 짓게 한다. 탐심은 사람들과 관계를 훼손하는 여러 죄를 그리고 점점 더 큰 죄를 범하게 만든다. 결국 욕심은 자기중심적인 생각에 몰두하게 만들어 모든 관계를 분열케 하는 결과를 가져온다. 작은 죄라고 대수롭게 여기지 말라. 회개하라! 죄를 멀리하고 거룩한 삶을 추구하라.

넷째로, 진심을 담은 회개는 하나님의 징계를 면할 수 있는 최상책이다. 하나님은 예수 그리스도를 믿어 그의 자녀가 된 사람들이 죄를 범할 때 징계하신다. 하나님은 그의 자녀들이 죄 가운데 머물며 고통당하는 것을 원치 않으신다. 그들이 죄와 사탄의 권세에서 벗어나기를 원하신다. 그들을 진정으로 사랑하시기 때문에 징계를 해서라도 그들의 죄를 깨우치시고 죄에서 떠나게 하신다.

죄로 말미암는 징계를 피하기 위해서 하나님의 자녀들은 속히 회개해야 한다. 히브리서 12:6은 하나님의 사랑의 징계를 다음과 같이 말씀한다. "주께서 그 사랑하시는 자를 징계하시고 그의 받으시는 아들마다 채찍질하심이니라 하였으니…" 하나님의 자녀들이 범죄한 후에도 회개하지 않을 때 하나님은 더 강한 징계를 내리기도 하신다. 수시로 자신을 돌아보며 회개함으로써, 뼈아픈 징계를 받지 않아야 한다. 그리고 온전하신 하나님의 아들과 딸로서 온전함으로 나아가야 한다.

다섯째로, 하나님은 죄를 멀리하고 하나님의 뜻대로 살려고 하는 의로운 사람들을 그의 일에 사용하신다. 하나님께서 이사야를 부르셨을 때 그는 자신의 더럽고 추한 모습으로 인해 어쩔 줄을 몰라 했다. 하나님은 숯불로 이사야의 입술을 정하게 하신 다음 그를 선지자로 사용하셨다(사6:5-9). 사도 바울은 디모데에게 큰 집에는 많은 그릇이 있지만, (망령되고 헛된 말에서) 자기를 깨끗하게 하는 사람을 하나님이 귀하게 사용하신다고 말씀한다(딤후2:20-21). 하나님의 자녀가 된 사람들은 성령님의 도우심을 입어 자신을 깨끗이 하며 살아야 한다. 하나님은 그의 은혜를 경험하고 하나님 앞에서 성화의 길을 걸어가는 사람을 그의 일에 부르시고 사용하신다.

예수님을 하나님의 아들, 나의 구주, 나의 주(主)로 믿는 사람은 모든 죄를 용서받고 하나님의 자녀의 권세를 받는다. 그는 이제 하나님의 자녀다운 삶을 가질 책임과 권리가 있다. 참된 구원받은 믿음은 하나님의 사람다운 행함(삶)으로 인도한다.

구원받기 위해, 천국에 들어가기 위해, 하나님의 자녀의 권세를 얻기 위해서 십계명을 지키는 것이 절대로 아니다. 이미 예수 그리스도를 믿음으로 구원받고 천국의 시민이 되었고, 하나님의 자녀가 되었기 때문이다. 하나님의 자녀들은 감사하며 기뻐하며 하나님 아버지의 뜻에 순종한다.

나. 행함과 예수님을 닮은 인격형성의 관계

1. 가르침의 4단계

경영훈련에 종사하는 브로드웰(Martin M. Broadwell)은 1969년에 "배움을 위한 가르침"이라는 글을 발표했다. 그는 이 글에서 마슬로우(Abraham Maslow)가 개발한 모델로 잘못 알려진 "가르침의 4단계"를 처음으로 소개했다. 이 모델은 신앙교육에 있어서 행함과 인격형성의 관계를 시사해 준다. 이 모델은 약 4년 후 버어치(Noel Burch)에 의해 "새로운 기술을 습득하는 4단계"로 정리되어 널리 알려지게 되었다.[70] 그 4단계는 아래와 같다.

첫째 단계: 무의식적인 무능력 Unconscious incompetence (Ignorance)

새로운 일(또는 기술, 지식)에 대해 전혀 모르는 상태이다. 그 일의 좋은 점을 알지 못하고 인정도 안 한다. 그 일을 배울 마음이 없다. 이 단계에 머무르고 있는 사람들에게는 그 일을 배워야 하겠다는 필요를 느끼게 하는 것이 급선무다. 그 일을 배우지 않으면 안 되겠다는 자극이 얼마나 강한가에 따라 이 단계에 머무르는 시간의 길고 짧음이 결정된다.

둘째 단계: 의식적인 무능력 Conscious incompetence (Awareness)

새로운 일에 대해 알지만 할 줄은 모른다. 그러나 자신의 무능력에 대해 알고 그 일을 배워야 하겠다는 필요를 느끼는 단계이다. 그 일을 배우는 과정 중 저지르는 실수를 통해서 그 일을 조금씩 더 배우게 된다. 그 일을 배우려는 동기와 열정이 시행착오의 과정에서 발생하는 실망보다 클 때, 이 단계를 벗어날 수 있다.

셋째 단계: 의식적인 능력 Conscious competence (Learning)

그 일에 집중해서 실천해 보는 가운데 그 일을 이해하고 어떻게 하는지도 점점 더 잘 알게 되는 단계이다. 이 단계에서는 그 일을 수행하는 과정에서 신경을 많이 써야 하고 집중해야 하는 단계이다. 의식적인 노력이 필요하다. 이 과정을 넘기 위해서는 그 일을 몇 개의 세부 단계로 나누고, 각 단계에서 필요한 새로운 기술을 체득해 나가는 것이 요구된다.

넷째 단계: 무의식적인 능력 Unconscious competence (Mastery)

이제 그 일을 숙달한 단계이다. 그 일이 몸에 밴 상태(second nature)여서 별 신경을 쓰지 않아도 쉽게 수행할 수 있게 된 단계이다. 다른 생각을 하거나 다른 일을 하면서도 그 일을 할 수 있을 만큼 몸에 익숙한 상태이다. 나아가 다른 사람에게 그 일을 가르칠 수 있는 수준에 도달한 단계이다.

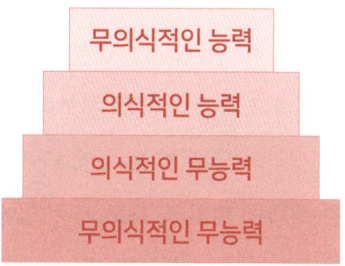

2. 신앙인격 형성의 4단계

이제 이 4단계를 신앙교육에 있어서 행함과 인격형성에 적용해 본다. 여기서 새로운 일은 예수님을 닮아가는 것으로 한다. 첫째 단계는 내가 예수님을 믿지 않는 상태이다. 예수님에 대해 관심도 없고 현재의 방탕한 생활 또는 성실한 삶을 그런대로 즐기며 살아간다. 뭔가 변화가 필요하다고 느낄 때도 있지만 별로 깊이 생각해 볼 마음은 없다.

이런 사람은 예수 그리스도의 구원의 복음에 대해 알려고 하지 않는다. 따라서 자신이 하나님과 관계가 없는 죄인이라는 사실을 모르거나 애써 외면한다. 죄와 죽음과 영원한 멸망으로부터 구원의 필요성도 심각히 느끼지 못한다. 하나님이 선물로 주시는 구원에 대해 관심이 없다. 따라서 구원의 길로 나아갈 수가 없다. 첫째 단계인 '무의식적인 무능력'의 상태에 있다. 고린도전서 2:14에서는 이런 사람을 '육에 속한 사람'이라고 하면서 다음과 같이 묘사한다. "육에 속한 사람은 하나님의 성령의 일들을 받지 아니하나니 이는 그것들이 그에게는 어리석게 보임이요, 또 그는 그것들을 알 수도 없나니 그러한 일은 영적으로 분별되기 때문이라" 때때로 하나님은 이런 사람들에게 인생의 위기를 허락하셔서 구원의 길로 인도하기도 하신다.

둘째 단계는 자신의 죄인 됨을 자각하고 자신의 힘으로는 죄에서 벗어날 수 없음을 인정하는 형편이다. 이런 희망이 없는 상태에서 친구의 전도를 받아 예수님을 믿음으로 새로운 피조물로 변화된 상태이기도 하다. 하나님의 사람이 되었으니 하나님의 사람답게 살아보려는 생각이 그에게 생겼다. 그래서 성경도 읽어보려고 하고 기도도 해보려고 한다. 힘들지만 예배에도 참석한다. 그러나 그의 생각과 말과 행동이 옛 습관에 젖어 있어서 잘 벗어나지 못한다. 자주 음란한 생각에 빠지고, 욕도 자주 입에서 튀어나와 당황스러울 때도 종종 있다. 다른 사람을 배려하지 않고 행동하므로 부끄러움을 느낄 때가 많은 상태이다. 나 자신의 부족함을 절실히 느끼는 단계이다.

그는 하나님의 뜻에 순종하며 살아보려는 생각(의식)은 있다. 그러나 그렇게 살기가 쉽지 않다. 그렇게 살 능력이 있는지도 그는 잘 모른다. 자신이 무능력하다는 상태를 의식하는 둘째 단계에 있다. 이런 형편의 사람을 고린도전서 3:3은 '육신에 속한 자'라고 부르며 다음과 같이 말한다. "너희는 아직도 육신에 속한 자로다 너희 가운데 시기와 분쟁이 있으니 어찌 육신에 속하여 사람을 따라 행함이 아니리요"

이 단계에 속한 사람은 낙망하지 말아야 한다. 성경을 읽으며 기도하며 성령님의 인도하심을 구해야 한다. 성령님의 도우심과 이끄심을 따라 믿음의 주요 온전케 하시는 예수님을 바라보아야 한다(히12:2). 나의 죄보다 하나님의 사랑과 능력이 더 큼을 믿고 전진해야 한다. 나의 노력이나 힘으로가 아닌 하나님의 은혜로 이 단계를 점차 벗어나 예수님의 모습을 닮아갈 수 있다.

셋째 단계는 많은 실수를 거치면서, 이제 긴장을 풀지 않으면 성경의 가르침대로 생각과 말과 행동을 어느 정도 잘하는 단계이다. 그는 지난 주일 들었던 설교 말씀을 통해 얻게 된 교훈을 자신에게 구체적으로 적용시키며 살아보려고 노력한다. 자주 실수도 하고 자신에 대해 실망할 때가 종종 있다. 그러나 주변의 기독교인들로부터 도움을 받으며 말씀대로 살아가는 신앙생활에 기쁨을 얻는다. 무엇보다도 그는 성령님의 도우심을 구하고 누림으로써 하나님의 뜻대로 사는 일에 조금씩 보람을 느낀다.

이런 사람은 '의식적인 능력'이라고 부르는 셋째 단계에 있는 사람이다. 고린도전서 2:15에서 말하는 '신령한 자'라고 볼 수 있으며, 성령을 따라 행하려는 사람이다. 갈라디아서 5:16에서 사도바울은 이 단계에 있는 사람에게 다음과 같이 말씀한다. "내가 이르노니 너희는 성령을 따라 행하라 그리하면 육체의 욕심을 이루지 아니하리라"

이런 사람은 시시때때로 성경이 무어라고 말씀하시는가 생각한다. "성령님은 내가 어느 것을 선택하고 어떻게 살기를 원하시는가?"를 질문한다. 그리고 성령님이 원하시는 것을 좇아 예수님처럼 살아가기를 힘쓴다. 점진적으로 예수님의 향기를 가족들과 주위 사람들에게 발한다.

네 번째 단계는 '무의식적인 능력'의 상태에 있는 사람이다. 셋째 단계를 통해 시행착오를 여러 번(아마도 수십 번) 겪으면서 그는 하나님의 말씀을 조금씩 내면화하고 체득한다. 예수님의 모습이 조금씩이나마 그의 삶에 나타난다. 말씀대로 사는 것이 몸에 많이 배어서 자연스럽게 주님의 향기를 드러내며 살아간다.

물론 말씀대로 살지 못하는 일이 적지 않다. 그러나 생각과 말과 행동이 많이 일치되어 가고 있다. 가족이나 친구들이 그의 변화를 느낀다. 그의 삶에서 예수님의 인격이 조금씩이지만 점점 더 분명하게 나타난다. 안전할 수는 없지만 예수님의 성숙한 제자의 모습을 지속적으로 드러낸다. 에베소서 4:13에서 말하는 교회가 그리스도의 장성한 분량에 충만한 데 이르는 과정에서, 그가 맡은 몫을 그런대로 잘 수행하는 사람이 된다. "우리가 다 하나님의 아들을 믿는 것과 아는 일에 하나가 되어 온전한 사람을 이루어 그리스도의 장성한 분량이 충만한 데까지 이르리니…" 예수님과 친밀하게 동행하는 가운데 주님처럼 생각하고 말하고 행동하는 사람이 되어간다. 예수님의 성품과 행동이 점점 그에게 습관이 된다. 완전하지는 않지만 예수님을 닮은 인격을 그에게서 볼 수 있다.

예수 그리스도를 믿음으로써 죄인들은 하나님의 자녀가 되는 권세를 단번에 받는다. 그는 하나님을 사랑하고 이웃을 사랑하라는 주님의 말씀에 순종하고 싶은 마음을 갖는다. 자주 실수하고 실패하나 다시 도전하고 말씀대로 살려고 힘쓴다. 때때로 하나님의 뜻대로 살지 못하여 실망하고 낙심도 한다. 그러나 성령님의 도우심 가운데 점점 더 믿음을 활용하여 순종하는 삶으로 나아간다.

순종이 거듭됨에 따라 습관이 점점 형성된다. 입에 달고 다니던 욕을 삼가다 보면 이제 욕이 거의 나오지 않는다. 이웃의 어려움을 알게 되면 외면하지 않고 자연스럽게 도움의 손길을 내민다. 성경 읽기를 좋아하고 기도 시간을 사모한다. 예배를 빠지지 않고 참여하고 소그룹모임도 기쁨으로 참석한다. 나를 바라보는 가족들은 나의 삶에 나타나는 변화를 느낀다.

하나님의 뜻에 순종하는 일이 계속되다 보면 습관이 형성된다. 습관이 거듭되면 인격이 형성된다. 안디옥에서 예수 그리스도의 구원의 기쁜 소식을 듣고 믿은 이들은 하나님의 말씀대로 살기를 힘썼다. 그들을 보는 안디옥 사람들은 예수님을 믿는 이들을 '그리스도인'(행11:26 그리스도에게 속한 사람, 작은 그리스도)이라고 '조롱 반(半) 존경 반'의 마음으로 불렀다. 그들의 순종의 행동은 습관을 만들었고, 그들의 습관은 그리스도를 닮은 인격을 형성하게 만들었기 때문이다.

하나님의 말씀에 순종하기를 힘쓰고, 인격이 예수님을 닮아가는 사람은 어떻게 살아갈까? 그는 하나님의 음성에 귀를 기울인다. 아브라함처럼 하나님의 부르심에 즉각적으로 "내가 여기 있나이다"(창22:1)라고 반응하며 순종한다. 그뿐만 아니라 자신의 마음을 수시로 하나님께 아뢴다. 기쁠 때나 슬플 때, 모든 일이 순조로울 때뿐만 아니라 힘들고 어려울 때도 언제나 하나님께 말씀을 드린다. 하나님과 긴밀한 대화가 이루어진다. 하나님을 사랑하고 이웃을 사랑한다. 그 사랑이 자연스럽게 삶에 드러난다. 물론 완전하지 않다. 그러나 순종이 습관이 되어 인격으로 변해가는 가운데 예수님의 향기가 퍼진다.

　루이스(C.S. Lewis)의 『순전한 기독교』 4장 7절 "가장(假裝)합시다"(Let's Pretend)에 두 가지 이야기가 나온다.[71] '미녀와 야수' 그리고 '가면을 쓴 남자' 이야기다. 우리가 아는 대로 미녀의 키스를 받은 야수는 즉시 왕자로 바뀐다. 이 이야기는 예수 그리스도를 믿음으로 죄인에서 의인으로, 마귀의 종노릇하던 데서 하나님의 자녀의 권세를 단번에 받게 된 그리스도인의 일면을 보여준다.

　'가면을 쓴 남자'의 이야기를 드라마틱하게 풀어본다. 얼굴이 못생겨서 결혼에 번번이 실패하는 한 남성이 있다. 그는 궁리 끝에 아주 정교한 가면을 손에 넣었다. 그리고 그 가면을 쓰고 한 여성과 교제를 시작한다. 결국 그 여성과 결혼하여 행복한 시간을 보낸다. 어느 날 그의 행복을 질투하던 한 친구가 나타나 갑자기 그의 가면을 낚아채서 민낯이 그의 아내 목전에 드러나게 했다. 그는 얼굴을 감싸고 자신의 과거의 못생긴 얼굴을 아내가 볼 수 없게 감추려 했다. 그러나 그의 민낯을 본 사람들은 깜짝 놀랐다. 왜냐하면 세월이 흐른 후 그의 못생겼던 얼굴이 가면과 일치한 아름다운 얼굴로 바뀌어 있었기 때문이다.

　이 이야기는 그리스도인의 성화 과정을 부분적으로 보여준다. 우리가 거듭난 후 하나님의 뜻대로 순종하며 살아가려고 할 때, 자신이 위선자처럼 느껴질 때가 종종 있다. 그러나 이때 하나님 앞에서 예수님처럼 살아가기를 포기하지 않아야 한다. 그리할 때 우리는 알지 못하는 사이에 예수님의 모습을 조금씩 닮아가게 된다. 시간이 흐른 후에 가족들과 친구들이 예수님의 모습을 그에게서 발견하게 된다.

　예수 그리스도를 믿는 당신은 이미 1단계를 넘어선 사람이다. 죄인에서 하나님 나라의 왕자와 공주로 단번에 변화되었기 때문이다. 그렇다면 지금 당신의 삶은 2단계, 3단계 그리고 4단계 중 어디쯤 와 있다고 생각하는가? 예수님을 닮은 인격으로 나아가도록 순종의 삶을 가지라. 순종이 습관이 되도록 힘쓰라. 결국 예수님의 향기가 당신을 통해 주위에 가득한 날이 이를 것이다.

성령님의 도우심을 믿고 의지하면서 하나님 사랑 이웃 사랑하기를 힘써라. 이런 사랑으로 행함이 습관이 되어갈 때, 당신의 인격은 점점 예수님처럼 변화되어 갈 것이다. 당신 자신은 부족함을 느낄지라도, 당신의 가족들과 이웃들은 당신에게서 예수 그리스도의 모습을 보며 그의 향기를 맡게 될 것이다.

VII. 신앙의 종류

제2부
신앙이란 무엇인가?

신앙은 보는 관점에 따라 몇 가지로 분류할 수 있다. 아래에서 설명하는 신앙의 종류들 가운데 당신은 어떤 믿음을 가지고 있는지 점검해보라. 그리고 하나님이 기뻐하시는 믿음 위에 당신의 삶을 세우라.

가. 구원과 연관된 믿음-은사로서 믿음

성경은 믿음과 관련하여 구원을 받는 믿음과 은사로서 믿음을 가르쳐준다. 첫째로, 죄인들이 구원을 받고 누릴 수 있는 유일한 길은 오직 예수, 오직 은혜, 오직 믿음이다. 구원은 우리의 혈통이나 노력이나 선행으로 얻게 되는 것이 절대로 아니다. 구원은 예수 그리스도를 믿음으로 주어지는 은혜이다. 구원과 연관된 믿음에 대해 사도 바울은 로마서 1:16에서 로마에 있는 그리스도인들에게 다음과 같이 말한다. "…이 복음은 모든 믿는 자에게 구원을 주시는 하나님의 능력이 됨이라…"(롬1:4)

둘째로, 은사로서 믿음은 누가복음 17:6에서 볼 수 있다. "주께서 이르시되 너희에게 겨자씨 한 알만한 믿음이 있었더라면 이 뽕나무더러 뿌리가 뽑혀 바다에 심기어라 하였을 것이요 그것이 너희에게 순종하였으리라" 여기서 말하는 뽕나무[72]는 높이가 12미터, 나뭇가지의 너비가 15미터까지 자라는 상당히 큰 나무를 가리킨다. 뽕나무는 당시의 사람들에게 요지부동이라고 생각되던 것이다. 그런데 이 뽕나무도 하나님을 의지하여 믿음으로 명할 때, 땅에서 뽑혀 바다에 심기게 된다고 예수님은 말씀하셨다. 은사로서 믿음은 불가능한 일에 도전하고 하나님의 은혜로 현실에서 그 일을 이루는 믿음을 가리킨다.

고린도전서 12:8-11에서는 이런 믿음이, 성령께서 몇몇 사람들에게 나누어주시는 은사라고 가르쳐준다. "각 사람에게 성령을 나타내심은 유익하게 하려 하심이라 어떤 사람에게는 성령으로 말미암아 지혜의 말씀을… 다른 사람에게는 같은 성령으로 믿음을… 어떤 사람에게는 방언들 통역함을 주시나니… 이 모든 일은 같은 한 성령이 행하사 그의 뜻대로 각 사람에게 나누어 주시는 것이니라" '은사의 장(章)'이라고 부르는 고린도전서 12장은 '어떤 사람에게는'이라는 말로써 교회 안의 몇 사람에게 주어지는 '은사로서 믿음'이 있음을 분명히 한다.

나. 단회적(기본적, 영단번의) 믿음-반복 활용하는 믿음

1. 단회적 믿음

믿음에는 단회적이면서 영단번(永單番 단 한번이지만 효력이 영원히 지속되는 형편 once for all)[73]의 믿음이 있고, 또한 반복적으로 활용하는 믿음이 있다. 비유를 들어보자. 청년 남녀가 서로에 대해 전혀 알지 못하는 생면부지(生面不知) 상태에서 친구의 소개로 만나게 되었다. 그 두 사람은 만나자마자 첫눈에 서로에게 반할 수 있다. 그리고 한 사람이 프러포즈(청혼)하고 상대방이 이를 받아들임으로써 결혼에 골인하여 부부관계를 맺을 수 있다. 그러나 또 다른 경우도 가능하다. 두 사람이 몇 개월 아니 몇 년 동안 데이트를 한 후에 비로소 서로에 대한 믿음을 확인하게 되어 결혼하고 부부가 될 수도 있다.

하나님을 전혀 모르던 사람이 친구의 초청을 받고 또는 제 발로 교회당을 찾아와 예배에 참석한다. 바로 그날 성령께서 그를 거듭나게 하셔서 자신이 죄인임을 깨닫게 하신다. 예수 그리스도를 통해서만이 죄의 문제가 해결되고 하나님의 자녀의 권세를 누릴 수 있는 복음을 그가 알게 된다. 그래서 그는 예수 그리스도를 믿고 고백한다. '첫눈에 반하는' 일은 빈번하게 일어나지 않는다. 보통은 몇 달 동안 설교를 듣고 성경과 교리를 공부하는 가운데 깨달음이 있고 신앙을 고백하게 된다. 시간이 짧게 걸리든 오래 걸리든, 성령님의 거듭나게 하시는 사역을 통해 예수님에 대한 믿음을 처음으로 고백하는 것은 단회적이고 영단번의 믿음이다. 이 믿음과 고백을 통해 하나님과 관계가 공식적으로 그리고 본격적으로 시작된다.

성삼위 하나님은 완전하신 분이시다. 하나님이 하시는 일에는 후회도 없고 실수도 없다. 하나님이 그의 택하신 백성과 맺으시는 언약 관계는 누구도 파기시킬 수 없다. 한 사람이 예수 그리스도를 하나님의 아들, 나의 구주, 나의 주로 믿고 고백할 때, 하나님과 부자 또는 부녀(父女)관계가 그의 인생에 시작된다. 프러포즈를 받고 '예스(yes)'라고 응답하는 것과 비슷하다. 하나님은 사람들의 예수님에 대한 믿음의 고백을 들으시고 즉시 그들의 죄를 용서해 주시고 의롭다고 하시고 그의 자녀로 삼아주신다. 이것은 단회적이고 영단번의 믿음의 결과이다. 입교나 세례를 통하여 그 사람의 하나님과 관계는 공식적으로 인정받는다.

2. 반복 활용하는 믿음

이렇게 믿음을 고백하여 하나님과 관계가 시작되었지만, 사람의 편에서 종종 구원의 확신이 약해질 수 있다. 인생을 살아가노라면 시편 기자의 고백과 탄식처럼 하나님이 너무 멀리 계신 것 같고 나를 버리신 것 같은 기분이 들 때가 있다(시10:1, 13:1, 22:1, 55:1 등). 이런 때에 하나님이 나를 택하셨고 구원하셨고 또 구원하고 계심을, 우리는 기본적 믿음을 활용하여 붙집는다. 하나님 아버지는 그의 자녀를 결코 버리지 않으시고 끝까지 사랑하시는 분이심을 믿음으로, 다시 하나님을 의지한다. 이 믿음은 소망을 갖게 하고 담대하게 만들며 또 지혜롭게 살아가게 한다. 사도 바울은 다음과 같이 고백한다. "누가 우리를 그리스도의 사랑에서 끊으리요 환난이나 곤고나 박해나 기근이나 적신이나 위험이나 칼이랴"(롬8:35) 이 믿음을 가리켜서 반복 활용하는 믿음이라고 하겠다.

그리스도인이 살아가는 동안 어렵고 괴롭고 외롭고 힘든 상황에 빠질 때가 있다. 하나님의 나를 향한 사랑에 대한 믿음이 약해질 때가 종종 있다. 이런 때에 어떻게 해야 할까? 우리에게 이미 주신 구원의 은혜를 붙들어야 한다. 나의 모든 죄를 용서받고 하나님의 사랑받는 자녀가 된 것이 예수 그리스도를 믿음으로 주어진 것임을 확인하라. 은혜로 주신 구원과 하나님이 나의 아버지시라는 이 기본적 믿음을 반복해서 확인하고 활용하여 위기를 돌파하라. 영단번의 믿음과 그동안 삶에서 경험했던 능력과 공의와 사랑의 하나님을 기억하고 신뢰하는 믿음을 반복활용하라.

3. 세례와 성찬

반복 활용하는 믿음은 단회적 영단번의 믿음에 근거를 둔다. 그래서 영단번의 믿음을 '기본적 믿음'이라고 부르고 이에 근거하여 신앙의 위기를 극복하는 것을 반복적인 믿음이라고 부른다. 입교나 세례는 영단번의 믿음을 인(印)치는 예식이다. 성찬은 반복 활용하는 믿음을 새롭게 하고 강화시켜 주는 예식이다.

영단번의 믿음은 한 사람의 일생에 단 한번으로 충분하다. 이 믿음의 고백은 성령님의 역사하심 가운데 개인적으로 이루어진다. 그리고 이 믿음은 입교나 세례식에서 하는 신앙고백을 통해 공식적으로 인정받는다. 그는 예수님을 마음으로 믿어 의(義)에 이르렀다. 하나님이 초월자로서 멀리 계시는 분만이 아니라, 그의 아버지가 되어주시는 부자관계가 시작된 것이다. 예수 그리스도와 연합되어 그가 항상 나와 함께하시는 관계가 이루어진 것이다.

이런 관계는 예배의 자리에서 입으로 시인하고 고백하고 입교 또는 세례를 받음으로써 확증된다(롬10:10). 인생에 위기가 찾아올 때 믿음을 활용하는 사람들은 자신이 하나님의 사랑을 받는 자녀가 된 것이 자신의 공로가 아님을 확인한다. 그리고 오직 예수 그리스도와 연합되었음을 통해 주시는 은혜임을 믿음으로 고백한다. "나는 예수님을 믿고 고백하고 입교했다" 또는 "세례를 받음으로써 이미 주님과 나는 하나가 되었다"(롬8:35)라는 과거의 사건을 확인한다. 이

것이 반복 활용하는 믿음이다.

로마서 1:17은 이렇게 말씀한다. "복음에는 하나님의 의가 나타나서 믿음으로 믿음에 이르게 하나니 기록된 바 오직 의인은 믿음으로 말미암아 살리라 함과 같으니라" 여기에 나오는 "믿음으로 믿음에 이르게"라는 말씀에 대해 다양한 해석이 존재한다. 처음에 나오는 '믿음'을 단회적, 기본적 믿음으로, 두 번째 '믿음'을 기본적 믿음을 활용함으로써 얻게 되는, 새로운 업그레이드된 믿음으로 해석할 수도 있다. 예수님을 믿음으로써 전능하시고 공의로우시며 사랑이신 하나님이 나의 아버지가 되셨음을 믿으라. 그리고 그 믿음을 활용하여 자신의 한계와 위기를 극복하고, 죄와 세상을 이기며 하나님의 이름을 높여라.

다. 연약한(작은) 믿음-강한(큰) 믿음

성경에서 '믿음이 작은 자들'(ὀλιγόπιστοι)이란 표현을 여섯 번(마6:30, 8:26, 14:31, 16:8, 17:20, 눅12:28) 볼 수 있다. 그리고 로마서 14:1에는 '믿음이 연약한 자'(Τὸν ἀσθενοῦντα τῇ πίστει)라는 표현이 나온다. 우리말 번역에 나오는 '믿음이'라는 단어가 헬라어 성경에는 나오지 않는다. 한글성경 번역자가 독자들의 이해를 돕기 위해 '믿음이'라는 말을 넣었다. 이런 번역이 다섯 절에서 보인다 (롬14:2, 15:1, 고전8:9,10,11). 대표적인 경우가 로마서 15:1이다. 사도 바울은 이렇게 말씀한다. "믿음이 강한(οἱ δυνατοὶ) 우리는 마땅히 믿음이 약한 자 (τῶν ἀδυνάτων) 의 약점을 담당하고 자기를 기쁘게 하지 아니할 것이라" (헬라어 성경에는 '믿음이'라는 단어가 나오지 않기 때문에, 번역성경에는 작은 글씨로 '믿음이'라는 말을 넣었다.) 마태복음 15:28에는 흉악한 귀신 들린 딸을 위해 예수님께 하소연하는 가나안 여인에게 하신 주님의 말씀이 나온다. "이에 예수께서 대답하여 이르시되 여자여 네 믿음이 크도다(μεγάλη σου ἡ πίστις) 네 소원대로 되리라 하시니 그때로부터 그의 딸이 나으니라"

이상에서 보는 대로 성경은 연약한(작은) 믿음과 강한(큰) 믿음이 있다고 한다. 그러면 이 두 부류의 믿음을 구분하는 기준은 무엇인가? 마6:30과 눅12:28에 의하면 하나님의 능력과 돌보심을 믿지 못하는 사람들이 작은 믿음의 사람이라고 하신다. 마태복음 8:26에서 제자들은 풍랑이 몰아치는 바람과 바다의 위협 앞에 무서워했다. 예수님은 그들에게 믿음이 작은 자들이라고 하셨다.

예수님의 초청에 응하여 바다 위를 걸어가던 베드로가 바람을 보고 무서워하는 가운데 바다에 빠져가는 것을 주님이 건져주셨다. 주님은 베드로를 믿음이 작은 자라고 하신다. "예수께서 즉시 손을 내밀어 그를 붙잡으시며 이르시되 믿음이 작은 자여('Ολιγόπιστε) 왜 의심하였느냐 하시고"(마14:31) 주변의 상황이나 자신의 유한한 생각에 근거하여 주님의 뜻과 능력과 사랑을 의심할 때, '믿음이 작은 자'라고 주님은 말씀하신다.

풍랑이 일어나 두려워하는 제자들을 위해 바람과 파도를 잔잔케 하신 예수님은 다음과 같이 말씀하신다. "이에 제자들에게 이르시되 어찌하여 이렇게 무서워하느냐 너희가 어찌 믿음이 없느냐 하시니"(막4:40) 예수님은 때로 믿음이 작은 것을 믿음이 없는 것으로 보신다. 그래서 예수님은 우리가 '겨자씨 만한 믿음'이라도 가지라고 권면하신다. "…너희에게 겨자씨 한 알만한 믿음이 있었더라면 이 뽕나무더러 뿌리가 뽑혀 바다에 심기어라 하였을 것이요 그것이 너희에게 순종하였으리라"(눅17:6)

강한 믿음의 사람이 되려면 먼저 예수 그리스도 안에서 하나님이 우리의 아버지가 되심을 기억해야 한다. 상황이 아무리 어렵고, 의심이 내 마음에 찾아오고 나를 지배하려고 해도, 하나님이 나와 함께하심을 믿어야 한다. 그의 돌보심과 인도하심을 믿고 담대하게 전진해야 한다. 힘든 형편에서도 전능하시고 지혜로우신 하나님, 공의와 사랑의 하나님이 나의 아버지가 되심을 기억하라. 하나님을 의지하며 때로는 오래 참고 하나님의 때를 기다려라. 그리할 때 주님은 우리의 "믿음이 크다"라고 인정해 주신다. 또 "너희 믿음대로 되라"(마9:29)고 하시며 우리의 소원을 이루어 주신다.

라. 평상시 믿음-비상시 믿음

인생에는 잔잔한 바다를 항해하는 듯한 평화로운 때가 있다. 그뿐만 아니라 인생은 때때로 광풍을 만나 괴롭고 고통스러운 일들을 경험하기도 한다. 이런 인생의 롤러코스터(rollercoaster)는 불신자만 당하는 일이 아니다. 그리스도인도 살아가는 동안 모든 일이 평탄한 때가 있는가 하면, 때로는 어렵고 힘든 상황을 만나기도 한다.

예수님은 제자들과 함께하시며 큰 무리를 가르치셨다. 예수님은 그들과 함께 배를 타고 갈릴리 호수 건너편으로 가셨다. 그런데 큰 광풍이 일어나 배가 침몰 직전의 상황에 이르렀다. 제자들은 두려움 가운데 어쩔 줄 몰라 하다가, 주무시고 계신 예수님을 깨웠다. 그들은 다급하게 예수님께 말씀드렸다. "선생님이여 우리가 죽게 된 것을 돌보지 아니하시나이까?"(막4:38) 예수님은 제자들을 돌보셔서 풍랑을 잔잔케 하신다. 그리고 이렇게 말씀하신다. "어찌하여 이렇게 무서워하느냐 너희가 어찌 믿음이 없느냐 하시니"(막4:40) 예수님은 위기를 만나 우왕좌왕하는 제자들에게 특별한 믿음, 비상시에 활용해야 할 믿음을 요구하신다.

그리스노인으로서 평상시의 삶은 불신자들과 별로 다를 것이 없을 수도 있다. 평상시의 그리스도인의 생활이란 하루를 시작하면서 기도하고 말씀을 묵상하는 것이 불신자와 구별된다. 하루를 살면서 십계명에 주의하여 하나님 사랑, 이웃 사랑을 실천하는 것이 그리스도인의 특징이 된다. 이런 삶이 평상시 믿음으로 사는 신자의 모습이다. 믿지 않는 사람의 눈으로 볼 때, 그리스도인들의 삶이 자신과 다른 면이 별로 없다고 생각할 수 있다.

그러나 큰 병이나 죽을 병이 걸렸다거나, 사고로 큰 부상을 당했다거나, 황당하게 퇴직을 당했다거나, 가족에게 큰 어려움이 닥쳤을 때, 하나님의 사람은 비상시 믿음을 작동한다. 자기의 문제뿐만 아니라 이웃이나 공동체가 당면한 문제에 대해서 그리스도인은 담대하게 대처하며 희망을 줄 수 있다. 사도 바울은 로마로 가는 중 유라굴로라는 광풍을 만났다. 죽을지도 모른다는 공포가 배에 탄 모든 사람에게 엄습했다. 그러나 바울은 두려움과 절망에 빠진 군인들과 선원들을 포함한 승객 276명에게 희망을 주며 용기를 북돋는다. "그러므로 여러분이여 안심하라 나는 내게 말씀하신 그대로 되리라고 하나님을 믿노라"(행27:25)

위기에 처했으면서도 위기를 인식하지 못하거나 화들짝 놀라 덤벙대다 제풀에 넘어지고 낙망한다면, 평상시에 믿음으로 사는 훈련의 부족을 탓할 수밖에 없다. 인생에 위기가 찾아올 때 하나님께 기도하지 않고 우왕좌왕한다면 위기에 대처하는 믿음이 부족한 것이다. 역경에서 요행수를 바라거나 도움이 될 만한 사람을 찾아 헤매기만 한다면(사2:22), 평상시 믿음의 훈련이 잘 되지 않았다고 하겠다.

다니엘은 평소 하루 세 번씩 예루살렘을 향한 창문을 열고 기도했다(단6장). 그의 하나님을 의지하는 평상시 믿음을 보여준다. 다니엘을 제거하려는 사람들이 다리오 왕의 재가를 받아 30일 동안 다리오 왕에게만 기도해야 하고, 이를 어기는 사람은 사자굴에 던져진다는 칙령을 공포했다. 이런 비상시에도 다니엘은 평소와 다름없이 하루 세 번씩 기도했고, 그는 결국 사자굴에 던져진다. 하나님은 그의 한결같은 믿음을 보시고 사자들의 입을 막아 다니엘을 안전하게 보호하신다. 하나님의 영광을 나타내시고 다니엘을 높여주신다.

평상시 믿음은 비상시 믿음으로 나타난다. "훈련할 때 땀 한 방울, 전쟁 시에 피한 방울"이라는 구호가 있다. 평상시 믿음으로 기도하고 순종하기를 힘써야 한다. 그러면 위기 상황에서도 하나님을 의지함으로써, 위기를 기회로 바꾸며 승리하게 된다. 평상시 믿음은 비상시 믿음으로 나타나기 마련이다.

마. 역사적 믿음 - 일시적 믿음 - 이적을 행하는 믿음
   - 의롭다 하심을 얻는 믿음[74]

하이델베르크 요리문답의 저자 우르시누스(Zacharius Ursinus)는 그의 해설서에서 믿음의 종류를 네 가지로 설명한다. 첫째로, 역사적 믿음(historical faith)이다. 이것은 예수님이 2천 년 전 이 땅에 사셨다는 것을 역사적 사실로 믿는 것을 가리킨다. 그렇지만 예수 그리스도와 자신과의 개인적인 관계에 대해서 그는 별로 관심이 없다. 예수님을 약 2천 년 전에 팔레스타인에서 존재했던 사실을 허구로 보는 사람들과 비교할 때, 진일보한 믿음을 가졌다고는 할 수 있다. 그러나 예수님을 하나님의 아들, 하나님과 우리의 관계 회복을 위해 오신 "하나님의 어린 양"으로 믿지 않기에 구원에는 이르지 못하는 믿음이다. 성경이 가르치는 사실들을 머리로는 알고 있으나 정서적으로 동의하지 않는 상태다.

둘째로 일시적 믿음이다. 우르시누스에 의하면, 이 믿음은 "교회의 교리들에 동의하는 것으로, 고백과 기쁨이 수반되나, 우리가 하나님의 은혜의 대상이라는 의식에서 나오는 것 같은 참된 영속적인 기쁨이 없으며, 뭔가 다른 원인들에서 나오는 믿음이어서 그저 일시적으로만 지속되다가 어려움이 있으면 사그라져버리는 것이다"[75]라고 했다. 일시적 믿음은 분위기를 타는 믿음이라고 하겠다.

'일시적 믿음'은 예수님의 '씨 뿌리는 자의 비유'에서 흙이 얇은 돌밭과 연관이 있다. 예수님은 이런 믿음의 사람을, "그 속에 뿌리가 없어 잠시 견디다가 말씀으로 인하여 환난이나 핍박이 일어나는 때에는 곧 넘어지는 자요"(막4:17)라고 설명하신다. 성경이 가르치는 바를 머리로 알고 가슴으로도 동의한다. 하나님의 진리를 앎으로 기뻐하기도 하고 찬송하기도 한다. 그러나 신뢰에까지 뿌리를 내리지 못하여 환난이나 핍박이 올 때 하나님의 뜻을 따르지 아니하고 세상을 좇아가는 사람의 믿음을 가리킨다.

셋째로 이적을 행하는 믿음이다. 마태복음 7:22-23에서 예수님은 이렇게 말씀하신다. "그날에 많은 사람이 나더러 이르되 주여 주여 우리가 주의 이름으로 선지자 노릇하며 주의 이름으로 귀신을 쫓아 내며 주의 이름으로 많은 권능을 행치 아니하였나이까 하리니 그때에 내가 저희에게 밝히 말하되 내가 너희를 도무지 알지 못하니 불법을 행하는 자들아 내게서 떠나가라 하리라" 이런 믿음을 가진 사람들은 예언도 하고 귀신도 쫓아낸다. 많은 권능도 행한다. 그러나 예수님을 이용하는 자요 불법을 행하는 자들이다. 그들은 예수님이 알지 못하는 자들이다.

이적을 행하는 믿음을 가진 자들은 예수님의 이름을 빙자하고 이용한다. 예수님의 능력을 표방한다. 그러나 이런 사람들이 행하는 이적은, 신념이나 최면을 이용한 병 고침이거나 플라세보 효과[76]를 활용한 것이라고 볼 수 있다. 하나님의 말씀을 이야기는 하나, 사람의 권위나 신념을 이용해서 기적이 발생하게 하는 믿음이다. 독일의 히틀러는 사람들을 집단최면에 걸리게 하고 그들을 죽음의 전쟁터로, 그리고 유대인들을 학살하는 광기로 몰아넣었다.

이적을 행하는 사람에게 미혹되지 말아야 한다. 그들의 증거가 성경과 일치하는가를 확인해야 한다. 그들의 삶이 그 가르침과 일치하는가를 살펴보라. 그들에게 하나님이 기뻐하시는 열매가 있는지 분별하라. 이단의 가르침이나 사이비 종교의 교주를 추종하는 이들은 이런 어리석음과 미혹에서 벗어나야 한다.

넷째로, 구원을 얻는 믿음이다. 우르시누스는 그의 해설에서 참 신앙은 성경에 근거한 지식과 확신하는 신뢰로 이루어진 믿음이라고 한다. 구원을 얻는 믿음의 특별한 내용은 신뢰와 적용이다. 그리스도를 통해 거저 주시는 용서를 알 뿐만 아니라 그 진리를 믿고 자신에게 적용할 때 구원의 은혜와 복을 누리게 된다. 이런 신앙을 사람이 가질 수 있는 이유는, 자기의 노력이나 지혜에 있지 않고 성령님이 일하시기 때문이다. 따라서 구원을 얻는 믿음을 가지게 된 이들은 기뻐하며 감사와 찬송을 하나님께 돌린다. 그리고 하나님의 말씀을 알아가기를 즐거워하며 하나님의 뜻을 따라 살려고 힘쓴다.

바. 순종(열매) 없는 믿음-순종(열매) 있는 믿음

하나님의 말씀에 순종하는 우리의 믿음은 열매를 맺는다. 전능하시고 공의로우시며 사랑이신 하나님을 믿는 우리는 하나님의 말씀에 순종한다. 우리의 순종은 하나님의 은혜로 열매를 맺는다. 우리가 맺은 열매는 하나님의 살아계심과 그의 사랑과 능력을 더욱 풍성히 경험하게 만든다. 이런 경험은 우리에게 더 큰 믿음을 갖게 한다. 결국 순종 없는 믿음은 열매 없는 믿음이고, 순종 있는 믿음은 열매 맺는 믿음이다.

때로는 우리가 말씀대로 살려고 하지만 잘 안 될 때도 있다. 그럴 때 믿음의 사람은 자신의 잘못이나 부족함을 회개하고 기도한다. 귀신 들린 아들을 둔 아버지처럼 "…내가 믿나이다 나의 믿음 없는 것을 도와 주소서"(막9:24)라고 부르짖는다. 그리고 성령님의 도우심을 받아 새 힘을 얻고 다시 도전한다. 우리가 살아가는 동안에 맺는 열매는, 우리가 믿음의 사람임을 자기 자신에게 그리고 이웃들에게 증거한다.

자신이 믿음이 있는지 없는지 회의가 생긴다면, 하나님께 솔직히 믿음이 없다고 아뢰라. 이어서 하나님을 믿는다고 담대히 고백해 보라. 믿음이 없는 것 같다면 내가 하나님의 자녀가 된 것이 나의 공로가 아니라 하나님의 선물임을 확인하라. 그리고 하나님께 감사와 찬송을 드려라. 가족을 사랑하고 이웃을 사랑하고 교회를 사랑하겠노라고 결단하라. 나의 힘으로는 불가능함을 인정하고 성령님을 의지하라. 이웃을 섬길 아주 작은 일을 찾아서 행동에 옮겨보라. 이웃과 사랑의 관계가 맺어질 때, 하나님과 관계가 튼튼해지며 기쁨과 감사가 마음에 찾아온다.

우리의 구원은 로마서 1-11장에서 강조된 것처럼, 오직 예수 그리스도를 믿는 믿음을 통해 주어진다. 로마서 12-15장에서 사도 바울은 믿음으로 의롭다 함을 받은 사람들이 어떻게 살아야 하는지를 가르쳐주며 순종하는 신앙인의 모습을 구체적으로 보여준다. 예수님은 요한복음 15장에서 포도나무에 붙어있는 가지의 비유로써 믿음과 순종과 열매 맺는 삶의 관계를 명쾌하게 드러내신다.

예수님의 동생 야고보는 믿음이 있다고 하지만 열매가 없는 당시의 그리스도인들과 오늘의 기독교인들에게 경고한다. "이와 같이 행함이 없는 믿음은 그 자체가 죽은 것이라"(약1:17) 순종이 없는 믿음은 죽은 믿음이다. 순종이 있는 믿음은 포도나무이신 예수님께 붙어있는 믿음이다. 그들은 예수님이 하시는 말씀을 지속적으로 듣고 그가 공급하시는 사랑과 능력을 힘입어 그의 뜻에 순종한다. 그리고 열매를 맺는다. 당신의 삶에 열매가 있는가? 자기를 찾는 사람들에게 상을 주시는 하나님을 믿고 의지하면서, 이웃을 사랑하는 작은 일부터 시도하라.

사. 지성(知性)을 강조하는 믿음-감성(感性)을 강조하는 믿음

'지성을 강조하는 믿음'을 가진 사람들은 성경공부, 교리공부, 기독교 세계관 공부, 독후감 나눔, 특정 주제에 대한 심포지엄이나 토론회를 좋아한다. 온전한 믿음은 지식에서 출발하기 때문에 이런 일들을 하는 것은 매우 바람직하다. 이런 활동의 결과로 얻어진 지식과 지혜에 동의하며, 이를 신뢰함으로써 행동으로 옮기려 할 때 온전한 믿음이 된다.

그러나 성경과 교리 그리고 기독교 세계관과 여러 주제에 대해 많은 것을 알게 되었지만, 자신의 삶에 적용하지 않을 수도 있다. 독서와 소그룹 참여를 통해 많은 것을 머리로 알 수 있다. 그러나 마음은 계속 냉랭하고 다른 사람에 대해 비판적이라면, 열매 맺는 삶으로 연결되기 어렵다. 삶에 변화가 나타나지 않으면, 그 지식은 자기만족을 위한 것에 그치고 만다. 그 지식에 동의하지 않으므로 별다른 감정의 변화가 나타나지 않는 경우이다. 동의에 따른 감정의 변화가 없으면, 그 지식은 신뢰로 이어지지 않게 된다. 이런 사람은 잎사귀는 무성하나 열매가 없는 형편이다.

'감성을 강조하는 믿음'의 사람은 열심이 있고 열정이 있어 보인다. 기도를 뜨겁게 하고 찬양도 감정을 발산하며 몸으로도 표현하면서 부른다. 온전한 믿음은 성경에 근거한 하나님과 세상 그리고 자신과 이웃에 대한 지식에서 출발한다. 이 지식을 머리로 알고 가슴으로 깨달을 때, 이에 따른 감정이 발생한다. 이로 인해 하나님의 위대하심을 찬양하게 되고 하나님께 감사하며 때로는 회개의 기도가 터져 나오기도 한다. 이런 감정은 하나님을 신뢰함으로써 그에게 헌신하는 의지의 변화로 이어지게 된다.

감성을 강조하는 사람들이 빠지기 쉬운 함정에 신비주의가 있고 경험주의가 있다. 신비주의는 성경의 가르침보다 하나님의 소위 '직통계시'를 사모한다. 성경을 읽기보다 환상을 보기 원한다. 성경을 묵상하고 성령님의 도우심을 받아 성경의 진리를 알아가는 것이 심지어는 불필요하다고 보기도 한다. 하나님의 음성을 자신의 귀로 직접 들으려고 노력한다.

감성을 지나치게 강조하는 사람들은 성령의 은사를 강조하면서 신비한 체험을 추구한다. 이들은 성령님의 사역에 있어서 일상적인 도우심을 가볍게 생각하고 무시한다. 매일의 생활에서 성령님의 도우심을 받아 하나님을 사랑하고 이웃을 사랑하는 실천적인 삶을 소홀히 하는 경향이 있다. 초자연적인 뜨거운 체험만을 이들은 중요하게 생각한다. 성경에 근거하지 않은 특별한 체험을 갈구하다 보면 일상적인 일들을 하찮게 여기게 되고 신비주의에 쉽게 빠지게 된다. 이런 함정에 빠진 운동 가운데 1970년대에 활발히 일어났던 은사운동(Charismatic movement)과 1990년대에 유행했던 '토론토 축복'(Toronto Blessing)이 있다.[77]

큰 소리로 기도하고 뜨겁게 찬양하고 열심히 교회생활을 하는 사람이 있다고 가정하자. 그러나 그의 중심에, 하나님을 성경대로 알지 못하고 하나님의 능력과 공의와 사랑에 대해 무관심하다면, 그의 신앙은 모래 위에 지은 집과 같다. 이들은 진리에 뿌리내린 신앙을 갖지 못하여 감정적 충동적으로 말하고 행동한다. 유혹과 시련에 쉽게 넘어간다.

감정은 의지적 신뢰와 이에 따른 행동을 가져오는 데 긍정적이고 중요한 역할을 한다. 감정은 마치 자동차의 연료와 같아서 추진력을 제공한다. 따라서 감정은 신앙생활에 매우 중요하다. 그러나 운전대와 같이 방향을 결정하는 진리는 더 중요하다. 성경이 증거하는 하나님을 알지 못하고 분위기에 도취된 상태에서 기도하고 찬양하는 사람들은 결국 혼자 있게 될 때 허탈감을 느끼고 자신의 믿음에 대해 회의를 갖게 된다. 사람들로 둘러싸여 있을 때와 홀로 있을 때의 생각과 행동이 다른 이중적인 생활을 하기도 한다. 이들은 대체로 일상생활에서 성령의 열매를 맺는 것보다 성령의 신비한 초자연적인 은사를 체험하는 데 관심이 집중되어 있기 때문이다.[78]

당신의 감정을 고양하게 만드는 설교를 들은 후 또는 찬양집회에서 뜨겁게 찬송한 후, 금방 마음이 냉랭해진다면 문제가 있다. 진리의 말씀에 근거하지 않은 뜨거움일 가능성이 있기 때문이다. 진리에서 비롯된 열정은 유익하다. 그러나 감정적으로는 뜨거웠으나 홀로 있을 때 허전함을 느낀다면, 하나님의 진리를 붙들어야 한다. 그렇지 않으면 유혹에 쉽게 넘어가고 탈선하여 믿음을 잃어버릴 가능성이 높아진다.

믿음이란 지정의 세 요소가 유기적으로 종합이 될 때 온전한 믿음이 된다. 그러나 사람은 일반적으로 지정의 3요소 중 어느 한 요소가 다른 요소들보다 조금 또는 많이 두드러지게 나타나곤 한다. 이런 성향은 각 사람의 성품이나 성장 배경과 교육 배경 등에 의해 영향을 받는다. 예를 들면 내성적이고 장로교회에서 자란 사람들은 다 그런 것은 아니겠지만 지성을 강조하는 믿음을 나타내기가 쉽다. 외향성 성품을 가지고 은사주의 교회에서 성장한 사람들은 일반적으로 감성을 강조하는 믿음을 가질 확률이 높다.

이런 믿음의 컬러와 성향은 믿음의 3요소인 지성, 감성, 의지 셋으로 구분될 수도 있지만, 보다 다양한 스펙트럼을 나타낸다. 게리 토마스(Gary Thomas) 같은 이는 영적 기질을 다음 아홉 가지로 분류한다. 자연주의, 감각주의, 전통주의, 금욕주의, 행동주의, 박애주의, 열정주의, 묵상주의, 그리고 지성주의 영성이 그것이다.[79] 케네스 보아(Kenneth D. Boa)같은 이는 영성을 무려 12가지로 구분하여 설명하기도 한다.[80]

여기서 게리 토마스의 아홉 가지의 영적 기질을 지성과 감성 그리고 의지 3요소로 나누어 분류해보면 다음과 같다. 지성을 강조하는 믿음의 사람들은 전통주의, 지성주의 길을 상대적으로 쉽게 선택할 것이다. 감정을 강조하는 사람들은 자연주의, 감각주의, 열정주의 세 가지 길을 선호할 것이다. 그리고 묵상주의 영성은 지성이나 감성 양편의 사람들이 모두 좋아하는 길이다. 각 사람은 자신의 방식을 따라 지성을 많이 사용하는 묵상을 하거나, 감성을 많이 사용하는 묵상을 한다. 의지(意志)를 강조하는 믿음의 사람들은 보통 금욕주의, 행동주의, 박애주의 영성을 택할 것이다.

물론 이런 분류가 항상 옳을 수는 없다. 각 사람과 상황에 따라 조금씩 변동이 있을 것임은 분명하다. 자신이 현재 가지고 있는 지성이나 감성 또는 의지를 강조하는 신앙의 모습을 일부러 버릴 필요는 없다. 도리어 그런 성향을 지혜롭게 발전시켜야 한다. 동시에 다른 성향들을 수용하고 균형을 도모함으로써 하나님이 기뻐하시는 온전한 역동적인 신앙생활을 하게 될 것이다.

아. 맹신-미신-광신

1. 맹신(盲信)

믿음의 종류를 이야기할 때, '맹신, 미신, 광신'이란 분류도 사용한다. 먼저 '맹신'을 보면, 〈네이버 국어사전〉에서는 다음과 같이 정의한다. "옳고 그름을 가리지 않고 덮어놓고 믿는 일."[81] 맹신은 믿음의 3요소 중 지식이 없는 상태에서 무엇인가를 믿고 따르는 형편을 말한다. 설교를 듣고, 또 스스로 성경을 펼쳐서 읽고(때로는 오디오 성경을 들으면서) 묵상하는 가운데 성령님의 은혜로 바른 믿음은 생기고 자라간다. 그런데 맹신자들은 성경을 '덮어놓고', 엉뚱한 것을 믿는 경우이다.

성경의 가장 핵심 되는 진리는 예수 그리스도를 믿으므로 주어지는 구원의 은혜다. 그런데 예수님을 알지 못하면서 교회생활을 한다면 이는 맹신이다. 물론 교회생활 초기에는 그럴 수도 있다. 그러나 오랜 교회생활에도 불구하고 예수님을 알지도 못하고 하나님이 은혜로 주시는 구원에 이르는 믿음도 없다면 맹신이다. 단지 다른 교인들과의 교제와 사귐이 좋기 때문에 교회생활을 한다면, 그는 올바른 믿음의 사람이 아니다. 예배에 참석하고 여러 모임에 참석하는 것이 자신의 기분을 좋게 만들고 뭔가 도움이 된다고 느끼기 때문에 그렇게 살아간다면, 그는 교인일 수는 있어도 잘못된 믿음을 가진 맹신자다.

설교를 듣고 찬송을 부를 때에 감동을 받아서 그리스도인이 '아멘'하는 것은 선하고 바람직한 일이다. 신앙은 진리를 알게 될 때 이에 대해 감정의 반응을 요구하기 때문이다. 하나님이 나를 사랑하신다는 진리를 알게 될 때, 기쁨과 감사의 마음이 생겨 큰 소리로 또는 조용하게 '아멘' 또는 '할렐루야'라는 반응을 하는 것은 바람직하다.

무감각 무표정의 청중들을 일깨우기 위해 설교를 듣는 사람들에게 '아멘'으로 화답하도록 설교자가 한두 번 권면하는 것이 때로는 필요하다. 그러나 교인들이 설교에 조건반사처럼 '아멘'으로 반응하도록 요구하는 것은 맹신으로 인도하는 지름길이다. 맹신은 성경의 진리에 관심이 없고 하나님과 직접적인 관계가 없이 살아가는 형편을 가리킨다.

사도행전 17:11-12은 이렇게 말씀한다. "베뢰아에 있는 사람들은 데살로니가에 있는 사람들보다 더 너그러워서 간절한 마음으로 말씀을 받고 이것이 그러한가 하여 날마다 성경을 상고하므로 그 중에 믿는 사람이 많고 또 헬라의 귀부인과 남자가 적지 아니하나…" 베뢰아 사람들은 사도 바울의 말씀(설교)을 들었다. 그리고 그들은 날마다 (구약)성경을 자세히 살피면서 사도 바울의 설교가 참으로 성경에 근거한 것인지 확인했다. 그 결과 그들 가운데 많은 사람들이 구원받는 믿음에 이르게 되었다.

맹신에 빠지지 않기 위해서는 성경의 진리를 올바로 전하는 목회자의 설교를 들어야 한다. 교인이라면 적어도 웨스트민스터 소요리문답은 익숙하게 알 필요가 있다. 설교를 들으면서 성경의 진리가 아닌 것을 분별할 수 있을 때 맹신에 빠지지 않을 수 있다. 맹신을 벗어나 성경적 믿음으로 살아간다는 것은 그리 어렵지 않은 일이다. 교리를 배운다면 얼마든지 가능하다. 성경과 교리를 통해 삼위 하나님을 바로 알고 믿고 사랑할 때, 맹신을 벗어나게 된다. 나아가 예수님의 증인으로 또 세상의 소금과 빛으로, 이웃을 진정 사랑하는 하나님의 자녀로 살게 된다.

2. 미신(迷信)

〈다음 한국어사전〉은 '미신'을 다음과 같이 정의한다. "1. 종교적으로 보편성을 지니지 못하며 일반인들 사이에서 헛되고 바르지 못하다고 인정되는 믿음이나 신앙 2. 과학적이고 합리적인 근거가 없는 것을 맹목적으로 믿음."[82] 이 사전은 종교적인 입장에서 미신과 과학적인 입장에서 미신을 구별하여 설명하고 있다. 건축공사를 시작할 때 돼지머리를 놓고 귀신에게 고사를 지내는 사람들이 있다. 공사 중 사고가 나지 않고 완공되기를 소원하는 마음으로 그런 일을 할 것이다. 그러나 그런 믿음은 과학적 근거가 없는 미신일 뿐이다.

기독교 입장에서 미신은 신앙의 구조(지정의)면에서 볼 때 지식에서 출발한다. 미신을 가진 사람은 정서적으로 그 지식에 동의도 한다. 그리고 그 지식을 신뢰하여 자신의 삶에 적용하기도 한다. 그러나 미신이 해로운 이유는 무엇인가? 미신은 그 믿음의 출발점이 되는 지식이 올바르지 않고 허황되고 잘못된 것이기 때문이다. 미신은 진리가 아닌 것을 믿고 행동하는 것이다.

과학에서 말하는 미신의 정의를 기독교를 판단하는 기준으로 삼는 것은 옳지 않다. 일반적으로 성경에는 과학적이고 합리적인 근거가 충분하지 않은 내용들이 포함되어 있기 때문이다. 예수님의 동정녀 탄생이나 예수님이 행하신 기적들이 그러하다. 그리고 예수님의 부활과 승천 사건이 그러하다. 따라서 성경에서 증거하는 과학적으로 설명하기 어려운 일들을, 미신으로 매도하는 것은 옳지 않고 어리석은 일이다 (시14:1).

그럼에도 불구하고 많은 사람들은 성경에서 언급하는 신비를 비과학적으로 단정하고 미신으로 취급하는 잘못을 범한다. 르네상스(문예부흥)는 14세기에 유럽에서 시작되어 기독교의 영향력으로부터 벗어나려는 생각을 확산시키기도 했다. 르네상스는 하나님 중심에서 인간 중심으로 삶의 방식을 바꾸려 했다. 그러나 다른 한편으로 르네상스는 성경적 신앙을 세우는 데 크게 기여하기도 했다. 즉 르네상스의 영향을 받은 마르틴 루터나 존 칼빈 같은 사람들을 통해 교회가 더 하나님 중심과 성경 중심으로 개혁되었기 때문이다.

비기독교적인 르네상스 사상을 이어받아 18세기에는 유럽에서 계몽주의 운동이 일어났다. 계몽주의자들은 인간의 합리적인 이성을 기초한 사고방식만이 옳다고 주창하고 인간중심의 삶의 방식을 강조하였다. 이에 따라 신학에 자유주의가 들어왔다. 불트만 (Rudolf Bultman 1884-1976)같은 사람은 비신화화 (非神話化 demythologization)운동을 일으켰다. 불트만을 포함한 자유주의자들은 성경의 기적들을 실재(實在) 발생한 사건이 아닌 신화로 간주하였다. 즉 성경에 기록된 초자연적인 일들을 미신으로 단정했다. 자유주의자들은 인간의 합리적인 사고와 과학의 발달을 통해 유토피아가 이 땅에 도래할 것으로 자유주의자들은 믿었다. 그러나 1, 2차 세계대전을 겪으면서 하나님을 떠난 인간의 어리석음과 악독함을 사람들은 늦게나마 깨닫게 되었다. 인간의 힘으로 이상향을 건설할 수 있다고 생각하는 것이 신화이고 미신임을 그들은 깨닫게 되었다.

신비

성경에는 신비(神祕)한 사건들이 담겨있다. 신비란 과학적으로는 설명이 안 되지만, 성경의 가르침에 있어 당연한 일과 사건을 말한다. 성경에 기록된 신비는, 어떻게(how) 그 일이 일어났는가에 대해서는 과학적으로 설명이 어려운 것을 가리킨다. 그러나 왜(why) 그 일이 일어나지 않으면 안 되었는지는 분명한 사건을 신비라고 한다.

예수님의 부활에 대해 사람들은 과학적으로 설명이 안 되어서 믿기 어렵다고 한다. 그래서 신화라고 단정한다. 그러나 <쥬라기공원>이라는 영화를 본 사람이라면 과학자들이 얼마나 기상천외한 일을 할 수 있다고 믿는가를 알게 된다. 많은 사람들이 지금 당장은 아니더라도 조만간 공룡을 복제할 수 있을 것이라고 생각한다. 과학자가 이런 일을 할 수 있다고 믿는다면서 예수님의 부활을 믿지 못하겠다고 하는 것은 전능하신 하나님을 너무나도 무시하는 태도이다. 왜냐하면 오늘날 과학자들은 공룡의 피를 빨아먹은 후 소나무 송진에 매몰되어 '수천만 년'간 호박(琥珀) 안에 갇혀있던 모기로부터 공룡을 '부활'시킬 수 있다고 믿기 때문이다. 하나님은 오늘날의 과학자들과 비교할 수 없는 지혜와 능력을 가지신 분이다. 과학자의 공룡 '부활' 능력은 믿으면서, 하나님이 행하신 예수님의 부활 능력을 믿지 않는 것은 아무리 생각해도 옳지 않다.

예수님의 부활은 어떻게(how) 이런 일이 일어났느냐에 대해 과학적으로 설명이 안 된다고 볼 수 있다. 그러나 예수님의 부활은 왜(why) 필연적인 사건인가에 대해 성경은 예수님이 하나님이시기 때문이라고 말씀한다. 예수님은 부활하셔서 부활의 첫 열매가 되셨다. 그와 연합된 우리도 부활할 것을 친히 보여주셨다. 예수님의 부활은 미신이 아니라 사실(史實)이고 신비이다.

성경에서 증거하는 신비는 이성으로는 이해하기 곤란하다. 신비는 성령님의 도우심을 받아 먼저 믿음으로 받아들일 때 이해가 가능하게 되기 때문이다. 성경에 나타난 신비는 이해가 된 후 믿는 것이 아니라, 믿음으로 받아들일 때 이해가 된다. 히포의 아우구스티누스(354-430)는 "믿는다 그러면 이해할 수 있다"(crede, ut intelligas)라고 했다. 이를 이어받은 안셀무스(1033-1109)는 "오히려 나는 이해하기 위하여 믿는다"(sed credo ut intelligam)라고 했다.

3. 광신(狂信)

<네이버 국어사전>은 '광신'을 "신앙이나 사상 따위에 대하여 이성을 잃고 무비판적으로 믿음"[83]이라고 정의했다. <다음 한국어사전>은 "종교 따위를 이성을 잃을 정도로 지나치게 믿음"이라고 '광신'을 정의한다.[84] 앞의 두 정의 모두 '광신'은 이성을 잃고 무비판적 또는 지나치게 믿는 것이라고 말한다. 믿음의 구조에서 생각하면, 광신은 어느 정도 지식에 기반을 갖고 출발했으나 감정에 치우쳐서 균형을 잃은 신앙 상태라고 하겠다.

광신하면 먼저 머리에 떠오르는 것은 예수님을 따른다고 하면서 가정을 돌보지 않고 직장의 책임도 소홀히 하면서 정작 주님이 원하지 않는 일에 몰두하는 교인의 모습이다. 예수님이 시몬과 안드레, 야고보와 요한을 부르실 때, 그들은 그물과 배, 심지어 아버지를 버려두고 예수님을 따랐다고 했다(막1:16-20). 이 말씀을 근거로 어떤 이단에서는 모든 것을 공동체에 바치라고 요구한다. 그 요구에 따라 가진 소유를 그 공동체에 다 바치는 사람이 있다. 이것은 광신이다. 왜냐하면 이어지는 본문인 마가복음 1:29이하를 보면 베드로는 자기 집을 계속 가지고 있었고(오늘날 집을 소유하는 것과 의미가 좀 다르겠지만), 그의 집에 모시고 있던 장모의 열병을 예수님이 고치시도록 초청한 것을 볼 수 있기 때문이다.

고린도전서 9:5을 보면 "우리가 다른 사도들과 주의 형제들과 게바와 같이 믿음의 자매 된 아내를 데리고 다닐 권리가 없겠느냐?"라고 한다. 주님의 사도들은 예수님의 부르심을 받고 일정 기간 집을 떠났었으나 다시 가족들과 함께 했음을 본다. 디모데전서 5:8에는 "누구든지 자기 친족 특히 자기 가족을 돌보지 아니하면 믿음을 배반한 자요 불신자보다 더 악한 자니라"고 했다.

베드로를 비롯한 사도들은 물고기를 잡는 어부의 직업을 가지고 있는 형편에서 예수님의 부르심을 받아 '사람의 어부'가 되었다. 풀타임 예수님의 제자가 된 것이다. 대부분의 오늘날의 교인들은 가정을 가지고 있고 교회 밖에서 직업을 가지고 있다. 그들은 교회의 전임(專任)사역자가 아니다. 따라서 가정과 교회와 직업 그리고 사회적 책임을 수행해야 한다. 이런 일들에 시간과 재정과 에너지의 배분을 지혜롭게 해야 한다. 하나님께서 맡기신 모든 일들에 열정과 최선을 다하는 것은 마땅한 일이다. 그러나 광신자들은 하나님의 뜻을 무시하고 자기 열심에 빠져 무언가를 지나치게 하는 사람들이다. 그들은 하나님의 뜻과 무관하게 자신이 가진 재산과 힘과 시간을 허비하고 소진(消盡)한다.

광신의 또 다른 예는 '땅밟기'[85]를 한다고 불교의 법당에 들어가 기도하거나, 단군상을 훼손하는 사건[86]에서 볼 수 있다. 대한민국에는 종교의 자유가 있다. 모든 국민은 다른 종교에 대해 관용(tolerance)[87]해야 한다. 그런데 구약에서 기드온이 바알의 제단을 훼파한 사건 등을 대한민국에서 그대로 적용하여 행동에 옮기는 것은 옳지 않다. 해서는 안 되는 일이다. 이런 일에 나서는 사람은 광신자에 해당한다. 구약시대 이스라엘은 종교와 정치가 하나라고 할 수 있는 나라였다. 그러나 대한민국은 종교의 자유를 인정하는 국가로 서로의 신앙을 존중해야 하기 때문이다.

광신은 옳지 않다. 그러나 항상 모든 것을 계산하고 지나치게 균형을 추구하는 것도 그리 합당한 일은 아니다. 성령님이 감화를 받아서 하나님의 뜻임을 확신하여 그의 영광을 위해 일정 기간 아니 평생에 물불을 가리지 않고 헌신할 수 있다. 이것은 광신이라고 할 수 없다. 성경이 증거하는 하나님의 뜻을 따라, 국가와 사회의 법을 존중하면서 최선을 다하며 열심을 내어 순종하고 충성하려는 사람과 광신자는 마땅히 구별되어야 한다.

따라서 광신인가 아니면 열정적인 헌신인가를 구분하는 기준은 하나님의 말씀에 근거한 생각과 말과 행동이냐 아니냐에 달려 있다. 광신의 함정에서 벗어나려면 하나님의 말씀에 주의해야 한다. 성령님의 인도하심을 따라 자신의 동기를 점검하며 성경에 근거하여 자신의 생각을 평가해야 한다. 주위의 신앙 선배들과 교회의 조언을 받아 자신의 행동을 분별해야 한다. 결국 성경과 교회 그리고 성령님을 통해 하나님과 친밀하고 유기적인 관계를 가질 때 맹신, 미신, 광신의 어리석음을 피하면서 건강한 신앙생활을 하게 된다.

자. 기복신앙-기복주의 신앙[88]

'기복'이란, 빌 '기(祈)' 자에 복 '복(福)' 자를 써서 복을 빈다, 복을 구한다는 뜻이다. 하나님은 우주만물의 근원이시오, 생사화복의 주관자이시며, 만복의 근원이시다. 따라서 하나님을 믿는 사람이 그에게 복을 구하는 것은 당연하다. 하나님은 그를 믿는 사람들에게 당신께 복을 구하라고 권하신다. 시편 기자는 하나님께 은혜와 복을 구한다. "하나님은 우리에게 은혜를 베푸사 복을 주시고 그의 얼굴빛을 우리에게 비추사"(시67:1) 이사야 선지자는 사람이 복을 구하려면 진리의 하나님을 향하여 복을 구하라고 다음과 같이 선포한다. "이러므로 땅에서 자기를 위하여 복을 구하는 자는 진리의 하나님을 향하여 복을 구할 것이요…"(사65:16)

성경은 분명히 하나님께 복을 구하라고 말씀하신다. 참 믿음의 사람은 하나님께 복을 구하며 살아야 한다. 그러나 기복주의는 경계해야 한다. '기복주의'(祈福主義)는 무엇을 말하는가? <다음 한국어사전>은 "복을 비는 것을 가장 중요하게 여기는 사고방식"[89] 이라고 정의한다. 하나님은 그의 백성들이 복을 구하기를 원하시나, 자기중심적인 복을 가장 중요하게 여기면서 기도하는 것은 원하지 않으신다. 한국교회가 수적으로는 성장했으나 유약한 체질을 갖게 된 이유 중의 하나는 기복주의 신앙 때문이다. 하나님은 신앙생활의 목적을 재물의 복, 건강의 복, 대학합격의 복, 좋은 직장과 승진의 복을 누리는 데만 두는 것을 싫어하신다.

예수님은 마태복음 6:11에서 "오늘 우리에게 일용할 양식을 주시옵고"라고 기도하라고 그의 제자들에게 가르치셨다. 그러나 우리 주님은 그리스도인들이 무엇을 먹고 무엇을 입을 것인가에 몰두하고, 그것을 얻기 위해서만 기도하는 것을 원치 않으신다. 주님은 말씀하신다. "그런즉 너희는 먼저 그의 나라와 그의 의를 구하라 그리하면 이 모든 것을 너희에게 더하시리라"(마6:33) 하나님의 말씀은 복을 구하라고 가르치나, 이기심에서 비롯된 재물, 명예, 인기, 쾌락, 권력과 같은 복을 구하는 데 마음을 빼앗기지 말라고 경계하신다. 성경은 복을 구하며 기도하라고 가르친다. 그러나 기복주의는 멀리하라고 명한다.

기복주의를 경계하는 것은 신앙생활에서 절대적으로 필요하다. 그러나 기복주의를 멀리한다는 이유로 하나님께 복을 구하는 것을 저급한 신앙으로 무시하는 것 또한 옳지 않다. 우리 주님은 요한복음 15:7에서 "무엇이든지 원하는 대로 구하라 그리하면 이루리라"고 약속하셨다. 그런데 주님은 전제조건을 두셨다. "너희가 내 안에 거하고 내 말이 너희 안에 거하면…" 또 야고보서의 말씀을 기억해야 한다. "너희가 얻지 못함은 구하지 아니하기 때문이요 구하여도 받지 못함은 정욕으로 쓰려고 잘못 구하기 때문이라"(약4:2-3)

참 신앙은 기복주의를 경계하면서 복을 구하는 것이다. 필요한 것을 얻기 위해 담대히 하나님의 은혜의 보좌 앞으로 나아가야 한다. 그러나 기도했음에도 불구하고 얻지 못할 때, 정욕으로 쓰려고 잘못 구한 것은 아닌지 점검해야 한다. 만약 나의 이기적 욕심으로 기도했다면 멈추고 돌이켜야 한다. 정욕을 위한 이기심에서 출발한 기도는 잘못되었다. 그리스도인들은 하나님의 통치를 구함으로써 개인의 욕심이나 두려움같은 속박에서 자유해야 한다. 나아가 선하시고 기뻐하시고 온전하신 하나님의 의(롬12:2)를 이루기 위해 기도함으로써 세상에 하나님의 영광을 드러내는 참 그리스도인이 되어야 한다. 이것이 참 신앙인의 삶이다.(마6:33)

차. 한국 기독교인들의 신앙 행태

믿음의 종류와 연관하여 한국 기독교인들의 신앙 행태를 살펴본다. 방선기는 한국인들이 가지고 있는 신앙의 형편을 여섯 가지, 세 쌍으로 설명한다.[90] 종교적인 신앙-기복적인 신앙, 복음적인 신앙-성경적인 신앙, 세속적인 신앙-이념적인 신앙이 그것이다. 이 여섯 가지를 방선기의 글에 기초하여 간략하게 소개하고 필자 나름 부연해서 설명한다. 그리고 보다 성숙한 신앙의 길을 한국 그리스도인들에게 제시한다.

1. 종교적인 신앙

이런 신앙을 가진 사람을 방선기는 다음과 같이 설명한다. "그들에게 신앙은 기독교라는 종교와 관련이 있다. 신앙을 예배, 기도, 성경공부, 교회 봉사와 같은 종교 행위로 이해하기 때문이다. 그러므로 신앙은 (제도로서) 교회라는 한정된 영역에서 의미를 갖는다. 그렇기에 종교적인 신앙은 교회 밖으로 나오면 큰 의미를 갖지 못한다."[91] 예배의 자리에 참석하고 기도는 하지만, 인격적인 하나님과 만남이나 대화에 관심이 별로 없는 사람의 경우다.

종교적인 신앙을 가진 이들은 예수 그리스도와 친밀한(유기적) 관계에 관심이 없는 사람들이다. 단지 교회의 예배와 각종 모임에 참석하는 것으로 만족한다. 그들은 하나님을 믿고 따르는 신앙생활을 하는 것이 아니라, 교회생활을 하는 것을 신앙생활로 착각하고 사는 사람들이다. 그들에게도 기쁨이 있고 평안이 있고 감사가 있다. 그러나 이런 것들이 예수 그리스도로부터 비롯된 것이 아니라, 교회라는 제도 안에서, 그리고 사람들과 관계에서 누리는 것이다.

종교적인 신앙을 가진 사람들은 하나님의 뜻을 알아가고 순종하기보다는 사람들의 인정을 더 추구한다. 참 신앙을 가진 이들은 사람들이 알아주지 않아도 맡겨진 책임을 다한다. 장로나 안수집사 또는 권사 선출 과정에서 사람들이 자기에게 표를 주지 않아도 그렇게 크게 상처를 받지 않는다. 그러나 종교적인 신앙을 가진 이들은 자신에 대한 다른 사람들의 평가에 민감하게 반응하며 희로애락을 표출한다. 직분자 선출 공동의회에서 피택(선출)이 안 됐다고 그 교회를 떠나는 이들을 가끔 본다. 이들이 바로 종교적인 신앙을 가진 사람이라고 하겠다.

이런 사람들은 예수 그리스도와 개인적인 만남이 필요하다. 예수님과 연결과 연합을 통해 거듭남의 진정한 기쁨을 경험해야 한다. 예수님 안에서 무조건적인 사랑 받음과 진리 안에서 인정받음을 통해 예수 그리스도와 동행하는 신앙생활을 해야 한다. 모든 것이 하나님의 통치 아래 있음을 믿고, 교회의 결정에 대해 겸손하게 수용하는 사람은 '종교적인 신앙'이 아닌 참 믿음이 있는 사람이다.

2. 기복적 신앙

한국 기독교인들에게 기복적 신앙을 갖도록 큰 영향을 끼친 사람은 단연코 조용기 목사라고 할 수 있다. 그의 3박자 구원은 요한3서 2절에 근거한다. 그는 "영혼이 잘됨(영적 구원)에 이어 범사가 잘되고(삶의 형통) 강건하기(육신의 건강)"를 3박자 구원으로 본다.[92] 조용기의 3박자 구원은, 1970년 박정희 대통령에 의해 시작된 새마을운동[93]과 맞물려 한국사회에 "잘 살아보세"의 큰 물결을 일으켰다.

조용기는 1958년 서울 서대문구 대조동 천막에서 5명의 신도로 교회를 개척했다. 그후 1961년 서대문, 그리고 1973년 여의도로 신축 이전하여 여의도순복음교회로 개명하였고, 당시 약 2만 명의 교인을 이루었다. 이 교회의 등록교인은 (2008년 이영훈 목사가 담임목사로 취임하기 직전인) 2007년 기준으로 765,301명이었다.[94] 이런 폭발적인 성장은 성령의 역사와 함께 조용기 목사의 카리스마와 사람들의 기복심리가 복합적으로 상승효과를 발휘한 결과로 볼 수 있다.

필자는 "예수님을 믿고 복 받자"라는 전도의 방식이 완전히 틀렸다고는 생각하지 않는다. 그것이 전도의 접촉점으로써 활용할 수 있는 방법중 하나라고 볼 수 있기 때문이다. 그러나 교인이 된 후에도 이런 상태에 머물러 있다면 그건 옳지 않다. 그런 기복적 신앙은 참된 하나님 사랑, 이웃 사랑의 믿음으로 전환되어야만 한다.

방선기는 "이런 (기복적) 신앙은 '하나님'을 믿는다기보다는 '하나님이 주시는 복'을 믿는다고 볼 수 있다. 엄밀히 말하면 이것은 하나님의 복을 하나님으로 생각하는 일종의 우상 숭배라고 할 수 있다."[95] (방선기는 그의 글에서 앞에 거명한 교회나 목사의 이름을 전혀 언급하지 않았다.) 많은 한국교회의 교인들이 '복을 받으러' 교회에 간다던가, '은혜를 받으러' 예배에 참석한다. 그러나 이렇게 하는 것은 본말이 뒤바뀐 일이다. 따라서 이런 기복적 신앙을 가진 이들은 자기중심, 세속적 성공을 위한 신앙에서 하나님 중심 그의 영광을 위한 믿음으로 전환되어야 한다.

3. 복음적인 신앙

방선기는 이를 이렇게 설명한다. "예수 그리스도의 십자가 대속의 죽음과 부활을 믿어서 구원을 받고 그로 인해 하나님과 인격적인 관계를 가지는 것이 복음적인 신앙의 핵심이다."[96] 이 신앙의 한계는 하나님과 관계는 강조하지만 이웃과 관계를 소홀히 하는 데 있다. 예수 그리스도를 구주(救主 Savior)로 믿음으로써 주어지는 칭의와 구원은 받아들이나, 예수님을 주(主 Lord)로 믿고 복종하는 성화의 거룩한 삶에 대해서는 소홀한 기독교인들의 형편을 말한다. 구원의 복음을 강조하는 것은 바람직하나, 순종하는 삶, 이웃을 사랑하고 사회를 개혁하려는 일을 등한시 하는 것은 옳지 않다.

기독교인들 가운데 자신이 직장생활을 하는 목적이 "직장 동료들에게 전도하기 위해서"라고 하는 이들이 종종 있다. 이런 교인들이 전도에 열정을 갖고 매사에 임하는 것은 바람직한 일이다. 그러나 거기에 머무르는 것은 2퍼센트가 부족한 신앙이다. 왜냐하면 그리스도인에게는 복음전도의 사명뿐만 아니라, 문화적 사명도 주어졌기 때문이다.

로잔언약(1973년)을 통해 복음주의교회들이 교회에 갇혀있던 신앙의 무대를 세상으로 넓혔다. 복음전도에만 쏟았던 관심을 사회 전반으로 넓혀서 사회개혁과 하나님 나라의 확장을 추구하게 된 것이다. 그러나 아직도 많은 한국교회는 어려운 이웃을 돕는 사회봉사는 그런대로 힘쓰나, 제도적인 사회문제를 개혁하는 사회행동에는 여전히 무관심 또는 부담스러워하는 것 같다.

'복음적인 신앙'을 가진 분들 가운데 어떤 사람은 "우리나라가 기독교 국가가 되어야 한다"고 생각하는 사람들도 있다. 그래서 기독교인이 공직자 후보로 나오면 무조건 그에게 표를 던지는 분들이 있다. 후보자들의 면면이 비슷하다면 기독교인 후보에게 표를 던지는 것이 마땅하다. 그러나 기독교인 후보가 파렴치한 전과(前科)가 있고 공직을 맡을 능력이 없음에도 불구하고 그에게 표를 주는 것은 옳지 않다.

하나님은 일반 은총을 통해 믿는 사람이나 불신자 모두에게 해와 비를 주시고 사회의 유익을 도모할 능력을 주셨기 때문이다. 대한민국의 복음화를 추구하는 것은 옳고 마땅한 일이나, 대한민국을 기독교국가(개인적인 신앙고백 없이 기독교인이 되게 하거나, 기독교인이 아닌 사람들을 차별하는)로 만들려고 하는 것은 하나님의 뜻이 결코 아니다. 하나님이 중요하게 여기시는 양심의 자유를 법으로 억압할 수 있기 때문이다.

대한민국을 기독교 국가로 만들려고 하는 사람은 구약시대의 신정(神政)일치를 꿈꾸는 시대역행적인 사고를 가지고 있다 하겠다. 중세시대를 '암흑기'라고 부르기도 하는데, 교회와 정부가 영역주권을 따라 분리되지 않았기 때문에 발생한 결과이다. 중세의 역사적 교훈을 받은 사람들은 정교분리(政敎分離)의 원리[97]를 따라 정부와 교회가 각각이 지닌 고유의 영역을 침해하지 않고 존중해야 함을 안다.

여기서 부언하고 싶은 것은 사람들이 정교분리가 정치와 종교의 분리로 오해하는 경향이 있다는 것이다. 물론 대한민국 헌법도 '종교와 정치의 분리'를 언급한다. 헌법 제20조는 다음과 같다. "①모든 국민은 종교의 자유를 가진다. ②국교는 인정되지 아니하며, 종교와 정치는 분리된다."

그러나 성경적인 '정교분리'는 정치와 종교(Politics and Religion)의 분리가 아니라, 정부와 교회의 구분(separation of church and state)을 뜻한다. 성경은 "먹든지 마시든지 무엇을 하든지 다 하나님의 영광을 위하여 하라"(고전 10:31)고 명령한다. 즉 정치도 성경의 가르침을 따라 해야 한다. 예술, 경제, 복지, 가정의 일 등 모든 일을 성경의 진리를 따라 해야 한다. 따라서 그리스도인이라면 정치와 종교의 분리는 있을 수 없는 일이다. 다만 정부나 교회가 하나님의 뜻을 분명하게 거역할 때(정부의 인권유린이나 교회 안의 성희롱 문제 등)는 서로에 대해 견제하며 시정을 요구해야 한다. 그러나 정부가 경제정책을 세우는 데 교회가 간섭하거나, 교회가 교육관을 건축하거나 선교사를 파송하는 일에 대해 정부는 이래라 저래라 해서는 안 된다. 정부와 교회는 주어진 고유한 영역에 대해 서로의 주권을 존중해야 한다. 이것이 진정한 정교분리(정부와 교회의 분리)다. 한 교회가 특정 정당을 지지하는 것은 잘못된 일이다. 한 교회의 담임목사가 담임목사직을 그만두지 않고 어떤 정당의 대표가 되거나 정치활동을 하는 것은 절대로 있어서는 안 될 일이다.

'복음적인 신앙'을 가진 사람들은 기독교 세계관을 공부해야 한다. 이뿐만 아니라 교회사를 공부해서 과거 중세교회의 역사를 통해 주시는 하나님의 교훈을 알 필요가 있다. 기독교 세계관을 배워서 하나님의 나라를 이 땅에 구현(具顯)하는 방안을 구체적으로 알고 실천할 수 있어야 한다. 다원화된 시대와 다원사회에 살고 있는 기독교인들은 예수 그리스도만을 통한 구원의 진리를 양보해서는 절대로 안 된다. 하지만 그렇다고 해서 타종교에 대해 언어적 물리적 공격을 하는 것도 절대로 옳지 않다. 대신에 관용을 베풀어야 하고 구원의 복음과 성경의 진리를 밝히 드러내는 동시에 이웃을 사랑으로 섬겨야 한다.

4. 성경적인 신앙

방선기가 여기서 언급하는 소위 성경적인 신앙은 실천은 없이 성경을 공부하고 묵상하는 자체를 신앙의 목적으로 생각하는 형편을 가리킨다.[98] 성경을 사랑하여 읽고 묵상하는 것은 너무나도 바람직한 일이다. 그러나 성경을 연구하고 묵상하고 아는 데 그쳐서는 안 된다. 야고보서가 경고하는 대로 '죽은 믿음'이 되어서는 안 되기 때문이다(약2:26). 열매 맺는 신앙인이 되어야 한다. 서기관과 바리새인들 같은 외식적인 기독교인이 되어서는 안 된다.

소위 '성경적인 신앙'에서 벗어나기 위해서는 에스라의 모범을 본받을 필요가 있다. 바벨론을 떠나 예루살렘에 이른 에스라는 다음과 같은 결심을 했다. "에스라가 여호와의 율법을 연구하여 준행하며 율례와 규례를 이스라엘에게 가르치기로 결심하였더라"(스7:10) 그리스도인은 하나님의 말씀을 읽고 묵상하며 연구해야 한다. 그리고 성령님의 도우심을 받아 하나님의 뜻에 순종해야 한다. 나아가 말씀을 순종함으로써 누리게 되는 은혜와 복을 다른 사람에게 가르쳐야 한다.

하나님 사랑은 성삼위 하나님을 예배하고 교회를 사랑하는 것으로 표현되어야 한다. 이뿐만 아니라 이웃 사랑과 이웃 섬김으로 나타나야 한다. 성경을 배우고 기도할 때, 이웃에 대한 관심과 이웃을 하나님의 사랑으로 섬기기 위한 목표를 가지고 실천해야 한다. 그것이 진정한 성경적 신앙이다.

5. 세속적인 신앙

'영적(靈的)'에 대조되는 단어는 무엇인가? '육적(肉的)'이라고 대답할 수 있다. '영적'을 "정신이나 영혼과 관계가 있는 것"이라고 할 때 '육적'은 맞는 말이다. 그러나 '영적'을 "신령스럽거나 초자연적인 것" 또는 하나님의 마음에 합한 것을 말할 경우, '영적'이라는 말의 대척점에 있는 말은 무엇일까? 그것은 '세속적'(世俗的)이란 단어다. 교회생활을 하고 성경을 읽고 공부도 하는데, 교회나 세상에서 삶의 방식이 세상 사람들과 별로 다를 것이 없는 형편은 세속적인 신앙을 가진 사람을 가리킨다.

고린도전서 2:14-3:3에는 세 종류의 사람이 나온다. '육에 속한 사람'(고전 2:14), '신령한 자'(고전2:15), 그리고 '육신에 속한 자'(고전3:1)가 그것이다. '육에 속한 사람'은 거듭나지 못한 사람이다. '신령한 자'와 '육신에 속한 자'는 둘 다 거듭난 사람이다. '신령한 자'는 거듭난 후 성령님을 의지하며 하나님의 뜻대로 살아가기를 힘쓰는 사람이다. 반면에 '육신에 속한 자'는 예수님을 믿기는 하지만 삶은 옛날 방식을 벗어나지 못하고 여전히 불신자처럼 생각하고 말하고 행동하는 사람이다. 세속적인 신앙을 가진 사람이란 '육신에 속한 자'를 가리킨다.

고린도교회에는 이런 세속적인 사람들이 많이 있었다. 그들은 패거리를 만들어 분쟁하고 있었다(고전1:10-17). 고린도교회 사람들 중에는 음행을 하는 자들이 있었고, 심지어 아버지의 아내(첩?)와 관계하고 있는 사람도 있었다(고전5:1). 그들은 서로 고발하며 법적 싸움을 하고 있었다(고전6:1이하). 우상의 제물을 먹어도 되느냐 마느냐로 다투고 있었다. 은사와 관련된 문제, 부활이 사실이냐 허구냐에 대해 논란을 벌이고 있었다. 오늘날 한국교회에도 이와 비슷한 기독교인들이 있다.

세속적인 기독교인들 가운데 거듭나지 않은 '육에 속한 사람'들은 복음의 내용을 알고 묵상하여 복음진리에 동의하고 신뢰해야 한다. 예수 그리스도를 만나고 개인적으로 그를 믿고 마음에 영접해야 한다. '육신에 속한 자'라면 성경의 진리를 묵상하고 말씀이 마음에 풍성히 거하도록 해야 한다. 그리고 그의 생각과 말과 행동이 하나님의 은혜와 진리의 말씀대로 이루어지도록 힘을 써야 한다. 그것이 쉽게 터득되는 것은 아니지만 성령님의 도우심을 받으면 얼마든지 가능하다. 하나님을 의지하여 생각과 말과 행동을 주의할 때, 그의 삶은 변화되고 신령한 그리스도인이 된다.

6. 이념적인 신앙

한국사회는 보수파와 진보파의 이념과 연관된 논쟁이 자주 발생하고 있다. 한쪽에서 태극기 집회를 하면, 다른 쪽에서는 촛불 집회를 한다. 기윤실이 지앤컴리서치에 의뢰하여 2017년 1월 20~21일 1,000명의 표본을 조사한 결과에 따르면 종교에 따른 이념 성향은 아래와 같다.[99]

종교에 따른 이념 성향(%)

	매우 진보적이다	약간 진보적인 편이다	보수도 진보도 아니다	약간 보수적인 편이다	매우 보수적이다
기독교	7.8	33.2	23.3	22.8	7.3
가톨릭교	4.8	33.7	25.3	22.9	9.6
불교	4.6	19.4	36.0	25.1	6.9
기타종교	12.5	25.0	25.0	37.5	0.0
종교없음	4.8	27.6	40.0	19.1	3.3

기독교인들 가운데 보수쪽이 30.1%, 진보쪽이 41%를 차지하고 있다. 지역적으로는 영남지역 출신이, 연령적으로는 60대 이상에서 보수적 경향이 보다 강하게 나타나는 것이 일반적 경향이다. 문제는 교회생활에서 자신의 이념을 어떻게 표현하고 있고, 다른 교인들의 이념에 대해 어떻게 가치 판단을 하고 있느냐이다. 방선기는 이에 대해 이렇게 말한다. "이념적으로 보수적이 되거나 진보적이 되는 것 자체는 문제가 될 수 없다. 크리스천은 자신이 판단한 대로 어느 이념이라도 지지할 수 있다."[100]

오늘날 한국의 보수적인 입장을 가진 사람들의 시각으로 예수님을 보면, 예수님은 어느 편에 속할 것 같은가? 예수님은 당시 서기관과 바리새인 또는 헤롯당에 속한 기득권자들 보다, 사회에서 소외된 병자들과 가난한 과부나 고아나 나그네들을 더 가까이 하셨다. 그렇다고 해서 예수님을 '좌파'라고 비난할 수 있을까?

공산주의를 지지하거나 북한의 독재정권에 동조하는 사람들은 분명코 '좌

파'다. 그러나 그렇지 않은 사람들의 진보적인 생각에 대해서 '좌파' 또는 '종북'
이라는 말로 정죄해서는 안 된다. 그리스도인들은 다른 사람의 보수적 또는 진
보적 정치 견해를 넓은 마음으로 관용할 수 있어야 한다. 방선기는 이렇게 말한
다. "…나와 다른 이념을 가진 사람을 용납할 수 있어야 한다… 자기의 이념을
신앙과 일치시키게 되면(혹은 자기의 이념만이 성경적이라고 단정하면) 위험한
결과가 나타난다. 나와 이념이 다른 사람을 적대시하게 된다."[101]

　이념(理念 이데올로기)은 매우 무섭다. 특별히 공산주의라는 이념은 부모와
의 관계도 나뉘게 만들고, 형제와 관계도 단절시키고 심지어 서로 원수가 되게
한다. 한국 전쟁의 과정에서 1945년 이전에 출생한 세대들은 뼈저리게 이런 사
실을 느꼈다. 그 이유는 이념이 과정보다 목표를 우선시하고, 사람까지도 목적
을 위한 수단으로 생각하는 경향이 있기 때문이다. '좌파' '우파'하는 사상 때문
에 사람을 증오하는 것은 이데올로기라는 우상을 섬기는 것이다.

　당신이 보수적이거나 아니면 진보적이라고 할 때, 상대방의 다른 입장이나
견해에 대해 관용하는 마음을 가져야 한다. 그렇지 않고 그 사람에 대해 무시하
거나 미워하는 마음이 있다면 주의해야 한다. 왜냐하면 당신은 예수님을 따르
는 사람이라기보다는 보수주의나 진보주의의 이념을 추종하는 사람이기 때문
이다. 예수님은 원수까지도 사랑하라고 하셨다.

　예수 그리스도의 복음은 남녀노소, 빈부귀천, 고용주와 피고용인의 관계를
비롯한 이념과 민족적인 장벽을 낮추고 없앤다. 이념에 사로잡혀 자기와 다른 생
각을 가진 사람들을 비판하고 혐오하고 증오까지 하는 이들은 진정한 그리스도
인이라고 할 수 없다. 이념적인 편향성을 가지고 편을 가르고 담을 쌓거나 증오
심을 갖는 기독교인들은 관용의 정신을 소유해야 한다. 이를 위해 성령님의 도우
심을 구해야 한다. 사랑과 은혜로써 다른 사람들을 포용해야 한다. 그리고 공의
와 진리로 대화하며 성령께서 하나가 되게 하신 것을 힘써 지켜나가야 한다.

VIII. 변함이 없는 '구원의 확신'은 가능한가?

가. 구원의 확신에 대한 사람들의 태도

'구원의 확신'이란 "나는 예수 그리스도를 하나님의 아들, 나의 구주, 나의 주님으로 믿는다. 예수님을 믿음으로써 나의 죄가 다 용서받았다. 내가 죽음으로써 갚아야 할 죄에 대한 책임과 영원한 지옥의 형벌을, 나 대신 예수님이 전부 담당해 주셨다. 나는 하나님 앞에서 의롭다 함을 받았다. 나는 이제 하나님의 사랑 받는 사람(자녀)이 되었고, 천국의 시민권을 갖게 되었다. 나는 이제 영생을 누리며 하나님의 영광을 위하여 살아간다"라는 사실을 흔들림이 없이 믿는 상태를 가리킨다. 이러한 사실에 대해서 조금도 의심이 없이 전적으로 신뢰하는 형편을 말한다. 당신은 당신이 구원받았음을 확신하는가? 그 구원의 확신이 약해진 적이 한번도 없었는가? 앞으로도 그 확신이 흔들리지 않을 것이라고 예상하는가?

구원의 확신에 대해 사람들이 취하는 태도는 다음과 같다.[102]

첫째, 나는 예수님을 믿은 적이 없고, 나는 구원에 대해 별로 관심이 없다.

둘째, 나는 예수님을 믿고 고백한 적이 있다. 그러나 요즘 말씀대로 잘 살지 못하고 있기 때문에 장차 천국에 갈 수 있을지 잘 모르겠다.

셋째, 나는 예수님을 믿음으로 구원을 받았고, 때때로 믿음이 약해질 때도 있으나 하나님이 나를 끝까지 사랑하실 것을 믿는다.

넷째, 나는 예수님을 믿지 않지만, 하나님이 결국 모든 사람을 천국에 보내줄 것이라 생각한다.

다섯째, 나는 예수님을 믿으므로 구원 받았고, 단 한번도 내가 받은 구원을 의심해 본 적이 없다.

당신은 몇 번째의 반응을 보이는가? 첫째와 넷째 사람은 현재 그리스도인이 아니라고 생각할 수 있다. 교회에 다니는 사람들은 대개 두 번째 또는 세 번째의 태도를 가질 것이다. 즉 두 번째에 속하는 사람들은 구원의 확신이 없이 교회생활을 한다. 세 번째에 속한 사람들은 구원받은 참 믿음을 가진 그리스도인이다. 그 결과로 때때로 믿음이 약해질 때도 있지만 대체로 구원의 확신 가운데 담대함과 평강과 기쁨을 누리며 신앙생활을 한다. 다섯 번째 사람은 이 세상 사람이 아닌 듯하다. 사람이라면 구원의 확신이 흔들릴 때가 있기 때문이다.

그러면 세 번째에 속하는 사람들은, 구원의 확신이 왜 약해지는 것일까? 신앙생활을 처음 시작한 때부터 오늘까지 또는 죽기까지, 시종여일(始終如一) 조금도 흔들림이 없이 구원의 확신을 가지고 살 수는 없는 것일까? 오랫동안 연단을 거쳤기 때문에 드디어 완전한 경지에 도달한 그리스도인은 존재하는가?

더 이상 믿음이 약하여지지 않는 다섯 번째에 해당하는 그리스도인이 존재할까? 언제 어디서나 항상 기뻐하고 쉬지 않고 기도하며 범사에 감사하며 살아가는 기독교인이 있을까? 그런 사람은 아마도 찾기가 불가능할 것이다. 그런 사람은 전혀 없다고 단정할 수 있다.

사람의 마음이란 주변 상황의 변화로 말미암아 흔들리고, 육신의 정욕이 스멀스멀 일어나 악한 생각을 할 때가 생기기 마련이다. 더욱이 사탄은 시시때때로 그리스도인들이 믿음의 길에서 떠나 살도록 부추기고 넘어뜨리기도 한다. 이런 일을 겪게 되면 보통 "내가 하나님의 사람이 맞나? 이렇게 해서 내가 그리스도인이라고 할 수 있겠나? 천국에 갈 수 있겠나? 나는 틀렸어"라는 탄식이 나오기도 한다.

웨스트민스터 신앙고백서 제18장 "은혜와 구원의 확신"은 이 주제에 대해 잘 설명한다. 특히 3절에 보면 "참 믿는 자는 그가 믿음의 확신을 갖게 되기까지 오래 기다리며 많은 어려움을 겪을 수도 있다"[103]라고 선언한다. 구원의 확신을 갖게 되기까지 오랜 기다림과 어려움이 있음을 밝힌다. 그렇다면 그런 기다림과 고난의 시간이 지난 후에 얻게 된 구원의 확신은 우리가 주님 앞에 설 때까지

변함없이 지속되는가?

    기독교인이 올바른 믿음을 가지고 살아간다면, 구원의 확신이 더 분명해지고 하나님과 친밀한 교제로 인해 감사와 기쁨이 커지게 된다. 그러나 신앙의 연단을 많이 받으면서 믿음이 성장한 사람일지라도 때로는 믿음이 연약해지기도 하는 것이 인생이다. 웨스트민스터 신앙고백서 18장 4절은 이렇게 말한다. "참된 신자들의 구원에 대한 확신이 여러 면으로 흔들리거나 미약해지거나 중단될 수도 있다."[104] 진정한 신자라고 하더라도 구원의 확신이 흔들리고 약해지며 일시적으로 회의(懷疑)가 올 수 있다. 구원의 확신을 가진 자라도 때때로 믿음이 약해질 수도 있다. 신앙고백서의 이런 언급은 낙심자에게 얼마나 위로가 되고 소망을 회복할 수 있게 하는 가르침인가?

나. 구원의 확신이 흔들리게 되는 경우

    구원의 확신이 희미해지거나 흔들리는 이유를 웨스트민스터 신앙고백서 제18장 4절 뒷부분에서 다음과 같이 네 가지로 설명한다. "…다음과 같은 이유를 들 수 있다. 믿음을 보존하는 일을 소홀히 할 경우, 양심에 상처를 주고 성령님을 근심하게 하는 특별한 죄에 빠질 경우, 갑작스럽고 강력한 유혹 때문에, 하나님께서 그의 얼굴의 빛을 거두시고, 암흑 속을 걷는 것 같고 전혀 빛을 볼 수 없는 것 같은 두려움 속에서 고통을 당할 경우."[105]

1. 구원의 확신이 흔들리는 첫 번째 이유

    믿음이 흔들리는 첫째 이유는, 구원의 확신을 갖는 데 도움을 주는 수단을 게을리하기 때문이다. 어떤 수단을 통하여 그의 자녀들이 구원의 확신을 가지고 살 수 있도록 하나님은 도우시는가? 하나님의 말씀인 성경, 하나님과 대화인

기도, 예배(성례 포함), 성도의 교제, 선행(善行) 등을 통해 그리스도인은 구원의 확신을 유지하고 증진시킬 수 있다.

그런데 성경을 읽고 묵상하지 않는다든가, 기도하지 않을 때나, 예배의 자리에 앉아 있지만 하나님의 얼굴을 뵙지 못하거나 아예 참석하지 않을 때, 성도의 교제보다 세속적인 친구를 더 가까이할 때, 구원의 확신이 희미해지게 된다. 이와같이 은혜를 받는 수단을 멀리할 때, "이렇게 살아서 내가 하나님의 아들이라고 할 수 있겠나? 내가 (예수님을) 믿는 사람이 맞는가? 이렇게 살아서 내가 그리스도인이라 할 수 있겠나?"라는 생각이 틈입할 수 있다.

자신의 삶을 점검해 보라. 나는 은혜의 방편 곧 성경 묵상, 기도, 예배(성례)를 통해 믿음을 굳건히 하고 있는가? 성도의 교제를 통해 서로의 믿음을 격려하는가? 하나님 사랑, 이웃 사랑을 통해 구체적으로 하나님의 뜻을 실천하고 있는가? 만일 그렇게 살지 않는다면 구원의 확신은 희미해지기 마련이다. 그러나 이런 생활이 회복될 때 구원의 확신 가운데 기쁨과 감사와 찬송도 풍성해진다. 우리가 하나님을 가까이할 때, 하나님의 사랑을 우리는 더 확실히 알게 되고 누리게 된다.

2. 구원의 확신이 흔들리는 두 번째 이유

구원의 확신은, 양심을 거리끼게 만들고 성령님을 근심케 하는 어떤 죄를 우리가 범할 때 희미하게 된다. 죄는 믿음을 약하게 하고 하나님을 멀리하게 만든다. 그러면 자신이 구원받은 사실에 대한 확신이 가물가물해지거나 점점 잃어버리게 된다. 하나님이 나를 사랑하신다는 사실이 마음에 와닿지 않게 된다.

그리스도인의 마음은 영적 전쟁터이다. 죄로 말미암아 죽었던 영혼이 하나님의 은혜로 거듭나게 될 때, 그는 하나님의 뜻대로 살려는 마음이 생긴다. 그러나 이와 함께 육신의 정욕과 세상의 유혹 그리고 사탄의 속삭임은 하나님의 자녀들을 자주 공격한다.

누군가에 대한 미움이나 성적 판타지 그리고 세속적인 야망 같은 건강하지 않은 생각은 양심에 상처를 준다. 이런 생각을 입 밖에 내거나 행동에 옮길 때 성령님은 근심하신다. "내가 구원받은 사람 맞나?"하는 회의가 우리에게 찾아오게 된다.

요한복음 21장에 베드로와 다른 여섯 제자들은 고기 잡으러 디베랴(갈릴리) 호수로 갔다. 베드로는 부활하신 예수님을 그동안 적어도 세 번 이상 만났다. 그런데 그들은 왜 고기를 잡으러 갔을까? 아마도 자신들이 예수님의 제자가 아닌 척했었고 심지어 사람들 앞에서 예수님을 부인하고, 스승을 위험 가운데 버리고 도망했던 일 때문일 것이다. 그들은 자신들이 저질렀던 지난날의 행동을 부끄러워하며, 예수님을 따를 자격이 자기들에게는 더 이상 없다고 생각했던 것 같다. 사람의 어부로 부름을 받았지만, 이제 그들은 옛날 고기잡는 어부로 돌아가려고 했다.

믿음의 사람들이 죄를 범하게 될 때, 그 죄에 대해 아래와 같은 세 가지 반응이 섞여 있는 경우가 많다. 첫째로 거룩한 양심의 부담 때문에 하나님 앞에서 근심하고 탄식한다. 고린도후서 7:10은 "하나님의 뜻대로 하는 근심은 후회할 것이 없는 구원에 이르게 하는 회개를 이루는 것이요 세상 근심은 사망을 이루는 것이니라"라고 말씀한다. 그런 근심은 좋고 바람직한 것이다. 죄를 범한 후 마음이 힘든 것은 많은 경우 성령님의 역사요 선한 양심이 작용하기 때문이다. 양심에 부대낌이 있을 때, "회개하라"고 하시는 하나님의 음성을 듣고 죄를 뉘우치고 참회해야 한다.

둘째로 자신의 범죄에 대해 교만한 반응을 보인다. "나는 원래 그런 사람이야. 나는 별수 없어. 이왕 버린 몸"이라는 말로써 회개를 거부하는 반응이다. 이렇게 할 경우, 양심에 고통과 무거운 짐을 느끼게 된다. 그리고 어떤 죄라도 용서하시는 사랑의 하나님을 의지하지 않는 교만의 죄에 빠질 가능성이 커진다.

교만에는 두 가지 종류가 있다. 나의 혼자 힘으로 살 수 있다고 생각하며, 하나님이 필요 없다고 주장하는 것이 그 하나다. 그리고 다른 하나는, 하나님을 믿는다고 하는 사람이 어려움 가운데 힘들어하면서도 하나님을 의지하지 않는 소극적인 교만이 그것이다.

이런 함정에서 벗어나기 위해서는 하나님의 구원이 나의 공로에 있지 않음을 기억해야 한다. 내가 받은 구원이 예수 그리스도의 은혜(선물)로 말미암았음을 다시 붙들어야 한다. 그럼으로써 자신의 약함 또는 악함을 고집하지 않고 겸손하게 주님께로 돌이켜야 한다. "교만은 패망의 선봉이요 거만한 마음은 넘어짐의 앞잡이"다(잠16:18). 마음이 허전하거나 무겁거나 답답할 때, 주님의 이름을 부르라. 겸손히 우리를 사랑하시는, 우리의 있는 모습 그대로 받아주시는 구원의 주님께 도움을 요청하라. 죄가 생각나면 즉시 겸손히 회개하면서 자비로우신 주님의 긍휼을 구하라.

셋째로 참소자 사탄의 공격에 속수무책으로 절망하는 반응이다.[106] 사탄은 구원자 예수님을 바라보지 못하게 한다. 대신에 항상 우리 자신의 못남을 탓하고 이웃을 비난하게 만든다. 사탄은 죄를 지은 사람을 코너로 몰아붙이며 자괴감과 절망감을 갖게 한다. 도무지 자신을 용서받지 못할 사람으로 만들어 절망의 구렁텅이에 빠지게 한다. 사탄은 교회를 멀리하게 만들며 성도의 교제 대신에 믿지 않는 자들을 더 가까이하게 만든다. 사탄은 미래를 바라보지 못하게 하고 과거에 얽매이게 한다. 하나님의 자비하심이 자신에게는 적용될 수 없다는 비관적인 생각에 갇히게 만든다.

사탄이 우리의 죄를 공격할 때와 성령님이 우리의 죄를 생각나게 하실 때가 어떻게 다를까? 성령님이 죄를 지적하실 때는, 소망을 주며 회개로 인도한다. 성령님은 과거의 일들도 생각하게 하지만, 내일을 바라보며 오늘 할 일들을 깨우쳐 주신다. 나의 죄 때문에 나에게 더 이상 희망이 없다는 생각이 드는가? 그것은 분명히 사탄의 공격이다. 나의 죄에 대해 아픔이 있고 후회가 있지만, 주님의 십자가를 바라볼 마음이 생기는가? 그것은 성령께서 나를 돕고 계시기 때문이다. 성령을 소멸하지 말고 하나님의 긍휼과 자비를 생각하며 그의 약속(임마누엘)을 의지하라. 성령님의 도우심을 구하며 잠잠히 그의 구원을 기다리라.

하나님은 범죄한 그리스도인이 자기에게로 돌이키길 기다리신다. 우리는 자신이 어쩔 수 없는 죄인임을 인정하고 오직 그리스도, 오직 은혜, 오직 믿음으로 구원받음을 믿고 우리의 죄를 회개해야 한다. 회개는 하나님의 용서를 가져오고, 죄의 올무에서 벗어나게 하여 죄인을 자유하게 한다. 구원의 기쁨을 다시 누리게 만든다.

하나님 앞에서는 용서받지 못할 큰 죄도 없고, 회개하지 않아도 될 만한 작은 죄도 없다. 어쨌든 마음이 허전하고 삶의 의욕이 사라질 때 자신을 점검하라. 죄가 생각날 때마다 하나님의 사람들은 회개해야 한다. 이 죄까지도 예수님이 십자가에서 피를 흘리고 죽으셨음을 기억하고 감사하며 회개하라. 그리할 때 구원의 기쁨도 회복된다.

3. 구원의 확신이 흔들리는 셋째 이유

갑작스럽고 강력한 유혹에 부닥쳐 범죄했을 때, 신앙인들은 낙심하고 구원의 확신을 잃어버린다. 사람이란 강할 때도 있지만 복잡하고 유약한 존재이기도 하다. 그뿐만 아니라 사람이 살고 있는 세상은 사고가 빈번하게 발생하고 유혹이 도처에 잠복하여 일탈을 부추긴다. 특히 믿음이 어린 사람들은 몸에 배어있는 과거의 습관과 옛날 친구들과 환경 때문에 유혹에 다시 빠지기가 쉽다.

다른 한편 때로는 우리의 머리로 이해할 수 없는, 하나님의 능력과 사랑을 의심할 만한 불행한 일이 일어나기도 한다. 믿음이 강하다고 자부하는 사람들은, 선줄로 생각하다가 시험에 빠지는 경우도 생긴다(고전10:12). 유혹은 싸워서 해결할 수 있는 것이 아니다. 유혹은 요셉이 그렇게 했듯이 삼십육계 줄행랑이 최고의 대처법이다. 그리스도인은 유혹을 받을 만한 자리를 멀리하고 피해야 한다. 그리고 적극적으로 옳고 선한 일들을 찾고 실천해야 한다.

유혹에 빠져 죄를 범하게 될 때 하나님의 구원이, 자신이 돌아갈 수 없는 먼

곳으로 도망쳐 버린 느낌을 받게 된다. 육신의 정욕, 세상의 풍조 그리고 사탄의 공격으로 말미암는 유혹에 넘어질 때 절망과 좌절이 찾아온다. 이런 절망적인 상황에서 다윗을 기억하라! 시편 32편과 51편에서 극악무도한 죄들을 범한 다윗은 회개의 기도를 하며, 주님의 구원을 찬송한다. "내가 입을 열지 아니할 때에 종일 신음하므로 내 뼈가 쇠하였도다 주의 손이 주야로 나를 누르시오니 내 진액이 빠져서 여름 가뭄에 마름 같이 되었나이다 (셀라) 내가 이르기를 내 허물을 여호와께 자복하리라 하고 주께 내 죄를 아뢰고 내 죄악을 숨기지 아니하였더니 곧 주께서 내 죄악을 사하셨나이다 (셀라)" (시32:3-5)

범죄한 후 회개하는 우리를 하나님은 용서하시고 받아주신다. 그러나 기억하라! 죄는 항상 우리 영혼에 상처를 남긴다. 그리고 우리의 범죄는 가족들과 이웃들에게 심각한 악영향을 준다. 다윗의 죄를 하나님은 용서하고 도말하셨다. 그러나 암논의 근친상간, 압살롬의 복수와 반역, 아히도벨의 반역 가담 등의 불행한 일들이 잇달아 일어났다. 죄가 있는 곳에서 하나님의 은혜가 임한다. 그러나 위의 결과들은 애초부터 우리가 죄를 짓지않기를 원하시는 하나님의 마음을 알게 한다.

4. 구원의 확신이 흔들리는 네 번째 이유

구원의 확신이 흔들리고 희미해지게 되는 네 번째 이유는, 하나님께서 때때로 그의 얼굴을 숨기시기 때문이다. 우리는 이 사실을 욥에게서 볼 수 있다. 욥은 도저히 이해할 수 없는 갑작스럽고 극한 재난을 연속으로 당했다. 믿음을 가지고 하나님께 부르짖어도 욥은 하나님의 얼굴을 뵐 수가 없었다. 욥은 빛이 없는 어두움과 깊은 수렁 속에 내동댕이쳐진 신세처럼 되었다. 욥은 이렇게 탄식한다. "내가 주께 부르짖으나 주께서 대답하지 아니하시오며 내가 섰사오나 주께서 나를 돌아보지 아니하시나이다"(욥30:20)

그 어려운 시험과 마음의 고통의 한복판에서 하나님은 욥에게 말씀하신다.

그리고 결국 욥은 귀로만 듣던 하나님을 눈으로 보는 은혜를 누리게 된다(욥 42:5). 하나님은 그가 택한 백성들에게 때때로 시험을 허락하심으로써, 그들의 믿음을 테스트하시고 연단하신다. 하나님은 시험과 고통 가운데 힘들어하는 그의 자녀들을 외면하시는 것 같아도, 그는 우리와 항상 함께하신다(신31:6, 수1:5, 마28:20).

나의 부르짖음에도 침묵하시는 하나님을 생각하면, 하나님이 나를 사랑하지 않는다는 생각이 들 수도 있다. 심지어 하나님의 존재마저 의심하기도 한다. 그러나 나에게 임하셨던 성령님은 결코 나를 떠나지 않으신다. 그리고 하나님은 결국 나를 구원의 길로 인도하신다.

도르트신경 다섯 번째 교리: "성도의 견인"(FIFTH HEAD OF DOCTRINE/ Of the Perseverance of the Saints)은 절망에 빠지기 쉬운 그의 자녀들에게 소망을 준다.[107] "성도의 견인"은 모두 15장으로 이루어져 있는데 그 중 제1장은 다음과 같다. "하나님의 뜻을 따라 그의 아들이신 주 예수 그리스도와 교통하며 성령으로 새롭게 되도록 부르심을 받은 사람들은 비록 육체의 범죄와 육체의 연약함으로부터 완전히 벗어나지는 못했다 할지라도 죄의 지배와 그 노예 상태로부터 구원받은 것이 사실이다." 아멘, 할렐루야!

다. 구원의 확신을 갖게 되는 방편

웨스트민스터 신앙고백서 제18장 "은혜와 구원의 확신" 1절에서 비록 거짓으로 신앙을 고백하는 자나 중생하지 못한 사람들이 거짓된 확신을 가질 수도 있음을 밝힌다. 그렇지만 그들의 기대와 소망은 물거품처럼 결국은 사라지게 된다. 이와 달리 참 믿음을 가진 사람들은 하나님이 베푸신 사랑과 복을 누리며 영광의 소망을 기대하며 담대하게 살아간다.

예수 그리스도를 진실하게 믿는 사람이라고 해도, 구원의 확신을 때로 잃어버리기도 한다. 구원의 확신이 희미해졌다 해도, 하나님께서 그에게 주셨던 믿음('단회적 신앙')을 근거로 하나님은 그를 구원하신다. 구원의 확신이 없거나 희미해져도 구원을 잃어버리는 것은 아님을 기억하라. 그러나 구원의 확신이 없으면 매일의 삶에서 염려와 혼돈과 낙심이 그리스도인들의 마음을 지배함도 잊지 마라.

구원의 확신이 있는 하나님의 사람들은 건강한 신앙생활을 한다.[108] 그들은 하나님 아버지가 함께하심을 믿으므로 그의 보호하심과 인도하심을 누린다. 어떤 역경에서도 담대하며 소망 중에 인내한다. 그들은 하나님을 신뢰하므로 항상 기뻐하며 쉬지 않고 기도하며 범사에 감사한다. 구원의 확신은 예수님의 증인으로 또 세상의 소금과 빛으로 살아가는 데 강력한 추진력을 준다.

이런 확신을 얻는 방법은 웨스트민스터 신앙고백서 18장 2절에서 언급된다. 확신이란 자신의 기분이나 감정이 아닌 하나님의 구원과 은혜의 약속을 붙잡을 때 생긴다. 따라서 우리의 구원이 확실하지 않다는 기분이 들 때, 우리가 해야 할 일은 하나님의 말씀을 묵상하고 언약을 붙잡는 것이다. 진리의 말씀은 우리의 마음에 자유와 평안을 준다. 그리고 하나님이 우리의 아버지가 되심을 알도록 하시는 성령님을 통해 우리는 구원의 확신을 누리게 된다.

구원의 확신은 하나님의 은혜로 주어진다. 하지만 하나님의 자녀들은 구원의 확신을 누리며 살기 위해 해야할 일이 있다. 먼저 죄의 길에서 떠나며 방탕한 삶을 멀리해야 한다. 예배(성례)에 참여하며 하나님의 말씀을 부지런히 묵상하며 성령과 은혜로 충만함 받기 위해 기도해야 한다. 하나님과 교제하며 순종하는 삶을 열심히 살아가며 성도의 교제를 힘쓸 때 구원의 확신은 더 분명하게 된다. 성령님 안에서 그들의 마음은 평안과 기쁨, 사랑과 감사로 넘치게 된다.

하나님은 택하시고 구속(救贖)하신 그의 백성들을 끝까지 돌보시고 구원을 이루신다. 빌립보서 1:6은 이렇게 말씀한다. "너희 안에서 착한 일을 시작하신 이가 그리스도 예수의 날까지 이루실 줄을 우리는 확신하노라" 성삼위 하나님은 우리의 죽었던 영혼을 거듭나게 하셨다. 예수님의 십자가에서 죽으심과 부활, 승천과 재림이 믿어지게 되었다. 신앙고백을 통해 나는 하나님의 아들 또는 딸이 되었다. 우리 속에 이런 착한 일을 시작하신 성삼위 하나님은, 예수님이 다시 오실 날(또는 내가 이 세상을 떠날 때)까지 나와 함께하시며 나를 보호하시고 인도하신다. 비록 나의 믿음이 때로는 약해져서 하나님을 멀리할 때도 있지만, 하나님은 나를 그의 영광의 자리에 이미 앉히셨다(엡2:6).

삼척동자도 아는 다빈치(Leonardo da Vinci 1452-1519)의 작품 모나리자가 있다. 이 그림의 가격을 혹자는 최고 40조 원이라고 추정한다. 모나리자는 프랑스 파리의 루브르 박물관에 전시되어 있다.[109] 그럴 일이 없겠지만 다음의 사건을 가상해서 생각해 보자. 그리고 아래 질문에 답을 해보라.

어느 날 밤 괴한이 박물관에 몰래 침입하여 모나리자 그림을 면도칼로 마구 찢어놓고 도망갔다. 다음날 박물관장이 무참하게 찢긴 모나리자의 조각들을 발견한 후 어떻게 할까? 다음 1번과 2번 보기 중 박물관장인 당신의 답은?

1번: 즉각 청소부를 부른다. 조각난 모나리자 그림이 이제 못쓰게 되었으니 깨끗이 쓸어서 쓰레기통에 버리라고 한다.

2번: 슬픔과 분노 속에 경찰에 신고한다. 직원들과 전문가들을 불러 모으고 모나리자를 복원할 방도를 찾는다. 그리고 가장 좋은 방법을 실행에 옮겨 복구한다.

답은 2번이라는 데 이의가 없을 것이다. 이 이야기에서 파괴된 모나리자 그림은 하나님께서 걸작품으로 만드셨으나 타락한 죄인의 모습을 일부분 보여준다. 첫 사람 아담과 하와가 사탄의 유혹에 넘어감으로써 하나님의 형상은 무참하게 손상되었다. 그러나 성부 하나님은 타락한 죄인들을 불쌍히 여겨주시고 사랑을 베푸신다. 영혼의 의사이시며 세상 죄를 지고 가는 하나님의 어린양이신 성자 예수님을 세상에 보내사 파손된 하나님의 형상을 원래대로 복구하게 하신다.

죄로 말미암아 나의 악함과 무능함과 절망의 자리에서 다음을 기억하고 믿음을 회복해야 한다. 첫째로, 나는 하나님의 걸작품(포이에마 ποίημα)이다(엡

2:10). 둘째, 나는 죄로 말미암아 죽었다. 셋째, 하나님은 파괴된 하나님의 형상인 나를 복구하기 위해 그의 독생자 예수님을 이 세상에 보내셨다. 넷째, 예수님은 십자가에서 죽으심으로써 죄인들의 죗값을 대신 갚아주시고, 부활을 통해 이를 확증하신다. 예수님을 믿는 사람의 가치는 얼마쯤 될까? '40조 원짜리' 정도가 아니라 '예수님 짜리'가 되었다.[110] 돈으로 계산할 수 없는 지극히 존귀한 존재가 되었다. 다섯째, 예수 그리스도를 믿는 이들에게 하나님은 그들의 죄를 용서해 주시고, 하나님의 형상을 회복케 하시고 그의 자녀로 삼아주신다. 여섯째, 이미 하나님의 자녀가 되었지만 우리는 때때로 다시 범죄하여 낙심과 좌절을 하기도 한다. 그때 우리는 예수 그리스도의 보배로운 피로 구원하신 하나님의 놀라운 사랑을 다시 믿고 회개하고 돌이킨다. 그럼으로써 우리는 구원의 기쁨을 회복하고 다시 하나님의 자녀답게 힘차게 살아가게 된다.

> **마땅히 행할 길을 아이에게 가르치라
> 그리하면 늙어도 그것을 떠나지 아니하리라**

잠언 22:6

제3부

신앙교육이란 무엇인가?

I. 일반교육의 정의

<다음 한국어사전>은 '교육'을 다음과 같이 정의한다. "사회생활에 필요한 지식이나 기술 및 바람직한 인성과 체력을 갖도록 가르치는 조직적이고 체계적인 활동"[111] 필자는 이와 좀 달리 교육의 3요소를 포함시켜 이렇게 정의를 내린다. "학습자의 전인적인 삶에 긍정적인 변화를 가져오게 하기 위해 콘텐츠(contents 내용, 교재 등)를 활용한 교사의 의도적인 활동"

가. 교육의 3요소

교육이 이루어지려면 다음의 세 가지 요소가 포함되어야 한다. 그것은 가르치는 사람(교사), 배우는 사람(학습자/학생), 그리고 내용(콘텐츠)이다. 이 중 어느 것 하나라도 빠지면 교육이라고 할 수 없다.

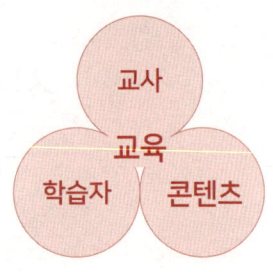

교육은 학생이 배우는 모든 것(학습)의 일부분을 차지한다. 학생이 도서관에 가서 혼자서 공룡에 관한 책을 읽었다. 그리고 알로사우루스와 티라노사우루스의 모습이나 습성을 알게 되었다. 그러면 이것을 교육이라고 할 수 있을까? 아니다. 왜 아닐까? 가르쳐주는 사람이 없이 혼자 알게 되었기 때문이다. 그래서 이것을 '학습'이라고는 해도 '교육'이라고 하지는 않는다. 교육도 학습(배움)의 일부분이다. 그러나 '교육'이라고 할 때는 반드시 교사, 학생, 콘텐츠(내용)가 함께 작용해야 한다.

훈련은 학습의 일부이며 교육의 일부이다. 따라서 훈련도 교사와 학생과 콘텐츠(내용)로 구성된다. 그러면 훈련과 교육은 어떻게 구분되는가? 교육은 학습자가 교육 내용을 머리로 이해할 수 있도록 교사가 돕는다(예: 작문 교육, 과학 교육). 그러나 훈련은 교사가 가르치는 내용을 학생이 머리로 이해하는 것을 의미 하긴 한다. 그러나 학생이 이해하는 것을 중요하게 생각하지는 않는다. 교사는 무엇보다 어

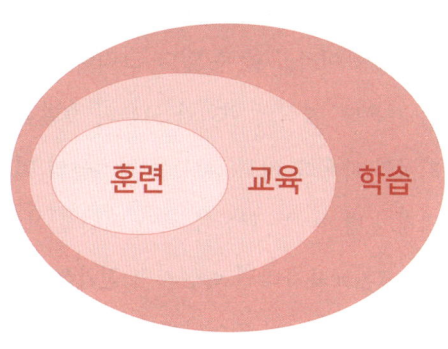

떤 행동이나 기술이 학생의 몸에 체득되게 하는 것을 목표로 한다. 반복되는 훈련을 통해 교사는 학생이 어떤 행동이나 기술이 몸에 배어 자연스럽게 나타나도록 하는 데 목적이 있다(예: 예절 훈련, 예쁜 글씨쓰기 훈련, 화재대피훈련).

나. 교사의 의도, 교육의 목표

교육은 항상 교사가 무엇인가를 가르치려는 목표 또는 의도가 포함된다. 어린이들이 공룡에 대해 관심이 있는 것을 교사가 보고, 그들에게 공룡의 몇 가지 종류를 가르치려는 마음(의도)을 가지고 학생들을 대하면 교육이 이루어진다. 이 마음은 교사가 가지는 교육의 목표가 될 것이다. 학습자에게 무엇인가를 알게 하려고 하는 의도(마음)를 교사가 가질 때 이것이 교육의 목표가 된다.

교육의 목표는 학습자의 전인적인 삶에 긍정적인 변화를 일으키는 것이다. 그래서 '교육'이란 단어를 들으면 '변화'라는 단어를 떠올려야 한다. 앞서 공룡에 대해 가르치려는 마음을 교사가 가졌을 때, 교사는 학생들이 모르고 있었던 공룡의 몇 가지 종류를 머리로 알게 하려는 의도를 가진 것이다. '전인적'이라는 말은 지적인 면, 정서적인 면, 그리고 의지적인 면 모두를 가리킨다. '전인적'이라고 할 때, 여기에 행동적인 면과 인격적인 면이 추가된다.

지정의 그리고 행동과 인격의 다섯 가지 면에서 변화가 동시에 일어나면 완전한 교육이라고 할 수 있다. 그러나 그런 일은 쉽게 일어나지 않는다. 다섯 가지 면 가운데, 지식의 변화가 교육의 출발점이 된다. 그래서 대부분의 교육에서는 지정의 가운데 지식(정보)을 학생들의 머리에 주입하는 데 몰두한다. 감정이나 의지의 변화에는 관심이 적다. 이런 현상은 교회의 신앙교육에서도 쉽게 발견할 수 있다. 교육자라면 학습자의 전인적인 삶, 즉 지식과 정서와 의지 그리고 행동과 인격에 변화가 일어나도록 관심과 노력을 기울여야 한다. 어떻게 하면 정보나 지식의 전달에서 더 나아가, 감정과 의지에 변화가 일어나게 할 수 있을까 생각해 보기 바란다. 그리고 학생의 행동과 인격에도 변화와 성숙이 있기 위해서 교사인 내가 해야 할 일이 무엇인가 연구하고 실행해 보라.

II. 신앙교육의 요소

가. 신앙교육의 요소

앞서 일반교육의 정의에서 교육의 세 가지 요소(교사, 학생, 내용)를 중심으로 생각해 보았다. 여기서는 기독교 신앙교육의 정의를 내려 본다. '신앙교육'이란 "학습자의 전인적인 삶에 예수 그리스도를 믿고 닮아가는 변화가 나타나도록, 성령님의 인도하심을 따라 성경을 중심 내용으로 가르치는 교사의 의도적 활동"이다.

일반교육은 교사, 학생, 콘텐츠의 세 가지 요소가 있다. 여기에 한 가지 요소를 더 추가할 수 있다. 바로 환경이다. 맹모삼천지교(孟母三遷之敎)라는 말이 있다. 맹자의 어머니는 공동묘지 근처로 이사 갔다가 다음으로 시장 가까이로 집을 옮긴다. 그리고 결국 서당 옆으로 집을 세 번째 옮긴 후 맹자의 교육을 위해 그곳에 정착한다. 맹자는 이후 공자의 사상을 발전시킨다. 이처럼 교육에서 환경은 큰 영향력을 발휘한다. 환경을 가리켜 숨겨진 교육과정(hidden curriculum)이라고도 부른다. 환경이 학생의 교육에 은밀히 미치는 영향이 크기 때문이다. 그래서 교육의 원래의 세 가지 요소에 환경을 추가하여 4요소를 말하기도 한다.

일반적으로 교육에서 가장 중요한 요소는 교사다. 학생이 배우는 데 관심이나 의욕이 없고, 교재(교과서)도 빈약하다고 하자. 그러나 교사가 실력이 있고 학생들에 대한 사랑과 열정이 있다면, 다른 열악한 형편을 극복하고 학생들의 삶을 변화시키는 교육이 이루어지기 때문이다. 그렇다면 신앙교육에서 가장 으뜸되는 요소는 무엇일까? 신앙교육의 진정한 주체는 인간 교사가 아니라 성령 하나님이시다. 성령 하나님을 떠나서 신앙교육은 존재할 수 없다. 신앙교육에서 가장 중요한 역할을 하시는 성령 하나님에 대해 알아본다.

나. 신앙교육에서 성령님의 역할

신앙교육에서 가장 중요한 역할을 하시는 분은 성령님이시다. 성령님을 떠나서는 신앙교육은 존재할 수 없다. 왜 그럴까? 성령님이 신앙교육에서 하시는 일을 생각해 보면 분명하게 알 수 있다. 성령님은 어떤 일을 하시는가?

1. 성령님은 말씀을 생각나게 하시고 가르쳐 주심 (요14:26)

신앙교육의 중심 콘텐츠는 성경, 곧 하나님의 말씀이다. 성령님의 감동 없이는 성경이 기록될 수 없었다. 주님의 말씀을 가르치고 생각나게 하셔서 성경을 기록하게 하셨던 성령님이시다. 그 성령님은 오늘 그리스도인들에게 신앙교육의 가장 중요한 콘텐츠인 성경을 이해할 수 있게 가르쳐 주신다. 또 듣고 배웠던 말씀을 우리의 생활에 적용할 수 있도록 생각나게 하시는 분이 바로 성령님이시다.

성령님은 성경을 가르쳐주시고 깨닫게 하시고 순종할 수 있도록 인도하시는 분이시다. 성령님을 의지하면 하나님과 친밀한 교제에 이르게 되며, 예수 그리스도를 알고 믿고 닮아가는 삶을 살게 된다.

하나님의 뜻이 궁금한가? 어떻게 해야 할지 답답한가? 성령께서 가르쳐주시며 생각나게 해주실 것을 기대하고, 성경을 묵상하면서 성령님께 물어보라.

교사는 성령님의 도우심을 구해야 한다. 그리고 성령님의 인도하심에 주의하면서 학생들을 가르치고 도와야 한다. 성령님은 우리의 인도자가 되시며, 신앙교육의 가장 중요한 주체이시다.

2. 성령님은 죄인을 거듭나게 하심 (요3:5)

신앙교육에서 가장 중요한 목표는 죄인인 학생이 거듭날 수 있도록 돕는 것이다. 사람이 복음을 전해야 하지만 죄인이 거듭나는 것은 사람이 할 수 없다. 오직 성령님만이 하실 수 있다. 사람이 거듭나는 것은 성경을 많이 읽고 잘 알아서가 아니다. 우리가 하나님을 택한 것이 아니라, 하나님이 우리를 택하시고 성령님을 보내주셨기 때문이다.

성령님은 우리에게 찾아오셔서 말씀으로 거듭나게 하신다. 죄를 깨닫게 하시고, 회개하게 하신다. 그뿐만 아니라 성령님은 예수님이 하나님과 우리 사이의 유일한 중보자이심을 믿도록 하시는 분이시다. 그리고 예수님이 우리의 구주가 되시며 또 주님이심을 믿도록 도우신다. 죄인이 거듭나 의롭다 함을 받는 것은 전적으로 성령님이 하시는 일이다. 우리를 거듭나게 하신 성령님은 하나님이 우리의 아버지가 되심을 믿도록 하신다. 또한 우리가 그의 사랑받는 자녀가 되었음을 믿게 하신다. 성령님을 떠나서 사람은 거듭날 수 없고, 따라서 성령님의 도우심이 없다면 신앙교육은 출발조차 불가능하다.

3. 인격을 변화시키심 (갈5:22-23)

성령의 열매는 예수님의 모습과 인격을 보여준다. 성령의 열매는 예수님의 성품을 가리킨다. 신앙교육의 궁극적인 목표는 예수님을 닮아가는 것이다. 우리가 성령님을 의지하고 우리 자신을 맡길 때, 우리는 예수님의 성품을 닮아간다. 성령의 열매를 맺는다. 미움과 분노가 일어날 때 성령님의 이름을 부르라. "성령님! 나의 마음을 다스려 주소서. 내가 무엇을 해야할지, 어떻게 해야 되는지 가르쳐주소서. 그렇게 할 수 있는 지혜와 힘을 주소서"라고 기도하라. 학생들이 그렇게 기도하며 살도록 가르치라.

리더십 또는 권위가 없으면 교육이 효과적으로 이루어지지 않는다. 그러면 교사가 권위를 지니려면 어떻게 해야 할까? 권위는 일차적으로 교사라는 직분과 함께 주어진다. 다음으로 교사의 일을 수행하는 능력이나 실력이 있을 때 권위는 더 크게 주어진다.

직분과 실력에 더하여 교육자가 권위를 인정받기 위해 필요한 것이 무엇일까? 신앙교육을 주도하는 부모나 목사 그리고 교사가 성경은 잘 가르치는데, 말과 행실이 일치하지 않으면 어떤 일이 일어날까? 권위가 서지 않을 것이다. 배우는 이들이 가르침에 귀를 기울이려고 하지 않을 것이다. 예수님을 닮은 언행일치의 인격을 갖출 때 교사에게는 진정한 권위가 주어진다, 아무리 부모가 되고, 목사가 되고, 장로가 되고, 집사 권사 교사가 되어도 자신의 인격이 변하지 않으면 리더십을 발휘하기 어렵다.

언행일치의 인격에 더하여 교사에게 필요한 것이 영력(靈力)이다. 영력은 성령님이 원하시는 바를 따라 순종할 때 주어진다. 사람을 두려워하지 말고 성령님의 인도하심에 온전히 순종하라. 결국 하나님의 뜻이 밝히 드러나고 은혜와 복을 누리게 될 것이다. '하나님이 함께 하시는 사람'이라는 권위가 주어질 것이다.

성령님을 의지하는 사람은 예수님을 닮아간다. 신앙교육의 목표가 예수님을 닮아가는 것인데 이를 주도하시는 분이 성령님이시다. 성령님을 의지하여 가르치고 배울 때 교사와 학생 모두가 예수님을 닮아가게 된다. 진정한 신앙교육이 이루어진다. 성령님은 신앙교육을 온전하게 하시는 분이시다.

4. 성령님은 은사를 주사 교회의 덕을 세우게 하심 (고전12, 14장)

성령님은 각 사람에게 은사를 나눠주신다. 그리하여 교회를 섬기게 하고 유익하게 한다. 교사는 자기가 가르치는 학생들에게 성령님이 무슨 은사를 주셨는지 살펴보아야 한다. 그리고 그 은사를 활용하여 성도들과 이웃을 돕고 교회를 유익하게 하도록 학생들을 지도해야 한다. 교회에 교육기관이 있고 연령별이나 지역별로 소그룹이 있다. 이런 소그룹 활동을 통해 각 사람이 성령의 은사를 계발하고 활용할 수 있는 기회가 제공되어야 한다.

어린이들의 모임에서도 성령께서 어린이들 각자에게 나누어주신 은사가 무엇인지 교사는 살펴야 한다. 성경에 기록된 은사들과 더불어 리더십이나 인간관계 그리고 섬김, 돌봄, 기도, 찬양, 전도와 관련된 은사 등을 가진 어린이가 있는지 살펴보라. 그리고 그런 은사들을 계발하여 사용할 수 있는 기회를 교사는 어린이들에게도 주어야 한다. 성령님은 은사를 통해 교회나 기관에 활력을 불어넣어 열매를 맺게 하신다. 교회가 부흥하고 하나님의 나라가 흥왕하기를 원하는가? 각 사람에게 은사를 주심으로써 교회를 유익하게 하시는 성령님을 의지하고 그에게 순종하라. 건강하고 성장하는 교회를 세우기 위한 신앙교육에서 은사를 주시는 성령님의 사역은 너무나도 중요하다.

5. 성령님은 하나님의 자녀들에게 권능을 주시며 예수님의 증인이 되게 하심 (행1:8)

전도하려고 할 때 그리스도인들은 자주 주저하고 머뭇거리기도 한다. 전도를 안 할 핑계를 찾고 두려워할 때도 있다. 성령님은 권능을 주셔서 하나님의 사람들을 담대하게 만들고, 지혜로운 예수님의 증인이 되게 하신다. 성령충만을 위해 기도하고, 성령님의 인도하심을 따라 순종하라. 성령님은 우리의 삶을 통해, 우리의 가족들이 예수님께 관심을 갖게 하신다. 성령님은 또한 우리의 일방적 선포를 사용하셔서 이웃들의 마음문을 두드리신다. 그리고 우리의 겸손하고 진지한 증언과 가르침을 통해 한 친구를 구원에 이르게 하신다. 성령님은 전도를 통해 죄인들을 구원하시며 공동체를 성장하게 만드신다.

신앙교육의 중요한 목표 중 하나는 그리스도인들로 하여금 예수님의 증인이 되게 하는 것이다. 이를 위해 교사는 자신이 먼저 성령님으로 충만함을 받고 권능을 덧입어야 한다. 자신이 먼저 예수님의 증인으로 살기를 힘써야 한다. 그리고 자신의 가르침을 받는 이들이 성령님으로 충만함을 받도록 기도해야 한다. 그들이 성령의 권능을 받아 예수님의 증인으로 살도록 가르쳐야 한다. 성령님은 하나님의 사람들에게 권능을 주셔서 현존전도, 선포전도, 설득전도를 하게 만드신다. 전도하는 사람을 세우기 위한 신앙교육에서 성령님의 권능을 주시는 사역은 너무나도 중요하다.

6. 성령님은 그의 백성들을 위해 기도해 주심 (롬8:26-27)

기도는 하나님과 대화이다. 기도는 영적 호흡이다. 기도를 하지 않으면 하나님과 관계가 멀어지게 되어 신앙생활에서 기쁨과 힘을 잃어버리게 된다. 그러나 우리는 기도하고 싶으나 무엇을 기도해야 할지 모를 때가 있다. 너무나도 피곤하고 지쳐서 기도하기 어려울 때가 있다. 너무나도 기가 막힌 상황 속에서 절망할 때도 있다. 이러한 상황에 있을 때, 우리는 성령님 안에서 평안을 맛보며 소망을 가질 수가 있다. 그것은 나는 기도하지 못하나, 성령님이 기도해 주시기 때문이다.

기도할 수 없을 때 절망하지 마라. 성령님을 기억하라. 우리를 위해 기도하시는 성령님을 의지하므로 우리는 평안을 누리며 소망을 가질 수 있다. 성령님은 어떤 형편 가운데서도 우리를 위해 기도해 주시며, 새로운 희망과 지혜와 능력을 우리에게 공급하시는 분이시다. 성령님은 친히 하나님의 백성들을 위해 기도하시며, 그들이 기도하도록 도우신다. 성령님의 도우심을 받아 부모나 교사들은 기도하며, 가르침을 받는 이들이 기도의 사람으로 자라도록 격려하고 지도해야 한다. 하나님과 대화하는 그리스도인을 양육하기 위한 신앙교육에서 성령님의 도우심은 절대적이다.

7. 하나가 되게 하시는 성령님 (엡4:3)

성령님은 하나님의 자녀들을 하나 곧 예수님을 머리로 한 하나의 몸이 되게 하셨다. 한 몸이란 서로에 대해 존중하며 서로를 돌보는 관계를 이룬다는 뜻이다. 사람들은 서로를 섬기려고 하기보다 자신의 이익을 위해, 이웃을 이용하려고 할 때가 많다. 이웃으로 인해 마음이 상하고 원망이나 불평이 생길 때마다, 그리스도인들은 성령께서 하나가 되게 하셨음을 기억해야 한다. 그럼으로써 우리는 성령님의 도우심을 받아 서로를 존중하며 이웃을 축복하고 감사할 수 있게 된다. 그리할 때 우리는 성령께서 하나 되게 하신 것을 굳게 지킬 수 있다.

성령님은 이미 그의 백성들을 예수 그리스도 안에서 하나가 되게 하셨다. 또 그 하나 됨을 유지하도록 도우시는 분이 성령님이시다. 교사와 학생 그리고 부모와 전 교인들이 성령님의 도우심을 받을 때, 예수님을 머리로 해서 하나의 몸임을 확인하게 된다. 성령님을 의지하여 순종하면 서로 사랑하게 되고 기쁨과 감사 가운데 하나님의 이름을 높이는 공동체를 이루게 된다. 신앙교육을 통해 성령님의 하나 되게 하셨음을 부지런히 가르침으로써, 분쟁과 다툼이 많은 세상에서 화목하게 하는 그리스도인들을 세울 수 있다.

8. 성령님은 우리 앞에 놓여있는 큰 산과 같은 난관을 능히 극복하게 하심 (슥4:7)

사람은 살아가는 동안 지속적으로 어려운 일들을 만난다. 어릴 때나 성인이 되어서나 힘든 일은 여러 가지 다양한 모습으로 찾아온다. 때로 우리는 깊은 수렁에 빠진 듯한 절망감에 빠진다. 때로는 큰 산이 우리 앞을 가로막는 듯한 상황 속에서 좌절을 경험한다. 그래서 낙심과 두려움과 무기력함에서 헤어나지 못하기도 한다.

부모나 친구가 도움이 될 때도 있지만 그렇지 못한 때도 많다. 호흡이 코에 있는 사람들은 궁극적인 해결책이 될 수 없다. 그러나 성령님은 어려움을 만난 그리스도인에게 새 힘을 주시며 지혜를 공급하셔서 문제를 해결하게 하신다. 부모나 교사가 믿음이 어린 사람들에게 성령님의 성품과 하시는 일들을 가르치며 성령님을 의지하도록 도와야 할 이유다. 성령님은 신앙교육에서 태산과 같은 난관들을 헤쳐 나가고 극복하게 하신다. 성령님을 의지하여 위기를 기회로 바꾸는 그리스도인들을 신앙교육을 통해서 반드시 세워야 한다.

9. 성령님은 자녀들이 예언하게 하고, 젊은이들이 환상을 보게 하고, 나이가 드신 분들이 꿈을 꾸게 하심 (행2:17, 요엘2:28이하)

묵시 곧 비전이 없으면, 사람은 방탕하게 살게 된다(잠29:18). 감정이나 환경이 이끄는 대로 살게 된다. 그러나 성령께서는 하나님의 사람들에게 꿈을 꾸게 하고 예언을 하며 환상을 보게 하신다. 하나님의 말씀과 더불어(삼상3:1) 성령께서는 현실에서 좌절하거나 아니면 쉽게 쉽게 살아가려는 인생들에게 비전을 주신다. 성령님은 그들로 하여금 이웃을 섬기며 하나님의 이름을 높이며 살게 하신다.

당신에게 꿈이 있는가? 당신 자신을 위한, 교회와 하나님의 나라를 위한 비전이 있는가? 당신이 가르치는 사람들이 방탕하게 살지 않고 하나님의 사람답게 살기를 꿈꾸는가? 그렇다면 성경을 읽으면서 성령님의 도우심을 받아 꿈과 비전을 품으라. 그리고 꿈을 이루기 위한 계획을 세우고 실천하라. 신앙교육에서 미래를 조망하게 하시며 꿈을 꾸게 하시는 분은 성령님이시다. 당신이 먼저 성령충만하여 꿈과 비전의 사람이 되라. 그리고 당신이 가르치는 이들이 성령님의 은혜 가운데 세계를 품은 하나님의 사람이 되도록 도우라.

10. 성령님은 우리에게 주어진 사명(使命)을 탁월하게 이루게 하심 (출35:30-31)

사람은 삶의 기쁨을 언제 얻는가? 누군가로부터 사랑을 받을 때 사람은 기쁨을 누린다. 하나님의 사랑을 받는 사람들은 항상 기뻐한다. 사랑을 받는 것 외에 기쁨을 얻을 수 있는 다른 길은 무엇인가? 일을 통해서다.

하나님은 각 사람에게 일을 맡기신다. 가정, 교회, 학교, 직장, 사회와 국가 안팎의 일들을 하나님은 사람을 불러 그의 일을 맡기신다. 맡겨진 일을 수행하는 것은 때로 부담스럽기도 하다. 종종 실패하기도 한다. 그러나 "의인은 일곱 번 넘어질지라도 다시 일어"난다(잠24:16). 그리고 성령께서는 그 일을 감당할 능력과 지혜를 공급하시며 그의 일꾼들을 도우신다.

교회학교 교사가 신앙교육의 사명을 맡아서 수행할 때, 하나님은 그의 영으로 그를 충만케 하신다. 이뿐만 아니라 성령님은 학생들이 각자의 사명을 이룰 수 있도록 그들과 함께하신다. 따라서 성령 하나님은 신앙교육에서 가장 중요한 역할을 하시는 분이시다. 부모나 교회 지도자들은 성령님이 신앙교육을 주도적으로 이끄시도록 그를 온전히 의지하며 그의 뜻에 순종해야 한다.

위에서 열거한 것들은 신앙생활에서 꽃이요 열매들이다. 그런데 그런 결과를 주도적으로 이루시는 분은, 인간 교사가 아니라 성령님이시다. 성령님의 인도와 도우심이 없으면 신앙교육이란 불가능하다. 교회가 신앙교육에서 아름답고 풍성한 열매를 맺으려면 성령님이 함께 하셔야만 한다. 성령님이 주도하시는 신앙교육을 하려면 기도해야 한다. 예수님은 말씀하셨다. "너희가 악할지라도 좋은 것을 자식에게 줄 줄 알거든 하물며 너희 하늘 아버지께서 구하는 자에게 성령을 주시지 않겠느냐…"(눅11:13)

III. 일반 교육학과 신앙교육

이번 장(章)에서는 일반교육학의 교육 방법을 일별한다. 그리고 일반교육학이 주장하는 내용 중 신앙교육에서 활용할 수 있는 지혜를 알아본다. 혹자는 일반교육학의 이론을 교회교육에 활용하는 것이 옳은지에 대해 의문을 제기할 수도 있다. 그런 질문을 가지고 계속 책을 읽어보기 바란다.

디종(Norman DeJong)은 "시각장애인들과 코끼리"라는 이야기를 그의 책 『진리에 기초를 둔 교육』 첫머리에 인용하여 소개한다.[112]

인도인 여섯 명이 있었는데
나름대로는 배우기를 아주 좋아했다.
이들은 모두 시각장애인이었는데 하루는 코끼리를 알아보려고 갔다.
이들은 촉감을 통해서 충분히 알 수 있을 것으로 생각했다.
첫 번째 시각장애인이 코끼리에게 접근했다.
그리고 우연히 짚은 곳이 코끼리의 넓고 강건한 옆구리였다.
그는 당장 고함을 질렀다.
"하나님 맙소사! 코끼리는 담벼락과 똑같군."
두 번째 시각장애인이 접근해서, 마침 튀어나온 상아를 잡았다.
그는 "아! 이것은 아주 둥글고 매끈매끈하며 뾰족한 것이잖아?"라고 하면서,
"내 생각에 이 신비의 코끼리는 마치 창과 같군!" 하고 소리쳤다.
세 번째 시각장애인이 또 이 동물에게 다가섰다.
그리고 버둥거리는 긴 코를 마침 손에 쥐게 되었다.
그래서 그는 용감히 말했다.
"알았어, 코끼리는 뱀과 같구먼!"
네 번째 시각장애인이 열심히 손으로 더듬거리다가

마침 코끼리의 무릎을 만지게 되었다.

그래서 그는 다음과 같이 말했다.

"이 신기한 동물은 평평한 것으로 마치 나무기둥과 같군."

다섯 번째 시각장애인이 마침 귀를 잡게 되었다.

그래서 그는 "가장 눈이 먼 시각장애인도 금방 쉽게 말할 수 있겠네" 하면서 다른 소경들의 말을 가로막으면서,

"이 진귀한 코끼리는 부채와 똑같구나!" 하고 소리쳤다.

여섯 번째 시각장애인도 빠질새라 금방 손으로 더듬더니,

마침 흔드는 꼬리를 손에 잡게 되었다.

그래서 그는 "알았어, 코끼리는 밧줄과 같구먼" 하고 말했다.

그리하여 이 여섯 명의 시각장애인들은 큰 소리로 오랫동안 논쟁을 벌였다.

이들은 각자 자신의 주장을 강력히 우겨댔다.

그러나 이들 각자는 부분적으로는 옳았으나, 분명히 모두가 틀린 것이다.

이 이야기에 나오는 여섯 명의 시각장애인들은 각각 코끼리의 일부분을 만질 수 있었다. 코끼리 전체를 한 번에 만질 기회는 그들에게 없었다. 자기가 더듬은 일부분만을 근거로 코끼리가 어떤 동물인지를 파악했다. 그들은 자기가 만진 부분으로 코끼리에 대해 일부분 알 수는 있었다. 그러나 그들중 어느 누구도 코끼리 전체를 파악할 수는 없었다.

만약 그들이 서로의 생각을 존중하고 상대방의 말을 잘 들었더라면 어떻게 되었을까? 그들이 상대방의 말을 경청했다면 자기가 확인한 것이 코끼리의 전부가 아니라는 것을 알게 되었을 것이다. 다른 모든 이들의 설명을 귀담아 들었다면, 코끼리를 전체적으로 이해하는 데 도움을 얻었을 것이다. 그러나 그들은 자기의 생각만을 고집함으로써 코끼리를 보다 잘 알 수 있는 기회를 놓쳤다.

디종은 이 이야기를 통해서 일반 교육철학이나 이론들이 사람과 교육을 전체적

으로 알지 못하고 부분적으로만 이해하고 있음을 풍자한다. 그는 이 비유를 통해 그들의 생각과 주장이, 성경이 가르쳐주는 하나님 형상으로서 인간에 대한 전인적이고 통합적인 이해와는 멀리 떨어져 있음을 지적한다.

그러나 그럼에도 불구하고 일반교육학의 이론들은 일부의 진리를 지니고 있음을 기억해야 된다. 우주만물을 연구하고 이해할 수 있는 하나님의 일반은총이 불신자들에게도 주어졌기 때문이다. 출애굽한 이스라엘이 광야에서 하나님의 지시를 따라 세운 성막의 건축재료를 생각해 보라. 거룩한 회막 건축에 사용된 많은 금, 은, 보석들, 그리고 실(絲)과 가죽들 중 대부분은 출애굽 때 이집트 사람들로부터 얻은 것들이었다. 그러나 그것들은 하나님의 임재의 장소로 구별된 성막을 세우는 데 귀하게 사용되었다.

실험실에서 무신론자가 측정한 온도나 그리스도인이 잰 온도는 다를 수가 없다. 자연에서 발견한 이치는 일반계시에 속한다. 불신자들이 발견한 교육에 대한 내용들 가운데 성경과 배치되지 않는 것은 참(진리)이다. 따라서 그런 내용들은 기독교 신앙교육에도 활용될 수 있다.

일반교육이 드러내는 부분적인 진리가 성경의 가르침과 다르지 않을 때, 그리스도인들은 이를 신앙교육에 활용할 수 있고 활용해야만 한다. 왜냐하면 모든 진리는 하나님의 진리(All truth is God's truth.)이기 때문이다. 성경은 과학적 진리를 포함하고 있다. 그러나 과학의 모든 것을 가르쳐주는 교과서는 아니다. 하나님은 일반 과학의 발견을 통해 사람들이 우주만물을 알아가도록 하셨고 또 사람들의 삶에 도움을 받게 하신다.

하나님이 사람들에게 성경을 주신 이유는 과학이 절대로 설명할 수 없는 영적 진리를 계시하기 위함이다. 하나님은 일반은총을 통해 과학자들이 우주만물과 인간에 대한 부분적이지만 올바른 지식(진리)을 드러낼 수 있도록 하셨다. 즉 불신자가 자연세계에서 발견한 것들도 하나님이 세상에 감추어 놓았던 진리이다.

기독교인이 아닌 교육학자들의 주장이 다 성경의 가르침과 일치하는 것은 아니다. 그러나 그들이 알아낸 것들 가운데 하나님의 진리로 인정할 수 있는 것들이 많다. 일반교육학이 주장하는 많은 가르침들 가운데 하나님의 진리를 기독교 교육자들은 선별해야 한다. 그리고 교회교육을 포함한 기독교교육에서 이것들을 활용할 수 있어야 한다.

이번 장(章)에서는 일반 교육의 주장(이론)을 일부 다룬다. 전통적 교육방식을 포함하여 여덟 가지 주요 교육이론을 살펴본다. 이 여덟 가지의 교육이론은 나이트(George R. Knight)가 그의 책 『철학과 기독교교육』에서 제시한 것이다. 나이트는 전통적 교육이론을 출발점으로 해서 진보주의, 행동주의, 항존주의, 본질(필수)주의, 인문(인본)주의, 재건주의, 그리고 미래주의의 일곱 가지 현대교육이론을 이 책에서 다루었다.[113]

먼저 일반 학교에서 오늘날도 통용되고 있고, 또 많은 교사들이 머물러 있는 전통적 교육방식을 소개한다. 그렇게 한 후 일곱 가지 현대 교육이론을 나이트의 설명에 필자의 생각을 더하여 각각 간략히 설명한다. 이어서 각 이론에서 교회교육 또는 신앙교육에 기여할 수 있는 내용들을 찾아본다. 그리고 각 교육이론을 신앙교육에 적용할 때 주의할 점들을 밝힌다.

가. 전통적 교육 방식

1. 사용 배경과 교육원리

이 글에서 '전통적 교육방식'은 20세기가 시작될 때까지 미국의 가정이나 학교에서 보편적으로 사용되었던 교육방식을 가리킨다. 전통적 교육방식은 1900년대에 이르러 사회가 변화함에 따라 새로운 교육방식들이 발아하는 토양이 되었다. 전통적인 교육에서는 교사 중심, 과목 중심, 교실 중심, 체벌과 훈련이 보편적으로 허용되었다. (이것은 우리나라의 과거 서당[114] 교육과 별다를 것이 없다고 하겠다.) 전통적 교육방식을 벗어나려는 몸부림으로, 미국의 진보주의 교육은 19세기 후반에 모습을 드러내고 20세기 초반에 꽃을 피웠다.

한국의 교육 현실

한국의 경우 미국의 코넬, 노스웨스턴, 그리고 컬럼비아대학교에서 교육학을 연구한 오천석 박사(1901-1987)에 의해 해방 후 진보주의 교육이 소개되었다. 그는 미군정청 문교부 차장과 부장(1945-48)을 역임하면서 민주 시민인 홍익인간(弘益人間)을 양성하는 교육목적을 설정하였다.[115] 비록 한국에도 진보주의 교육방식이 그리 늦지 않게 소개는 되었으나 실제로 진보주의적인 교육이 교실에서 시행된 것은 21세기 전후라고 해도 과언이 아니다. 왜냐하면 한국의 교육 환경이나 인프라(infrastructure)가 진보주의 교육을 적용하기에는 너무 열악했기 때문이다.

진보주의 교육이 이루어지기 위한 가장 중요한 조건 중의 하나는 학급당 학생 수라고 할 수 있다. 교사 한 사람이 진보주의 방식으로 교육을 시행하기 위해서는 20명 내외(10명 내외면 더 좋겠지만)의 적은 수의 학생으로 한 학급이 이루어져야 한다. 대한민국 문교부(교육부의 옛날 이름)는 1976년 9월에 이르러서야 "77학년도부터 서울 부산 등 대도시 초등학교의 과밀학급 문제를 해소하기 위해 저학년의 2부제 수업을 확대해 학급당 학생수를 70명 이하로 줄인다"고 발표했다.[116] '70명 이하'라니 믿어지는가? 대한민국의 초등교육은 1977년 이전에 한 학급당 70명 이상으로 시행되고 있었다.

이런 학급 과밀 상황은 시간이 지남에 따라 많이 개선 되었다. 교육부 2001년 통계에 의하면 유치원 25.8명, 초등학교 35.6명, 중학교 37.3명이 한국의 학급당 평균 학생 수이다. OECD 학급당 학생수와 한국의 형편을 비교하면 다음과 같다. 초등학교의 경우 2016년 OECD 평균은 21.3명, 대한민국 23.2명, 중학교의 경우 OECD 평균 22.9명, 한국 28.4명이다.[117] 2023년 발표된 우리나라 통계에 의하면 유치원 16.7, 초등학교 20.70, 중학교 24.61 그리고 고등학교 22.90명이다.[118] 전통주의 교육방식을 대한민국에서 21세기 이전에는 탈피하기 어려웠던 현실을 볼 수 있다.

전통적 교육방식들

앞에서 본 바와 같이 미국의 경우 1900년대 초반까지, 한국의 경우 2000년도 전후까지 전통적 교육방식이 학교에서 통용되었다고 하겠다. 전통적 교육방식에 대해 온스타인(Allan Ornstein)은 다음 다섯 가지로 요약한다. "(1)권위주의적 교사, (2)지나친 교과서나 책 의존, (3)정보나 사실 자료 암기에 의한 수동적 학습, (4)강의실에 국한되어 실재 사회로부터 고립된 교육, (5)훈련 형태로서 공포나 육체적 형벌 사용"이 그것이다.[119]

여기서 진보주의를 비롯한 다양한 현대교육이론이 등장하는 배경이 된 전통적 교육방식과 원리를 조금 더 자세히 살펴보도록 한다. 전통적 교육방식은 먼저 교사중심이다. 바람직한 교육이란, 교사가 직접 가르치는 시간과 학생들이 가르침 받은 것을 소화하고 자신의 생각을 표현하고 나누는 시간으로 이루어져야 정상이다. 즉 교사의 가르치는(주입 impression) 시간과 학생들이 배운 것을 소화하고 발표하는(표현 expression) 시간이 적절하게 배분되어야 한다.

그러나 학급당 학생 수가 30명을 넘어가면, 교사가 학생들 개개인에 대해 관심을 갖는 것은 불가능하다. 학생들이 각자의 생각을 발표할 기회를 갖는 일은 시간상 어렵게 된다. 설령 교사가 발표할 기회를 준다 해도 소수의 '뛰어난 학생들'이 그 기회를 독점할 가능성이 높아진다. 이에 따라 소극적이거나 학업능력에서 뒤처지는 많은 학생들은 교사와 소통에서 배제되고 상호 관계가 소홀하게 된다. 따라서 학생 수가 30명을 넘는 경우 교사는 일방적으로 가르치게 되고 학생들은 수동적으로 받아들이기만 하는 주입식 교육을 벗어날 수가 없다. 이런 형편에서 교사는 주어진 시간에 많은 학생들을 대상으로 많은 정보를 전달하는 가장 경제적인 교수방법인 강의를 하게 된다. (강의 중심의 주입식 교육 방법이 항상 나쁜 것은 아니다. 많은 학생들에게 짧은 시간 안에 많은 정보를 전달해야 하는 상황에서는 가장 경제적이고 효과적인 방법이 되기 때문이다.)

전통적 교육방식에서 학생들은 피동적이 된다. 교사가 가르치는 내용을 평가나 비판 없이 수용하고 암기하는 것이 학생들이 해야 할 일이 된다. 교육의 중심 내용도 과거와 현재의 지식과 가치관 그리고 기술 등에 국한된다. 교사가 개별적으로 미래를 조망하고, 학생들을 위한 새로운 내용을 개발하고 가르칠 여유가 없기 때문이다. 전통적 교육방식은 교실 밖에서 교육활동을 할만한 시간적 경제적 여유를 갖지 못하여 교실 안에서 주로 이루어진다.

많은 학생들을 대상으로 학급을 운영하려고 할 때, 교사가 학생들에게 자유를 허용할 수 있는 여지는 거의 없다. 교실에서 교사는 유일한 권위자가 되어 학생들을 통솔하고, 학생들은 그가 지시하는 대로 움직이고 가르침을 받아야 한다. 교사가 많은 학생들을 효과적으로 지도하기 위해 교실 안에서 질서와 훈육이 강조된다. 질서를 혼란케 하고 학습에 성과를 내지 못하는 학생들에게 체벌이 사용된다. 교사는 잘못하는 학생들을 타이르거나 개별적 지도를 할 시간적 체력적 여유가 없다. 짧은 시간 안에 학급의 분위기를 수습하고 전체 학생들을 가르치기 위해서는 '문제아'들을 비인격적 그리고 물리적으로 처벌하는 것을 당연하게 생각하고 '희생양'(scapegoat)으로 활용한다. 교사와 각 학생 사이에 인격적인 관계를 기대하기는 불가능하다.

이상을 요약하면 다음과 같다. 전통적 교육방식은 교사 중심으로 이루어진다. 교사는 교실에서 유일한 권위자요 지도자이다. 학생들은 피동적으로 교사의 일방적 가르침을 받는다. 교사는 과거부터 지금까지 축적된 지식과 가치관과 기술을 가르친다. 많은 학생들에게 효과적으로 많은 정보를 제공하고 학생들을 관리하기 위해 교사는 체벌도 사용한다. 교사와 학생 사이의 개인적이고 소통이 활발한 관계는 거의 불가능하다.

2. 신앙교육에 도움이 되는 교훈

얼마 전까지 한국의 일반교육의 현실을 "19세기 교실에서 20세기 교사가 21세기 학생을 가르친다"고 풍자했었다. 이러한 열악한 상황을 극복하기 위해서 대한민국 정부는 그동안 공립학교 교육에 많은 투자를 해왔다. 그 결과 오늘 초등학교 교실을 방문하는 학부형들은 20명 내외의 학생들을 위한 좌석의 배치나 TV모니터, VCR, (전자)칠판 그리고 컴퓨터 등을 보고 깜짝 놀랄 것이다. 오늘날 많은 학교의 교실은 21세기의 교육 기자재를 갖추고 있다.

교회학교의 형편은 어떨까? 학생들은 분명히 21세기의 사람들이다. 몇몇 어린이들이 스마트폰을 가지고 있고, 대부분의 어린이들이 이를 자유롭게 사용한다. 그러나 교실은 어떻고, 교사는 어떤가? 교회당을 건축하면서 교회학교의 교실이 많이 늘어나서 그나마 21세기 교실에서 교회교육이 시행되는 경우도 있는 것 같다. 그러나 교실 안에 화이트보드나 빔프로젝터 그리고 전자칠판 같은 시청각 교구가 비치되지 않은 현실을 생각해 보라. 대부분의 교회학교 교실이 21세기 모습이라고 하기는 매우 어렵다.

교회학교 교사의 경우에는 3, 40년 전이나 지금이나, 사용하는 교육방식에서 달라진 것이 거의 없는 듯하다. 대부분 교사들은 전통적 방식으로 신앙교육을 하고 있다. 일방적이고 주입식의 교육방식을 벗어나지 못한다. 분반공부를 위해 주어지는 시간이나 교실의 시설 등의 제약조건으로 말미암아 개선의 여지가 거의 없기 때문이기도 하다.

교회교육의 탁월성, 관계

교회교육이 시간, 공간, 시설 등의 면에서 열악한 형편에 있음은 부인하기가 어렵다. 그럼에도 불구하고 교회의 신앙교육이 탁월성을 드러낼 수 있는 비결은 있다. 일반 학교교육과 교회학교 교육 사이에 매우 중요한 차이가 하나 있기 때문이다. 그것은 교사와 학생의 비율이다. 교회학교의 경우 교사 1인당 학생 수가 보통 10명 또는 다섯 사람 안팎이다. 교회교육이 일반 학교교육을 능가할 수 있는 장점이 여기에 있다. 시설이나 시간적인 면에서는 교회가 일반 학교를 넘어서기가 어렵다. 그러나 교사가 학생들과의 관계를 친밀하고 풍성하게 만든다면, 이런 약점들을 극복하고 삶을 변화시키는 교육을 이룰 수 있다.

모든 교육은 학생들의 전인적 삶 곧 지식과 정서와 의지의 변화, 나아가 행동과 인격에 긍정적인 변화를 추구한다. 이런 변화는 성령님의 일하심을 통해 발생하고, 교사와 학생 사이에 있는 인격적인 관계를 통해서 증진된다. 예수님은 공생애 초기에 가르치시고 선포하시고 치유하시는 사역을 통해 많은 사람들에게 하나님 나라가 임했음을 드러내셨다. 이와 함께 예수님은 열두 사람을 사도로 구별하여 세우심으로써 그들과 삶을 나누는 동고동락하는 관계를 맺으신다. 그가 열둘을 택하신 첫 번째 목적은 "함께 있게 하시"(막3:14)기 위함이었다. 예수님은 제자들과 친밀한 관계를 통해 믿음의 성숙과 인격의 변화를 도모하셨다. 죽으시고 부활하시고 승천하신 주님은 성령님을 보내셔서 그의 백성들과 항상 함께하신다.(고전3:16, 히3:15하) 교사와 학생 사이의 개인적이고 친밀한 관계 속에서 전인적 변화는 꽃이 피고 열매가 맺힌다.

교회학교는 교육 인프라를 개선해야 한다. 이와 함께 교사들은 전통적 교육 방식에서 벗어나 더 효과적인 교육방식을 계발하고 활용해야 한다. 그러나 그보다 더 중요한 것은 학생들을 사랑하는 마음으로 교육하는 것이다. 주일 교회학교 교육 시간이 예배와 분반공부 합해서 60분 내외가 될 것이다. 시간적으로 너무 부족하다. 따라서 이를 보완할 방법을 강구해야 한다. 교사는 전화나 문자로 학생들과 자주 소통해야 한다. 휴일이나 주말에 학생들의 얼굴을 마주하고 만남으로써 교사는 그들과 관계를 발전시켜야 한다.

교사는 자기 반 학생들을 위해 기도해야 한다. 그럴 때 성령님이 일하신다. 성경공부를 위해 기도하면서 성령님의 도우심을 받아 준비해야 한다. 성령님이 함께하시는 말씀의 능력으로 학생들의 삶에 놀라운 변화가 일어나도록 교사는 힘써야 한다.

3. 주의할 점들

　교회교육에서 시간과 시설의 열악한 조건을 고려할 때, 교회학교는 전통적 교육방식을 탈피하기가 쉽지 않다. 그러나 교육에 있어서 가장 큰 영향력은 시설이나 교재나 학생의 수준에 있지 않고, 교사에게 있다. 교사가 성경을 잘 알고 하나님과 동행하며 학생들에 대한 사랑과 헌신이 있을 때, 학생들은 지정의 그리고 인성적인 면에서 변화하게 된다. 교사와 학생 사이의 친밀한 인격적인 관계는 모든 악조건을 극복하고 삶의 변화를 가져오는 교육을 가능케 한다. 이런 점에서 교사 한 사람이 적은 수의 학생들을 돌보며 가르치는 교회교육은 탁월성을 나타낼 잠재력이 있다.

　신앙교육에 있어서 가장 중요한 것은 성령님의 역사하심과 교사와 학생 사이의 친밀한 관계이다. 교사는 이를 기억하고 성령 충만을 구하고 하나님이 친히 일하시도록 간구해야 한다. 성령님의 도우심을 받아 하나님의 말씀을 신실하게 준비해서 학생들을 가르칠 때, 학생들의 전인적 삶에 긍정적인 변화가 발생하게 될 것이다. 주일이라는 짧은 시간에만 가르치고 교제하는 것이 아니라, 주중에도 성령님 안에서 학생들과 교제하고, 사회관계망(SNS) 또는 직접 만남을 통해서 사귐을 이어갈 때, 하나님께서 주시는 질적 그리고 양적 열매가 풍성하게 될 것이다.

　현대교육이론을 설명하기 위한 출발점으로 전통적 교육방식을 앞에서 살펴보았다. 이어서 진보주의를 시작으로 총 7가지 현대교육이론을 좀 더 자세하게 알아본다.

나. 진보주의 (進步主義 Progressivism)

진보주의 교육사상은 1900년을 전후하여 미국을 풍미했던 실용주의 철학(Pragmatism)에서 나왔다. 실용주의는 추상적이거나 궁극적인 원리를 강조하지 않는다. 실용주의는 권위주의를 거부하고, 유용성 효율성 실제성을 추구하는 사상이다.[120] 진보주의 교육이론도 실용주의의 이런 태도를 견지한다. 전통적인 교육의 원리와 권위를 벗어나, 현실에 적합하고 실제적인 유익 그리고 효과와 효율을 높이는 데 관심을 쏟는 것이 진보주의다. 물론 진보주의 교육 방식이 20세기 들어서 최초로 나타났다고는 할 수 없다. 진보주의적인 교육방식을 오래 전에 활용했던 대표적인 두 사람을 예로 들어본다.

주전 400년경 고대 그리스의 교육은 소피스트의 영향을 받아 수사학과 대중연설의 기술 전수를 중심으로 이루어졌다. 이때 활동했던 소크라테스(Socrates 주전 470년경-399)의 경우 교사로부터 학생이 지식과 기술을 답습하는 교육방식을 탈피하려고 했다. 그는 산파술(産婆術)을 통해 아데네의 청년들이 스스로 생각하고 답을 찾도록 했다. 그는 교사중심적인 교육을 탈피하고, 질문을 통해 학습자들의 사고력과 창의력을 계발하면서, 그들 스스로 궁극적인 해결책을 찾도록 도왔다. 소크라테스를 진보주의 교육자라고 부르는 것은 적합하지 않다. 그러나 그의 학생 개개인에게 맞는 가르침과, 학생들의 생각을 발표할 기회를 주었다는 점에서, 진보주의 교육의 원초적인 모습을 그는 보여준다.

종교개혁 직후에 활동한 코메니우스(John Amos Comenius 1592~1670)는 진보주의자들이 나타나기 약 300년 전인 1600년대에 활동한 기독교 교육자다. 그는 진보주의의 대표적 교육방식인 학습자 중심 교육을 강조했다. 그는 학습자를 이해하면서 그들이 효과적으로 배울 수 있는 방법과 가능성을 찾고 활용하라고 당시 교사들에게 당부했다. 그리고 시청각 교육법을 주창하고 실제로 세계도회(世系圖繪 Orbis sensualium pictus)라는 시각자료를 활용한 교재를 출간했다.[121] 그러나 당시 사람들이 이런 '진보주의적' 교육철학이나 교수방식에 관심을 계속 기울이지 않고 활용하지 않았다. 결국 그의 방법은 확산되지 못하고 중단되고 말았다.

이상의 두 가지 예에서 보듯이 진보주의적 교육 방식(철학이나 원리는 소크라테스나 코메니우스와 다소 다를 수 있긴 하지만)은 오래전에 종종 나타났었다. 그러나 1900년대 이전의 미국 상황에서는 이런 학습자 중심의 교육방법이 더 이상 거의 사용되지 않는 잊혀진 것이었기에 진보주의자들이 다시금 강조하게 되었다.

1. 출현 배경과 교육원리

미국 교육에 있어서 진보주의자들은 1900년을 전후해서 모습을 드러냈다. 전통적 교육방식을 벗어나기 위한 몸부림으로 나타났다. 전통적 교육방식인 권위적인 교사 중심(교사는 주도적이고 학생은 수동적인 관계), 지금까지 축적된 지식과 전통적 가치관과 기술의 전달, 그리고 학생의 자유를 억압하는 체벌 허용 등에 대한 거부와 대안 제시를 위해 진보주의 교육은 모습을 드러냈다.

이때 미국은 산업의 발달로 공장이 우후죽순처럼 들어섰다. 농촌 사람들은 일을 찾아 도시로 몰려들었다. 농경중심에서 공장중심으로 사회구조가 급변하면서 도시화가 이루어졌다. 격변기인 20세기 초 미국 학교들은 이런 변화에 대처하지 못하고, 과거의 교육방식을 탈피하지 못하고 있었다. 이런 변화에 속수무책인 전통적 교육방법은 결국 비판을 받게 되었다. 당시의 교육방식으로는 미래의 사회에 효과적으로 대처하는 민주시민을 양성할 수 없다는 것이 진보주의 교육이 대두된 이유였다.

존 듀이

듀이(John Dewey)는 실용주의 철학자요 진보주의 교육학자로서 이런 문제를 해결하려고 노력했다. 전통적 교육방식을 벗어나 새로운 사회에 적응력 있는 학교를 만들고자 했다. 산업화와 도시화의 과도기에 진보적인 교육방식을 제창함으로써 듀이는 미국 교육에 큰 기여를 했다.

듀이는 진보주의 교육 방식을 활용하여 민주주의를 실현하기 위한 교육에 힘을 썼다. 그는 이를 위해 1894년에 실험학교를 창안하고, 1896년에는 시카고 대학교 실험학교(University of Chicago Laboratory Schools)를 설립 운영하였다.[122] 이 학교들은 실용주의 철학에 근거하여 진보주의 교육방식을 적극적으로 활용하였다.

진보주의 교육방식의 원리

진보주의 교육방식의 원리는 다음과 같다. 첫째, 전통적 교육방식은 교사 중심이었으나, 진보주의는 학습자 중심의 교육이다. 아동의 관심과 흥미와 필요를 파악하고, 그것을 출발점으로 교육 프로그램을 편성하고 진행한다. 대부분의 부모나 어른들은 어린이들이 공부하기를 싫어하고 새로운 일을 배우는 데 수동적이라고 생각했다. 그러나 진보주의자들은 이와 달리 어린이들이 배우기를 좋아하고 새로운 일들에 적극적인 태도를 갖고 있다고 보았다. 어른들이 어린이들을 이해해 주지 않고 자유를 허용하지 않기 때문에 그들의 자발성을 억압했다고 주장했다. 이를 개선하기 위해 진보주의자들은 교사가 주도하는 교육이 아니라 학생중심의 교육을 추구한다.

둘째로, 교사는 교실의 일들을 모두 주관하고 학생들에게 지시하는 유일한 권위자가 아니다. 교사는 조언자, 안내자, 동료 순례자의 역할을 해야 한다고 진보주의는 강조한다.[123] 학생들이 관심을 갖고 해결해 보려는 문제나 프로젝트에 대해 학생들이 스스로 할 수 있도록 조언을 하고 도움을 베푸는 것이 진보주의를 표방하는 교사의 임무이다. 실용주의에서는 성경의 가르침과는 달리 절대 진리가 존재한다고 생각하지 않는다. 따라서 교사에게는 절대적인 진리를 가르칠 수 있는 권위가 없다고 생각한다. 교사는 학생들이 필요로 하는 진리를 스스로 찾도록 돕는 역할만을 해야 된다고 진보주의자들은 주장한다.

진보주의자들은 아동으로부터 교육이 출발해야 한다고 믿는다. 아동의 흥미나 관심이라는 동기 요인을 자극하고 이를 활용하게 되면, 결과적으로 학생과 교사가 적대(敵對) 관계를 탈피할 수 있고 서로 싸우지 않게 된다. 도리어 함께 일할 수 있게 된다. "이것은 교실에서, 보다 인간적일 수 있고 또 교사로 하여금 학생과 전인적-필요, 욕구, 감정, 태도 등-인 관계 맺을 수 있는 길을 열어 준다."고 강조한다.[124]

셋째로, 진보주의자들은 학교를 현실 사회의 축소판(micro-cosm)이 되어야 한다고 주장한다. 그들은 의미 있는 교육이 되기 위해서는 가르침이 현실의 삶과 긴밀한 연관이 있어야 한다고 주장한다. 따라서 학교는 현실 사회에서 즉시 활용할 수 있는 교육을 제공해야 한다. 이를 위해 학교는 사회와 분리되어서는 안 되고, 사회적 경험을 제공하는 기관이어야 한다고 진보주의자들은 강조한다. 그들은 학교 안에 기업이나 은행이나 상점, 의회나 재판소 등의 축소판을 만들기를 좋아한다. 학생들이 앞으로 사회에 진출하여 부닥칠 현실을 미리 경험하기를 원하기 때문이다.

넷째로, 진보주의자들은 학생들의 관심과 동떨어진 주제를 가르치기보다 그들이 삶에서 경험하고 있는 것들을 가르쳐야 한다고 본다. 따라서 진보주의자들은 추상적인 개념을 가르치고 전달하려고 하기보다는 학생들이 당면한 문제를 해결하게 하는 프로젝트 방법을 많이 활용한다.[125] 학생들이 관심을 갖고 있는 주제나 이슈에 대해 스스로 연구하고 발표하는 프로젝트 방법을 진보주의자들은 선호한다.

예를 들면 초1학년 학생들에게는 "우리 동네에 어떤 공공기관들이 있는지 조사하라." 5학년 학생들에게는 "우체국이 하는 일에 어떤 것이 있나?" 중학생에게는 "우체국이 언제부터 세상에 모습을 드러냈고, 어떤 식으로 발전했나?"

같은 과제를 주고 조사하여 리포트를 만들게 한다. 그리고 학생들 앞에서 발표하게 한다. 전통적인 교사가 자신이 준비한 내용을 일방적으로 가르치는 교사중심의 방식과 완전히 다르다. 교사는 은행에 대해 관심이 있는 학생들을 찾아 연구과제를 준다. 학생들이 어디서 자료를 찾을 수 있을지 모를 때 가르쳐 준다. 리포트를 작성할 때도 교사는 옆에서 도움을 준다. 학생들이 주도적으로 조사하고 발표하게 하는 것이 진보주의의 프로젝트 교육방식이다.

이와 함께 문제를 제시하고 그 문제를 해결해 가는 방식(problem-solving method)이나 사례연구도 진보주의자들이 선호하는 교육방법이다. 예를 들면, 진보주의자들은 중학생들에게 "5박6일 일정으로 일본 수학여행을 다녀오려고 한다. 일본을 깊이 있게 알기 위한 방문 일정을 계획하라. 여행 일정과 이용할 교통편을 알아보고 각각의 소요 경비와 장단점을 비교분석 하라. 가장 바람직한 여행 계획을 선택하라." 같은 문제를 준다. 학생들은 왕복 교통수단이나 방문하는 장소를 선택하는 과정에서 자료를 찾아보고 의견을 나누고 결론을 내리는 과정을 통해 삶과 연결된 지식과 지혜를 얻게 된다.

2. 신앙교육에 도움이 되는 교훈

현재 한국 교회학교의 교육방식은 시간이나 공간의 제약(制約) 등으로 말미암아 전통적인 교사중심, 교실중심, 교재중심 등의 상황을 벗어나지 못하고 있다. 일반적으로 교회학교 교사에게는 매 주일 약 30분의 분반공부 시간이 주어진다. 이 시간 중 출석, 헌금, 성경암송, 기도 순서를 빼면 성경을 가르치는 데 20분 내외를 할애할 수 있다. 이런 상황에서 교사는 일방적인 강의식으로 공과공부를 진행할 수밖에 없다.

학생중심 교육

교사중심의 강의식으로 분반공부가 진행이 된다면 학생들은 수동적으로 듣기만 하는 위치에 있게 된다. 듣고 읽는 방식에 의한 교육의 효과는 교사가 가르친 내용의 보통 5~10% 정도를 학생들이 기억하는 정도다.[126] 교육은 단순히 정보의 전달만을 목표로 하는 것이 아니다. 더구나 신앙교육은 정보의 전달만으로는 충분하지 않다. 왜냐하면 정서와 의지의 변화, 나아가 행동과 인격의 변화를 도모해야 진정한 신앙교육이기 때문이다.

한국 교회학교는 교사중심의 교육에서 진보주의자들이 강조하는 학생중심의 방식을 활용할 방안을 찾아야 한다. 교사중심의 주입식 교육은 학생들의 삶에 변화를 가져오기 힘들다. 학생들이 피동적으로 듣기만 하는 자리에서 벗어나, 스스로 생각하고 연구하고 발표하는 능동적 학습이 이루어져야 한다. 그러려면 주일 아침 30분의 분반공부 시간만으로는 부족하다. 주일 오후나 토요일 시간을 활용할 생각을 해야 한다.

교회학교가 새로운 프로그램을 시행하려고 할 때, 모든 학생들이 참여할 것을 기대하지 않는 것이 좋다. 대신에 한두 사람을 대상으로 프로그램을 추진한다면 시작하기가 쉽다. 적은 숫자로 출발해도, 모임이 신앙교육에 유익하다는 소문이 퍼지면 점점 더 많은 어린이나 청소년들이 참가하게 될 것이다.

부모가 활용할 수 있는 교육자료를 교회가 제공해서, 가정에서 보충 교육을 하는 것도 유익할 것이다. 코로나19 사태를 거치면서 줌(Zoom) 같은 인터넷을 이용한 교육방법이 발전했다. 이를 활용하는 것도 교회당에서 멀리 떨어져 사는 학생들이 참여하는 데 도움이 될 것이다.

특별히 주일에 학생들의 참여도를 높이기 위해 가장 손쉽게 활용할 수 있는 방법이 있다. 그것은 교회학교 예배의 설교와 분반공부의 본문과 주제를 일치시키는 것이다. 이렇게 할 때, 분반공부 시간에 학생들의 참여를 높일 수 있다. 즉 예배시간에 설교자는 성경의 내용과 교훈을 중심으로 선포한다. 그리고 분반공부 시간에는 교사의 인도 아래 설교시간에 들었던 내용을 학생들이 각자의 삶에 적용하고 나눈다. 그다음 주일에 만나서는 지난 주일에 들었던 말씀을 따라 어떻게 살았는지 한두 사람이 발표하며 나눈 후 진도를 나간다.

현실과 연결된 교육

진보주의자들은 학교를 현실 사회의 축소판으로 여겼다. 학교교육과 현실 사회를 연결시키려고 노력했다. 한국교회의 신앙교육에 있어서 성경 본문의 가르침을 학생들의 현실과 밀접하게 연결시킬 수 있어야 한다. 교회학교 교재가 이런 일에 더욱 관심을 기울여 출판되어야 한다.

이뿐만 아니라 교사들은 학생들이 살아가고 있는 현실에 관심을 가지고 살펴보아야 한다. 그리고 성경과 학생들의 현실의 삶을 효과적으로 이어줄 수 있어야 한다. 이를 위해 교사는 질문-응답의 교수방법을 활용해야 한다. 교사가 학생들에게 질문함으로써 그들이 입을 열 기회를 주어야 한다. 학생들이 자신의 마음을 열고 반응할 시간을 주어야 한다.

질문은 성경과 학생, 교사와 학생, 학생과 현실, 학생과 학생 사이를 연결시켜주는 데 큰 도움을 줄 수 있다. 교사는 관찰(본문의 내용을 확인)과 해석(본문의 교훈을 찾음)과 적용(본문의 교훈을 개인의 삶과 연결)의 질문을 해야 한다. 그럼으로써 학생들이 교회당 안에 국한된 신앙생활을 벗어나, 예수님의 증인이며 세상의 소금과 빛으로 살아가는 신앙인이 되도록 도울 수 있다.

다양한 교수방법의 활용

예수님은 일방적인 선포(preaching)라는 방식으로 무리들과 제자들에게 하나님 나라를 알게 하시고 누릴 수 있게 하셨다. 랍비 중의 랍비이신 예수님은 선포와 더불어, 그의 제자들과 무리를 다양한 교수방법을 활용해서 가르치셨다(teaching). 여러 가지 사물들을 활용하시면서(object lesson), 재미있는 이야기와 예화를 사용하시면서, 그리고 질문을 통해 사람들이 생각하고 발표할 기회를 주시면서 가르치셨다. 복음서에는 예수님이 사용하신 질문이 약 100회 정도

(중복사례 포함) 기록되어 있다.

우리 주님은 구조화된 가르침의 장소인 회당에서 선포하며 가르치셨을 뿐만 아니라, 식사 자리에서 또는 길을 가시면서 모든 상황 가운데서 제자들을 가르치셨다. 현실에서 부딪치는 모든 환경을 교수와 학습의 기회로 삼는 것을 '즉석 교수-학습'(impromptu-teaching-and-learning)이라고 한다. 우리의 대스승이신 예수님은 우리에게 교실 안에만 갇혀서 교육할 것이 아니라, 현실 세계 안에서 그리고 삶의 현장에서 가르칠 방안을 모색하라고 하신다.

3. 주의할 점들

진보주의 교육은 실용주의 철학에 근거한다. 이들은 과정보다 결과에 더 큰 관심을 갖는다. 성경의 진리도 삶에 도움이 되지 않는다면 멀리한다. "정직은 최상의 방책이다"(Honesty is the best policy.)라는 영어 격언이 있다. 정직하면 일시적으로 사업에 손해가 올 수 있지만 결국은 신뢰가 쌓여서 가장 좋은 결과를 얻게 된다는 것이다. 따라서 정직하게 사업을 하라는 가르침이다. 이 말은 성경의 가르침과 합치하는가? 당신의 생각은 어떤가?

이 격언이 성경의 가르침과 일치하는 부분이 없지는 않다. 그러나 성경의 가르침은 결과적으로 유익이 있기 때문에 정직해야 한다고 하지 않는다. 성경은 "하나님 앞에서 옳은 일이기 때문에 정직하게 살아라"고 한다. 즉 '정직은 최상의 방책'이 아니라 "정직은 올바른 방책이다"(Honesty is the right policy.)가 성경의 가르침이다. 이 점에서 신앙교육자들은 실용주의에 기반한 진보주의 교육을 경계해야 할 부분이 있다.

학생중심 그리고 성경중심

진보주의자들은 학생중심의 교육방식을 강조했다. 그들의 관심과 흥미를 가르침의 출발점으로 삼았다. 신앙교육도 학생들의 생각을 존중하고 그들의 관심과 필요를 고려해서 시행해야 한다. 교회학교 교사는 현재 학생들이 당면한 문제와 고민과 의문들을 살피고 질문도 해야 한다. "현재 친구들이 힘들어하는 문제는 무엇인가?"에 대해 두뇌폭풍(brain-storming) 방법으로 답을 열거한다. "어떻게 하면 그런 문제들을 해결할 수 있을까?"와 같은 프로젝트를 주고 학생들이 연구한 후 발표하는 방법도 활용할 수 있다.

그러나 신앙교육은 학생들이 관심을 가지길 거부하거나 싫어하더라도 죄나 하나님의 심판 같은 주제도 다루어야 한다. 인간이 고안해 낼 수 없고 이성으로는 이해할 수 없는, 하나님과 그의 구원에 대해 선포하고 가르쳐야 한다. 신앙교육을 하려면 때때로 하나님의 말씀을 학생들이 이해하지 못할지라도 듣든지 아니 듣든지 선포하고 가르쳐야 한다. 학생들이 관심을 보이지 않는 내용에 대해서도 성령님을 의지하여 담대하고 간절하게 교육해야 한다.

진보주의자들은 신앙교육을 위해 학생중심, 현실중심, 프로젝트와 문제해결 중심 등을 활용하라고 아이디어를 준다. 그러나 그것이 신앙교육에서 사용할 교육 내용이나 방법 전부는 아니다. 성경은 성령님의 도우심을 받아 학생들이 관심을 가지기 싫어하고 이해하기 힘든 내용도 선포하고 가르치라고 명령한다. 죄인이 거듭나고 성장하는 기적은 인간의 방법만으로는 불가능하다. 성령님의 도우심이 필수적이다. 성령님의 도우심을 받고 의지하는 교사는 때때로 학생들이 듣든지 아니 듣든지 성경의 내용을 가르쳐야 한다.

진보주의의 학생중심, 미래지향적인 교과 내용과 학생 스스로 연구하고 발표하는 방법들은 교회교육에서도 마땅히 활용해야 한다. 이와 함께 교회학교의 지도자들은, 인간의 죄 문제와 구원의 복음 그리고 하나님의 영광을 위한 삶의 목적을 학생들이 이해하고 이 진리에 헌신할 수 있도록 도와야 한다. 이를 위해 효과적인 교수방법(프로젝트, 사례연구, 질문 등)을 찾아 사용해야 한다. 때로는 성령님의 도우심을 의지하여 듣든지 아니 듣든지 선포할 수도 있어야 한다. 교사가 하나님을 사랑하고 학생들을 사랑하는 중심에서 가르칠 때, 성령님의 도우심으로 성경의 내용(information)이 효과적으로 전달될 것이다. 그리고 교사들은 학생들의 삶에 놀라운 변화(transformation)가 일어나는 것을 눈으로 보게 될 것이다.

다. 행동주의 (行動主義 Behaviorism)

1. 출현 배경과 교육원리

행동주의 교육이론은 러시아의 심리학자인 이반 파블로프(Ivan Pavlov, 1849-1936)의 조건반사에 관한 연구를 생각하게 한다.[127] 이 실험을 통해 파블로프는, 음식만이 개가 침을 흘리게 하는 것이 아니라, 음식 없이 종만 쳐도 그렇게 만들 수 있음을 증명하였다. 진정한 자극(음식)에 대한 특정한 반응(침 흘림)은 진정한 자극과 무관한 어떤 자극(종소리)을 통해서도 동일한 반응(침 흘림)을 가져올 수 있음을 밝혔다. 이것을 고전적 조건형성(조건반사)이라 부른다.

학생이 공부하는 내용에 관심과 흥미가 있을 때 학습은 자연스럽게 이루어진다. 이것이 음식과 침이 나오는 무조건반사의 상관관계이다. 그러나 공부한 결과에 대해 상이나 벌을 주면, 그로 인해 학생으로 하여금 공부하게 만들 수도 있다. 이것이 종소리와 침 흘림이라는 조건반사의 관계이다.

관찰과 측정

왓슨(John B. Watson)이 1924년에 출간한 『행동주의』[128] 그리고 1929년에 출판한 『행동주의자의 관점에서 본 심리학 3판』[129]은 본격적인 행동주의 연구라고 할 수 있다. 왓슨은 사람의 머리 안에서 일어나는 정신현상 또는 의식작용에 대해 연구하는 것을 과학적인 접근으로 인정하지 않았다. 관찰할 수도 없고 결과를 측정할 수 없는 머리 속의 작용들은 과학의 대상이 될 수 없다는 생각에서 그렇게 주장했다. 따라서 행동주의자들은 관찰할 수 있고 측정할 수 있는 (observable and measurable) 사람의 눈에 드러나는 행동에만 관심을 기울여 학습이론을 세우고 교수방법을 개발하였다.

사람들의 마음을 성찰하는 내성법(內省法) 사용을 행동주의자들은 반대한다. 그들은 모든 행동의 배후에는 그 행동을 일으키게 한, 눈에 보이는 외부적인 자극이 있다는 결정론에 근거하여 자극(stimulus)과 반응(response)의 연결고리를 찾는 데 힘을 기울였다. 자극과 반응 사이에 일어나는 현상을 관찰하고 발생 빈도수(횟수)를 기록해서 행동주의 이론을 확립했다. 행동주의자들은 어떤 자극이 어떤 반응을 가져오는지 그 연관성을 관찰했다. 바람직한 반응이 발생했을 때는 처음 자극에 동일한 반응이 발생할 수 있도록 상(賞)(음식, 물, 칭찬 등)을 주었다. 바람직하지 않은 반응이 나타난 경우에는 처음 자극에 대해 동일한 반응을 하지 않도록 상을 주지 않거나 불쾌한 기분이 들게 만드는 자극을 주었다. 이렇게 함으로써 원하는 반응을 유도하는 기제를 강화제(强化劑 reinforcement)라고 부른다.

에드워드 손다이크

행동주의의 대표적인 학습이론가들 가운데 1900년대 전반기에 활동한 손다이크(Edward L. Thorndike 1874-1949)가 있고, 1930년대 이후에는 스키너(B.F. Skinner 1904-1990)가 있다. 먼저 손다이크의 행동주의 학습법칙을 설명한다. 그의 여러가지 학습법칙들 가운데 세 가지가 기억해 둘만하다.[130] 첫째는 효과의 법칙(law of effect)이다. 어떤 자극에 대해 학습자가 반응을 보였는데 그 결과가 학습자에게 만족(효과)을 얻게 하면, 그 학습자는 차후 동일한 자극에 대해 동일한 반응을 나타낼 가능성이 높다는 것이다.

둘째는 연습의 법칙(law of exercise)이다. 한 가지 일에 몰두하여 여러 차례 시도하다 보면 학습이 연습을 통해 이루어진다는 것이다. 시행과 착오를 통한 학습의 성취를 말한다.

셋째는 준비성의 법칙(law of readiness)이다. 여기서 '준비'란 학습자가 무엇인가를 배울 필요성을 느끼고 있는 상태를 가리킨다. 준비가 되어 있을 때, 학습에 좋은 결과가 있게 된다는 것이다.

B.F. 스키너

스키너는 박스(상자) 안에 지렛대를 누르면 먹이가 나오는 장치를 마련했다. 그리고 그 박스 안에 배고픈 쥐를 넣고 관찰하였다. 쥐가 배가 고파서 이러저리 다니다가 지렛대를 누르게 되면 기계장치를 통해 먹이가 조금 나오게 했다. 그것을 먹은 후에도 배가 고픈 쥐는 돌아다니다가 다시 지렛대를 누르게 되면 먹이가 나와서 먹게 된다. 이를 몇 차례 반복하다 보면 쥐는 지렛대를 누름과 먹이가 나옴을 연결시키게 된다. 이후부터 쥐는 음식이 필요하면 지렛대를 누르게 된다.

스키너가 발견한 이런 현상을 '조작적 조건화'(operant conditioning)라고 부른다. 조작적 조건화는 "특정한 행동이나 결과에 뒤따르는 자극으로 인해 특정한 행동의 빈도가 증가하거나 감소하는 것을 의미한다."[131] 시험에 좋은 성적을 받은 어린이에게 상을 주면, 다음 시험에 공부를 열심히 해서 좋은 성적을 올리려고 할 것이다. 교회학교에서 출석, 성경암송, 헌금, 전도를 한 학생에게 달란트를 주고, 일정 기간 후 달란트 잔치를 통해 상품을 주는 것에서 조작적 조건화 방식을 볼 수 있다. 상(賞)을 통해 좋은 행동을 계속 이어가게 만드는 것을 정적(正的 positive) 강화라고 부른다. 벌을 통해 좋지 않은 행동을 멈추게 만드는 것을 부적(否的 negative) 강화라고 한다.

2. 신앙교육에 도움이 되는 교훈

먼저 손다이크의 방법을 살펴보자. 그는 학습에 있어서 효과의 법칙, 연습의 법칙, 준비성(readiness)의 법칙을 제시했다. 이 법칙들을 유치부 어린이들에게 주기도문을 암송하게 하는 데 적용을 해보자.

우리 주님이 가르쳐주신 기도에는 8가지 내용이 들어있다. 처음에는 기도의 대상인 하나님을 부른다. 다음에는 하나님과 관련된 3가지 요청이 나온다. 이어서 사람들의 세 가지 필요를 아뢴다. 마지막으로 송영(頌詠)이 나온다. 주기도문을 어린이들에게 처음부터 끝까지 통째로 외우도록 시키면, 어떤 반응을 보일까? 그들은 엄두가 나지 않아 주기도문 암송을 쉽게 포기할 것이다. 그러면 어떻게 해야 할까?

우선 주기도문을 여덟 부분으로 나눈다. 그리고 한 가지씩을 교사가 읽어주고 어린이들이 따라서 말하도록 한다. 이렇게 몇 번 아마도 수십 번을 하게 하면(연습의 법칙) 조금씩 첫 부분을 어린이들이 외우게 될 것이다. 외운 아이들에게는 칭찬을 해주고 조그만 상을 준다(효과의 법칙). 그후 두 번째 부분으로 넘어간다. 두 번째 부분을 어린이들이 외우면, 첫 번째와 두 번째를 이어서 외우게 한다. 이런 방식으로 진행을 해서 주기도문을 다 외우면 좀 더 큰 상을 줌으로써 기쁨을 누리게 한다(효과의 법칙).

유치부 어린이들은 생각이 비교적 단순하고 암기력이 있어 암송을 잘할 수 있다. 어린이들이 예배에 참석해서 다른 큰 어린이들이 눈을 감고 주기도문을 암송하는 것을 보게 되면, 자기도 주기도문을 외워야 하겠다는 생각이 들게 된다. 암송하기 전에 이런저런 상들이 있음을 광고하면 어린이들에게 동기가 부여되어 암송할 마음을 갖는 데 도움을 줄 것이다. 암기력과 함께 이런 마음과 동기를 갖는 것이 바로 준비성의 법칙이다. 손다이크의 방법은 성경 암송, 성경 퀴즈 준비 같은 단순한 내용을 학습하게 하는 데 매우 도움이 된다.

달란트 잔치

행동주의자들은 사람을 진화된 고등 동물로 보고, 다른 동물들이 학습하는 방법을 사람들에게 적용할 수 있다고 생각한다. 행동주의자들의 인간에 대한 이런 전제는 매우 비성경적인 것이다. 왜냐하면 사람은 하나님의 형상으로 특별하게 지음을 받았기 때문이다. 사람은 다른 동물들과 달리 자극에 대해 단순하고 피동적인(reactive) 반응을 보이는 것을 넘어서, 능동적(proactive)이고 창의적인 반응을 보이는 존재이다. 사람은 죄로 말미암아 하나님의 형상이 손상(損傷)되었으므로, 상과 벌은 그들의 행동을 촉진하거나 규제하는 기능을 한다. 그리고 구원을 얻어 성화의 과정에 있는 그리스도인도 상과 벌을 통해 그들의 행동에 영향을 받는다. 따라서 어떤 바람직한 행동에 대해 가시적인 보상은 항상 잘못이고 악하다고 보기는 어렵다.

모든 사람 특히 나이가 어린 아동이나 청소년들에게 상과 벌은 배움에 있어서 동기를 부여하고 효과를 발휘하는 것이 현실이다. 여러 교회학교에서 달란트 잔치를 시행하는 이유가 여기에 있다. 그러면 달란트 잔치를 하는 것은 행동주의자들의 방법이기 때문에 무조건 하지 말아야 하는가? 그렇지는 않다.

하나님은 아브람을 언약의 조상으로 부르시면서 그에게 복과 큰 민족과 땅을 상으로 약속하셨다. 또한 이스라엘 백성들을 애굽에서 해방시키면서 '젖과 꿀이 흐르는 가나안 땅'에 이를 것을 약속하셨다. 그리고 진노와 저주 아래에 있는 죄인들을 부르시면서 영생과 하나님의 나라라는 상을 약속하셨다.

그러나 주의할 것이 있다. 행동주의자들의 상과 하나님이 약속하신 상을 비교하면 차이가 있다. 행동주의자들은 대부분 물질적인 보상과 즉각적인 보상(물론 간헐적이고 늦게 주는 강화도 사용하지만)을 주로 사용한다. 그러나 하나님의 상은 물질적인 보상도 있지만, 영적인 보상이 많다. 그리고 즉각적인 보상이 아니라, 오랜 세월 동안 인내를 거친 후에 주어지는 상급인 경우가 많다. 아브람은 하나님께서 큰 민족을 이루어 주시겠다는 언약을 맺은 지 25년 후에야 언약에 속한 첫아들 이삭을 얻었다.

어린이들을 포함해서 사람들에게 올바른 행동을 하도록 하기 위해 상을 제시하는 것은 종종 필요하다. 그러나 상으로써 자극하여 이끌어낸 올바른 행동은 그런 상이 주어지지 않을 때 더 이상 나타나지 않기가 쉽다. 따라서 상과 함께 하나님과 관계에서 사람이 마땅히 해야 할 도리라는 사실을 부단히 강조해야 한다. 그럼으로써 자신이 하나님의 사람이라는 의식을 가지도록 도와야 한다. 예를 들면, "여러분들 중에 전도한 사람들에게는 10달란트를 상으로 드립니다. 그러나 하나님께서는 여러분이 믿지 않는 친구들을 전도할 때 매우 기뻐하십니다. 칭찬하시고 복을 주십니다. 우리는 달란트 상이 있으나 없으나 친구에게 전도함으로써 하나님을 기쁘시게 합시다."

3. 주의할 점들

행동주의자들은 관찰할 수 있고 측정할 수 있는 것만을 연구의 대상으로 한다. 사람의 마음에서 일어나는 생각들에 대해 무시한다. 그러나 기독교 교육은 성령께서 사람들의 마음에 일하심을 매우 중요하게 생각한다. 성령님의 다양한 사역을 중요하게 여기는 신앙교육자들은 행동주의의 한계를 분명히 인식해야 한다.

상과 벌

신앙교육에서 행동주의가 즐겨 활용하는 강화제(보상 또는 벌)를 사용하는 것이 항상 좋은 결과를 가져오는 것은 아니다. 이것은 일반교육에서도 마찬가지다. 어린이가 성경을 읽을 마음이 있고 지금 읽고 있는데, 마태복음을 한 주간 내에 다 읽으면 아이스크림을 사주겠다고 하면 어떤 일이 일어날까? 아마도 그 어린이는 자발적으로 성경을 읽던 마음을 아이스크림에게 빼앗길 가능성이 커질 것이다. 순수한 마음으로 하나님의 말씀을 읽으려던 생각이 사라지고 아이스크림 때문에 성경을 읽게 될 것이다. 따라서 자기주도적으로 성경을 읽고 있는 어린이에게는 상이 오히려 해로운 것이 될 수도 있다.[132]

주기도문을 다 외우면 비싼 스티커북을 상(賞)으로 주겠다고 교사가 학생들에게 약속했다고 하자. 그러면 학생들은 주기도문을 통해 어떻게 기도해야 하는가를 배우려는 관심은 희미해진다. 그리고 오직 상을 얻기 위해 주기도문을 외우는 데 모든 노력을 기울일 것이다. 다른 한편 스티커북에 대해 흥미가 없는 학생들은 주기도문을 아예 외우려고 하지 않을 수도 있다.[133]

어떻게 하면 행동주의자들의 함정에 빠지지 않고 바람직한 성경암송이나 달란트 잔치를 할 수 있겠는가? 무엇보다도 반드시 기억할 것은 물질적인 상에 어린이들의 마음이 빼앗기지 않도록 교사들은 주의해야 한다. 즉 성경암송을 잘 하고 예배 참석, 헌금, 친구 인도 등에 대해 달란트를 수여함으로써 동기부여를 함과 동시에, 이런 상이 없어도 하나님이 기뻐하시는 일들은 해야 함을 강조하는 것이다. 그리고 장차 하나님의 나라에서 받을 상은 현재 받는 상과 비교할 수 없는 놀라운 것임을 지속적으로 가르쳐야 한다.

"본말(本末)이 전도(顚倒)되었다"는 말이 있다. 하나님을 사랑하고 하나님을 기뻐하고 그를 영화롭게 하기 위해 예배와 분반공부에 참석하고, 성경암송도 하고 헌금도 하고 이웃에게 전도(傳道)하는 것이 하나님의 사람으로서 합당한 일이다. 그런데 달란트 상을 얻기 위해 그런 일을 하는 것은 합당치 않다. 교회학교 지도자들은 이 점을 기억해야 한다. 믿음이 어린 사람들의 동기부여를 위해 상품을 활용하더라도, 상품이 궁극적인 목표가 아님을 잘 가르쳐야 한다. 그리고 하나님의 사랑을 받은 자녀로서 하나님을 사랑하는 마음으로 그 일들을 할 수 있도록 지속적으로 강조해야 한다.

바람직한 상품

한국스카우트[134]가 있다. (예전에 보이스카우트로 불리던 단체인데 걸스카우트와 통합하면서 이름이 바뀌었다.) 이 단체는 스포츠나 등산 캠핑 등의 훈련을 마치면, 훈련을 수료한 청소년들에게 상을 수여한다. 그런데 이 상(賞)은 값비싼 것이 아니다. 배지(badge)나 휘장(徽章)이나 리본을 주고 단복(團服 옷)에 장식하도록 한다. 값비싼 것을 상으로 제공함으로써 동기부여를 하는 방법도 있지만, 명예심을 고취시키는 것으로 동기부여를 할 수도 있음을 보여준다. 오늘날 초등학교에서 여러 명목으로 상장을 어린이들에게 수여하는 데서도 이런 일을 볼 수 있다.

고가품을 제공하는 상과 명예심을 높여주는 상 중 어느 것이 공동체 정신을 함양하며 지속적인 동기부여를 할 수 있겠는가? 고가품의 경우 반짝 효과는 있을 수 있다. 그러나 상을 받는 사람과 받지 못한 사람 사이에 거리감을 주어 공동체 정서를 깨뜨릴 수 있다. 그리고 큰 상을 받은 사람은 더 큰 상이 제시되기 전까지 새로운 과업에 대해 동기를 갖기 어렵게 된다.

행동주의자들이 권장하는 강화제로써 상품(賞品)을 교회에서도 활용할 수는 있다. 그러나 하나님의 사람으로서 하나님을 사랑하고 이웃을 사랑하는 마음으로 마땅히 해야 할 일을 비싼 상으로써 유도하려고 하는 것은 바람직하지 않다. 교회학교의 지도자들은 달란트 잔치와 상품을 제공하려고 할 때, 어린이들의 마음이 이런 상품에 빼앗기지 않도록 각별히 주의해야 한다. 이런 상품 때문에 어린이들의 마음이 나뉘게 되고(시기, 질투 등), 잘못된 경쟁심에 빠지지 않도록 조심해야 한다. 명예심을 고취시키는 상장(휘장, 배지) 또는 적당한 상품을 제공하되 하나님을 기쁘시게 하는 삶의 목표를 항상 기억하도록 도와야 한다. 하늘에서 받게 될 상을 바라보도록 그들의 마음을 인도해야 한다.

라. 항존주의 (恒存主義 Perennialism)

'항존'이란 절대적으로 변하지 않거나 항상 존재하는 상태를 가리킨다. '항존주의'란 시간과 공간의 제약을 받지 않고 모든 사람이 꼭 알아야 하는 항상 유효(有效)하고 변하지 않는 진리를 가르치는 것을 목표로 하는 교육이론을 가리킨다. 항존주의자들은 사물의 세부적인 내용들은 계속 바뀌기 때문에 세세한 정보나 지식을 전달하는 것을 중요하지 않게 생각한다. 따라서 이들은 단편적인 정보나 생존 기술을 가르치려 하지 않는다. 그 대신에 항존주의자들은 인간이 살아가는 동안 개인적으로 또는 사회적으로 겪게 되는 문제, 또는 과업과 연관된 원리(原理)들(principles)을 학생들이 탐구하게 하고 깨닫도록 도우려고 한다.

항존주의자들은 직업교육보다 인문(人文 liberal arts)교육이 더 중요하다고 믿는다. 이를 위해 고대로부터 오늘에 이르기까지 인류 역사에 크게 영향을 끼치고 공헌을 한 사상가들의 유산, 곧 '위대한 저서들'(The great books)[135]을 교육의 교재로 삼는다. 이런 고전(古典)들을, 학생들로 하여금 읽고 이해하고 서로 토론하고 글을 쓰게 함으로써 그들은 학생들을 교육한다.

1. 출현 배경과 교육원리

항존주의 교육이론이 등장하게 된 이유는, 1930년대를 풍미했던 진보주의자들의 주장과 교육방법의 단점들을 바로잡기 위함이었다. 항존주의의 대표적 인물로는 허친스(Robert Maynard Hutchins 1899-1951), 마리탱(Jacques Maritain 1882-1973), 그리고 애들러(Mortimer J. Adler 1902-2001)가 있다.

로버트 허친스

허친스에 대해 잠시 알아보자. 그는 미국의 예일(Yale) 법대를 졸업했다. 그 후 예일 법대 강사 그리고 교수가 되었다. 그는 1927년인 약관(弱冠) 28세에 예일 법대 학장이 되었다. (유교의 장유유서 문화 속에 있는 우리로서는 상상하기 어려운 파격적인 일이다.) 그리고 2년 후인 1929년에는 시카고대학교 총장이 된다. 그는 이때 시카고대학교의 교과과정을 전면 개편하여 교양교육에 전념한다. 그 일환으로 학생들로 하여금 '위대한 책들'인 고전을 읽고 토론하고 자신의 소감을 포함한 글을 쓰게 한다.

허친스는 고전을 "소수의 훌륭한 선인(先人)들이 만들어 놓은 정신적 노작(勞作)이며, '옛것인 동시에 새것'으로 시대와 국민을 초월한 보편적 가치가 있는 것으로 보았다." 이어서 "고전 작품은 인류 공동의 문화유산으로 후세에 길이 모범이 될 가치가 있으며, 이런 고전을 통해 지성을 계발하고, 이성을 훈련시키는 것이 참된 교육이라고 보았다."[136] 그의 저서 《자유를 위한 교육》(1948), 《도덕·종교·고등 교육》(1960)은 그의 이런 생각을 정리한 책들이다.

조지 나이트는 항존주의자들이 추구하는 바를 다음과 같이 서술한다.[137] "항존주의자들은 진보주의자들이 아동중심성, 현재주의 그리고 삶에 적응 등을 학교 교육의 강조점으로 주장함으로써 삶의 지적 요소를 파괴시킨다고 생각했다. 보편적으로 현대 항존주의는 진보주의자의 견해를 전반적으로 거부한다." 따라서 항존주의자들은 절대성에로 복귀와 오랜 시간 동안에 걸쳐 입증된 확실성과 유용성을 지닌 인간 문화유산 속에서 발견되는 중요한 개념들에 대한 강조로 복귀하는 일의 첨단에 선 자들이다. 항존주의는 지성, 이성 그리고 과거의 지성인들이 이루어 놓은 업적, 주로 위대한 저서들(The great books)의 중요성을 강조한다.

진보주의자들의 철학적 출발점은 실용주의(Pragmatism)다. 그들은 현실 사회에 학생들이 효과적으로 적응하는 데 유익을 줄 수 있는 정보와 기술을 제공하는 데 관심을 쏟았다. 이에 반해 항존주의자들은 당장 써먹을 수 있는 정보와 기술보다 사람들이 반복해서 부닥치는 철학적 문제들을 해결하는 데 도움이 되길 원한다. 인류가 항상 부닥치는 문제의 답을 추구하는 지식과 지혜를 가르치는 것이 참교육으로 생각했다. 그들은, 사람들이 과거에 경험했고 현재 존재하는 문제와 미래에 부닥칠 문제들이 연결되어 있고 일관성을 지니는 것으로 파악했다. 따라서 항존주의자들은 이를 해결할 수 있는 이성(理性)과 인간성을 학생들의 머리와 마음에 고취시키는 방안을 학생들에게 제공하려고 한다.

항존주의 교육원리

항존주의 교육의 원리는[138] 첫째로, 사람에게 동물적인 요소와 습성이 있지만, 다른 동물과는 달리 사람은 합리적인 생각을 할 수 있는 지성을 소유했다. 과거를 성찰하고 미래를 대비하여 오늘을 유의미하게 살아갈 수 있는 사람을 키우는 것을 항존주의는 교육목표로 삼는다.

둘째로, 인간의 본성은 옛날이나 오늘이나 내일도 크게 다르지 않다. 진선미(眞善美)를 추구하는 마음이나 정의를 추구하는 건강한 생각이 사람에게 있다. 그러나 이와 함께 탐욕과 이기심과 어리석음 같은 잘못된 생각도 인간에게는 지속적으로 존재한다. 이런 현실을 직면하여 악을 억제하고 선을 추구하는 사람을 세우려는 것이 항존주의자들의 목표다.

셋째로, 사람들에게는 올바르고 삶에 궁극적인 도움이 되는 지식과 지혜를 추구하는 마음이 있다. 이런 지식과 지혜는 다른 사람들과 공유할 수 있다. 이런 전제 아래 항존주의자들은 반드시 알고 체득하고 다른 사람들에게 가르쳐야 할 진리가 존재한다고 믿었다. 이들은 진보주의자들의 학생중심교육 대신에 교사주도적인 교육도 수용한다. 직업훈련 같은 당장에 활용할 수 있는 교육내용이나 사회적응을 위한 시민교육에 대한 진보주의자들의 주장을 반대하지는 않는다. 그러나 고등교육에서는 영구적인 진리를 학생들이 배울 수 있게 하라고 주장한다. 학생들을 세상에 적응시키려고 하기보다 진리에 적응시켜야 한다고 항존주의자들은 주장한다.

넷째 원리는, 학생들의 흥미나 관심에서 출발한 교육 내용보다는 지성을 계발하고 의지력을 발달시킬 수 있는 학습 주제가 교육활동의 중심이 되어야 한다. 다섯째로 학습 주제가 될 수 있는 것은 과거의 위대한 고전적 저술들이다. 이런 책들을 읽고 생각하고 토론하고 글을 쓰는 노력이 지성을 발달시키는 데 효과가 크다. 항존주의자들은 다른 사람이 정리하고 설명해 놓은 교재를 사용하기를 거부한다. 대신에 학생들이 직접 1차 자료인 고전을 읽고 음미하고 자신의 생각을 서술하는 방식으로 교육하려 한다.

마지막으로, 학교는 과거의 위대한 저술들과 업적들을 가르침으로써 학생들의 '오늘보다 미래를 준비시키는 기관'이라고 믿는다.

2. 신앙교육에 도움이 되는 교훈

앞서 언급한 항존주의의 교육원리를 읽으면서 어떤 생각이 드는가? 신앙교육이 추구하는 바와 비슷한 점이 많다는 것을 느끼는가? 항존주의는 여러 현대 교육 사상들 가운데 교회교육과 상당히 가까운 교육이론이라고 할 수 있다. 왜냐하면 항존주의자들은 인생의 근본적인 문제를 다루려고 하기 때문이다. 많은 항존주의자들이 하나님을 믿지 않기 때문에, 그들의 주장 중 여러 부분들이 성경과 거리가 있는 것은 사실이다. 그들은 인생의 모든 문제의 출발점이 하나님을 떠난 죄라는 사실을 인정하지 않는다. 성경을 '위대한 책들' 중 하나로 보긴 하지만, 가장 위대한 '그 책'(The Book)으로는 인정하지 않는다. 이런 점들에 대해 교회 지도자들이 주의를 기울여야 함은 분명하다.

그 책(The Book)

항존주의는 성경을 기초로 하는 신앙교육이 꼭 필요함을 보여준다. 항존주의자들은 사람이 살아가는 동안 부닥치는 많은 문제들을 학생들이 인식하고 경험하고 답을 찾아보도록 도우려 한다. 과거 이런 문제들과 씨름하고 해답을 찾으려 노력한 이들이 남긴 위대한 책들을 학생들이 읽고 연구하고 토론함으로써, 인생살이에서 항존하는 질문들에 대해 답을 얻게 한다. 고전을 가까이하는 것이 인생의 문제를 알고 답을 찾는 데 도움이 되는 것은 분명하다. 그러나 이런 책들이 사람들로 하여금 하나님의 창조와 사람의 범죄와 타락, 그리고 하나님의 구원과 최후의 심판을 알고 믿게 하는 것은 불가능하다.

교회교육의 지도자들은 하나님의 계시의 말씀인 성경을 학생들에게 가르치는 데 최선을 다해야 한다. 그리스도인들은 '그 책'(The Book)인 성경을 잘 알고 믿고 전해야 한다. 교회교육을 담당하는 이들은 그 책(The Book)인 성경의 가치를 올바로 이해하기 위해 항존주의자들이 강조하는 '위대한 책들'도 알아야 한다. 그리할 때 사람의 지혜로는 도무지 알 수 없는 하나님의 계시의 말씀인 성경의 진리가 얼마나 탁월하고 유일무이한 것인지 더욱 분명하게 알게 된다. 그럼으로써 그들은 성경이 계시하는 하나님의 은혜와 진리를 더 풍성히 누리면서, 학생들에게 더 효과적으로 가르칠 수 있다.

인문학

개혁신학의 기초를 놓은 칼빈은 원래 헬라와 로마의 고전을 비롯한 인문학에 조예가 깊은 사람이었다. 그가 1532년 처음으로 출판한 책은 로마의 철학자 세네카의 『관용에 관하여』(De Clementia)였다. 그의 불후의 걸작 『기독교강요』는 1536년에 출판되었다. 기독교강요는 칼빈의 인문학 소양을 배경으로, 그 한 권의 책인 성경을 드러낸 작품이라고도 할 수 있다. 오늘날도 성경이 유일무이한 하나님의 말씀임을 온전히 드러내기 위해서는 역사적 고전에 담긴 인문학을 활용할 필요가 있다.

애플회사(Apple, Inc.)를 세운 잡스(Steve Jobs)도 인문학을 기술에 접목한 사람이다. 그는 2011년 행한 연설에서 "애플의 DNA는 기술만으로는 충분하지 않다. 교양(humanities)과 인문학(liberal arts)의 결합된 기술이야말로 가슴 벅찬 결과를 가져다줄 것이다"라고 밝혔다.[139] 실제로 애플사는 인문학을 기술에 접목하여 사람들의 사랑을 받는 제품들을 지속적으로 출시하고 있다.

잡스가 인문학을 언급한 이후 한국의 많은 최고경영자들도 인문학에 관심을 갖게 되었고 이와 관련한 많은 강좌가 개설되었다. 오늘날 세상의 과학, 기술, 경영, 미래, 문화 등의 많은 일들이 인문학과 연결을 시도하고 있다. 그리스도인도 마땅히 그 한 권의 책인 성경을 바로 이해하고 믿을 뿐만 아니라, 성경을 더욱 깊이 이해하고, 이를 삶에 적용을 위해 '위대한 책들'도 가까이해야 한다. 이로써 사람과 사회와 문화와 역사를 더욱 깊이 이해하면서 신앙교육을 할 수 있다.

항존주의 교육이론은 교회교육에서 보다 넓고 깊은 사람에 대한 이해를 배경으로 성경을 가르치라고 조언한다. 성경은 인생의 가장 근본 문제인 하나님과 관계 회복을 다루는 책이다. 하나님과 관계가 깨어짐에 따라 하나님을 등지고 살아가는 사람들은 대부분 자기중심적이고 돈과 명예와 쾌락을 추구한다. 자기 자신이나 명예나 부와 권력을 숭상(崇尙)한다. 성경은 이런 죄인들의 실상을 보여준다. 성경과 함께 고전 문학과 인문학 그리고 현대 문학과 사회학도, 과거와 현재의 하나님을 떠난 사람들의 만용과 허무함과 외로움과 아픔과 슬픔을 적나라하고 다양하게 묘사한다. 따라서 '그 책'(The Book)인 성경과 더불어 고대와 현대를 망라하는 문학과, 인문학의 고전과 철학과 사상 등을 연구하고 참고해야 한다. 이것이 항존주의가 강조하는 바를 교회교육에서 수용해야 할 이유다.

3. 주의할 점들

사람들은 다양한 성격과 취향 그리고 능력과 학습방식을 지니고 있다. 이 세상에 비슷한 사람은 있어도 똑같은 사람은 존재하지 않는다. 사람들이 사물을 인식하고 학습하는 방식은 천차만별이다. 어떤 사람은 책을 읽는 것만으로도 많은 것을 이해하고 배운다. 그러나 어떤 이들은 책을 읽는 것을 좋아하지 않고 교사가 설명하는 것을 들으면서 배운다. 또 다른 사람들은 그림이나 동영상을 통해 정보를 받아들이고 지식을 쌓아간다. 어떤 이들은 자연에 나가 뛰어다니며 사물을 관찰하면서 배우는 것을 좋아한다. 이런 학습방식들을 읽기-쓰기형, 청각형, 시각형, 그리고 운동감각형이라고 한다.[140]

다양한 교수방식의 활용

물론 사람은 이런 다양한 방식 중 한 가지 방법으로만 배우는 것은 결코 아니다. 이 네 가지 방식을 조금씩은 다 활용한다. 그러나 이 네 가지 중 하나를 특별히 선호하는 성향이 사람들에게 있다. 항존주의자들이 선호하는 교육방식은 무엇일까?

그들은 '위대한 책들'을 읽고 토론하며 글을 쓰는 방식을 중심으로 교육한다. 그런데 문제는 혼자서 읽고 글을 쓰는 교육방식을 좋아하고 학습에 효과를 보는 사람들이 많지 않다는 것이다. 이에 따라 항존주의자들은 소수 엘리트를 위한 귀족주의적 교육이라는 비판을 피하기가 어렵다.

교회교육에 있어서도 성경책을 깊이 있게 연구하도록 그리스도인들을 돕고, 이와 아울러 고전을 비롯한 많은 문학책들과 교양서들을 읽도록 격려하는 것이 필요하다. 그러나 이런 방식의 교육이 어린이들을 포함한 모든 교인들에게 적용될 수 있는 것은 아님을 기억해야 한다. 교회학교는 이런 방식의 교육을 잘 따라오는 이들을 격려하여, 읽고 쓰는 그리고 서로 토론하는 기회를 그들에게 제공해야 한다. 동시에 그렇지 못한 이들을 위한 청각, 시각 그리고 운동감각을 통한 교육의 기회를 활용해서 하나님을 알고 믿고 따르는 일에 동참하도록 도와야 한다. 이를 위해 교사들은 어린이들과 청소년들 그리고 청년들과 성인들의 학습방식을 파악하고 다양한 교수방법을 활용해야 한다.

마. 본질주의 (本質主意 Essentialism)

'본질'로 번역된 단어(essential)는 '필수(必修)'로 바꾸는 것이, 이 교육방식을 이해하는 데 도움이 된다. '본질주의' 대신에 '필수주의'라고 부르는 것이 더 좋다. '본질'이라는 단어는 근본을 찾는다는 뜻이 강한 반면, '필수'는 교육에 있어서 꼭 알아야 할 교육내용을 가리키기 때문이다. 그러나 이 책에서는 '본질주의'를 그대로 사용해서 설명한다.

1. 출현 배경과 교육원리

미국(미합중국의 준말, USA)과 구(舊) 소련(소비에트 연방 사회주의 공화국의 준말, USSR)[141] 사이에는 2차 세계대전 이후 지속적인 대립과 경쟁이 있었다. 자신들의 정치체제의 우월성을 드러내고 선전하고 상대방을 압도하기 위한 목적을 가지고 그렇게 했다.

미국은 1957년 우주 탐험 경쟁에서 소련에 크게 뒤쳐져 있다는 사실을 알게 되어 큰 충격을 받았다. 소련이 10월 4일 세계 최초의 인공위성 스푸트니크(Sputnik, '동반자'라는 뜻) 발사에 성공했기 때문이다. 사람이 만든 농구공보다 조금 큰 크기의 물체가 로켓에 실려 대기권 밖에 올려져 지구를 선회하면서 전파신호를 보낸 것이다.

충격과 대응

이 사건은 미국 전체를 뒤흔들어 놓았다. 정치권, 과학계, 교육계에 큰 충격을 주었다. 소련의 앞선 기술력을 보면서 미국은 자신들이 우주탐사경쟁에서 뒤처진 이유가 무엇인지를 조사했다. 이 당시 미국의 학교 교육은 진보주의의 영향 아래 있었다. 앞서 살펴본 대로 진보주의 교육은 학생들의 흥미 중심으로 진행되었고, 실제 사회생활에 적응을 위한 교육을 지향하고 있었다. 이에 따라 학생들이 좋아하지 않는 수학이나 과학 같은 과목이 깊이 있게 교육되지 않고 있음을 그들은 발견하였다.

본질주의자들은 이런 상황에서 "학교가 '파멸 상태에 이르렀다'고 느끼면서, 보다 엄격한 훈련과 보다 '기초적인 것들'을 연구"하고 가르쳐야 한다고 주장하게 되었다.[142] 항존주의와 더불어 본질주의는 진보주의 교육의 소프트(soft) 접근법에 대한 반동이었다. 즉 교육이란, 어린이들이 좋아하는 것만 가르쳐서는 안되고, 힘들거나 싫어도 그들이 꼭 알아야 할 것은 가르쳐야 한다는 것이다.

항존주의자들은 고전을 읽고 이해하고 글을 남기는 것을 교과과정의 중심으로 삼아, 진보주의의 실용주의적 교과과정을 거부했다. 이와 대조적으로 본질주의자들은 '기초로 돌아가자(Back to Basics)'라는 기치를 내걸었다. 그들은 기초과목으로 3 R's(읽기, 쓰기, 셈하기), 문학, 외국어, 역사, 수학, 고전어, 과학, 미술, 음악 등을 필수적으로 알아야 할 과목들로 제시했다.[143]

본질주의 교육원리
본질주의 교육의 원리는 다음과 같이 요약할 수 있다.[144]

학교는 기초 지식을 가르치기 위해 존재한다.
학습은 어려운 일이며 훈련을 필요로 한다.
교사는 교실에서 권위자의 위치에 있다.

스푸트니크 충격 20여 년 후 미국은 1980년을 전후하여 다시 한번 위기를 만난다. 이때 미국은 유류파동(Oil shock)을 경험한다. 원유가격이 1978년 말 1배럴(약42갤런, 약159리터)당 12.7달러에서 1980년 4월 35달러로 약 2.8배나 폭등했다. 유가(油價)가 저렴할 당시 미국인들은 대형차를 선호했다. 그러나 기름값이 천정부지로 치솟게 되자 대부분의 사람들은 연료비가 적게 드는 소형차를 구입하길 원했다. 이때 미국 자동차 회사들은 소형차를 만들 준비가 거의 전무했다. 이에 따라 일본제 소형차들이 미국의 자동차 시장을 급속히 지배하게 되었다.

이런 상황에서 또다시 미국은 당시의 교육 상황을 점검했다. 그리고 1983년 "위기에 처한 나라"(Nation At Risk)라는 리포트를 발간했다. 이 보고서에 따르면, 미국의 '학습능력적성시험'(SAT Scholatic Aptitude Test 대학입학 사정 자료로 사용함) 성적이 1963년과 1980년을 비교하면, 언어영역에서 약 50점, 수리영역에서 약 40점 가량 낮아졌다고 한다(각 영역 800점 만점). 이런 학력 저하를 벗어나기 위해 이 보고서는 다음과 같이 제안했다. 고등학교에서 영어 4년, 수학 3년, 사회 3년, 컴퓨터 1년 반을 필수로 포함시켜야 한다. 결국 필수과목을 강화하는 본질주의 교육방식으로 선회할 것을 촉구한 것이다.

2. 신앙교육에 도움이 되는 교훈

앞서 살펴본 대로 본질주의자들은 가장 기초적인 지식과 기술, 특별히 읽기 쓰기 셈하기의 3 R's (Reading Writing Arithmetic)를 학습자들로 하여금 터득하게 하려는 목표를 가지고 있다. 읽기와 쓰기와 셈하기는 문학이나 철학 같은 인문과목과 정치와 경제 같은 사회과목뿐만 아니라 생물과 물리와 화학 같은 자연과학에서 진보를 나타내기 위해서는 기초적이고 필수적이기 때문이다. 그렇다면 신앙교육에 있어서 기초가 되는 지식이나 기술에는 어떤 것이 있을까?

성경교육

하나님을 더 깊이 알고 그와 더 친밀한 동행을 위해 필요한 것은, 성경을 넓고 깊게 아는 것이다. 기도로 하나님과 진심으로 소통하는 것이다. 또 하나님의 말씀에 순종하는 것이다. 그러한 삶을 위해 필수적인 것은 먼저 성경을 가까이 하여 읽고 묵상하는 것이다.

엔데믹(endemic 코로나19 사태의 종료) 시기인 2023년 초에 미국 남침례교단의 라이프웨이(Lifeway) 출판사가 미국인들의 성경에 대한 태도를 조사하였다.[145] 그 조사결과 중 관심을 끄는 것은 다음과 같다. 첫째, 미국의 2억6천만 가까운 인구 중 39%에 해당하는 약 1억 명이 1년 중 세 번 이상 성경을 사용했다. 이것은 팬데믹 기간이었던 2021년의 약 1억3천만 명(총 인구 중 약 50%)에 비해 약11%가 줄어든 수치이다. 이런 감소에도 불구하고 6천3백만 명의 미국인들(약24%)은 교회 밖에서 매주 성경을 가까이하고 있다고 답했다. 비록 엔데믹으로 말미암아 상당한 사람들이 성경을 다시 멀리하게 되긴 했지만 미국 기독교인들의 저력을 여기서 느낄 수 있다.

라이프웨이는 이어서 성경을 가까이하지 못하는 이유를 조사했다. 여섯 가지 보기 중 둘을 택하는 문항에서 응답자들의 반응은 다음과 같다. 첫째는 시간 부족(26%), 둘째는 어디서부터 시작할지 몰라서(17%), 셋째는 성경읽기가 지루해서(16%), 넷째는 성경의 글을 읽기가 힘들어서(15%) 등이었다. 따라서 부모나 교회의 지도자들은 이런 문제들을 해결할 방법들을 보여줘야 한다. 그럼으로써 믿음이 없거나 약한 사람들이 신앙생활에 필수적인, 성경을 가까이하며 하나님과 동행하는 삶으로 인도할 책임이 있다.

시간이 없어서 성경을 읽기가 힘들다는 이들에 대해서는 하루를 시작하면서 1분이라도 주일에 들었던 설교를 잠시 생각하고 기도하라고 권고할 수 있다.[146] 또는 선교단체 네비게이토(Navigator)처럼 "7분 동안 하나님과 함께" 말씀과 기도하는 시간을 매일 가지라고 할 수 있다.

성경을 읽으려고 하는 이들에게는 창세기, 사무엘상·하, 시편, 잠언, 마가복음, 요한복음, 사도행전 같은 성경책을 먼저 읽도록 추천할 수 있다. 성경읽기를 지루해하는 분들에게는 성경 전체 또는 각 권의 개요를 가르쳐줄 수 있다. 성경 읽기를 힘들어하는 이들에게는 성경 녹음을 듣게 하거나 성경 통독모임을 갖는 방법도 있을 것이다.

무엇보다도 신앙교육을 잘하기 위해서 필요한 것은 어린이들이 어릴 때 시작하는 것이다. 이슬람권의 교육은 기독교 가정들이 오래전에 했던 방법들을 생각하게 만든다. 중국의 서북지역 이슬람권에서 선교사로 사역했던 신재혁 목사는 이슬람식 교육에 대해 다음과 같이 말한다.[147] 이슬람에서도 여름꾸란학교를 운영하고 있다. 이슬람교도들은 다섯가지 종교의무 중 살라(salah, 하루 다섯 번 일출, 정오, 오후, 일몰, 심야에 하는 예배)를 철저히 하며 자녀들에게 모범을 보인다. 이때 15-20분 동안 꾸란을 암송한다. 이를 라크아(rak'ah)라고 하는데, 꾸란에서 인용된 기도문이다. 이를 통해 이슬람 부모들과 모스크 지도자들은 아랍어로 기록된 꾸란을 어린이들이 듣고 외우고 이해하도록 돕는다. 이런 훈련과 교육을 통해 이슬람교는 그들의 힘을 유지하며 키워가고 있다.

그들의 방법을 그대로 교회가 답습할 필요는 없다. 오늘날 교회나 가정의 신앙교육에서 성경을 가르칠 효과적인 방법을 찾아서 활용해야 한다. 어린 아이들에게는 성경을 읽어주고 설명해 주며 스스로 읽게 하며 외우게 한다. 그리고 말씀을 묵상하며 기도하며 실천하게 하는 것이 가장 필수적인 방법이 될 것이다.

교리교육

성경을 읽고 가르치는 것과 함께 가정과 교회는 어린이들과 청소년들에게 교리를 가르쳐야 한다. 웨스트민스터 소요리문답 또는 하이델베르크 요리문답 같은 교리는 올바른 신앙 위에 삶을 세울 수 있게 한다. 교리를 알면 성경을 보다 바르게 이해하는 데 도움을 받는다.

교리 공부를 통해 언약의 백성들은 그리스도 안에서 하나가 됨을 확인할 수 있다. 그리고 다음 세대를 위해 기도하고 그들과 더불어 기도하는 부모와 교회 지도자들을 통해 믿음의 사람들이 계속해서 세워질 것이다. 본질주의는 신앙교육에 있어서 성경과 교리 그리고 기도를 부지런히 그리고 신실하게 가르칠 것을 부모들과 교회 지도자들에게 촉구한다.

3. 주의할 점들

본질주의는 기독교 교육자들에게 성경과 교리와 기도를 가르쳐야 할 것을 깨우쳐 준다. 그리고 교육이란 항상 재미있는 것이 될 수 없고, 때로는 힘들어도 해야 할 것임을 생각하게 한다. 교사는 학생들에게 단지 친구나 협력자가 될 수도 있지만, 권위자임을 본질주의는 다시 한번 알려준다.

신앙교육은 단지 성경이나 교리 그리고 기도를 머리로 알게 하는 것이 전부가 아니다. 믿음이 지식을 바탕으로 형성되는 것은 분명하다. 그러나 믿음은 지성과 감성과 의지의 세 요소가 함께해야 할 뿐만 아니라, 이것들이 행동으로 옮겨져야 하며 결국 예수님을 닮은 인격으로 나타나야 한다. 따라서 본질주의가 강조하는 기초 지식이나 기술을 잘 가르치는 것이 중요함에 동의하면서도, 삶과 인격의 변화를 위해서는 해야 할 일이 더 있음을 기억해야 한다.

공동체를 통한 신앙교육

신앙교육에 있어서 웨스터호프(John H. Westerhoff III)는 무엇보다도 공동체의 중요성을 강조한다. 그는 1976년에 출간한 『교회의 신앙교육』(Will Our Children Have Faith)에서 이 사실을 피력한다.[148] 웨스터호프는 '학교-교수형'의 주입식 방법은 교회의 신앙교육에서 한계가 있다고 주장한다. 그리고 이의 대안으로 공동체를 통한 신앙교육을 강조한다. 그가 구상하는 공동체는 다음과 같은 네 가지 요소를 갖추어야 한다. 첫째, 삶에 관한 이해와 목적과 의지를 함께 나눈다. 둘째로 서로에게 영향을 끼칠 수 있는 너무 크지도 않고 너무 소수도 아닌 적당한 크기(약 300명 내외)의 공동체여야 한다. 셋째로 3세대(조부모-부모-자녀)가 함께 하면서 상호작용이 가능해야 한다. 마지막으로 각 세대는 각자의 역할을 하면서 하나가 되어야 한다.[149]

본질주의가 강조하는 기초 지식과 기술을 생각하며, 가정과 교회는 성경과 교리 그리고 기도와 관련된 필수적인 지식과 기술을 다음 세대에게 신실하게 가르쳐야 한다. 그러나 거기에 머물러서는 참 신앙을 물려주고 성숙한 인격을 갖추는 데는 미흡함을 인정해야 한다. 웨스터호프가 제안하는 것처럼 교회가 3세대가 어울려 공동체의 삶을 통한 교육이 이루어지도록 부모와 교회 지도자들은 자녀들과 함께 하는 시간을 마련해야 한다. 어른들은 자녀들과 삶을 나누며 신앙의 모범을 자녀들에게 보여주어야 한다. 신앙이란 앎과 삶이 함께 가야 하기 때문이다.

바. 인본(인문)주의 [人本(人文)主義 Humanism]

'인본주의'는 '인문주의'라고도 한다. '인본주의'라는 단어가 "하나님과 관계 없이 인간이 주체가 되는 삶을 추구하는 사상"으로 해석될 가능성이 있다. <다음 한국어사전>은 '인문주의'를 "인간성을 존중하고 문화적 교양의 발전을 목표로 하는 사상"이라고 정의한다.[150] 하나님을 믿는 믿음 안에서 사람을 존중하고 교양을 갖춘 그리스도인을 세우는 교육은 바람직하다. 이 책에서는 그런 오해를 피하기 위해 '인본주의'와 '인문주의' 두 단어를 병행해서 서술한다. 인문주의의 출현 배경과 강조점을 알아본다.

1. 출현 배경과 교육원리

출현 배경

인문주의는 미국 교육에 큰 영향을 끼쳤던 진보주의를 배경으로 1950년대를 전후하여 등장했다. 인문주의자들은 "아동 중심성, 교사의 비권위적 역할, 학생의 적극적 참여, 그리고 교육의 협동 및 민주적인 면 등을 포함한 진보주의 원리들의 대부분을 수용해 왔다"고 나이트는 언급한다.[151] 그러나 인문주의는 진보주의와는 달리 다음과 같은 목표를 갖는다.

진보주의자들이 앞의 원리들을 수립했던 목적은 학습자들의 사회참여를 원활하게 돕고 민주주의 사회를 세우기 위함이었다. 그러나 인문주의자들은 진보주의자들과 원리를 같이하면서도 지향하는 바가 달랐다. 즉 인문주의자들은 사회참여보다 개인의 만족과 자아실현을 추구히였다. 즉 각 학습자의 독특함을 존중하고 발전시키는 교육을 인문주의자들은 목표했다. 이런 점에서 인문주의는 진보주의뿐만 아니라 실존주의의 지지를 받으며 미국 교육계에 뿌리를 내렸다고 하겠다.

인문주의 교육은 로저스(Carl Rogers)와 마슬로우(Abraham Maslow) 같은 심리학자들의 도움도 받았다. 인문주의자들은 이들로부터 인간화 (humanized)와 자기실현화(self-actualized) 같은 개념을 빌렸다. 그리고 이를 교육에 적용하려고 노력했다. 각 학습자들의 지성보다 감성(感性)을 더 존중하고 표현하도록 그들은 힘썼다. 이뿐만 아니라 인문주의자들은, 각 사람이 가지고 있는 잠재력을 발견하도록 돕고, 이를 온전히 개발하여 삶에서 활용하도록 지원하는 자아실현을 목표로 삼았다.[152]

인문주의 교육원리

인문주의자들이 지향하는 교육원리는 다음과 같다. 첫째로, 학생들이 서로 경쟁하지 않고 학습자 각 개인의 잠재력을 개발하는 것을 목표로 한다. 교사가 세운 기준에 학생들이 도달하도록 하기 위해 그들을 체벌하거나 공포스런 분위기를 조성하지 않도록 한다. 둘째로, 교사와 학생 사이에 전통적으로 존재하는 '주종'(主從) 관계를 타파한다. 교사는 학생들이 자기주도적 배움을 가질 수 있도록, 안내하고 돕는 역할을 수행한다. 셋째로, 인문주의자들은 대중교육(mass education)을 극복하고, 개인지도 또는 소그룹 모임을 통해 어린이들을 지도한다. 학습자가 "지식 그 자체를 숙지하는 것보다는 [각 개인이] 자아실현"을 추구하도록 교사는 힘쓴다.[153] 교사는 학생들이 상상력을 동원하고 새로운 생각을 도전해 보도록 격려한다. 교사는 학습자들의 개인 간의 차이를 인정하고 각자에게 맞는 교육을 추구한다. 이런 점에서 인문주의 교육원리는 하나님의 형상으로 지음받은 한사람 한사람을 존중하는 성경의 가르침과 닮은 점이 있다.

서머힐 학교

인문주의 교육의 대표적인 사례는 영국의 서머힐(Summerhill)에서 볼 수 있다. 이 학교는 영국의 교육학자 닐(A.S. Neill)이 "1921년에 세운 사립 기숙형

대안학교다. 서머힐은 학생들의 자유를 최대한 존중하고, 그 자유 안에서 총체적이고 조화로운 사람으로 성장하게 함을 목표로 하며 6살부터 18살까지의 학생을 받고 있다."[154] 서머힐 스쿨은 민주교육을 지향하며 직접 민주제로 운영된다. "학교의 운영을 결정하는 학교 회의에는 교직원과 학생 누구나 참여할 수 있으며 모두가 동일한 한 표를 행사한다. 설립자 닐이 세운 원칙인 '방종이 아닌 자유'에 따라 학교의 구성원들은 그들의 행동이 남에게 피해를 주지 않는 한 자유롭게 행동할 수 있다. 학생들은 이 원칙에 따라 어느 수업을 들을지 [스스로] 결정할 수 있다."[155] "방종이 아닌 자유"의 원칙을 따라, 이 학교에는 구성원 모두의 합의에 따라 세운 230여 가지의 규칙이 있다.[156]

인문주의 교육의 모델이라고 일컫는 서머힐에 대한 평가는 다양하다. 지지하는 이들도 많고 우려하는 목소리도 크다. 그러나 학습이 학생들을 통제하고 억압하는 데서 이루어지는 것이 아님을 이 학교는 증명하고 있다. 서머힐은, 학생들이 공부에 대해 스스로 동기부여를 하게 한다. 서머힐 학생들은 수업 참석도 각자의 자유에 맡긴다. 영국에는 8년의 기초 교육과정이 있다. 이 학교 학생들은 어릴 때는 놀이에 시간을 보내다가, 학업에 관심을 가지게 되면 보통 2년 만에 그 과정을 끝낸다고 한다. 학업에서 집중력도 매우 높아 이들의 대학 진학률은 상당히 높은 편이라고 한다.[157] 서머힐이 학생의 개인적인 기독교신앙을 존중하겠지만, 학교의 전체적인 분위기는 성경의 하나님을 중심에 두지 않고 있다. 그런 점에서 서머힐은 '인문주의'라고 하기보다는 '인본주의' 교육철학에 입각한 학교라고 할 수도 있다.

2. 신앙교육에 도움이 되는 인문주의의 교훈

지성과 감성

신앙교육에 있어서 개인의 지성과 감성(感性) 그리고 의지는 모두 존중되어야 한다. 믿음은 지정의 3요소를 모두 갖출 때 완성된다. 일반 학교에서 이루어지는 교육 시간의 대부분은 지식이나 기술의 전달에 소요된다. 이런 현상은 교회학교에서도 비슷하게 볼 수 있다. 즉 성경의 내용을 전달하는 데만 급급하다. "아브람은 75세에 신앙생활을 시작했다. 아브라함은 100세, 사라는 90세에 아들 이삭을 얻었다. 아브라함은 175세에 세상을 떠났다"와 같은 단편적인 사실을 가르치는 것으로 교사들은 책임을 다했다고 생각하는 경향이 있다.

아브람이 75세에 하나님의 부르심을 받았을 때 느꼈을 불안이나 희망 같은 감정을 전달할 시간이나 마음의 여유가 교사들에게 없다. 학습자들에게도 아브람이 부름받은 사건이 자신에게 어떤 의미가 있는지 생각할 시간이 없다. 그런 느낌을 발표하며 나눌 기회는 더욱 없다. 학습자의 삶은 성경과 별 연관없이 이루어진다. 인문주의 교육방식은 지식의 전달에서 더 나아가 성경의 인물들이 경험하는 감정에 대해 생각해 보라고 교회학교 교사들에게 권면한다. 그리고 학생들의 현재의 삶과 성경의 교훈과 연결시켜서 자신들의 감정을 표현하고 나눌 기회를 주라고 조언한다.

이런 일들이 단번에 이루어질 가능성은 전혀 없다. 분반공부의 시간 부족과 교사의 능력의 한계 그리고 학생들의 관심 없음이 정보 전달에 급급한 교회교육의 현실을 만들었기 때문이다. 이런 현실을 타개하기 위해서는 교사의 역할이 매우 중요하다. 교사는 먼저 성경의 내용(정보)만을 전달하려는 생각에서 벗어나야 한다. 교사는 성경에 나타난 하나님과 인물들에 대해 학생들의 감정적인 반응을 일깨워야 한다. "하나님이 아브람을 정말 사랑하셨구나. 아브라함은 실수도 했지만 그래도 하나님을 신뢰하고 오래 기다렸구나. 하나님께서 아브라함을 끝까지 사랑하시고 그의 노년에 복을 많이 주셨구나"와 같은 감성이 교사의 마음에 살아나야 한다.

교사는 하나님께 기도하면서 자신이 맡은 학생들의 마음을 헤아릴 필요가 있다. 그들의 힘듦과 아픔과 슬픔 그리고 기쁨과 감격을 공감하며 그들을 위해 하나님과 대화해야 한다. 그들을 돕기 위해 무엇을 해야 할지, 그리고 어떻게 해야 할지 하나님께 지혜를 구해야 한다. 분반공부 시간에 학생들이 마음을 나누기가 어렵다면, 개인적으로 한 사람씩 따로 만나야 한다. 그럼으로써 그의 마음을 들어주며 자신의 귀중함을 알게 하며, 그가 하나님의 뜻을 알고 이룰 수 있도록 지도하고 격려해야 한다. 부모와 교사는 예수님처럼 어린이의 있는 모습 그대로 수용하고 인정하고 격려하면서 그들의 학습을 도울 수 있어야 한다.

글쓰기

교회학교는 성경퀴즈대회를 한다면 '도전 골든벨'[158] 식으로 해야 한다. 보통의 퀴즈대회는 순발력이 결과를 좌우한다. 답은 알지만 1초도 안 되는 시간 차이로 상을 받지 못해서 실망하는 아이가 없어야 하기 때문이다. 이런 폐해를 없애는 방법 중 하나가 '도전 골든벨' 방식이다. 이 방식은 준비한 만큼 아이들이 결과를 얻을 수 있다. 진행자가 중간중간에 아이들에게 소감을 묻거나, 하나님이나 성경인물의 감정을 묻는 문제를 낸다면 지식을 넘어 감정과 의지를 다루는 교육 효과를 낼 수 있다. 대답하기 원하는 아이들이라면 모두에게 발표할 기회를 줄 수 있다.

아이들이 하나님의 말씀을 머리로만 아는 데서 멈추면 안 된다. 성경의 지식이 감성과 의지로 연결되게 하려면 어떻게 해야 할까? 글쓰기가 해답이 될 수 있다. 성경을 공부한 후 무엇을 알게(지식) 되었고 느꼈으며(감정) 어떤 결단을 하게 되었는지(의지)에 대해 글을 쓰게 한다. 그리고 그 소감을 발표하게 한다면 지식과 감성과 의지를 표현할 기회를 학생들에게 제공할 수 있다.

글을 쓴다는 것은 부담스러운 과업이다. 그러나 편지 형식으로 글을 쓰면 학습자가 편안한 마음으로 소감을 쓸 수 있다. 그런 소감을 친구에게 보내는 편지에 담게 한다면, 모든 아이들이 좀 더 쉽게 자신의 마음을 표현할 기회를 가질 수 있다. 또 그림이나 노래 가사를 짓게 함으로써 학생들의 마음과 생각을 표현하게 할 수도 있다.

인문주의자들은 지식을 넘어 감성을 표현하는 교육을 강조한다. 한 사람의 귀중함을 인정하고 아이들이 그 사실을 경험할 수 있게 함으로써, 자신의 삶을 긍정적으로 받아들일 수 있도록 인문주의자들은 학생들을 돕는다. 나아가 자신의 잠재력을 인식하고 계발하도록 격려함으로써 인문주의 교육방식은 하나님의 뜻을 이루는 데 큰 힘이 된다. 인문주의가 인본주의로 변질되지 않도록 주의하면서, 인문주의의 방법들을 신앙교육에서 활용해야 한다. 인문주의는, 하나님 그리고 자신과 이웃과 무미건조한 관계를, 기쁨과 즐거움과 의미가 풍성한 사귐으로 만드는 데 큰 도움을 준다.

3. 주의할 점들

하나님 중심

하나님을 배제한 인본주의 교육은 사람이 보기에는 그럴듯하나 필경은 사망을 초래한다. 드종(Norman DeJong)이 천명했듯이 예수 그리스도를 중심으로 하지 않는 교육은 진정한 교육이라고 할 수 없다.[159] "영생은 곧 유일하신 참 하나님과 그가 보내신 자 예수 그리스도를 아는 것이니이다"(요17:3)라는 말씀과 같이 성부 하나님과 성자 예수 그리스도를 알지 않고서는 영원한 생명을 누릴 수 없고 진리를 경험할 수 없기 때문이다.

인문주의 교육방식에서 무엇보다도 경계해야 할 것은 하나님을 중심에 두지 않는 것이다. 한 아이를 귀중하게 여기고, 그에게 있는 잠재력을 계발하도록 돕는 것은 바람직하다. 그러나 이런 생각이 하나님의 창조와 그의 형상으로 지음 받은 사람이라는 진리 위에 세워지지 않을 때, 한 사람을 존중하는 마음이 오래 갈 수 없다. 죄로 말미암아 타락한 상태에 있는 아이와 교사임을 인정하지 않을 때, 때때로 인간관계에서 부닥치는 부조리와 갈등을 극복하기 어렵게 된다. 그리고 예수 그리스도를 통한 회복이라는 하나님의 사랑과 은혜를 알고 받아들이지 않을 때 쉽게 절망하게 된다.

훈련과 자유

각 사람의 자유를 존중하는 인문주의자들의 교육원리는 대부분의 교육자들이 동의한다. 그러나 어느 정도의 자유를 어린이들과 청소년들에게 허용할 것인지에 대해서는 다양한 의견이 나올 것이다. 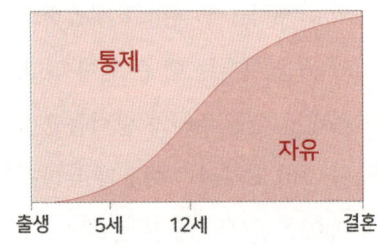 나이가 적은 아이에게는, 부모나 교사의 권위를 갖춘 지도와 훈련이 마땅히 있어야 한다. 그리고 나이가 들어감에 따라 자유를 조금씩 더 허용하는 것이 바람직할 것이다.

어린 아이들에게는 성경을 읽고 암송하고, 아침에 일어나서, 식사할 때 그리고 잠자리에 들기 전에 기도하는 습관이 몸에 새겨지도록 훈련해야 한다. 그리고 나이가 들어감에 따라 왜 성경을 가까이해야 하는지, 또 기도함으로써 얻는 유익이 무엇인지를 생각해 보게 해야 한다. 그리고 스스로 깨닫고 실천할 수 있도록 도와야 한다.

부모의 권위 아래서 통제받으며 살아가는 어린 아이들이 점차 자유를 누리며 자기주도적인 신앙생활이 되게 하라. 하나님의 사랑과 은혜를 깨달아 기쁨과 감사하는 마음을 어린이들이 갖도록 도우라. 청소년들이 신앙생활의 규칙을 자발적으로 지킬 수 있도록 격려하라. 자유는 자신이 중심이 되어 무엇이든지 자기가 원하는 것을 할 수 있는 것으로 오해하게 해서는 안 된다. 요한복음 8:32 말씀대로 진정한 자유는, 진리이신 예수 그리스도 안에서만 누릴 수 있기 때문이다.

사. 재건주의 (再建主義 Reconstructionism)

대한민국은 1997년 경제위기를 만났었다. 이를 극복하기 위해 정부는 국제통화기금(IMF)으로부터 구제금융 지원을 받았다. 많은 기업들이 높은 금리로 인해 자금을 빌리지 못해 도산하였다. 많은 사업주나 직장을 잃은 사람들은 큰 고통을 겪었고 자살자들이 속출했다. 그러나 이 당시 돈이 있는 사람들의 건배사는 "이대로!"였다. 그 이유는 많은 사람들이 수입이 없고 돈 빌릴 데가 없어서 절망하고 있었지만, 부자들은 돈을 더 많이 벌 수 있었기 때문이었다. 미국에서 재건주의가 등장한 배경도 비록 시기적으로 이보다 60여 년 전이었지만 이와 많이 닮았다.

1. 출현 배경과 교육원리

미국 교육에서 재건주의의 등장은 사회 재건주의(Social Reconstructionism)와 궤를 같이 한다. 사회 재건주의는 1차 세계대전과 미국의 대공황(The Great Depression) 그리고 2차 세계대전을 통해 드러난 사회의 다양한 문제들에 대한 해결책을 제시하기 위함이었다. 이로써 보다 나은 사회를 건설하고 민주주의의 확산을 추구하는 철학사상이다.

사회개혁을 위한 교육

재건주의 사상은 브라멜드(Theodore Brameld 1904-1987)에게서 뚜렷하게 모습을 드러냈다. 그는 전쟁을 통해 세상이 두 가지 방향 중 하나로 흘러갈 것으로 예상했다. 첫째는 기술의 발전과 인간의 잔학함으로 말미암아 결국 인간 종말에 이를 것이라는 추정이다. 둘째는 기술과 인간애를 발전시킴으로써 살기 좋은 사회로 발전하는 모양새이다. 이런 선택의 기로에서 전자를 원하는 사람은 아무도 없을 것이다.

그렇다면 이전보다 안전하고 서로를 보듬는 사회로 만들기 위해서 해야 할 일이 무엇인가? 카운츠(George S. Counts 1889-1974)는 안전하고 풍요로운 사회질서를 마련하기 위한 방편으로써 교육을 제시했다. 그는 "새로운 사회질서를 세우기 위해 학교는 과감히 나설 것인가?"(Dare the School Build a New Social Order? 1932)라는 책을 통해 문제를 제기했다. 그는 진보주의 교육이 학생들로 하여금 기존 사회에 효과적으로 적응하는 것을 목표로 하는 것만으로는 충분하지 않다고 보았다. 교육이 사회에 적응하는 서민을 키우는 데서 더 나아가야 한다고 주장했다. 즉 사회를 개혁할 수 있는 지도자를 양성하는 목표를 가져야 한다고 카운츠는 주장했다.

파울로 프레이리

부익부 빈익빈 현상이 극심했던 20세기 중반 브라질에, 사회 개혁의 목표를 가진 교육자 프레이리(Paulo Freire 1921-1997)가 등장했다. 그는 문맹으로 말미암아 어려움을 겪던 농민들에게 글을 가르치며, 그들의 권리를 신장시키기 위해 힘썼다. 그리고 당시 브라질의 교육이 시민의 삶의 개선이나 사회개혁보다는 현상태의 유지를 위한 것임을 지적했다. 그는 브라질 정부로부터 탄압을 받아 1964년에 칠레로 정치적 망명을 하였다. 그는 1968년 『페다고지』[160](Pedagogy of the Oppressed)라는 책을 통해 그의 사회개혁을 위한 교육의 역할을 설파했다. 프레이리는 1969년 하버드대학교의 초청을 받아 객원교수로 일했다.

프레이리의 주장의 핵심은 다음과 같다. 모든 사람은 현재보다 나은 체제와 환경에서 살아야 한다. 모든 사람은 인간다운 삶을 살아야 한다. 기득권을 가진 사람이 약자를 돌보지 않고 압제하는 것은 기득권자나 약자 양쪽 다 인간성을 잃어버리게 만든다. 대부분의 사람들은 압제당하는 이들만 인간다운 삶을 잃어버린다고 생각한다. 그러나 기득권자들도 약자를 돌보지 않는다면 참된 사람이기를 포기하는 것임을 프레이리는 강조한다. 그렇지 않은가? 사람이라면 마땅히 열악한 상황에 처한 이웃을 돌보아야만 참 사람이다. 성경은 하나님 사랑과 이웃 사랑을 함께 강조한다.

이를 극복하기 위해 양자는 각자가 가진 힘이 무엇인지를 이해해야만 한다. 기득권을 가진 이들은 현 상황에 만족하고 있기 때문에, 이런 상황을 타개하는 일에 무관심하기 쉽다. 그러나 참 인간이 되기 위해 그들은 기득권 유지보다 사회적 약자를 돌아보아야 한다. 그들은 마땅히 사회적 약자가 기본적인 인권을 누리는 방안을 찾고 실행해야 한다.

특별히 사회적 약자는 하루하루 생활에 필요한 것을 얻기에 급급하다. 그래서 자신의 권리를 찾고 신장하는 일에 나서기가 쉽지 않다. 그러나 참다운 삶을 회복하기 위해서는, 폭력을 사용하지 않고 이런 목표를 이루기 위한 자각을 그들은 해야 한다. 교육을 통해 기득권자나 약자 모두가 인간다운 삶을 가질 수 있는 목표를 세워야 한다. 그리할 때 그들은 현재의 인간답지 못한 상황을 개선하고, 모두가 평화를 누리며 만족한 삶을 살 수 있음을 프레이리는 설파했다.[161]

문제제기식 교육

프레이리는 사회개혁을 성취하기 위한 교육을 다음과 같이 제시한다. 기존의 교육방식을 그는 '은행저금식'(banking)이라 부른다. 즉 교사가 가지고 있는 정보를 학생들에게 주입하면 학생은 그것을 활용한다. 그러나 이런 방식으로는 사회의 현상유지는 가능해도 개혁은 이루어질 수 없다. 그래서 프레이리는 학교에서 사회나 문학 과목을 새로운 교육방식으로 접근해야 할 것을 제안한다.

프레이리는 은행저금식 방법의 대안으로 문제제기식 교육을 주창한다. 교사가 일방적으로 정보와 지식을 가르치기만 하는 주입식 방식을 지양한다. 논란이 있는 문제에 대해 학생들은 다양한 관점이나 견해를 조사하고 토론할 기회를 갖는다. 학생들 스스로가 바람직한 결론을 내리는 방식을 활용한다. 학생들을 수동적으로 정보를 받는 위치에서, 적극적으로 문제를 탐구하고 해결책을 찾아내는 자리로 교사는 이끈다. 교사와 학생 그리고 학생들 사이에 주입식이 아닌 대화와 토론을 자유롭게 한다. 이런 문제제기식 교육을 통해 사회 재건(개혁)은 가능하다고 프레이리는 주장했다.

2. 신앙교육에 도움이 되는 교훈

종교는 아편처럼 현실을 망각하게 만들면서, 마음에는 편안함을 주는 것으로 비판받기도 한다.[162] 성경은 현실에 순응하라고만 말씀하는가? 그렇다면 구약의 선지서들의 가르침에 눈을 감고 있는 것이다. 성경은 선지자들을 통해 하나님을 떠난 나라와 사회에 대해 때로는 자애롭게 때로는 신랄하게 비판하고 심판을 경고한다. 예수님은 산상보훈에서 그리스도인이 세상의 소금과 빛임을 천명하신다. 소금과 빛이 되라고 하지 않으시고 "너희는 세상의 소금… 세상의 빛"이라고 하신다. 하나님의 자녀들은 그리스도의 제자로서 이미 소금과 빛이 되었다. 그리스도인은 이제 세상을 정의롭고 공의로운 사회, 의와 평강과 기쁨이 넘치는 하나님의 나라(롬14:17) 공동체로 만들 책임이 있다.

사회봉사와 사회행동

영국에 윌버포스(William Wilberforce 1759-1833)라는 인물이 있다. 그는 21세의 젊은 나이에 하원의원이 되어 정의로운 영국 사회를 이루기 위해 노력했다. 그는 25세 때 회심하고 참 그리스도인이 되었다. 이후 목사가 될 마음도 있었으나, 찬송가 305장 "나 같은 죄인 살리신"의 작사자 뉴턴(John Newton)의 조언을 받고 정치인으로 계속 살았다. 그는 영국에 끌려와 동물 이하의 처우를 받는 흑인 노예들을 보고 큰 충격을 받았다. 그리고 그들에게 자유를 주기 위한 노예제 폐지 운동에 앞장섰다. 그의 활약에 힘입어 영국에서 노예제는 그가 세상을 떠난 이듬해인 1834년에 완전 폐지되었다. 링컨에 의해 미국의 노예해방선언이 1863년에 이루어졌으니 29년이나 앞서 이루어졌다. 그리스도인은 구원의 기쁜 소식을 전하는 복음전도의 사명(evangelical mandate)과 시민의 삶과 사회를 개혁하는 문화사명(cultural mandate)을 함께 수행해야 한다.

카이퍼(Abraham Kuyper 1837-1920)는 네델란드의 목회자, 신학자, 교육자이며 국무총리를 역임한 정치인이다. 그는 "인간 존재의 전 영역 중에서 만물의 주권자이신 그리스도께서 '내 것'이라고 주장하지 않으시는 곳은 단 한 치도 없다"[163]라는 말을 했다. 그는 정치, 경제, 사회, 문화 등 세상의 모든 영역에서 그리스도의 뜻 곧 하나님의 나라가 흥왕하길 소원했다. 그는 "개혁된 교회는 항상 개혁되어져야 한다"는 생각을 가졌을 뿐만 아니라, 그리스도인들이 사회개혁에도 앞장서야 할 것을 강조했다.

재건주의에서 교회가 받아야 할 교훈은 신앙교육이 사회의 현상유지를 위한 것에 머무르면 안 된다는 것이다. 교회는 사회에서 소외되고 있는 사람들을 위해 그들이 필요한 것들을 제공해야 한다. 이웃의 물질적 심리적인 필요를 제공하는 것을 사회봉사(social service)라고 한다. 나아가 그리스도인들은 사회적 약자들의 권리가 신장(伸張)될 수 있도록 제도의 개선까지도 추진해야 한다. 이를 사회행동(social action)이라 한다. 이런 일에 그리스도인들이 앞장서기 위해 교회교육에서도 성경을 근거로 현실의 문제들을 다룰 수 있어야 한다.

성경의 내용만을 가르치고 암기하게 하는 '은행저금식' 교육방식에 머물러서는 안 된다. 학생들이 관심을 가지고 있는 사회적 문제들에 대해 조사 연구하고 발표하고 질문하고 토론할 기회가 주어져야 한다. 성경에서 사회문제에 대한 해답을 찾는 교육방법이 교회 안에서 활용되어야 한다. 특별히 청년들이 온유하고 겸손한 마음을 가지고 교회와 사회를 개혁하는 일을 하도록 교회교육 지도자들은 나서야 한다.

3. 주의할 점들

재건주의의 교훈을 가정이나 교회에서 실천하는 방법은 두 가지다. 하나는 사회적으로 소외되고 어려움을 겪고 있는 사람들에게 필요한 것을 공급하는 일이다. 가난한 사람들, 병든 사람들, 교도소에 갇힌 사람들, 독거인들, 그리고 미혼모(未婚母) 등을 돌보는 것이다[사회봉사(social service)]. 다른 하나는 사회적 약자들을 위한 또는 사회의 부조리를 개선하는 제도적 법적 장치를 마련하는 일이다. 그들의 어려움에 대해 즉각적인 도움을 제공하는 데 머무르지 않고 근원적인 해결책을 모색하는 일이다[사회행동(social action)].

교회는 사회봉사의 일을 해야 한다. 그러나 사회행동은 교회가 직접 주도하지 않는다. 교회의 본질적인 존재 목적(영혼구원과 양육)에서 벗어나기 때문이다. 어떤 사회적 이슈에 대해 교회 안에서도 찬성과 반대가 함께 존재할 수 있다. 교회가 직접 나선다면 그 이슈 때문에 그리스도의 몸인 교회가 분열할 수 있다. 이것은 주님이 원하시는 일이 절대로 아니다. 따라서 사회행동은 교회가 직접 해서는 안 되고, 그리스도인들이 개인적으로 아니면 단체를 조직해서 수행해야 한다. 우리나라에서는 1987년에 시작된 기독교윤리실천운동(기윤실)[164]에서 모범적인 사례를 볼 수 있다. 사회행동은 독일이나 네델란드에서 볼 수 있듯이 기독교정당으로 발전할 수도 있다.

재건주의의 교훈을 교회에 적용할 때 사회봉사와 사회행동에 대한 차이를 분명하게 가르쳐야 한다. 사회봉사와 사회행동을 가르치고 실천할 때, 연령층에 따라 내용이 달라져야 한다. 주위의 어려운 사람들을 돕는 일은 어린 아이들도 이해할 수 있고 참여해야 한다. 그러나 사회행동에 대해서는 아무래도 청소년기로부터 시작해서 청년기에 본격적으로 조사 연구하고 발표하고 토론하는 일들이 가능할 것이다.

이웃을 돕고 사회를 개혁하는 일을 가르치는 것은 반드시 성경과 교리에 근거하고 기독교 세계관에 기초해야 한다. 이 전제가 무너져 성경보다 현실이 앞서고, 행동이나 폭력에 충동적으로 나설 때, 교회는 쉽게 혼돈에 빠지고 분열의 위기에 부닥칠 수 있다. 사회행동은 교회 밖에서 그리스도인들이 수행해야 함을 명심해야 한다.

아. 미래주의(未來主義 Futurism)

사람들 가운데 옛날이 좋았다고 말하며 현재의 삶을 불평하며 힘들게 사는 이들이 있다. 이들은 옛날 좋았던 시절을 지나치게 그리워하며, 오늘 해야 할 일들은 소홀히 한다. 이런 이들은 내일에 대한 희망이나 계획은 생각하지 못하고 도외시하므로 진보나 발전을 기대하기 어렵다. 전도서 7:10은 다음과 같이 말씀한다. "옛날이 오늘보다 나은 것이 어찜이냐 하지 말라 이렇게 묻는 것은 지혜가 아니니라" 지혜로운 사람은 과거를 평가하면서 미래를 전망하고 오늘 해야 할 일을 찾아서 성실하게 행동에 옮긴다. 오늘 우리는 급변하는 세상에서 살고 있다. 더욱이 인공지능(Artificial Intelligence)의 확산은 국가와 사회 그리고 개인에게 큰 변화를 가져올 것이 분명하다. 앞으로 있게 될 변화를 예측하면서 오늘 해야 할 일들을 제시하는 것은 모든 지도자들의 책임이다. 부모와 교회의 지도자들은 미래주의의 교훈을 숙고할 필요가 있다.

1. 출현 배경과 교육원리

미래의 충격

미래학자인 토플러(Alvin Toffler 1928-2016)는 1970년 『미래의 충격』(Future Shock)을 출간했다. 그는 1960년대를 지나면서 사회가 초(超)산업수의 시대에 들어갔다고 단언한다. 그런데 학교는 여전히 2차 산업시대에 형성된 옛날의 구조와 방법으로 운영되는 잘못을 범하고 있다고 지적한다. 그는 이런 상황에서 사람들은 현실을 방관하고 있다고 비판한다. 그가 말하는 미래의 충격은 한 사람이 짧은 시간 내에 너무 많은 변화를 경험하고 예상하기 때문에 겪게 되는 스트레스와 방향감각을 잃어버리는 상태라고 한다.[165]

토플러는 1960년대 중반부터 미래에 대한 관심을 가지고 연구했다. 그는 과학과 사회가 급속하게 변화하고 있음을 감지하고 이에 대처하는 방안을 제시했다. 그는 이 책에서 제18장의 제목을 "미래 시제의 교육"(Education in the Future Tense)이라고 붙이고 교육을 통한 미래 충격을 극복할 방안을 간략하게 제시한다.[166]

미래 자서전

토플러는 미래의 충격을 극복하려면, 초산업화 시대에 적합한 교육 제도를 만들어야 하고, 그러기 위해 10년 뒤, 50년 뒤를 상상하면서 교육의 목적과 방법을 찾아야 한다고 주장한다. 그는 수동적이고 현실에 안주하려는 마음을 버릴 것을 촉구한다. 그리고 현실에 대해 비판적인 생각과 급변하는 현실을 직시하고 대처하는 방법을 찾는 사람을 키우는 교육이 요구된다고 강조한다. 이를 위해 미래를 예측하는 습성을 키워주는 교육을 하라고 그는 권면한다. 토플러는 아이들에게 '미래 자서전'을 써보길 추천한다. 그들로 하여금 5년, 10년 또는 20년 후의 자신을 그려볼 기회를 주라고 한다.[167] 그는 다음과 같이 단언한다. "교육은 미래의 시제로 옮겨가지 않으면 안 된다."[168]

미래주의 교육 방식은 진보주의나 재건주의와 많이 유사하다. 그러면 미래주의자들의 교육과 관련된 견해가 재건주의자들과의 차이점은 무엇일까? 이에 대해 나이트는 다음과 같이 설명한다. 미래주의자들도 재건주의자들처럼 현재의 사회, 정치, 경제적 질서를 학생들이 점검할 수 있도록 도와야 한다는 점은 비슷하다. 그러나 "미래주의자들은 재건주의자들과는 달리 학교가 직접적으로 사회 변화를 주도할 수 있다고 주장하지는 않는다." 다만 현재와 미래에 다가오는 큰 변화에 대해 학생들이 "지성적으로 반응하고 선택할 수 있도록 준비"하게 하는 것이다.[169]

2. 신앙교육에 도움이 되는 교훈

성경은 내일을 바라보게 하며 꿈을 주는 하나님의 말씀이다. 하나님은 첫 사람 아담과 하와에게 "생육하고 번성하여 땅에 충만하라 땅을 정복하라 바다의 물고기와 하늘의 새와 땅에 움직이는 모든 생물을 다스리라"(창1:28)고 하시며, 그들이 세상을 가슴에 품게 하셨다. 자식 하나 없는 아브람에게는 "내가 너로 큰 민족을 이루고 네게 복을 주어 네 이름을 창대하게 하리니 너는 복이 될지라"(창12:2)고 말씀하시며 하나님은 꿈을 주셨다. 부활하신 예수님은 그의 제자들에게 "너희는 가서 모든 민족을 제자로 삼"으라고(마28:19)하신다. 그는 당시 변방이었던 갈릴리 출신 열한 제자들에게 예루살렘으로부터 땅끝을 향한 위대한 비전을 주신다(행1:8).

예언과 환상과 꿈

신앙교육의 주체는 성령 하나님이다. 성령님은 하나님의 사람들로 하여금 꿈을 꾸게 하시며 예언하게 하시며, 젊은이들이 환상을 보게 하시는 분이다(행 2:17). 성령님은 하나님의 자녀들이 미래지향적으로 생각하며 세상을 변화시키도록 하신다. 우리나라에서 1960년 전후에 시작된 학원 복음화 운동은 한국 기독교에 큰 영향을 주었다. 한국의 대학생들은 한국의 복음화와 세계 선교의 이상을 품고 기도하며 전도하고, 제자양육과 선교에 헌신했다. 대학생들이 성령님이 주시는 미래에 대한 환상을 보며 순종한 결과 1970년대부터 2000년 전후까지 한국교회는 힘차게 그리고 급속하게 성장하였다.

세 번째 밀레니엄(2001년부터)에 들어서면서 한국교회의 성장동력은 약화되었다. 더욱이 2019년 말에 시작된 코로나19 팬데믹 사태를 겪으면서 한국교회는 큰 타격을 받았다. 이런 상황에서 그리스도인들은 미래에 대한 소망을 품기 어려워하고 있다. 한국교회가 앞으로 어떻게 될지 비관적인 생각을 하게 만드는 현실에 우리는 처해 있다. 그러나 미래주의자들은 현실을 냉정하게 분석하고 내일을 대비하여 오늘 할 일을 하라고 강권한다. 자포자기하며 살아가는 청년들에게, 눈앞의 목표만을 추구하며 살아가는 청소년들에게 이상을 보며 꿈을 꾸라고 한다. 미래주의는 현실에 안주하거나 꿈을 포기하는 그리스도인들에게 세계를 품고 미래를 향해 나아가라는 하나님의 뜻을 헤아리게 한다.

부모들과 교회 지도자들은 먼저 성령님을 의지해야 한다. 후대들에게 성령께서 주시는 비전을 제시하며 하나님의 뜻에 헌신하는 사람들로 세울 수 있어야 한다. 하나님은 세상의 눈으로 볼 때 가진 것이 없고 약한 자라도 하나님을 의지하고 순종하는 사람을 사용하신다. 하나님을 사랑하고 이웃을 사랑하는 그리스도인을 통해 하나님은 친히 이 땅에 부흥을 주시며, 그의 나라가 흥왕하는 미래를 열어가신다.

3. 주의할 점들

미래주의는 "묵시가 없으면 백성이 방자히 행하거니와…"(잠29:18상)라는 하나님의 말씀을 생각나게 한다. 토플러는 암울한 미래를 예상하면서도 긍정적인 태도를 유지하는 미래학자다. 그리스도인으로서 모든 사람들이 화평한 가운데 정의롭고 공의로운 사회에서 살아가는 꿈을 가지는 것은 당연하다. 그러나 진정한 평화와 정의롭고 공의로운 질서는 어떻게 이 세상에 정착할 수 있을까? 잠언 29:18은 다음과 같이 이어진다. "…율법을 지키는 자는 복이 있느니라"(잠29:18하)

가능성이 희박하긴 하지만, 장차 풍요롭고 공평한 사회가 이루어진다고 해도 모든 사람이 행복해지기는 절대로 불가능하다. 사람에게는 절대적 빈곤 문제가 해결되더라도 상대적 빈곤감이 있기 때문이다. 인간의 이기심이라는 죄의 문제가 해결되어 하나님과 화목하게 되고 이웃을 사랑하지 않고는 빈곤감은 해결될 수 없다. 하나님과 평화를 누리기 전에는 각 개인이 의와 평강과 기쁨(롬14:17)을 누릴 수 없기 때문이다. 공산주의가 실패한 이유가 여기에 있고 자본주의의 한계도 마찬가지다.

정치 경제 사회 문화의 측면에서 하나님이 주신 달란트를 그리스도인 각자가 잘 활용할 수 있도록 도와야 한다. 부모나 교회 지도자들은 미래에 대한 비전을 가진 하나님의 사람들을 준비시켜야 한다. 그러나 가장 중요한 것은 각 그리스도인들이 하나님의 사랑을 받고 누리며 살아가도록 교육하는 것임을 명심해야 한다. 하나님의 사랑 받는 자녀의 권세 없이는 기쁨과 평안을 누릴 수 없고, 이웃과 사회를 섬기는 미래지향적인 사람이 될 수 없다.

성경은 모든 그리스도인들이 전도사명(Evangelical mandate)과 문화사명(Cultural mandate)을 받았음을 가르쳐준다. 교회 안에서의 일과 교회 밖에서의 일 모두가 하나님께 영광을 돌리는 일이다. 부모나 교회의 지도자들은 이 두 사명을 모두 효과적으로 그리고 헌신적으로 수행하는 사람들을 키워야 한다. 그럼으로써 죄인들을 그리스도께로 인도하며 성장하는 교회를 세워야 한다. 그리고 이 세상에 하나님의 나라를 흥왕케 하는 그리스도인들을 양육해야 한다. 사명을 따라 살아갈 때 하나님은 우리를 기뻐하시고, 우리는 이웃들을 사랑으로 섬기는 그리스도인이 된다. 결국 교회는 부흥을 경험하며, 하나님의 나라는 흥왕하는 은혜를 경험할 것이다.

IV. 발달심리학(發達心理學 developmental psychology)을 통한 신앙교육

발달심리학은 인간의 전생애 과정 가운데 나이가 들어감과 주변의 영향으로 인한 사고방식과 행동의 변화를 다룬다. 발달심리학의 연구 결과는 학습자를 이해하고 특별히 각 연령층에 맞는 교육을 수행하는 데 크게 기여해 왔다. 신앙교육에서도 발달심리학을 참고하고 활용해야 한다. 부모와 교사들은 발달심리학을 통해 어린이와 유소년들 그리고 청소년과 성인들에게 적합한 교육내용과 교육방법을 취사선택 하는 데 큰 도움을 얻을 수 있다. 효과적인 신앙교육에 통찰을 제공하는 발달심리학자들 중 피아제, 비고츠키, 에릭슨, 파울러, 콜버그 그리고 웨스터호프 여섯 사람의 이론을 살펴본다.

가. 장 피아제(Jean Piaget, 1896-1980)
-인지발달심리학(Cognitive developmental psychology)

1. 피아제의 삶

피아제는 스위스 사람으로서 철학과 생물학과 심리학에 많은 업적을 남겼다. 그는 천재이며 노력가였다. 어릴 때부터 생물들을 관찰하고 연구하는 데 비상한 열심과 능력을 나타냈다. 초6학년 때 개구리를 연구하고 논문을 썼는데, 사람들이 그 논문만을 보고 그를 대학교수로 초빙하고 싶어 할 정도였다고 한다. 그는 21세에 뇌샤텔 대학교(University of Neuchâtel)에서 생물학 박사학위를 받았다. 그후 그는 지능검사방법을 창안한 비네(Alfred Binet)의 연구실에서 일했다.

이때 피아제는 아동의 지능검사결과를 분석하는 과정에서 특이한 점을 발견했다. 특정 질문에서 나이가 든 어린이들은 답을 잘 맞추는데, 그보다 어린 아이들은 대부분 틀린 답을 쓴 것이었다. 피아제는 연구를 통해 그 이유를 찾아냈다. 즉 그런 차이가 생기는 것은, 두 연령층의 어린이들이 사고하는 능력과 방식이 다르기 때문이라는 것이었다.[170]

피아제는 1923년에 샤트네(Valentine Châtenay)와 결혼하여 3명의 자녀를 두었다. 아이들을 양육하면서 그는 아이들을 세심하게 관찰했다. 이를 통해 피아제는 어린 아이들에게 있는 인지능력의 차이를 발견하게 되었다. 또 그들 사이의 대화는 소통이 이루어지지 않는 독백(collective monologue)에 가까운 것임을 확인했다. 어린 아이들에게 있는 특별히 강한 자아중심성(Egocentrism) 또한 그가 찾아냈다.[171]

2. 인지발달이론

피아제의 인지발달이론을 이해하기 위해서는 도식(schema)과 적응(adaptation)이라는 개념을 알아야 한다.

'도식'(schema)이란 사람이 특정 사물이나 사건에 대해 가지고 있는 일반적 또는 전체적인 개념을 가리킨다. 필자가 출생한 지 약 18개월 된 딸과 함께 미국인 교회에서 예배를 한 적이 있다. 광고 시간에 콧수염과 턱수염이 더부룩한 분이 나왔다. 그것을 본 필자의 딸이 '멍멍' 소리를 냈다. 그 사람을 털북숭이 강아지로 오해했던 것이다. 그 아이는 털북숭이의 얼굴을 가진 것은 강아지라는 도식을 머리에 가지고 있었기 때문이었다. 그러면 그 아이가 계속 같은 도식을 지니고 있었을까? 그것은 아니다. 아이가 성장하면서 털북숭이라도 사람과 강아지를 구별할 수 있게 되었기 때문이다. 여기서 도식과 함께 피아제는 '적응'을 소개한다. '적응'이란, 기존의 도식에 없는 새로운 정보에 대한 반응을 말한다.

'적응'(adaptation)에는 동화(assimilation)와 조절(accommodation)이라는 개념이 있다. 사람이 원래 가지고 있던 도식을 수정하지 않고 받아들여 정보를 추가하는 것을 동화(同化)라고 한다. 나라마다 수도가 있다는 도식을 가진 아이가 대한민국의 수도는 서울임을 알고 있다. 그가 미국의 수도는 워싱턴 DC라는 사실을 알게 되었을 때 별 어려움 없이 그 정보를 머리에 추가한다. 이를 동화라고 부른다.

"수도는 각 나라에서 가장 큰 도시"라는 도식이 그의 머리에 있다고 하자. 그가 뉴욕이라는 도시를 알게 되었을 때, 그의 도식에 혼란 곧 불균형(disequilibrium)이 발생하게 된다. 이런 불균형 현상을 인지부조화(cognitive dissonance)라고 부른다. "왜 미국에서 제일 큰 도시인 뉴욕이 미국의 수도가 아니지?" 그리고 호주의 경우 인구 약 430만 명의 시드니가 아니라, 40만 명 정도 밖에 안 되는 캔버러가 수도라는 사실을 알게 되었다. 이때 그에게는 "각 나라에서 가장 큰 도시가 반드시 수도는 아니다"라는 도식에 변화가 일어나게 된다. 이렇게 새로운 정보를 통해 도식을 수정하게 되는 것을 '조절'이라고 한다.

이런 동화와 조절의 과정을 거치면서 사람의 머리에 있는 도식이 변화된다. 이를 조직화(organization)라고 부른다. 조직화는 새로운 정보를 저장하고 끄집어내어 사용할 수 있게 한다. 그리고 복잡한 사고작용을 수행하는 데 도움을 주는 두뇌의 기능을 한다.

피아제의 특정 연령층과 관련된 인지발달단계를 요약하면 아래 표와 같다.[172]

나이	인지발달관계	특징
0~2세	감각운동기 Sensori-motor stage	신체의 근육이 발달하면서 점차 외부에서 오는 자극에 반응함, 눈과 손의 움직임이 서로 연결되어 감, 몸의 감각과 경험을 통해 환경을 이해함, 엄마가 숨어서 눈에 보이지 않아도 어딘가 있다는 생각(대상영속성)이 점차 발달함, 가족들과 관계가 형성됨.
2~7세	전(前)조작기 Pre-operational Stage	언어가 발달하면서 문장을 만들 수 있게 됨, 사람뿐만 아니라 모든 주위 사물들과 대화 가능, 자기가 보고 만지는 것이 전부라고 생각함. 다른 사람의 관점과 생각이 자기와 다를 수 있다는 것을 상상도 못함, 자기중심적, 직관적 사고, 대상영속성과 보존개념 형성되어감.

7~11세/12세	구체적 조작기 Concrete operational Stage	사물을 분류하고 순서(차례)를 만들고 조직화하는 능력이 발달함. 추상적인 사고능력은 아직 눈에 띄지 않음. 그러나 경험과 눈에 보이는 것에 기초해서 원인과 결과를 연결하는 능력은 점차 개발됨.
12세 이후	본격적(형식적)[173] 조작기 Formal Operational Stage	눈에 보이지 않는 '사랑' '가치' 같은 추상적인 것들에 대한 이해가 자라감. 원인을 보고 결과를 예측하거나 결과를 보고 원인이 무엇인지 추정할 수 있게 됨. 가설을 세우고 결과를 예측할 수 있는 능력을 갖게 됨. 과거와 미래에 대한 시간 개념을 온전히 갖게 됨.

3. 인지발달이론과 신앙교육

사람이 나이를 먹어감에 따라 위의 표처럼 사고방식의 질이 점진적으로 달라진다는 것은 아동교육에 시사하는 바가 크다. 유치부 어린이들에게 다윗을 가르칠 때 "옛날 옛날에 다윗이라는 사람이 살았어요"라고 시작한다. 유치부 연령의 어린이들에게는 1년 전 또는 1년 후(後)라는 개념이 없기 때문이다. 그러나 초등학교 6학년에게는 "지금부터 약 3천 년 전에 다윗이 양들을 치며 지내고 있었어요"라고 말할 수 있다. 과거-현재-미래라는 시간의 흐름을 점점 이해할 수 있게 되었기 때문이다. 일반교육에서도 역사 과목은 빠르면 초5학년 아니면 6학년에 가르치는 이유가 여기에 있다. 어린 아이들에게 성경을 가르칠 때도 가능하면 어린이의 인지발달 상태를 고려해야 한다. 가르칠 내용과 언어를 어린이들이 이해할 수 있는 것을 사용해야 한다. 만약 그들에게 익숙한 단어가 아니라면 알기 쉽게 설명을 해줘야 한다.

적용도 마찬가지다. '선한 사마리아인의 이야기'에서 유치부 어린이들은 '이웃'이 누구인지 잘 모른다. 그들의 눈으로 볼 수 있는 부모, 형제자매, 친구, 길에서 만나는 주변 사람들이 '이웃'임을 구체적으로 교사가 직접 언급해야 한다. 그러나 초5학년 이상의 어린이들은 '이웃'이 누구를 가리키는지 이해하게 된다. 그들은 점차 환경보호나 기후온난화, 세계평화 그리고 해외 선교사와 같은 보다 넓은 세계를 '이웃'에 포함시킬 수 있게 된다.

피아제의 인지발달단계 이론은 각 연령층의 아동들에게 적합한 교육 컨텐츠와 방법을 알게 했다. 이로써 보다 효과적인 교육을 가능하게 만들었다. 당신은 인지발달단계를 고려해서 당신이 맡은 어린이들을 가르치고 있는가? 교육내용과 방법 그리고 사용하는 말을 인지발달이론을 고려하여 각 연령층에 맞게 선택하라.

나. 레프 비고츠키(Lev Semenovich Vygotsky, 1896~1934)
  -사회문화이론(Sociocultural theory)

1. 비고츠키의 삶

피아제는 한 어린이의 주변 사람과 교호작용(交互作用 interaction)이 인지발달 과정에서 중요한 요소임을 그리 강조하지 않는다. 그러나 비고츠키는 한 어린이가 어휘를 늘려가고 사고능력을 계발하는 데 부모를 포함한 주위 사람들의 영향이 지대함을 주장한다. 그의 발견을 사회문화이론이라고 부르는 이유가 여기에 있다.

비고츠키와 피아제는 같은 해에 출생했고 발달심리라는 공동의 관심사가 있었지만 서로 만난 적은 전혀 없다. 그러나 비고츠키는 피아제의 논문을 많이 읽었고 피아제의 인지발달이론을 많이 수용하고 발전시켰다. 발달이 어떤 과정을 통해 나타나는가에 대해 비고츠키는 1925년 경부터 피아제와 다른 관점 즉 사회문화적 환경에 초점을 맞추었다.[174]

비고츠키는 아쉽게도 37세의 나이에 폐결핵으로 세상을 떠났다. 그는 죽기 전에 이런 말을 그의 일기에 남겼다. "… 나는 모세처럼 정상에서 약속의 땅을 바라보지만 그 땅에 발을 딛지 못하고 죽을 것이다. 안녕, 아름다운 세상이여!"[175] 자기의 연구활동이 꽃을 피우고 더 많은 열매를 맺기 전에 삶을 마감해야 하는 아쉬움이 여기에 담겨있다.

2. 사회문화이론

필자가 피아제의 인지발달 단계이론을 소개한 후 비고츠키의 사회문화이론을 소개하는 이유는 다음과 같다. 피아제의 이론만을 받아들인다면, 부모를 포함한 교사가 아동들의 연령층에 맞는 단어와 이야기를 들려주는 것으로 충분하다고 생각할 수 있다. 간단하게 말하면, 피아제는 나이가 들어가고 인지능력이 발달함에 따라 언어를 이해하고 구사하는 능력이 늘어난다고 설명한다. 비고츠키는 이와 대조적으로 사회문화적 자극을 아동이 받음으로써 언어의 발달이 일어나고, 이에 따라 인지능력의 발달이 촉진된다고 본다. 한마디로 정리하면 피아제는 인지발달 후 언어발달이 일어나고 비고츠키는 언어발달 후 인지발달이 이루어진다고 한다.

피아제는 구체적 조작기에서 본격적(형식적) 조작기로 이동이 시작되는 시기를 11세 또는 12세 전후로 잡는다. 그러나 어떤 연구에 따르면 실제로 본격적 조작기에 도달하는 사람들은 전체 인구의 약 25퍼센트 정도라고 한다.[176] 주위 사람들과 사회적 문화적 상호작용이 부족할 때 인지능력이 다음 단계로 발달하는 데 제한을 받기 때문이다. 갓난아기 때부터 어린이들을 보면서 말을 많이 해야 할 이유가 여기에 있다.

나이가 20세가 되도록 단순노동에만 종사하여 어려운 단어나 개념에 대해 들어본 적이 없는 사람은 본격적 조작기에 도달할 가능성이 적다. 그는 어떤 사건에 대해 원인과 결과를 연결하고, 그 결과가 미래에 어떻게 발전하게 될 것인가를 추측하는 데 어려움을 갖는다. 그는 어떤 사건과 관련된 제한된 정보를 통해 전체를 이해하는 통찰력이 부족할 수 있다. 이런 사람들은 확증편향(confirmation bias)을 갖고 거짓 뉴스(fake news)에 부화뇌동하기 쉽다. 자신과 입장이 다를 때, 왜 그 사람은 그렇게 생각하는지 이해하려고 하지 않는다.

무조건 다른 사람을 쉽게 판단하고 공격하는 실수를 범하기도 한다. 인지발달이 본격적 조작기에 도달하지 못했기 때문일 수 있다.

그러면 나이를 먹는 것보다 사람의 인지능력의 발달에 영향을 주는 것은 무엇일까? 비고츠키는 언어의 발달이 사고능력의 계발에 매우 중요하다고 본다. 그리고 언어의 발달은 한 어린이의 주변 사람과 관계 특히 대화로부터 나온다고 주장한다.

비고츠키는 사람들은 다음 네 가지 정신 기능을 갖고 출생한다고 본다. 즉 주의력, 감지력, 인식력 그리고 기억(Attention, Sensation, Perception, and Memory)이다. 정신 기능 네 가지가 활성화되어 더 높은 두뇌활동이 이루어지기 위해서는 주위 사람들을 포함한 사회적 문화적 환경과의 교호작용이 필요하다. 특히 부모를 비롯한 가족들, 주위의 연장자들 그리고 교사들과 대화는 그가 속한 문화에 젖어 들게 하고 언어의 발달을 통해 생각하는 능력과 차원을 높여준다.[177]

비고츠키는 이를 설명하기 위해 건축할 때 사용하는 비계(飛階 scaffolding)를 활용한다. 건물의 층을 하나 더 올리기 위해서 또는 건물의 외부를 다듬기 위해 건축 인부들은 비계(디딤판)를 이용한다. 이와같이 아동이 현재 가지고 있는 어휘의 확장과 문화적인 이해를 증진시키기 위해서 부모나 주위 사람들의 도움이 필수적이다. 그들이 새로운 단어를 사용하고 낯선 문화를 아동에게 소개하고 가르칠 때 아동의 인지발달이 활발하게 이루어진다.

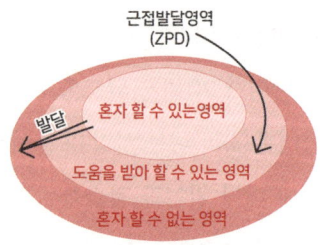

비고츠키는 '비계'라는 비유를 사용해서 '근접발달영역(ZPD Zone of Proximity Development)이라는 용어를 설명한다. 아동이 현재 스스로 활용할 수 있는 단어나 능력이 있다고 하자. 그리고 그 아동 혼자서는 알 수 없는 단어나 할 수 없는 행동이 있다. 그러면 스스로 할 수 있는 것에서, 도무지 혼자서 할 수 없는 것으로 나아갈 수 있을까? 할 수 있는 것과 할 수 없는 것 둘 사이에 주변 사람의 자극이나 도움을 통해 아동은 점차 할 수 없는 것들에 익숙해지고, 할 수 없었던 것들을 할 수 있게 된다. 비고츠키는 그 둘 사이를 연결해주는 데를 '근접발달영역'이라고 부른다.

초1학년 어린이에게 엄마가 식사기도를 시켰다. 기도할 마음이 없었던 어린이는 "우리 '가짜기도' 해요"라고 말했다(혼자 알 수 있는 영역). 그 아이가 '각자기도'라는 말을 들어보기는 했으나 잘못 이해했기 때문이었다(혼자 알 수 없는 영역). 엄마가 어린이에게 '각자기도'가 무슨 뜻인지 설명을 해주면 도움을 받아(ZPD) 이해하게 된다.

3. 사회문화이론과 신앙교육

비고츠키의 사회문화발달이론은 아동의 언어와 인지 그리고 사회성 발달에 매우 중요한 통찰력을 제공한다. 신앙교육을 효과적으로 하기 위해서는 성경을 잘 알아야 한다. 성경을 통해 하나님의 뜻을 이해하기 위해서는 언어의 발달이 요구된다. 성경을 문자적으로만 이해하는 것이 아니라, 성경의 한 부분을 전체의 문맥에 비추어 이해하기 위해서는 인지능력이 발달해야 한다. 그뿐만 아니라 성경은 항상 하나님 사랑, 이웃 사랑이라는 관계를 가르치기 때문에 사회성의 발달은 성숙한 그리스도인으로 성장하는 데 필수적이다.

한 사람이 성경을 통해 하나님의 뜻을 알아가고, 하나님 사랑, 이웃 사랑의 사람으로 성장하도록 돕기 위해 부모와 교회 지도자들은 어떻게 해야 할까? 무엇보다도 먼저 그들은 성경을 잘 알아야 한다. 또 자신이 먼저 하나님의 뜻을 따라 살아가야 한다. 그리고 말과 삶을 통해 어린이에게 하나님의 뜻을 가르치고 보여주어야 한다. 어른들의 말과 삶은 어린이에게 근접발달영역에서 비계와 같은 기능을 하게 된다. 그럼으로써 어린이는 점점 더 하나님을 깊이 알아가고, 예수님을 닮아 하나님을 사랑하고 이웃을 사랑하는 사람으로 자라가게 될 것이다. 이를 위해 어린이들을 어른들의 대화에 참여시킬 필요가 있다. 그리고 세대통합 예배를 통해 다양한 사람들과 접촉할 기회를 제공해야 한다.

다. 에릭 에릭슨(Erik Homburger Erikson, 1902~1994)
-심리사회발달이론(Psychosoical development theory)

피아제는 관찰과 연구를 통해 인지발달이론을 주창해 교육학 발전에 큰 기여를 했다. 비고츠키는 언어발달이 인지발달에 주는 영향력을 강조함으로써 아동교육에서 대화의 중요성을 알게 했다. 이들보다 조금 늦은 시기에 에릭슨은 심리사회발달이론을 제시했다.

1. 에릭슨의 삶

에릭슨의 삶을 간단하게 살펴보면, 그는 자신의 이름을 몇 번이나 바꾸었다. 출생할 때 그의 이름은 에릭 살로몬센(Erik Salomonsen)이었다. 그가 독일 프랑크푸르트에서 출생하기 전에 덴마크인 생부(生父)가 그의 덴마크 출신 어머니를 버리고 떠났다. 그의 어머니는 얼마 있지 않아 유대인 주식 브로커 살로몬센이라는 사람과 결혼했다. 두 해 후인 1904년 그의 어머니는 유대인 의사 홈부르거(Theodor Homburger)와 다시 결혼함에 따라 그는 에릭 홈부르거로 개명되었다. 그는 덴마크 사람답게 푸른 눈을 가진 금발의 소년이었는데, 학교에서 '유대인' 또는 '노르만인'이라고 놀림과 괴롭힘을 당했다. 그는 이런 과정에서 자신의 정체성에 대해 혼란과 어려움을 겪었다. 그는 '정체감의 위기'(identity crisis)라는 말을 만들어 냈는데, 자신의 성장과정에서 겪었던 경험들이 작용했음이 분명하다.

그는 1936년 미국으로 이주하여 시민권을 얻었는데, 이때 그는 그의 이름 '에릭'(Erik)에 '아들'을 의미하는 'son'을 붙여서 Erikson이라는 자신의 성을 스스로 만들었다. 그리고 계부의 성 '홈부르거'는 그에게 대한 감사의 표시로 중간 이름(middle name)으로 넣었다. 일설에 의하면 그의 세 명의 자녀들이 학교에서 '햄버거'라고 놀림을 당해서 개명하게 되었다고도 한다.[178]

2. 심리사회발달단계

에릭슨의 심리사회발달 이론은 사람들의 자아상이나 이웃과 관계인 사회성이 나이에 따라 발달하는 현상을 설명한다. 그는 자아상이나 사회성이 생애에 걸쳐 변화하는 과정을 아래와 같이 8단계로 나누었다. 에릭슨은 각 단계마다 겪게 되는 일들을 효과적으로 감당한 사람과 그렇지 못한 사람을 비교 대조하고 있다. 첫 단계부터 바람직한 가족과 사회 환경에서 성장한 사람은 순조롭게 그 다음 단계로 나아간다. 그러나 이전 단계에서 어려움을 겪어 부정적인 사회심리(예를 들면 불신이나 수치심 등)를 갖게 될 경우, 그 사람은 그 다음 단계에서도 그 영향을 받게 되어 바람직한 사회심리를 갖기가 점점 어렵게 된다. 물론 그렇다고 해서 그 다음 단계의 바람직한 심리를 갖는 것이 불가능한 것은 아니다. 하지만 쉽지 않은 것은 분명하다.

단계	발달 결과	연령 발달과업
1	신뢰 아니면 불신 (trust vs mistrust)	출생-12~18개월 젖먹는 시기
2	자율성 아니면 수치심과 의심 (autonomy vs shame and doubt)	12~18개월-3세 배변훈련기
3	주도성 아니면 죄책감 (initiative vs guilt)	3-5/6세 자립심 발아기
4	근면성 아니면 열등감 (industry vs inferiority)	5/6-12세 초등교육기
5	자아정체감(自我正體感) 아니면 역할혼돈 (identity vs role confusion)	12-18세 질풍노도기
6	친밀감 아니면 고립감 (intimacy vs isolation)	18-40세 이성교제 및 가성형성기
7	생산성 아니면 정체감(停滯感) (generativity vs stagnation)	40-65세 중년기
8	통합성 아니면 좌절감 (Integrity vs. despair)	65세 이후 은퇴/노년기

3. 심리사회발달이론과 신앙교육

에릭슨이 파악한 사람들이 출생부터 임종까지 각 단계에서 만나는 사회적 관계와 겪게 되는 일들을 통해 형성되는 심리를 아래에 소개한다. 그리고 부모나 교회 지도자들이 해당 연령의 사람들의 필요를 공급하며, 신앙의 성장을 위해 해야 할 일들을 간단히 제시한다.[179]

제1단계의 신뢰 또는 불신의 사회심리는 출생에서 한 살 또는 18개월까지 사이에 형성된다. 갓난아기는 특별히 엄마 또는 젖을 주는 사람과 관계가 중요하다. 아기가 어머니의 사랑을 체감하면서 젖을 먹을 때, 세상이 믿을 만하다는 생각이 은연중에 그의 마음에 자리잡게 된다. 그러나 울어도 제때 먹을 것을 주지 않고, 주더라도 신경질을 부리며 때리기라도 하면 아기의 마음에는 세상을 불신하는 잠재의식이 형성될 것이다. 에릭슨은 이때 신생아에게 '신뢰' 또는 '불신'의 마음이 형성된다고 한다.

이 시기에 부모 특히 어머니의 역할은 매우 중요하다. 어머니의 영아들을 대하는 태도와 행동이 아기들의 마음에 신뢰 또는 불신을 새겨놓기 때문이다. 교회 지도자들은 유아세례 준비교육을 통해 아기가 하나님이 주신 선물, 하나님의 언약의 자녀임을 부모에게 가르쳐야 한다. 부모가 자녀를 진심으로 귀중하게 여기고 사랑으로 돌볼 때, 그 아기는 신뢰감 안정감을 가지고 성장하게 된다.

주후 2세기경 세례 받는 아기들의 후원자를 정하는 전통이 시작 되었다. 이런 후원자들을 대부(代父 godfather) 또는 대모(代母) 라고 불렀다.[180] 개신교회에서 대부나 대모를 세울 이유는 없다. 그러나 유아세례를 받는 아기와 부모들을 도울 수 있는 사람을 교회가 연결시켜 주는 것은 바람직하다. 특히 첫 번째 아기를 양육하는 일은 그 부모에게 큰 부담을 주고 실수를 저지르기 쉽기 때문에 그러하다.

아프리카 나이지리아의 속담에 "아이 하나를 키우기 위해선 마을 전체가 필요하다"는 말이 있다. 유아세례를 베풀기 전 교회는 부모에게 유아세례 교육을 시행한다. 증인들 앞에서 집례자는 아기의 부모에게 서약을 하게 한다. 그리고 유아세례를 베푼 후 집례한 목사는 다음과 같이 선언한다. "예수 그리스도를 믿는 OOO과 OOO의 자녀 OOO는 대한예수교장로회 OO교회의 유아세례 교인이 된 것을 성부와 성자와 성령의 이름으로 공포하노라 아멘."[181]

유아세례를 받는 아기의 신앙교육의 책임은 그 부모뿐만 아니라 그가 속한 교회의 모든 교인들에게도 있다. 유아세례를 베풀 때 부모에게 이 책임을 지키도록 서약받을 뿐만 아니라, 교인들로부터도 서약을 통해 그 책임을 확실히 알고 실천하게 해야 할 이유가 여기에 있다. 다음은 부모의 서약을 받은 후 교인들이 하는 서약의 예이다. "여러분들은 하나님의 언약의 자녀인 OOO을 하나님의 말씀과 경건한 행위의 본으로써 양육하며, 그가 그리스도를 알고 그 분을 따르며, 교회의 신실한 지체로서 자라갈 수 있도록 사랑과 기도로써 인도할 것을 서약합니까?"[182]

제2단계는 한 살에서 세 살까지의 기간으로, 이때 자율성이나 수치심의 사회심리가 형성된다. 이 나이에 부모는 대소변을 가리는 훈련을 어린이들에게 시킨다. 부모나 부모의 역할을 하는 이들이 어린이의 실수에 대해 너그럽게 받아주고, 앞으로 더 잘하도록 격려하면 어린이들은 자율적인 태도를 갖게 된다. 그러나 어린이가 준비되지 않은 상태에서 대소변을 가리도록 강요하고 체벌을 하게 되면 어린이의 마음에는 자신에 대한 수치심이 늘어나게 된다. 그래서 에릭슨은 한 살에서 3세까지를 '자율성' 아니면 '수치심'이 형성되는 시기라고 한다.

이 시기에 어린 아이에게 필요한 것은 부모나 주위 사람들의 이해심이다. 어린이가 준비되지 않은 형편에서 지나친 요구를 하는 것은 어린이에게 부담감과 수치심을 크게 만든다. 이때 주위의 사람들은, 어린이를 있는 모습 그대로 받아주고, 실수할 때는 격려해 주어야 한다. 어린이가 시키는 것을 잘 따라 할 때, 부모는 칭찬과 인정을 해주어야 한다. 이런 어른들의 반응은 어린이에게 수치심 대신 자율성을 갖게 한다.

제3단계는 주도성 아니면 죄책감이 형성되는 3-6세 기간이다. "미운 네 살 또는 다섯 살" "죽이고 싶은 여섯(일곱) 살"이라는 무서운 말도 있다. 어린이들이 자기 마음대로 하고 싶어 하는 시기이기 때문이다. 프로이트(S. Freud)는 이

시기를 남근기(Phallic stage)라고 부른다. 유치기의 어린이들이 생식기를 만지고 이성(異性)과의 차이를 발견하는 시기이기 때문이다.

이 연령의 어린이가 자기 마음대로 무언가를 하려고 할 때 주위 사람들이 핀잔을 주거나 비난한다면 그 어린이는 의지가 꺾이고 죄책감을 느끼고 점차 수동적인 자세를 갖게 된다. 그러나 어린이가 말을 안 들을 때, 타이르고 대안을 제시하여 올바른 길로 인도하고 격려한다면, 그는 자신의 삶에 주도적이고 창의성을 계발하는 기회를 얻게 된다. 에릭슨은 이때를 주도성 아니면 죄책감이 발달하는 시기로 규정한다.

에릭슨이 말하는 2단계 또는 3단계의 어린이들에 대해, 부모는 너그러움과 인내로써 돌보아야 한다. 사도 바울은 사랑의 첫 번째 성격을 '오래 참'음이라고 했다(고전13:4). 교회학교 교사들도 따뜻한 마음과 포용하는 자세로 이 시기의 어린이들을 대해야 한다. 그들이 실수할 때 받아주고 가르쳐야 한다. 스스로 무엇인가 해보려고 할 때 비난할 것이 아니라 도와주고 격려해야 한다.

이 연령층의 어린이들을 위한 교육방식에서 마리아 몬테소리(Maria Montessori 1870-1952)의 기여는 매우 크다. 그녀는 어린이들이 자유로운 환경에서 주도적으로 학습을 할 수 있는 분위기를 제공하자고 제안하였다. 그녀는 많은 학습 도구를 개발하고 아동이 그것을 가지고 놀도록 함으로써 아동의 지능발달과 자율성과 주도성을 계발하는 데 기여했다.

몬테소리 교구(教具)의 특징은 재미와 함께 어린이들로 하여금 생각하고 집중하게 만든다는 점이다. 이런 교구들은 몬테소리 교육기관에서만 사용되지 않고 오늘날 상품화 되어 널리 보급되고 있다. 이런 교구들 가운데 성경의 가르침과 연결시킬 수 있는 것들을 찾아 가정에서나 교회에서 사용할 수 있다. 몬테소리 방법은 아동의 사회성 발달 면에서 부족한 점이 있긴 하다. 하지만 몬테소리 교육법을 부모나 교회학교 교사들이 활용함으로써 어린이들이 주도성을 계발하며 성장하도록 도울 수 있다.

제4단계는 5/6세에서 11세 또는 12세까지의 연령층에 해당한다. 이때 형성되는 사회심리는 근면성 아니면 열등감이다. 이 시기에 아동들은 학교에서 교육받는다. 학교생활에서 친구를 사귀거나 공부에서 성공을 경험하는 어린이들은 현재 자신이 하는 일을 계속해서 성실하게 한다. 그러나 주어진 과제나 책임을 수행하지 못하는 아동들은 다른 아동들과 자신을 비교하면서 열등감이 마음에 형성된다. 근면성 또는 열등감이 유소년들의 마음에 자리를 잡는 시기가 에릭슨의 심리사회발달의 4단계다.

한국의 가정이나 학교에서 유소년기의 대부분의 어린이들은 인정을 받지 못하고 지난다. 많은 부모들은 자기 자녀가 모든 과목에서 100점을 얻어야 한다고 생각한다. 요즘 학교는 초등학생들에게 학업성적을 가지고 1등부터 꼴찌까지 줄 세우기는 하지 않는다. 그러나 부모는 다른 아이는 몇 점이고 몇 등쯤 되는가에 대한 관심을 놓지 못하는 경향이 있다. 어린이들은 이런 부모의 지나친 관심 때문에 부담감을 느낀다.

이러한 부모나 교사들의 압력 속에 대부분의 어린이들이 근면성을 키운다. 하지만 이와 함께 어린이들은 어른들의 기대에 부응하지 못하는 현실 때문에 열등감에 시달린다. 이들이 열등감을 극복하고 근면성을 가지도록 도우려면 부모나 교회 지도자들은 어떻게 해야 할까?

사랑이란 상대방의 작은 긍정적인 변화를 감지하고 이를 기뻐하고 그를 인정해 주는 것이다. 많은 부모나 교회의 지도자들이 어린이들의 모자라는 부분에 대해서는 민감하게 지적한다. 그러나 그들이 잘하는 일들을 인정하거나 칭찬하는 데는 인색한 경향이 있다. 그렇게 하는 것은 옳지 않다. 대신에 이렇게 해야 한다. 어린이들이 잘못하는 것들에 대해서는 오래 참고 기다려 주어야 한다. 사소한 실수나 잘못은 간과(看過)할 필요가 있다. 왜 이것을 이렇게 했냐고 잘못을 지적하기보다 다음에는 이렇게 해보면 어떻겠냐고 긍정적인 방향으로 조언하는 것이 바람직하다. 시험의 결과보다는 준비하는 과정에서 성실하고 열심히 한 것에 대해 칭찬이나 조언을 해야 한다. 다른 어린이와 비교할 것이 아니라 그의 과거와 현재를 비교하며 격려와 도움말을 주는 것이 바람직하다.

물론 어린이가 심각한 잘못을 했을 때 벌을 주어야 한다. 벌을 줄 때 기억해야 할 것은 어린이가 이 벌이 자기를 사랑하기 때문에 주어진 것임을 알 수 있도록 해야 한다. 그렇지 않을 때에 어린이는 노여워하고 반항심을 키우거나 열등감을 갖게 된다. 무엇보다도 어른들은 아동이 자기주도적인 삶을 이루도록 도와야 한다. 이를 위해 어른들은 각 아동의 수준에 적합하거나 조금 높은 과제나 목표를 줘야 한다. 그리고 어른들은 아동이 그것들을 달성할 수 있도록 (비고츠키의 근접발달영역에 속하는) 도움을 베풀어야 한다. 나아가 잘못했을 때는 인내하면서 격려해야 하고, 잘했을 때는 인정해 주고 합당한 칭찬을 해야 한다.

제5단계는 12-18세인 청소년기와 연관이 있다. 자아정체감이 확립되거나 아니면 자신의 역할이 무엇인지에 대해 혼돈하는 때이다. 이 시기에 청소년들은 자신과 다른 사람들을 지속적으로 비교한다. 내가 누구인지, 나는 무엇을 위해 살아가야 하는지, 자신의 장단점을 다른 사람들과 비교해 보면서 답을 찾아간다. 청소년들은 다른 사람들과 이야기를 나누며 책을 읽어야 한다. 세상 속에서 자신이 어떤 존재이고 무엇을 해야 할지 스스로 생각하며 답을 찾아갈 때 정체(正體)성이 형성되며 자신감을 갖는다.

그러나 자신의 형편에 대해 깊이 있게 고민하지 않고, 현실에 충동적인 반응을 하면서 살아가는 청소년들도 있다. 그런 삶이 계속되면 자신에 대한 정체성을 확립하지 못하고 혼돈 속에 머물게 된다. 청소년기는 건강한 정체성이 형성되든지 아니면 혼돈 가운데 힘들게 살아가게 되는 시기다.

부모나 교회학교 교사들은 성경에 등장하는 인물들의 삶을 깊이 있게 청소년들이 볼 수 있도록 질문하며 가르쳐야 한다. 네 번째 단계의 아동들에게는 보통 인물들의 삶에 일어난 사건을 이야기식으로 그리고 내용 중심으로 가르친다. 그러나 5단계에 속한 청소년들에게는 '왜?'라는 질문을 해야 한다. 성경 인물의 삶의 동기, 목표, 하나님과 관계를 알아보도록 격려해야 한다. 청소년들이 성경 인물의 내면을 들여다보며 자신의 삶과 연결시켜 생각할 수 있는 기회를 제공해야 한다.

청소년들의 신앙교육을 위해 교회 안에 있는 믿음의 사람들을 활용하면 유익하다. 교회 안 또는 밖의 그리스도인들 중 모범적인 직장인들을 강사로 세워 자신의 직업과 삶을 소개하도록 한다. 그들이 겪었던 과거의 실패와 성공의 경험을 청소년들과 나눔으로써 신앙적인 지혜를 가르치고 정체성을 확립하는 데 도움을 줄 수 있다. 그들의 직장의 삶을 나눔으로써 중학교나 고등학교를 졸업한 후 선택할 직업이나 대학의 전공을 통해 하나님을 섬기는 지혜를 가르칠 수 있다.

제6단계의 청년기를 에릭슨은 이성이나 동성(同性)의 친구들과 이웃들과 사회생활 또는 결혼생활을 통해 친밀감을 누리거나 외로움을 느끼는 시기로 본다. 한국사회에서 1960년대에 교회를 '연애당'으로 풍자하기도 했다. 남녀의 만남이 다른 어떤 곳에서 보다도 자연스럽게 교회에서 이루어졌기 때문이다. 당시 한국 중·고등학교 중 남녀가 함께 다니는 학교는 손가락으로 꼽을 정도였다. 고등학교를 졸업하고 청년기에 진입한 한국의 청년들이 이성과 친밀한 관계를 형성하는 것은 그동안 그런 기회를 갖지 못한 이들에게는 어색하고 부담스러운 일이었다. 그러나 교회는 청소년 남녀가 어울리는 공간을 제공했고, 청년들은 교회 안에서 남녀가 교제할 기회를 가질 수 있었다.

교회는 청소년기나 청년기의 남녀에게 건강한 교제를 준비하고 경험할 수 있는 기회를 제공해야 한다. 어른들의 눈을 피해 이성교제를 함으로써 청년들이 죄를 범하는 잘못에 빠지지 않도록 교회 지도자들은 주의해야 한다. 교회 안에서 남녀가 교제하고 결혼하는 것이 바람직한 일임을 청년들이나 교회 지도자들 모두가 알아야 한다. 이를 위해 이성교제의 가이드라인을 교회가 청년들에게 제공해야 한다. 그리고 젊은이들을 대상으로 교회는 순결 교육과 결혼준비 교육을 제공해야 한다. 이를 통해 그리스도 안의 형제자매로서 건강한 관계를 가지도록 도울 수 있다. 그리고 남녀 청년들이 순전함과 친밀함을 증진시키는 과정을 통해 결혼에 이르도록 교회지도자들은 청년들을 격려해야 한다.

제7단계는 중년기에 형성되는 생산성 또는 침체의 사회심리와 관련이 있다. 사람들은 40대에 인생의 중반기를 지나게 된다. 이때 사람들은 가정에서 열심히 자녀들을 양육한다. 자녀들이 대학에 들어가고 취직할 수 있도록 지원하기 위해 힘쓴다. 인생의 남은 시기를 경제적 그리고 사회적으로 남부끄럽지 않게 살기 위해 일터에서도 전력을 다한다.

이제 50대가 되면 이런 노력들의 결과를 조금씩 확인하게 된다. 자녀들이 기대했던 만큼 성장하고 원하는 학교에 진학하게 되면 부모는 보람을 느낀다. 자신이 직장에서 인정을 받고자 했던 목표를 이룬 중년기의 사람들은 자신의 삶에 만족하고 성취감을 느낀다. 그러나 어떤 사람은 자신의 지난날들을 돌아보고 현재를 살피면서 자신이 이루어 놓은 일이 없다는 생각이 들기도 한다. 이때 사람들은 마음이 무거워지고 낙심하게 된다. 그들은 자신의 지나온 삶에 대해 허탈해하고 의욕을 잃어버린다. 에릭슨은 이런 형편을 보면서 이 시기의 사람들이 생산적인 인생을 살았다고 느끼든지 아니면 자신의 인생에 대해 실망하고 침체에 빠지게 된다고 설명한다.

중년기는 자녀들이 부모의 품을 떠나는 시기이다. 대학을 가거나 취직을 하거나 결혼을 하게 되면 부모와 자녀의 관계는 새로운 국면에 접어들게 된다. 특히 중년의 여성들은 지금까지 자녀들에게 쏟아왔던 수고가 어느 정도 마무리된다. 새에 비유하자면 알을 낳고 부화시키고 먹이를 부지런히 날라다 먹였던 새끼들이 이제 어미 새를 떠나는 형편이다. 그래서 이때를 소위 '빈둥지'(empty nest) 시기라고 부른다.

서로 의논하면서 자녀를 양육했던 부모들은 자녀들이 떠난 후에도 서로 의지하며 이전보다 더 좋은 관계를 홀가분하게 가질 수 있다. 그러나 남편이 직장에 얽매여 아내와 자녀를 소홀히 했던 가정의 아내는 남편이 멀게만 느껴진다. 아내는 이제 힘써 할 일이 없어져 허탈한 마음을 가진다. 더욱이 여성은 이 시기에 갱년기(更年期)를 지나게 되어 몸과 마음이 불안정하게 되기도 한다.

　사람들은 중년기에 도달하게 되면 자신의 과거를 돌아보며 현재의 삶을 평가하면서 어깨를 펼 수도 있고 마음이 위축되기도 한다. 교회를 다니는 사람들은 부부관계나 부모와 자녀 관계 외에도, 하나님과 교제가 있고, 교회 안에서 폭넓은 인간관계를 가지기도 한다. 따라서 중년의 시기에 그리스도인들이 부닥치는 정신적 침체의 문제가 그리 크지 않을 수도 있다. 그렇지만 교회 지도자들은 영적 그리고 정신적 침체에 빠지는 교인은 없는지 살펴야 한다. 그리고 예방책이나 치유책을 준비하고 제공해야 한다.

　침체를 예방하기 위해 교회는 중년기의 교인들이 '빈둥지' 시기를 대비할 수 있도록 교육해야 한다. 부부관계 그리고 부모와 자녀와의 관계를 성경의 가르침을 따라 더 풍성하게 하기 위한 특강이나 세미나를 제공해야 한다. 위기를 기회로 삼아, 보다 생산적인 중년기를 보낼 수 있도록 교회가 교인들을 도와야 한다. 그럴 때 중년의 교인들과 교회는 더욱 건강하게 성장하게 될 것이다.

　제8단계는 노년기를 살아가는 사람들의 자아통합이나 절망의 마음을 에릭슨은 제시한다. 사람들은 과거에 얽매여 살기가 쉽다. 지난날에 있었던 좋았던 일을 회상하면서 "그때가 좋았지"라며 그때를 그리워한다. 과거를 추억하면서 오늘과 내일에 대해서는 희망이 없이 살아가는 사람도 있다. 다른 한편 과거의 아픔과 상처를 떠올리며 관련된 사람들을 미워하고 저주하면서 힘들게 살아가는 사람들도 있다.

　하나님은 과거에도 그의 백성과 함께하시며 "여기까지 우리를 도우"신 에벤에셀의 하나님(삼상7:12)이시다. 그리고 "여호와 이레"의 하나님(창22:14)으로서 그의 자녀들의 앞날을 준비하는 분이시다. 하나님은 또한 "임마누엘"(마1:23)로서 그의 백성들과 지금 함께하신다. 이 사실을 믿는 그리스도인들은 어떤 형편에서도 절망하지 않는다. 교회의 지도자들은 노년기의 교인들에게 하나님의 은혜와 지혜를 부지런히 가르쳐야 한다.

시련이 없는 사람은 없다. 그러나 위기 중에서도 우리의 도움이 되시는 천지를 창조하고 섭리로 다스리시는 하나님(시124:8)을 의지하는 사람은 통합적인 관점을 가질 수 있다. 과거의 좋은 일에 대해서는 감사하고, 잘못했던 일들에 대해서는 회개한다. 현재의 일에 대해서는 성실하게 하나님의 뜻을 따라 순종한다. 미래가 암울할 수도 있고 밝을 수도 있지만, 어떤 형편에서도 하나님의 능력과 사랑 안에서 희망을 가진다. 그리고 하나님의 영광을 도모하며 담대하게 전진한다.

노년기의 대부분 사람들은 네 가지 고통을 겪는다. 첫째는 건강이 쇠퇴하고 병에 쉽게 걸리는 데 따르는 고통이다. 둘째는 대부분의 고령인들은 소득이 줄어들어 생활에 쪼들리는 고통을 겪는다. 셋째는 자녀들이나 친구들로부터 관계가 멀어지는 가운데 느끼는 고독의 고통이다. 마지막으로 노인들에게는 할 일이 없어서 사는 것이 지루하기 때문에 겪는 고통이 있다.[183]

교회 지도자들은 이런 문제들을 다 해결해 줄 수는 없을 것이다. 그렇다고 손을 놓고만 있을 수도 없다. 해결책을 찾아야 한다. 첫 번째와 두 번째의 문제는 교회 안이나 밖의 사회복지 전문가로부터 조언을 듣고 도움을 받아야 한다. (교회 안에 전문가가 없다면, 교회 지도자는 사회복지에 관심이 있는 교인을 발굴하여 교육을 받게 하고 이 일을 담당하도록 할 필요도 있다.) 정부는 현재 여러 종류의 복지제도를 통해 노인들을 위한 안전장치를 세워놓고 있다. 교회는 정부의 지원을 받아 노인들의 병약의 문제, 재정적인 문제를 해결하도록 도와야 한다.

세 번째와 네 번째의 문제는 교회가 좀 더 적극적으로 나서야 할 부분이다. 교회 안에 노인들의 모임을 개발하고 활성화해야 한다. 교회 안팎에서 노인들이 할 수 있는 봉사활동을 만들고, 노인들끼리 또는 노인들과 다른 연령층 사람들이 서로 대화하며 교제할 수 있는 기회를 제공할 수 있다. (특별히 노인과 어린 아이들이 함께 시간을 보내게 되면 3세대 모두에게 유익한 시간이 될 수 있다.) 진정한 신앙공동체는 웨스터호프가 강조하듯이 3세대(three generations 조부모, 부모, 자녀)가 함께하며 상호 교통이 활발할 때 이루어진다. 노인을 돕고 섬긴다는 것은 결국 그들의 자녀들과 손주들에게도 은혜와 복이 된다.[184]

라. 로렌스 콜버그(Lawrence Kohlberg, 1927-1987) -도덕발달이론(Moral development theory)

1. 콜버그의 삶

콜버그는 유대인 혈통의 미국인이다. 그는 수재였고, 자신이 알고 믿는 바를 행동으로 옮기는 사람이었다. 그는 고등학교를 졸업하고 약 3년간 유대인들의 팔레스타인 이주를 돕는 활동과 키부츠에 참여하기도 했다. 그후 미국 시카고대학교에 입학했고, 1948년 1년 만에 졸업했다. 그는 도덕성 발달에 관한 논문으로 1958년 박사학위를 받았다. 그는 예일대학교와 시카고대학교 그리고 하버드대학교에서 교수생활을 했다.

콜버그는 루소(J.J. Rousseau), 듀이(John Dewey) 그리고 피아제(Jean Piaget)에게서 많은 영향을 받았다. 그는 특별히 피아제의 타율적 그리고 자율적 도덕성 발달 단계를 참고하였다. 그는 이를 보완하고 발전시켜 세 가지 수준으로 나누었고, 각 수준마다 두 단계씩 나누어 총 6단계로 도덕성의 발달을 구분하였다.[185]

콜버그는 도덕관념을 철학과 교육을 연결시켜 연구하며, 도덕발달이론을 세우는 데 크게 기여했다. 그는 1973년 중앙아메리카를 탐방한 적이 있는데, 이때 열대병에 감염되어 많이 고생했다. 그는 1987년 59세의 나이로 세상을 떠났는데, 스스로 생을 마감한 것으로 알려져 있다. 그는 죽기 얼마 전 일기에 다음과 같은 말을 했다. "만약 우리가 생명과 자연을 사랑한다면 우리는 자신의 죽음을 차분하고 침착하게 대해야 합니다. 자연스러운 끝이 있습니다. 우리가 영원한 것을 알고 사랑한다면, 이런 의미에서 우리 자신도 영원[해집니]다…"[186]

2. 도덕발달이론

콜버그는 도덕발달 이론을 세우기 위해 사례연구(case study)를 활용했다. 그는 "10세에서 16세까지 사고와 선택유형 발달"이라는 논문을 1958년에 발표했다. 여기서 그는 "하인츠의 딜레마"라는 가상의 사례를 사용했다. 가상의 인물인 하인츠(Heinz)는 아래와 같은 곤경에 처해있다.[187]

"하인츠에게는 암에 걸려 죽어가는 아내가 있다. 얼마 전 그 병의 치료제가 같은 동네의 약제사에 의해 출시되었다. 그 약제사는 제조비 200달러의 약을 원가의 10배가 되는 2,000달러(필자 주: 현 시가로 2만 달러 이상)[188]에 판매했다. 하인츠는 백방으로 수소문해서 1,000달러를 겨우 구할 수 있었다. 그는 약제사에게 가서 자기 부인이 죽어가고 있으니 1,000달러에 치료약을 팔아달라고 간청했다. 아니면 나머지 1,000달러는 나중에 꼭 갚겠으니 약을 달라고 사정사정했다. 그렇지만 약제사는 단호하게 그 제안을 거절했다.

여러 가지 대안을 궁리했지만 어떤 해결책도 하인츠는 찾을 수 없었다. 그는 그 약을 훔쳐서라도 아내를 살려야 하겠다는 결심을 했다. 하인츠는 결국 약국에 침입하여 아내를 위해 그 약을 훔쳤다."

콜버그는 사람들이 하인츠의 행동에 대해 어떻게 반응을 하는가를 알아보기 위해 아래와 같은 질문을 했다.

1) 하인츠는 약을 훔쳤기 때문에 벌을 받아야 하는가?
2) 약제사는 약값을 그렇게 비싸게 받을 권리가 있다고 생각하는가?
3) 치료약을 팔지 않은 약제사가 하인츠의 부인을 죽인 것이라고 비난하는 것은 정당한가?

4) 만약 그런 비난이 정당하다면, 그리고 하인츠의 부인이 중요한 사람이었다면, 그 약제사는 더 엄중하게 처벌받아야 하는가?

콜버그는 "하인츠의 딜레마"에 대한 사람들의 다양한 반응과 판단을 조사했다. 그리고 피아제의 인지발달단계를 고려하여, 도덕성 발달 3가지 수준(levels) 6단계(stages)를 아래와 같이 제시했다.[189]

수준 Levels	단계 Stages	행동을 결정하는 원칙	'하인츠 상황'에 대한 반응
제3수준: 관습적 이후 수준 PostConventional level	6단계: 보편 윤리적 원리의 단계 Universal ethical-principle orientation 극소수의 사람만이 도달 - 간디, 본 회퍼, 마틴 루터 킹Jr. 마더 테레사 등	정부나 사회의 법이 금지하고 있어 처벌을 당할지라도, 도덕적 원리에 따라 마땅히 해야 할 일이라면 확신을 가지고 행동함.	사람의 생명은 매우 고귀하다. 하인츠로서는 도둑질로 말미암아 감옥에 갈 것을 알면서도, 아내를 살리는 것이 더 중요하다고 확신하여 거리낌 없이 치료약을 훔친다.
	5단계: 사회계약, 혹은 법치주의의 단계 Social-contract legalistic orientation 40세 전후	법은 옳다. 그러나 법을 지키는 것보다 더 중요한 가치 있는 일이라면, 법을 어기면서라도 할 수 있다.	하인츠로서는 약을 훔치는 것이 양심에 부담이 있다. 하지만 아내를 죽게 내버려 두는 것은 더 옳지 않다고 생각하기 때문에 약을 훔친다.
제2수준: 관습적 수준 Conventional level	4단계: 법과 사회질서에 대한 복종 "Law and order" orientation 청년기	사회질서와 법은 어떤 상황에서도 마땅히 존중해야 한다.	사유재산을 존중하는 것은 법이기 때문에 존중해야 한다. 하인츠는 그 약을 훔쳐서는 안된다.
	3단계: 개인 간의 상응적 기대, 착한 아이 인정욕구 Interpersonal concordance or "good boy—nice girl" orientation 청소년기	자신이 인정을 받고, 이웃의 공감을 받을 수 있는가?	하인츠는 그의 아내를 사랑하기 때문에 어쩔 수 없고, 이웃들이 자기를 비난하리라고 생각하지 않기 때문에 약을 훔친다.

제1수준: 관습적 이전 수준 Pre-Conventional level	2단계: 도구적 목적과 상대주의적 단계 (이기적 성향) Instrumental relativist orientation, Self-interest orientation 유소년기	자신의 욕구를 충족시킬 수 있는지 없는지가 도덕적 판단의 기준	아내가 착하고 예뻐서 더 오래 살아야 자기에게 좋다 생각하면서, 하인츠는 약을 훔친다.
	1단계: 벌과 복종의 단계 Punishment and obedience orientation 유치기	복종과 처벌이 판단의 기준. 처벌을 피하기 위해 도덕적 행위를 한다.	도둑질에 대한 벌이 있기 때문에 훔치지 않는다. 경찰에게 잡히지만 않으면, 또 벌을 받지만 않으면 문제 없다

콜버그는 그의 말년에 7단계, "우주적 영생을 지향하는 단계"를 추가한다. 그는 여기에 소크라테스, 공자, 석가모니와 같은 종교의 창시자들을 포함시킨다. (매우 유감스럽게도 그는 예수님도 이 단계에 넣음으로써 주님의 신성을 무시했다.) 이 단계에 속하는 사람은 도덕이나 현실의 법들을 초월해서 우주적 질서를 깨닫고 살았으며 이를 사람들에게 가르쳤다고 한다.[190]

나이가 먹어감에 따라 대부분의 사람들은, "관습적 이전 수준"(1,2단계)에서 "관습적 수준"(3,4단계)으로 발달한다. 그러나 나이가 들어도 "관습적 수준"에서 "관습적 이후 수준"으로 발달하는 경우는 24세 성인의 경우에도 10-15%에 불과하다는 연구결과가 있다.[191] 즉 성인이 된다고 해도 대부분의 사람들은 관습적 수준에 머물러 있는 것이 일반적이다.

도덕성이 다음 단계로 발달하기 위해서 필요한 활동에 대해 콜버그는 다음과 같이 제안한다. 먼저 자신의 현재 상황에서 올바른 도덕적 선택을 위해 지난날의 결정들을 돌아보고 평가해 보라. 그리고 '지금 여기서' 내리는 실존적 결정이 가져올 결과를 추론하고 판단하라. 이런 노력들을 통해서 생명을 존중하고 삶의 가치를 높이는 도덕적 판단을 계발하라.[192]

3. 도덕발달이론과 신앙교육

콜버그의 도덕발달이론은 그리스도인의 가정과 교회의 신앙교육에 도움을 제공한다. "관습적 이전 수준"에 있는 유치, 유소년기의 어린이들에게 부모나 교사는 선과 악의 구분을 분명하게 가르쳐야 한다. 그리고 하나님의 말씀을 따라 순종하며 살도록 격려해야 한다. 이 과정에서 죄를 짓지 않도록 주의하고, 죄를 지었을 때는 속히 회개하도록 가르쳐야 한다. 그러나 죄에 대한 하나님의 진노와 심판 그리고 지옥의 고통에 대해 공포심을 조성하는 것은 이 시기에는 가능하면 삼간다. 하나님의 공의를 소홀히 해서는 안 되지만, 하나님의 사랑을 강조하며 그를 기쁘시게 하는 삶의 관점에서 순종하도록 지도하는 것이 바람직하다.

십계명 교육

모든 그리스도인들 특히 청소년기와 청년기의 그리스도인들에게 십계명을 가르쳐야 한다. 이 시기에 십계명을 가르칠 때 '하인츠의 딜레마' 같은 사례연구를 활용하면 유익하다. 즉 개별 상황에서 무엇이 옳고 그른가에 대해 답을 찾도록 할 뿐만 아니라, 왜 그렇게 생각하는지를 물어볼 수 있다. 주어진 상황에서 결정을 내릴 때, 법에 근거하여 흑백논리로만 보는 데서 나아가 인격적인 (능력과 공의와 사랑의) 하나님의 관점을 살피도록 지도한다. 각각의 의견과 판단에 대해 성경을 근거로 하나님의 뜻이 무엇인지 파악하고 삶에 적용할 수 있도록 돕는다.

모든 일에 은혜와 진리를 조화롭게 결정하는 것이 우리 사람에게는 어려운 일이다. 그러나 예수 그리스도는 그의 은혜와 진리로 충만하신 분이시다. 그리고 예수님은 그의 충만한 것을 그를 의지하는 사람들에게 나누어 주신다(요 1:14-16). 말씀과 성령님의 도우심을 누림으로써 우리는 하나님의 뜻을 교리적으로 그리고 실존적으로 알고 판단할 수 있다.

유대의 종교 지도자들은 간음하다가 현장에서 잡힌 여인을 예수님께 끌고

왔다. 그리고 "모세는 율법에 이러한 여자를 돌로 치라 명하였거니와 선생은 어떻게 말하겠나이까?"(요8:5)라며 예수님을 궁지에 몰아넣으려 했었다. 그들은 법이라면 무조건 지켜야 한다는 도덕발달의 제4단계에 속한 사람들이라 하겠다. 예수님은 땅에 무엇인가를 쓰시면서 모여든 사람들의 흥분된 마음이 진정되기를 기다리셨다. 그리고 "너희 중에 죄 없는 자가 먼저 돌로 치라"고 예수님은 말씀하셨고, 잠시 후 사람들은 모두 그 자리를 떠났다.

그 후 예수님은 그 여인에게 "나도 너를 정죄하지 아니하노니 가서 다시는 죄를 범하지 말라"고 하신다. 예수님은 유일하게 그 여인에게 돌을 던지실 수 있는 죄가 없으신 분이셨다. 그러나 예수님은 은혜가 충만하신 분으로서 간음죄를 범한 그 여인을 정죄하지 않고 포용하신다. 또한 진리가 충만하신 주님은 그녀에게 "다시는 죄를 범하지 말라"고 당부하신다. 예수님은 법과 진리를 존중하시면서, 또한 사랑과 은혜로 행하시는 하나님의 아들이시다.

부모나 교회의 지도자들은 하나님의 법과 세상 법을 지키도록 자녀들과 교인들을 가르쳐야 한다. 특별히 하나님의 언약의 열 가지 말씀(십계명)을 모든 그리스도인들은 잘 배워야 한다. 십계명은 모든 법, 하나님 사랑, 이웃 사랑의 요약이기 때문이다. 십계명은 모든 사람이 죄를 지었음을 알게 한다. 십계명은 자신이 죄인임을 깨닫고 구원을 갈망하는 이들을 예수님께로 나아가게 한다. 그리하여 예수 그리스도 안에 있는 사죄의 은총을 누리며 하나님의 자녀의 권세를 얻게 인도한다.

십계명은 예수님께 나아가 그를 믿음으로 모든 죄를 용서받은 그리스도인들이 하나님을 사랑하고 이웃을 사랑하는 구체적인 길을 가르쳐준다.[193] 십계명은 제유법(提喩法)[194]을 사용했기 때문에 내용이 간결하다. 그러나 그 가르침은 넓고 깊다. 십계명을 구체적으로 이해하고 삶에 적용하려면 웨스트민스터 소요리문답(39-81문답), 하이델베르크 요리문답(86-115문답)과 웨스트민스터 대요리문답(91-149문답)을 참고하라. 간략한 설명을 원하면 앞의 둘을, 자세한 가르침을 원하면 세 번째 교리서를 살펴보라.

법(진리)과 은혜

예수 그리스도 안에서 죄를 용서받고 하나님의 자녀의 권세를 받은 그리스도인들은 자신이 먼저 사랑의 법인 십계명을 실천한다. 그리고 이웃의 잘못이나 부족함에 대해 1만 달란트 부채를 탕감받은 사람처럼 법을 초월하는 용서의 은혜를 먼저 베푼다. 그리고 은혜를 베푸는 데서 멈추는 것이 아니라 이웃이 진리 안에서 자유함을 얻을 수 있도록 그리고 사랑의 법을 가르치고 지킬 수 있도록 돕는다. 법이 없으면 은혜가 빛을 발하기 힘들고, 은혜가 없으면 법이 세상을 캄캄하고 살벌하게 만든다.

콜버그의 도덕발달이론은 그리스도인들이 십계명을 따라 살고 가르치는 데 도움을 제공한다. 법 자체를 지키는 것은 중요하다. 어린이들 또는 청소년들에게 십계명과 사회법을 가르치고 법을 준수하도록 가르쳐야 한다. 그와 동시에 죄를 용서하시는 하나님의 사랑과 긍휼을 알게 해야 한다. 법을 정죄의 도구로만 사용하는 것은 하나님의 뜻이 아니다. 법을 지키지 못해 하나님의 진노와 저주 아래 있는 죄인들을 예수 그리스도 안에서 사랑하셔서 구원의 길을 여신 하나님을 경험케 해야 한다. 그럼으로써 상황윤리[195]의 함정에 빠지지 않고, 도덕발달의 4단계를 넘어서 모든 것을 사랑으로 행하도록 도와야 한다. 예수님처럼 은혜와 진리로 충만한 가운데 이웃을 정죄하는 대신에 포용하며, 그들이 사랑의 법을 실천하도록 이끌어야 한다.

마. 제임스 파울러(James William Fowler, III 1940-2015)
-신앙발달이론(Faith development theory)

1. 파울러의 삶

파울러는 감리교 목사의 가정에서 1940년에 출생하고 성장했다. 그는 1962년 듀크대학교(Duke University)를 졸업하고, 1965년 드루대학교(Drew Univ.) 신학부에서 신학석사학위를 받았다. 그 후 하버드대학교에 진학해서 1971년 철학박사 학위를 취득했다. 그는 연합감리교회(UMC)에서 안수를 받고 목사가 되었다.

파울러는 1969년 하버드대학교 신학부 강사가 되었는데, 니버(H. Richard Niebuhr), 에릭슨, 피아제 그리고 콜버그 등의 이론을 연구하며, 자신의 신앙발달단계를 발전시켰다. 그의 이론은 성경과 발달심리학의 조화를 추구하며 형성되었다. 그는 1977년에 에모리대학교(Emory Univ.)의 캔들러(Candler)신학교 교수가 되었다. 그의 대표적인 저술『신앙의 단계: 인간 발달의 심리학과 의미에 대한 추구』는 1981년에 출판되었다.[196]

2. 신앙발달이론

파울러는 신앙의 발전단계를 파악하기 위해 약 600명의 사람들을 심층 인터뷰했다. 그들 가운데는 유대인, 천주교인, 개신교인, 불가지론자 그리고 무신론자들이 있었다. 그들의 나이는 4세부터 88세까지 다양했다. 그는 '신앙'을 한 사람의 삶(의미와 목적)을 이끄는 이미지와 가치와 헌신의 역동적 체계로 보았다.

파울러는 사람의 신앙이 발전하는 과정에 '원천적 또는 미분화된 신앙'을 포함해서 7단계가 있다고 보았다. 각 단계를 아래 도표로 설명한다.

단계		연령	특징
6	보편적 신앙 Universalizing	45세 이후	극소수의 사람만이 도달
5	결합적 신앙 Conjunctive	30-45세	자신의 신앙에 대해 확신을 가지면서도 이웃의 신앙을 존중 대화를 통해 이웃과 더불어 공동의 진리와 선을 구함
4	개인적-반성적 신앙 Individual-Reflective	18-30세	지금까지의 공동체의 신앙에 대해 질문하고 진리를 추구함 개인적인 신앙을 확립함
3	종합적-관습적 신앙 Synthetic Conventional	12세 이후	공동체의 신앙을 종합적으로 받아들임 또래 집단과 동화되면서 전통에 순응함
2	신화적-문자적 신앙 Mythic-Literal	7-12세	공동체의 분위기를 자연스럽게 수용하는 신앙 성경에 기록된 비유 또는 상징적 표현까지도 그대로 수용
1	직관적-투사적 신앙 Intuitive-Projective	3-7세	자유로운 상상으로 신에 대한 이미지를 만들어 내는 시기 이때 형성된 이미지는 계속 영향을 끼침
0	원천적 또는 미분화된 신앙 Primal or Undifferentiated	0-2세	기본적인 신뢰 형성 신/절대자에 대한 막연한 이미지 생성

3. 신앙발달이론과 신앙교육

파울러의 신앙발달이론의 각 단계를 간략히 설명한다. 그리고 각 단계에서 활용할 수 있는 신앙교육의 방법을 알아본다.

0단계: 원천적 또는 미분화된 신앙 Primal or Undifferentiated faith

출생에서 2세 사이에 나타나는 신앙상태를 보여준다. 이 시기에 아기가 의식적으로 신앙을 갖는 것은 불가능하다. 하지만 에릭 에릭슨이 제시한 것처럼 이때는 아기의 마음에 신앙의 뿌리가 되는 신뢰감이 잠재의식 가운데 형성되는 때다. 이 시기에 형성된 신뢰감이나 불신감이 그들의 미래의 삶에 지속적으로 영향을 미치기 때문에 '원천적' 신앙이라는 이름이 붙었다. 그리고 아기는 어머니와 밀착되어 둘 사이를 나누기 어려운 형편이다. 여기서 '미분화된' 신앙이라는 이름이 붙여졌다.

아기가 어머니를 포함한 주위 사람들로부터 따뜻하고 안전한 돌봄을 받을 때, 그는 세상과 절대자에 대해 신뢰와 안전감을 부지불식간에 얻게 된다. 반대로 보호자로부터 따뜻한 보호를 받지 못할 때, 아기는 주위 사람들과 세상에 대해 불신이나 불만을 갖게된다. 따라서 아기의 보호자가 되는 사람(어머니)의 사랑과 세심한 돌봄이 아기에게 절대적으로 필요한 시기다. 그들의 잠재의식 안에 신뢰감이 형성되면 절대자에 대한 신뢰로 자연스럽게 이어진다. 아기의 언어 발달이 이루어짐에 따라 점진적으로 신앙의 다음 단계로 나아가게 된다.

1단계: 직관적-투사(投射)적 신앙 Intuitive-Projective faith

취학 전, 3세에서 7세 사이의 어린 아이들이 보이는 신앙의 모습이다. 이때의 어린 아이는 주위의 사람들이 보여주는 행동과 말 그리고 그가 접촉하는 주위 분위기로부터 영향을 받는다. 어린 아이는 단순하게 그런 영향에 직관적으로 반응하며 이를 모방한다. 나아가 자신이 듣고 본 것을 근거로 상상력을 이용하면서 자신과 세상을 이해하고 추측(투사)한다.

어린 아이는 언어능력이 점점 발전함에 따라 다른 사람들의 이야기를 듣고 자기 나름대로 생각하고 상상하게 된다. 부모나 주위 사람들은 어린 아이들과 지속적으로 이야기를 나눔으로써 바람직한 신앙을 전달할 수 있다. 자녀들과 함께 성경을 읽거나 기도하고 찬송하는 기회를 자주 가져야 한다. 올바른 말과 행동을 보여줌으로써 아름다운 신앙생활을 자연스럽게(무의식적으로) 본받도록 할 필요가 있다. 어린 아이들을 존중하고 사랑하는 마음을 부모들이나 주위 사람들이 가지는 것이 중요하다.

어린아이들은 어른들의 말을 그대로 수용한다. 그리고 그 말을 투사하며 상상력을 발휘한다. 따라서 어른들이 어린이들에게 말할 때 지혜가 필요하다. 특히 사탄이나 지옥 같은 주제에 대해 이야기할 때, 어른들은 말의 내용과 분위기를 주의해야 한다. 그렇지 않으면 어린 아이들은 막연한 두려움과 공포 속에서 힘들어할 수 있다.

2단계: 신화적-문자적 신앙 Mythic-Literal faith

초등학교에 다니는 7-12세의 아동들에게서 나타나는 신앙이다. 여기서 '신화적'이라고 하는 단어는 허황된 이야기라기보다는 공동체적으로 형성된 분위기와 콘텐츠(내용)를 가리킨다.[197] 이때의 아동들은 공동체의 가르침을 가감 없이 수용한다. 대부분의 어린이들은 자신이 속한 가정이나 공동체를 좋아하고 동일시하고 변호하는 경향을 갖는다.

아동들은 이야기를 듣거나 글을 읽을 때, 그것이 사실인지 아니면 비유적이거나 상징적인 묘사인지를 정확하게 분별하지 못한다. 그리고 그들은 선과 악 그리고 흑과 백을 철저하게 구별하는 이분법적 사고를 가진다. 중간지대나 회색지대에 대한 의식을 갖지 못한다. 그들은 착하게 살면 반드시 복을 받고 나쁜 짓을 하면 틀림없이 벌을 받는다고 생각한다. 영이신 하나님을 여전히 수염이 긴 노인으로 상상한다. 성경에 기록된 사람의 모습으로 의인화된 하나님이나 상징 또는 비유를 사용한 표현에 대해 글자 그대로 받아들인다. 이를 가리켜 '문자적 신앙'이라고 한다.

유년기(10세 이전) 아동들에게는 추상적인 내용보다는 성경에 나오는 사람들의 삶을 가르치는 것이 유익하다. 성경의 인물들이 겪었던 일들과 상황을 이야기식으로 흥미롭게 전달함으로써 그 상황을 경험하게 한다. 그리고 소년기(10-12세) 아동들에게는 성경의 내용을 세심하게 살펴볼 수 있도록 질문하는 것도 좋다. 언제, 어디서, 누가, 어떻게, 무엇을, 왜 했는지에 대한 질문을 한다. 더 나아가 성경의 인물과 사건이 자신에게 어떻게 연결되고 적용될 수 있는지를 생각해 볼 기회를 준다.

3단계: 종합적-관습적 신앙 Synthetic-Conventional faith

청소년들(12세 이후) 대부분이 소유하는 신앙의 모습이다. 그러나 성인들 중에서도 이런 신앙에 머무르고 있는 이들이 많다. 이 시기에 청소년들은 피아제의 인지발달의 면에서 본격적(형식적) 조작기에 들어선다. 이에 따라 "나는 누구인가?"에 대해 답을 찾으려는 경향이 생긴다. 하지만 대부분의 청소년들은 독자적으로 답을 찾기보다는 자신이 속한 가정이나 공동체의 가르침에 자신을 맞춘다. 자신의 정체성이나 가치관을 세움에 있어서 스스로 생각하기에는 아직 역부족이기 때문이다.

청소년기는 가족중심에서 벗어나 또래(peer group) 중심의 교제권을 형성하는 시기이다. 청소년들은 또래들로부터 수용되기를 바란다. 또래들이 가지는 생각에서 벗어나지 않으려고 한다. 따라서 공동체가 가지고 있는 종합적이고 관습적인 신앙을 대부분 그대로 받아들인다. 그러나 자신이 공동체라는 상자(box)에 갇힌 듯한 느낌을 갖게 될 때, 그는 다음 단계의 신앙으로 나아갈 기회를 갖게 된다.

이들의 신앙이 다음 단계로 나아가기 위해서는 주입식 교육 방식을 벗어나야 한다. 부모나 교사들은 청소년들에게 질문하고 그들의 답을 들어봐야 한다. 그들이 생각하고 발표할 기회를 제공해야 한다. 그들의 앎과 삶에 대해 '왜?'라는 질문을 자신에게 스스로 해보도록 도전해야 한다. 나아가 그들이 궁금해 하는 것을 질문하도록 격려하고, 답을 함께 모색할 필요가 있다. 그렇게 함으로써 그들이 의존적인 신앙생활에서 벗어나 하나님 앞에서 자립적인 신앙을 갖도록 도울 수 있다.

4단계: 개인적-반성(反省)적 신앙 Individual-Reflective faith

보통 청년기에 갖는 신앙의 모습이다. 그러나 모든 청년들이 이런 신앙단계를 통과하는 것은 아니다. 이전의 종합적-관습적 단계의 사람들은 또래집단이나 공동체의 신앙을 그대로 받아들였다. 그러나 이제 이런 신앙에 대해 모순을 느끼거나 불편함을 느끼는 청년들은 책이나 선배들과 대화를 통해 해결책을 찾는다. 지금까지 자신의 '전통적' 신앙을 현재 겪는 문제들에 반영(reflective) 하면서 새롭고 발전적인 답을 모색한다. 이런 과정을 거치면서 청년들은 개인적이고 독자적인 신앙을 갖게 된다.

해 아래 새것이 없다는 전도서의 말씀같이 청년들이 경험하는 신앙적인 부대낌이나 회의는 이전 세대들도 비슷하게 겪었던 일이다. 이런 과정을 통해 그들이 얻는 답도 이전의 것들과 대동소이할 것이다. 하지만 이런 힘든 과정 가운데 하나님은 그들에게 자신을 나타내시고, 그들이 개인적인 신앙을 확립하게 도우신다.

교회 지도자들은 청년들이 올바른 신앙을 가질 수 있도록 그들의 잘못된 생각까지도 가능하면 포용하며 인내해야 한다. 그들에게 해답을 직접 주기보다는 스스로 답을 찾을 수 있도록 조언을 해주며 격려한다. 그들이 해결책을 찾을 수 있는 길을 안내하며 스스로 답을 찾고 선택할 기회를 제공한다.

개인적이며 반성적인 4단계 신앙에 도달한 사람들은 진리 안에서 자유를 어느 정도 누린다. 복음 안에서 기쁨도 누린다. 다른 사람들을 이해하며 배려하는 마음도 갖는다. 그러나 개인적-반성적 신앙에 이르지 못한 사람들은 아예 신앙생활을 포기하기도 한다. 교회생활을 계속하는 사람들 중 대부분은 율법적인 신앙을 갖기도 한다. 그들은 다른 사람의 신앙생활을 쉽게 판단하며 정죄한다. 화평케 하는 역할을 하지 못하고 갈등과 분란을 일으키는 경우가 많다. 교회지도자들은 교인들이 3단계 신앙에서 벗어나 4단계 신앙에 들어가며, 나아가 5단계 신앙에 진입하도록 도울 책임이 있다.

5단계: 결합적 신앙 Conjunctive faith

이 신앙 형태는 30대 초반부터 나타난다고 파울러는 본다. 그러나 앞선 단계에서 보듯이 많은 사람들은 이 단계의 신앙에 이르지 못하고, 3단계 또는 4단계에 머문다. 결합적 신앙이란 삶에서 만나는 각각의 일들을 신앙으로 연결하는 내적인 성숙에 이른 형편이다. 삶에서 겪는 여러 가지 아픔과 고뇌와 모순들을 포용하고 신앙으로 답을 찾고 행동에 옮기는 상태이다. 파울러의 신앙발달의 5단계에 이르른 사람들은 자신의 신앙에 대해 분명한 입장을 가진다. 그러나 그들은 자신의 입장을 다른 사람들에게 강요하지는 않는다. 그들은 다른 이들의 신앙이나 행동에 대해 판단하기 전, 대화를 통해 먼저 그들을 이해하려는 태도를 보인다.

파울러는 '결합적'이란 말을 통해 양극적인 입장을 다 포용하는 신앙을 드러내고자 한다. 결합적 신앙에 이르기 위해서는 '대화적 앎'(dialogical knowing)이 필요하다고 그는 말한다.[198] 자신의 생각만을 고집하지 않고 대화를 통해 서로를 알아가고 답을 찾아가는 방식으로 형성되는 신앙이다. 그렇다고 해서 타협이나 절충은 아니다. 자신의 신앙에 대해 확신을 가지면서도 이웃의 믿음에 대해 폐쇄적이지 않고 개방적이다. 상대방을 인정하고 포용하면서 대화를 통해 진정한 신앙을 추구하는 단계다.

결합적 신앙을 가진 사람들은 소속 집단의 경계를 자유롭게 넘나들기 때문에 오해를 받기도 한다. 이들의 다른 사람들에 대한 개방적이고 포용적인 태도를 교회 안의 많은 이들이 불편하게 느낄 수 있기 때문이다. 이단이나 사이비 종교 지도자가 되지 않으려면 결합적 신앙을 반드시 지녀야 한다. 진리 안에서 자유를 풍성히 누리는 공동체를 이루기 위해 지도자가 반드시 도달해야 할 신앙단계이다.

6단계: 보편적 신앙 Universalizing faith

궁극적으로 지향하는 최종의 6단계는 보편적 신앙이다. 공간과 시간을 뛰어넘는 우주적이고 보편적인 신앙이다. 파울러는 본회퍼(Dietrich Bonhoeffer), 마틴 루터 킹(Martin Luther King Jr.), 테레사 수녀(Mother Teresa), 간디

(Mahatma Gandhi) 등을 6단계에 도달한 인물의 예로 언급한다.

이들이 보여주는 보편적 신앙의 이면(裏面)에는 세상에 잘 알려지지 않은 그들의 단점과 죄들이 존재한다. 따라서 오직 예수 그리스도만이 유일하게 보편적 신앙의 표상이라 할 수 있다. 아무리 뛰어난 사람도 이 단계에 도달할 수는 없다. 사람들은 완전할 수 없기 때문이다. 사람은 단지 이 단계를 향해 나아가기를 힘쓸 뿐이다. 이를 위해 제5단계, 결합적 신앙을 형성하기 위한 노력이 필요하다. 자신의 신앙에 대해 확고하면서도 이웃의 신앙을 존중하고 사랑으로 섬기기 위해 힘쓴다. 파울러의 신앙발달의 6단계를 지향하는 교사와 지도자는 이웃과 대화를 통해 참 신앙의 자리로 나아가야 한다. 이를 위해 자신의 가르침과 삶이 일치하도록 지속적으로 노력한다.

예수 그리스도는 유일무이하게 그렇게 사셨다. 그는 하나님의 뜻을 이루시기 위해 그리고 죄인들의 진정한 친구가 되시기 위해 자신의 목숨까지도 그의 백성들을 위해 주셨다. 예수 그리스도의 십자가의 길을 따라가는 지도자는 우주적이고 보편적인 신앙을 완전하지는 않지만 부분적으로는 보여줄 수 있다. 그의 가르침과 모범을 통해 다른 사람들을 신앙발달의 6단계로 이끌며 함께 나아갈 수 있다.

바. 존 웨스터호프(John Henry Westerhoff, III 1933-2022)
-공동체이론(Faith community theory)

파울러는 그의 신앙발달단계를 세울 때 기독교뿐만 아니라 다른 종교들도 고려했다. 그는 앞서 본대로 '미분화된 신앙'을 포함해서 일곱 단계로 신앙 발달을 구분했다. 파울러와는 달리 웨스터호프는 기독교 신앙을 중심으로 연구했고, 신앙발전을 네 단계로 단순하게 만들었다.

1. 웨스터호프의 삶

웨스터호프[199]는 그리 신앙심이 깊지 않은 가정환경에서 출생하고 성장했다. 그렇지만 그의 부모는 웨스터호프의 교회생활에 대해 관용적이었다. 웨스터호프는 유년기에는 근본주의를 따르는 회중교회를 다녔다. 청소년기에는 화란계통의 개혁교회에 출석했다. 그는 그가 출석했던 담임목사들로부터 목회자가 되라는 권유를 받았고, 결국 학자면서 또한 목사가 되었다.

그는 복음주의적 개혁전통을 따르는 우르시누스대학(Ursinus College)에 진학해서 심리학을 전공했다. 그후 하버드대학교에서 신학을 전공했고 1958년 신학사(Bachelor of Divinity)학위를 받았다. 그는 이 기간 중 틸리히(Paul Tillich)로부터 변증법적 사고방식을 익혔고, 믿음과 의심, 헌신과 개방성, 그리고 사유와 직관 사이를 오가면서 조화로운 입장을 확립하려 힘썼다.

웨스터호프는 미국의 기독연합교회(UCC)에서 목사안수를 받고, 국내사역국에서 교회교육의 발전을 위해 연구하며 기여했다. 그는 1974년 컬럼비아사범대학교에서 15개월 만에 교육학박사학위를 받았다. 그는 하버드, 프린스턴, 그리고 유니언신학교에서 교수했고, 그 후 듀크대학교 신학부에서 20년 동안 신학과 기독교양육을 가르쳤다. 그는 2022년 세상을 떠났다.

2. 신앙공동체

웨스터호프는 1976년 『교회의 신앙교육』(Will Our Children Have Faith)[200]을 출간했다. 그는 현재의 교회교육이 학교와 같은 방식으로 지식만을 전달하는 데 머물고 있음을 안타까워했다. 신앙교육이 지식을 전하는 것만으로는 충분하지 않음을 그는 너무나도 잘 알았다. 웨스터호프는 전인적인 삶을 변화시키는 교육을 도모하기 위한 방안을 찾는 데 힘썼다. 전인적 변화를 위해 그는 공동체에서 삶이 필수적임을 확인했다. 웨스터호프는 신앙교육에 있어서 개인중심의 신앙교육 대신에 공동체 지향적 양육, 연령층을 나누기보다 세대통합적인 접근을 강조한다. 이를 위해 대화를 통한 가르침(catechesis)과 기독교적 영성형성(Christian formation)의 문화화(enculturation) 모델을 옹호한다.

웨스터호프는 신앙교육이 효과적으로 이루어지기 위해서 신앙공동체가 갖추어야 할 네 가지 본질을 다음과 같이 열거한다. 첫째, 공동체에 소속된 사람들에게 공유하는 기억(memory) 또는 전승(傳承 tradition)이 있어야 한다. 둘째, 공동체의 규모가 크지 않아서(300명을 넘지 않는) 사람들이 경험과 의미를 나누며 친밀한 교제 가운데 상호작용 할 수 있어야 한다. 셋째, 공동체는 세 종류의 세대들(three generations)의 사람들이 함께해야 하고 그들 사이에 상호작용이 일어나야 한다. 넷째, 공동의 목적을 가지면서도 다양한 은사와 역할이 존중되고 나타나는 통합적인 모임이어야 한다.[201]

3. 신앙공동체와 신앙교육

웨스터호프는 신앙공동체를 중심으로 신앙이 성장하는 단계를 다음과 같이 넷으로 구분한다. 경험적신앙-귀속적신앙-탐구적신앙-고백적신앙의 네 단계이다. 각 단계를 아래 간략히 설명하고 각 단계에서 필요한 교육방법을 생각해 본다.

첫째, 경험적 신앙(Experienced faith). 출생에서 7세까지의 어린이들이 가지는 신앙형태이다. 사람들은 기독교의 가르침을 말과 귀로써 배우기 이전에 느낌과 경험으로 배운다. 이런 경험은 신앙의 기초를 이룬다. 다른 사람과 만남, 대화, 상호작용을 통해 기독교의 가르침과 교회에 대해 머리로써가 아닌 가슴으로 느끼고 경험하게 된다. 이런 느낌과 경험은 신앙의 가장 중심부를 형성한다.

교회 공동체에서 받는 느낌이나 경험은 어린 아이들의 신앙의 토대를 만든다. 따라서 이 연령층의 어린이들을 만나는 교회의 교사들은 적극적으로 그들을 환영하고 진심으로 사랑해야 한다. 교사들은 어린이들이 예배하러 예배실에 들어올 때, 그들의 이름을 불러주며 그들을 안아주고 서로 이야기를 나누어야 한다. 교사가 행동을 통해 하나님의 성품을 보여줄 때, 어린이들은 하나님의 은혜와 진리를 느끼며, 하나님을 경험하게 된다.

둘째, 귀속적 신앙(Affiliative faith). 아동기와 청소년 초기에 형성되는 신앙 형태이다. 유소년들은 자신이 속한 공동체가 지향하고 주장하는 일들이 옳고 그름보다, 그 공동체가 나를 좋아하고 사랑해 주는가를 더 중요하게 생각한다. 자기를 사랑하고 인정해 주는 공동체 안에 있게 될 때, 그는 그 공동체가 가지고 있는 가르침이나 교리를 큰 거부감 없이 수용하게 된다. 경험적 신앙의 단계에서는 공동체의 가르침에 대해서 무의식적으로 동화되는 과정을 거친다. 그러나 귀속적 신앙의 단계에서는 아동이나 십대들이 공동체가 지향하는 바에 대해 의식은 하지만, 평가나 비판은 별로 없이 받아들이는 상태라고 할 수 있다.

귀속적 신앙을 갖게 하려면 유소년들이 교회 안에서 또래 친구들뿐만 아니라 청년들이나 어른들과 친밀한 관계를 맺을 수 있는 기회를 제공해야 한다. 세 세대가 소그룹 또는 전 교인이 함께 성경공부 모임을 가지며, 함께 기도하는 시간을 가져야 한다. 성탄절, 부활절, 성령강림절 등의 절기를 축하하기 위해 교회 지도자들은 이벤트를 구상하고 어린아이들과 다양한 연령층의 사람들을 참여시킬 필요가 있다. 교회가 유소년들에게 어른들과 함께 성경을 배우고 함께 기도할 기회를 줄 때, 그들은 하나가 되는 느낌을 갖게 될 것이다. 교회력을 따라 여러 세대가 함께 활동에 참여할 기회를 가질 때, 그들은 '나의 교회, 우리 교회'라는 의식을 갖게 된다. 서로에 대해 동질감을 느끼며 주체성을 가지게 된다.

셋째, 탐구적 신앙(Searching faith). 청소년 후기 곧 피아제의 인지발달단계에 있어서 형식적(본격적) 조작기에 이르게 될 때 형성되는 신앙형태이다. 공동체에 의존하는 신앙에서 떠나 이제 자립적인 신앙을 추구하는 단계이다. 이런 과정에서 홀(Stanley Hall)이 말했던 질풍노도(storm and stress)의 혼란스럽고 고통스러운 경험도 하게 된다.

　이 시기가 되면 사람들은 자신과 다른 사람들을 비교하게 된다. 자신이 속한 공동체와 다른 사람이 속한 공동체를 비교하는 의식이 발달하게 된다. 어느 공동체의 가르침이 옳은지 그리고 더 나은지를 비교하며 평가하게 된다. 경험적 그리고 귀속적 신앙단계에서 경험하고 가르침을 받고 수동적으로 받아들였던 교리에 대해 질문이 많아지고 회의도 하게 된다. 또 무엇이 옳고 바람직한가에 대해 탐구하게 된다. 때로는 자신이 속했던 공동체를 떠나 고민하며 방황하기도 한다.

　많은 청소년 후기의 사람들은 현재의 자신과 주변 상황에 대해 만족하지 못한다. 그들은 실망하고 낙심하기도 한다. 그리고 이전과는 다른 생각을 하고 새로운 시도를 해보고 싶어 한다. 교회는 이런 생각들과 시도가 유익하지 않고 또 위험하다고 해서 무조건 막으려 해서는 안 된다. 도리어 교회는 그들에게 책과 멘토를 소개해 주어야 한다. 이미 이런 일들을 겪었던 선배들을 만나 이야기를 나눌 기회를 제공해야 한다. 교회는 청소년들에게 자기의 신앙을 점검하고 평가하며 새롭고 발전적인 시도를 해보도록 격려해야 한다. 이런 실험을 통해 청소년들은 진정한 확신에 도달할 수 있고 교회가 개혁되며 성장하는 데 기여자가 된다.

　넷째, 고백적 신앙(Owned faith). 탐구적 신앙의 단계에서 여러 공동체의 교리와 삶을 비교하고 평가한 후 갖게 되는 신앙을 가리킨다. 고백적 신앙은 거듭남을 통해 도달한다. 고백적 신앙을 가지게 된 사람은 유아세례를 받은 경우 입교를 하게 된다. 유아세례를 받지 않은 이들은 이제 세례를 받는다. 회심과 신앙고백을 갖게 된 이들은 삶 전체에 중요한 변화를 나타낸다. 말과 행함으로써 자신의 신앙을 표현하고 증거하는 삶을 갖게 된다.

　웨스터호프는 고백적 신앙을 회심과 연계한다. 그는 고백적 신앙의 단계는 성인이 되어야 진입할 수 있다고 본다. 사람의 인지발달을 고려하면, 성인기에 이 단계에 들어가는 것은 당연하다. 그러나 거듭남은 성령님의 주권적 사역이다. 따라서 복음을 전하고 들을 때, 어린이들도 회심이 가능함을 기억할 필요가 있다.

회심은 새생명, 영원한 생명을 거듭난 사람에게 부여한다. 믿음으로 얻게 된 이 생명을 풍성히 누리며 삶 전체에 급진적 그리고 점진적인 변화를 누릴 수 있도록 교회 지도자들은 회심자들을 도와야 한다. 예배(성례 포함), 성경말씀 묵상, 기도생활 그리고 성도의 교제와 이웃 섬김을 통해 그들은 하나님의 나라를 누리게 된다. 그리고 이웃과 더불어 의와 평강과 희락을 나누며 하나님의 나라를 이루게 된다.

나무의 성장과 신앙발전단계

웨스터호프는 신앙발전단계를 나무의 성장에 비유한다. 신앙발달은 급작스럽게 다음 단계로 점프하는 것이 아니라, 나이테가 형성되는 것처럼 점진적으로 서서히 이루어진다. 이런 변화는 한 사람이 처한 환경과 공동체에서 경험 그리고 다른 사람과 상호작용을 통해 발생하는 영향을 지속적으로 받으면서 이루어진다. 신앙의 발전은 이전의 연륜을 모두 유지하면서 새로운 나이테가 나무에 추가되는 것과 비슷하다.

현실에서 어떤 사람은 때로 한 단계에 계속 머무르는 경우가 있다. 그리고 다음 단계로 발전했다가 이전 단계로 되돌아가는 경우도 전혀 없는 것은 아니다. 그리고 나이가 들었다고 해서 다음 단계로 자동적으로 나아가는 것도 절대로 아니다. 현재의 신앙단계에서 만족하고 문제의식이 생기지 않으면 다음 단계로 발전하기 어렵다.

이단이나 사이비 종교에 빠지는 사람들은 웨스터호프가 구분한 1단계나 2단계에 머물러 있다고 할 수 있다. 그들이 탐구적 신앙의 단계로 나아가지 못하기 때문이다. 자신의 신앙을 점검하고 평가하기를 주저하거나 거부하기 때문이다. 성숙한 그리스도인은 포도나무이신 예수 그리스도와 지속적인 교제를 통해 자신과 현실을 분석하고 평가한다. 그리고 자신의 잘못과 부족함을 회개하고 감사하는 가운데 자라가며 열매를 맺는다.

웨스터호프의 신앙발달은 경험적-귀속적-탐구적-고백적 형태의 신앙으로 이어진다. 그러나 그의 주장에서 두 가지 아쉬운 점이 있다. 먼저 웨스터호프가 성령님의 거듭나게 하심을 통한 급변적인 회심을 소홀히하는 면이다. 교회지도자들은 성령님의 사역에 의한 어린 아이들의 회심의 가능성을 열어두어야 한다. 두 번째로 고백적 신앙의 단계를 웨스터호프는 좀 더 자세하게 설명하지 않고 있는 것이다. 이런 부족한 부분들은 파울러의 신앙발달이론에서 제시하는 4-6단계를 참고하고 적용한다면 유익이 있을 것이다.

V. 신앙교육의 목표 6가지

이제 신앙교육이 지향해야 할 목표를 생각해 본다. 이를 위해 교육이란 무엇인가를 다시 한번 점검할 필요가 있다. 앞서 우리는 교육의 정의에 대해 생각한 적이 있었다. '교육'이란 "학생의 전인적인 삶에 긍정적인 변화를 가져오게 하기 위해 콘텐츠(contents 내용, 교재 등)를 활용한 교사의 의도적인 활동"이라고 필자는 정의했다. 이와 함께 '신앙교육'을 다음과 같이 정의했다. "학습자의 삶에 예수 그리스도를 닮아가는 전인적 변화(지-정-의-행동-인격)가 나타나도록 성령님의 인도하심을 따라 성경을 중심 내용으로 가르치는 교사의 의도적 활동이다." 이 두 정의에서 중복되는 내용 가운데 "교사의 의도적 활동"이란 말이 나온다.

교육이란 교사(부모, 교회학교 지도자와 교사)의 활동을 통해 학생들의 삶에 무엇인가(변화)를 이루려는 의도(생각) 위에 이루어진다. 교사의 의도는 바로 교육의 목표에 해당한다. 따라서 신앙교육의 방법을 이야기하기 전에 신앙교육의 포괄적인 목표를 분명히 세우는 것이 필요하다.

가. 목표가 꼭 있어야 할 이유

지혜로운 사람은 어떤 일을 시작하기 전 그 일을 통해 이루고자 하는 목표를 분명히 한다. 목표가 있으면 여러 가지로 유익이 있다. 목표가 필요한 이유는 다음과 같다.

1. 목표는 신앙교육이 나아갈 방향을 제시해 준다

궁수(弓手)가 타깃(target 목표)이 없으면 기분 내키는 대로 아무 방향으로나 화살을 날릴 것이다. 이처럼 목표가 없으면 교사가 무엇을 해야 할지, 그리고 어떻게 해야 할지 막막할 것이다. 그러나 교육목표가 분명하면 무엇을, 어떻게 가르쳐야 할지(교육의 내용과 방법)를 알아내기가 쉬워진다. 여러 내용 가운데 무엇을 먼저 가르치고 나중에 가르쳐야 할지 순서(교육의 조직)를 정하는 데도 큰 도움을 얻는다.

2. 목표는 신앙교육의 계획을 세우고 여러 자원들을 선택할 기준을 제공한다

타깃이 정해지면 궁수는 어떤 방향으로 화살을 쏘아야 할지가 분명해진다. 활을 당길 때 얼마만큼의 힘을 주어야 할지도 계산이 나온다. 또한 어떤 활을 사용하고 어떤 화살을 사용하는 것이 표적에 명중할 가능성이 높을지를 고려하게 된다.

어떤 일을 할 때 여러 가지 자원들이 동원된다. 교회교육을 하려면 사람들이 필요하고, 시설이나 도구들이 필요하다. 또한 돈이 필요하다. 목표가 수립되어 있으면 이를 달성하기 위해서 어떤 교재가 필요하고, 돈이 얼마나 있어야 하고, 시간과 공간이 얼마나 필요한지 예산과 계획을 세울 수 있다. 아울러 교사가 몇 명이 있어야 하고, 행정을 담당할 인원이 몇 명 필요할지 계산할 수 있다.

3. 목표는 일정 기간이 지난 후 활동의 결과에 대한 평가 기준을 제공한다

궁수는 첫 번째 화살을 정조준하여 날린(영점사격) 후 화살이 떨어진 지점과 과녁의 거리를 헤아려 보게 된다. 그리고 두 번째 슈팅에서는 화살의 방향을 위쪽으로나 아래로 그리고 좌측으로나 우측으로 조정을 하게 된다. 그럼으로써 표적의 중심을 맞추는 데 접근하게 된다.

목표가 없이 한 해를 보낸 교회학교가 연말에 1년을 평가하려면 쉽지 않을 것이다. 왜냐하면 평가를 위한 객관적 기준이 없기 때문이다. 한 해를 시작하기 전에 목표(예배, 교제, 교육, 전도와 선교 그리고 봉사와 관련하여)를 분명하게 세우면 그 목표가 평가를 위한 최상의 기준이 된다. 교회학교는 매년 한 해를 돌아보고 새해를 준비하면서 백서(白書 보고서)를 만들어야 한다. 거기에는 지난해에 대한 평가와 새해에 대한 목표와 연중행사 계획과 조직 같은 내용들을 포함시킨다. 이것은 연말에 평가기준을 제공하며, 새해를 준비하는 데 큰 유익을 줄 것이다.

4. 목표는 관계를 발전시키는 데 도움을 준다

목표에 비추어 평가하면 열매를 확인할 수 있고, 때로는 부족했던 점들을 발견하게 된다. 이런 결과에 대해 하나님께 감사하거나 회개하기도 한다. 때로는 힘써 수고했음에도 불구하고 기대했던 결과가 없음에 대해 하나님께 섭섭함을 표현할 수도 있다. 이런 과정을 통해 하나님을 더 가까이하는 기회를 가질 수 있다. 하나님 앞에서 이런 평가를 하지 않으면 하나님과 관계는 형식적인 형편에 머무르게 될 것이다.

목표에 비추어 평가함으로써 함께 수고한 동역자들에게 감사를 표할 수 있고, 서로의 부족함에 대해 고백하면서 용서를 구하고 또 용서를 베풀 수도 있다. 서로를 돌아보며 감사하고 위로하고 격려함으로써 새로운 일들에 대한 희망을 나누며 마음을 하나가 되게 할 수 있다. 목표를 객관적 기준으로 삼고 평가함으로써 하나님과 동역자들과 관계가 발전되는 유익을 누릴 수 있다.

나. 신앙교육의 여섯 가지 목표[202]

앞서 우리 삶의 모든 활동에 목표가 필요한 이유를 살펴보았다. 신앙교육에 있어서도 목표는 반드시 있어야 한다. 그러면 가정에서나 교회에서 신앙교육을 시행할 때 어떤 목표를 가져야 할까?

당신 자신이나 당신의 자녀나 교회학교의 어린이를 비롯한 성인들이 어떤 사람으로 성장하고 성숙하기를 원하는가? 당신이나 교회가 행한 교육의 결과로서 학습자가 어떤 사람이 되기를 원하는가? 그것이 바로 교육의 목표가 된다. 신앙교육에서 목표로 삼아야 할 여섯 가지를 생각해 보자.

1. 성경과 교회의 신앙유산을 알고 이해함

"오직 우리 주 곧 구주 예수 그리스도의 은혜와 그를 아는 지식에서 자라 가라 영광이 이제와 영원한 날까지 그에게 있을지어다"(벧후 3:18)

관계가 본격적으로 출발하고 발전하기 위해서는 서로에 대해 알아감이 요구된다. 하나님은 우리에 대해 모르는 것이 하나도 없으시다. 그러나 우리는 하나님을 잘 모른다. 따라서 하나님과 우리 사이의 관계가 친밀해지고 발전하기 위해 필요한 것은 우리가 하나님을 더 깊이 알아가는 것이다. 웨스트민스터 소요리문답 2번과 3번은 사람들이 성경을 배워야 할 이유를 간단명료하게 제시한다. "구약과 신약 성경에 기록된 하나님의 말씀은 우리가 [사람의 첫째 되는 목적인] 그 분을 영화롭게 하고 즐거워하는 방법을 가르쳐 주는 유일한 법칙"이다. "성경은 주로 사람이 하나님에 관하여 믿어야 할 바와 하나님께서 사람에게 요구하시는 의무를 가르"친다. 신앙교육의 첫 번째 목표는 우리의 자녀들이, 그리고 교인들이 성경을 잘 알고 믿도록 돕는 것이다.

여기서 더 나아가 성경뿐만 아니라 교회의 신앙 유산도 교인들이 알고 이해해야 한다. 신앙 유산이란 신앙의 선조들이 만든 교리와 문헌들을 가리킨다. 아우구스티누스의 『고백록』이나 칼빈의 『기독교강요』와 같은 탁월한 신앙고전을 포함시킬 수 있다. 교리와 문헌들 가운데 특별히 하나님을 바로 알고 그의 뜻을 정확하게 이해하는 데 유익한 것들을 엄선하여 가르쳐야 한다. 그 중 대표적인 교리서로 하이델베르크 요리문답과 웨스트민스터 신앙고백서 및 대·소요리문답이 있다.

오늘날에도 많은 신앙서적과 자료들이 나오고 있다. 성경의 진리에 충실하고 신앙성장에 도움이 되는 것이라면 이것들 역시 활용할 수 있다. 부모나 교회교육의 담당자들은 이런 신앙 서적과 자료들을 살펴보고 읽어야 한다. 그리고 신앙성장에 도움이 되는 책과 자료들을 자녀들에게 그리고 교인들에게 읽게 해야 한다. 그럼으로써 그들이 예수 그리스도의 은혜와 그를 아는 지식에서 성장하게 된다. 또 그런 지식을 근거로 하나님과 그들의 관계가 더 친밀하게 된다.

2. 하나님의 자녀의 권세를 받고 누림

"영접하는 자 곧 그 이름을 믿는 자들에게는 하나님의 자녀가 되는 권세를 주셨으니"(요 1:12)

부모는 예수님이 누구신가를 자녀들이 알게 해야 한다. 자녀들과 개인적으로 만나서 하나님의 아들, 우리의 구주, 우리의 주님이신 예수님을 증거해야 한다. 그들이 이 사실을 알고 마음으로 믿고 입으로 고백하는 기회를 주어야 한다. "글 없는 책", "사영리", "브릿지"같은 도구를 사용하는 것도 좋은 방법이다.

교회교육에 있어서도 이것은 가장 중요한 목표라고 할 수 있다. 교회학교 교사는 성경과 교리를 가르치며 예수 그리스도의 구원의 기쁜 소식을 전함으로써, 사람들이 예수님을 개인적으로 알고 믿고 신앙고백을 할 수 있도록 도와야 한다. 길이요 진리요 생명이신 예수님을 믿음으로만 하나님께 나아갈 수 있고(요14:6), 그와 친밀한 아버지와 자녀의 관계를 맺을 수 있기 때문이다.

예수님을 믿으면 마귀의 종노릇하던 사람의 신분이 단번에 하나님의 자녀로 바뀐다. 이런 신분의 변화는 하나님 나라(의와 평강과 희락)를 경험하며 누리게 한다(롬14:17). 신앙은 머리로 아는 것과 정서적으로 동의하는 것 그리고 의지적으로 결단하여 신뢰하는 것으로 구성된다. 이런 신앙은 순종의 행동으로 인도하고, 예수님을 닮아가는 그리스도인이 되게 한다.

신앙교육의 지도자들은 배우는 이들이 성경과 신앙 유산을 많이 안다고 해도, 예수님을 믿지 않으면 영원한 생명을 누릴 수 없음을 기억해야 한다. 요한복음 3장에 기록된 니고데모가 그러했다. 그는 예수님으로부터 '이스라엘의 선생'으로 인정받은 사람이었다. 그러나 그의 마음에는 하나님의 나라가 없었다. 예수님은 그에게 "사람이 물과 성령으로 나지 아니하면 하나님의 나라에 들어갈 수 없느니라"(요3:5)고 가르치셨다.

교회에 출석한 지 오래된 사람 가운데 거듭나지 않은 사람이 있을 수 있다. 교회에 나온 지 얼마 안 된 사람은 하나님의 나라와 대부분 상관이 없을 것이다. 이런 사람들을 개인적으로 만나 구원의 복음을 전해야 한다. 예수님을 마음에 영접하도록 도와야 한다. 예수님이 하나님의 아들, 나의 구주, 나의 주님이심을 알고 믿고 고백하도록 도와야 한다. 그들이 죄를 용서받고 하나님의 사랑받는 자녀가 되고 하나님 나라의 백성이 되는 기쁨을 누리도록 복음을 전해야 한다. 그들이 신앙고백을 통해 입교하거나 세례를 받도록 지도해야 한다.

교회생활을 하다 보면 예수님을 믿음으로 주어진 구원의 은혜가 희미해질 때가 종종 있다. 설교나 교회교육이 구원의 기쁜 소식보다 '어떻게 살아야 할 것인가'만을 강조할 때가 많기 때문이다. 이런 가르침을 받다 보면 그렇게 살지 못하는 자신을 보며 죄책감에 허덕이는 경우가 발생한다. 기쁨을 잃어버리고 의무감에서 교회생활을 하게 된다. 따라서 부모나 교회의 지도자들은 자주 우리의 구원이, 나의 행위에 있지 않고 주님의 대속의 죽으심과 부활을 믿음에 근거함을 가르쳐야 한다.

우리는 구원을 얻기 위해 순종하는 것이 아니다. 예수 그리스도를 믿음으로 구원을 선물로 받았기 때문에, 그 은혜에 감사하므로 순종하는 것임을 교사는 증거하고 가르쳐야 한다. 부모나 교회의 지도자들은 우리의 구원이 예수 그리스도를 믿음에 있음을 자주 선포하고 설명해야 한다. 한 사람이 예수님을 믿어 하나님의 자녀가 되는 권세를 받고 누림이 없다면, 다른 교육활동은 큰 의미가 없기 때문이다.

3. 예수님의 성숙한 제자가 됨

"예수께서 나아와 말씀하여 이르시되 하늘과 땅의 모든 권세를 내게 주셨으니 그러므로 너희는 가서 모든 민족을 제자로 삼아 아버지와 아들과 성령의 이름으로 세례를 베풀고 내가 너희에게 분부한 모든 것을 가르쳐 지키게 하라 볼지어다 내가 세상 끝날까지 너희와 항상 함께 있으리라 하시니라"(마28:18-20)

모든 사람들은 예수 그리스도를 믿으므로, 죄와 죽음과 영벌에서 구원받는다. 그러나 그것이 예수님이 이 땅에 오셔서 이루려고 하신 최종 목적은 아니다. 로마서 8:29은 "하나님이 미리 아신 자들을 또한 그 아들의 형상을 본받게 하기 위하여 미리 정하셨으니…"라는 말씀을 통해 하나님은 우리가 예수님을 본받기를 소원하신다. 예수님은 그를 따르던 제자들에게 "가서 모든 민족으로 제자를 삼"으라고 명령하셨다. 예수님은 그를 믿어 구원의 복을 받은 이들이 그를 닮아가며 그가 가르치고 행하신 일을 세상에 펼치는 성숙한 제자로 살라고 명하신다.

신앙교육의 세 번째 목표는 예수 그리스도를 믿어 하나님의 자녀의 권세를 얻은 이들이 예수님의 성숙한 제자로 자라도록 돕는 것이다. 예수님을 믿음과 동시에 그리스도인들은 예수님의 제자가 된다(행6:1,7). 믿음으로 예수님의 제자가 된 이들은 예수님을 알고 그를 닮아가며 성숙한 제자가 되어야 한다. 예수님을 묵상하고 그의 말씀에 순종하는 훈련이 없이는 예수님의 성숙한 제자가 될 수 없다. 훈련이 없는 그리스도인은 영적으로 어린아기와 같은 처지에 머물게 된다. 따라서 부모와 교회학교 지도자들은 하나님의 자녀들이 하나님의 은혜와 복을 새롭게 그리고 더 풍성하게 누리도록 지도해야 한다. 그들이 예수님을 닮아가며 자라가도록 가르치고 훈련하고 도와야 한다. 그리스도인들은 날마다 복음전도와 문화사명을 수행하기 위해 자기 십자가를 지고 예수님을 따라가야 한다. 이것이 그리스도 안에서 새 생명을 얻은 사람이 성장하고 성숙하게 되는 성화의 과정이다.

이를 위해 성경묵상과 기도생활이 필요하고 교회생활이 필요하다. 교회생활은 가정에서 교육과 더불어 신앙교육의 목표 여섯 가지를 거의 다 채워줄 수 있다. 교회는 그리스도인들의 어머니와 같은 역할을 한다. 칼빈은 다음과 같이 말한다. "…교회를 아는 것이 얼마나 유익하고 얼마나 필요한가를 '어머니'라는 단순한 칭호에서 배워야 한다. 이는 이 어머니가 우리를 잉태하고 낳으며 젖을 먹여 기르고 우리가 이 육신을 벗고 천사같이 될 때까지(마22:30) 보살피고 지도해 주지 않는다면 우리는 생명으로 들어갈 길이 없기 때문이다."[203]

예수 그리스도를 믿어 하나님의 자녀의 권세를 받은 이들은 계속 어머니 같은 교회의 양육을 받아야 한다. 교회의 예배, 교제, 교육, 전도와 선교 그리고 봉사의 일에 참여함으로써 성장하며 열매를 맺는다. 그리스도인들은 어머니 같은 교회 안에서 그리스도의 장성한 분량에까지 함께 자라간다.

오늘날 거듭났다고 하는 사람들 중 교회를 멀리하는 이들을 종종 본다. 말못할 고충이나 받은 상처 때문에 그럴 수도 있다. 그러나 참 그리스도인이라면 교회를 떠나서는 안 된다. 교회는 성숙한 그리스도인이 되는 과정에서 중요한 역할을 하기 때문이다. 한 사람이 예수님의 제자가 되는 과정에서 빼놓을 수 없는 것이 다른 사람과 관계다. 예수님의 성숙한 제자가 되기 위해서는 다른 사람과 좋은 관계를 가져야 한다. 좋은 인간관계는 기쁨을 준다. 그러나 그 관계가 나빠질 때, 예수님을 닮아가는 기회를 도리어 더 많이 얻을 수 있다. 따라서 예수님의 성숙한 제자가 되기 위해서 교회생활은 필수적이다.

4. 예수님의 증인이 됨

"오직 성령이 너희에게 임하시면 너희가 권능을 받고 예루살렘과 온 유대와 사마리아와 땅끝까지 이르러 내 증인이 되리라 하시니라"(행1:8)

성령으로 거듭난 사람에게 하나님은 전도사명(evangelical mandate)과 문화사명(cultural mandate)을 주신다. 사도행전 1:8은 전도사명과 연관이 있다.

부활 후 예수님은 40일간 하나님 나라의 일들을 제자들에게 말씀하셨다. 그리고 승천하시기 직전 예수님은 그의 제자들에게 성령이 너희에게 임하시면 너희가 권능을 받고 그의 증인이 되리라고 하셨다. 예수 그리스도의 죽으심과 부활을 믿는 이들은 예수님의 증인이다. 그리스도인들은 예수님의 구원의 기쁜 소식을 이웃에게 그리고 모든 민족에게 전할 사명을 받았다.

교회는 그리스도인들에게 복음을 믿어 하나님의 자녀의 권세를 받아 이 특권을 누릴 뿐만 아니라, 그들이 예수님의 증인으로 살아갈 수 있도록 도와야 한다. 이를 위해 그들이 복음의 핵심을 알고 전할 수 있도록 그들을 가르쳐야 한다. 그리고 전도의 내용뿐만 아니라 전도의 방법도 교육하고 훈련해야 한다. 마음을 같이 하여 기도함으로써 성령으로 충만함을 받도록 도와야 한다. 그리하여 그들이 예수님의 증인으로 살아가도록, 부모와 교회지도자들은 그들을 교육해야 한다. 전도의 주체는 성령님이시오, 교사와 교인들은 그의 동역자들이다. 성령님의 인도하심을 받아 예수님의 증인으로 살아가도록 돕는 것은 신앙교육의 중요한 목표 중 하나다.

5. 세상의 소금과 빛으로 살아감

"너희는 세상의 소금이니 소금이 만일 그 맛을 잃으면 무엇으로 짜게 하리요 후에는 아무 쓸 데 없어 다만 밖에 버려져 사람에게 밟힐 뿐이니라 너희는 세상의 빛이라 산 위에 있는 동네가 숨겨지지 못할 것이요"(마5:13-16)

우리 주님은 그의 백성들이 세상에서 그의 증인이며, 동시에 세상의 소금과 빛이라고 하신다. 그리스도인들에게는 전도사명뿐만 아니라 문화사명도 주어졌다. 문화란 좁은 의미에서는 문학이나 예술을 가리킨다. 문화교실, 문화주간, 문화행사 등에서 볼 수 있다. 넓은 의미에서의 문화는 한 사회가 지닌 습관이나 전통 같은 생활양식을 가리킨다. 음식문화, 전통문화, 기독교문화, 청소년문화 같은 말이 포함하는 의미다.

이 땅의 가정과 직장과 학교와 사회와 세상에서 일어나는 모든 일들을 넓은 의미에서의 문화라고 할 수 있다. 우리를 둘러싸고 있는 문화는 두 가지로 나눌 수 있다. 하나는 동성애나 포르노나 마약중독과 같은 하나님이 싫어하시는 문화이다. 둘째로는 건강한 가정, 건전한 직업이나 예술활동과 취미생활같이 하나님이 기뻐하시는 문화다. 오늘날 많은 문화들이 하나님을 거부하고 하나님의 이름을 욕되게 하고 있다. 이런 문화들을 변혁시켜, 하나님을 영화롭게 하는 문화로 바꾸는 일이 그리스도인들에게 주어진 문화적 사명에 해당한다.

모든 사람들은 문화의 소비자 또는 생산자로 살아간다. 유튜브를 제작하는 사람은 문화의 생산자요, 그것들을 시청하는 사람들은 문화의 소비자들이다. 복음송을 작곡하는 사람은 생산자요, 그 복음송을 부르는 이들은 소비자이다. 교회에서 특송을 부르는 찬양대원은 문화의 소비자이면서 생산자가 동시에 된다. 가정에서 교회에서 그리고 세상에서 자녀들과 교인들이 유능한 문화의 생산자가 되고 또 지혜로운 문화의 소비자가 되도록 가르쳐야 한다.

사람들의 마음에 감동을 주며, 하나님께 감사하는 마음을 불러일으키는 문화의 생산자가 되도록 그리스도인들을 격려하고 가르치고 도와야 할 책임이 교회지도자들에게 있다. 그리고 삶의 의미를 생각하게 하며 하나님 사랑과 이웃 사랑의 삶으로 인도하는 책이나 영화나 유튜브 그리고 음악이나 미술 작품을 소비하는 것은 그리스도인으로서 마땅한 일이다. 이런 작품들을 선택하여 감상하고 구매하는 분별력을 갖춘 문화의 소비자가 되도록 신앙의 지도자들은 자녀들과 교인들을 지도해야 한다.

부모와 교회지도자들은 하나님의 자녀들이 이 세상의 세속적 문화를 분별할 수 있도록 가르쳐야 한다. 이런 문화에 동화되지 않도록 도와야 한다. 나아가 성경을 따라 세상의 문화를 변혁하는 사명자들로 그들을 세우는 것이 신앙교육의 중요한 목표다. 직업을 선택하는 과정에서도 하나님의 이름을 높이려는 목적을 잃지 않도록 지도해야 한다. 그리스도인들은 세상의 정치에도 적극적으로 참여하여 정의와 공의를 드러내는 국가와 사회가 이루어지도록 해야 한다. 하나님을 멀리하는 세상의 문화를, 하나님의 이름을 높이는 문화로 바꿔야 한다.

교회 안에서뿐만 아니라 세상의 변혁자로서 살아가도록 교회의 지도자들은 그리스도인들을 도전하며 지원해야 한다. 그리스도인들이 세상의 소금과 빛임을 깨우치고, 문화의 변혁자로서 역할을 하도록 돕는 것은 신앙교육의 중요한 목표다. 그리스도인의 착한 행실은 세상 사람들이 하나님께 영광을 돌리는 계기가 된다(마5:16).

6. 종말을 준비하는 청지기로서 살아감

"만물의 마지막이 가까이 왔으니 그러므로 너희는 정신을 차리고 근신하여 기도하라… 각각 은사를 받은 대로 하나님의 여러 가지 은혜를 맡은 선한 청지기같이 서로 봉사하라"(벧전4:7, 10)

하늘과 땅은 영원히 계속되지 않고 종말이 있다. 세상은 끝을 향해 나아간다. 교회는 하나님의 자녀들로 하여금 종말을 기억하며 살아가도록 가르쳐야 한다. 자신이 모든 것을 하나님께로부터 받아 관리하는 자(청지기)임을 알고 그렇게 살도록 도와야 한다. 성경은 지속적으로 주님의 재림을 고대하며 세속에 물들지 않고 거룩한 나그네, 청지기로 살라고 하나님의 백성들을 깨우친다.

그리스도인들은 만물의 마지막이 있음을 아는 사람들이다. 하나님의 준엄한 심판이 있음을 인정함으로써 한편으로는 그때를 사모하고 기다린다. 완전한 구원과 승리의 날을 기대하며 두렵고 떨리는 마음으로 세상을 살아가는 사람들이 그리스도인이다. 마태복음 24장 38-39절은 이렇게 말씀한다. "홍수 전에 노아가 방주에 들어가던 날까지 사람들이 먹고 마시고 장가들고 시집가고 있으면서 홍수가 나서 그들을 다 멸하기까지 깨닫지 못하였으니 인자의 임함도 이와 같으리라"

세상사람들은 하나님을 잊어버리고 살아간다. 먹고 마시고 장가들고 시집가는 것 자체는 문제가 아니다. 종말을 기억하고 하나님 앞에서 하나님의 영광을 위하여 살고 있느냐가 중요하다. 마지막 날을 준비하지 않는 문화가 팽배한 세상이다. "내일 죽을 터이니 먹고 마시자"(고전15:32)라는 방탕한 생각이 만연한 오늘날이다. 이런 세상에서 그리스도인들은 거룩한 삶을 이루어야 한다. 모든 것을 하나님 앞에서 그리고 하나님의 영광을 위해 하나님의 자녀들은 살아야 한다. 이를 위해 교인들이 최후의 심판을 생각하며 청지기 정신을 가지고 살아가도록 돕는 것은 신앙교육에서 추구해야 할 중요한 목표다.

> ❝...이 믿음은 먼저 네 외조모 로이스와 네 어머니 유니게 속에 있더니 네 속에도 있는 줄을 확신하노라❞

디모데후서 1:5

제4부

신앙교육, 어떻게?
(실천편)

제4부
신앙교육, 어떻게?
(실천편)

지금까지 성경을 관계라는 관점에서 살펴보고(1부), 신앙이란 무엇인가?(2부) 이어서 신앙을 교육의 입장에서 알아보았다.(3부). 이제 마지막으로 신앙교육을 누가 어떻게 해야 할까에 대해 생각해 본다. 신앙교육의 주체는 부모, 교회지도자(목사, 장로, 교사), 교회공동체(서로서로)라고 할 수 있다. (여기에 기독교학교 교사 또는 일반 학교에서 가르치는 크리스천 교사도 포함될 수 있으나 이 책에서는 다루지 않는다.) 그중에서도 1차적이고 가장 중요한 신앙교육의 책임은 부모에게 있다. 부모로부터 시작하여 신앙교육의 주체들과 그들이 사용할 구체적인 신앙교육의 방법을 알아본다.

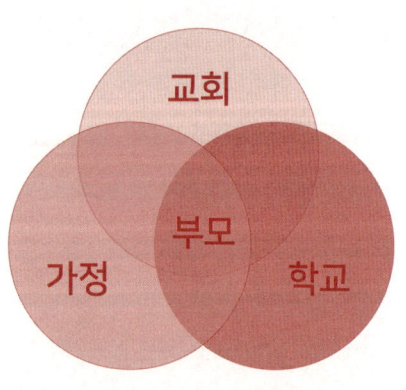

I. 부모 (또는 조부모를 포함하는 부모의 대리자)

신명기 6:4-9은 '쉐마(들으라)'로 시작한다.
4 [들으라, 이스라엘아] 우리 하나님 여호와는 오직 유일한 여호와이시니
5 너는 마음을 다하고 뜻을 다하고 힘을 다하여 네 하나님 여호와를 사랑하라
6 오늘 내가 네게 명하는 이 말씀을 너는 마음에 새기고
7 네 자녀에게 부지런히 가르치며 집에 앉았을 때에든지 길을 갈 때에든지
  누워 있을 때에든지 일어날 때에든지 이 말씀을 강론할 것이며
8 너는 또 그것을 네 손목에 매어 기호를 삼으며 네 미간에 붙여 표로 삼고
9 또 네 집 문설주와 바깥 문에 기록할지니라

이 '쉐마' 본문은 먼저 4절에서 여호와 하나님은 어떤 분이신가를 밝히며 선언한다. 이스라엘의 하나님(엘로힘 God)은 여호와(야훼 LORD)이시고, 그는 유일하신 분이시다. 이어서 5절에서는 이스라엘의 어른들(부모들)이 전인적으로 먼저 해야 할 일을 선포한다. "마음을 다하고 뜻을 다하고 힘을 다하여 네 하나님 여호와를 사랑하라." 올바른 교육이 이루어지기 위해서 가장 먼저 있어야 할 것은 부모들이 가르칠 내용을 정확하게 알고 이해하고 있는 것이다. 그리고 그 내용대로 부모가 먼저 믿고 살아가는 것이다. 진정한 교육은 앎이 있고 그 다음에 삶이 이루어질 때 비로소 가능하다. '쉐마' 본문은 이것을 정확하게 밝히고 있다.

신앙교육의 1차적인 책임은 부모에게 있다. 부모는 먼저 하나님에 대한 바른 믿음을 가져야 한다. 그리고 그 믿음에 근거해서 여호와 하나님을 전인적으로 사랑해야 한다. 부모는 여호와 하나님이 유일하신 분이심을 마음에 새겨야 한다. 그리고 그 사실을 부지런히 다양한 방법을 활용하여 자녀들에게 가르쳐야 한다.(7-9절)

모든 교육이 그러하겠지만 전인적인 삶의 변화를 추구하는 신앙교육에 있어서 가장 중요한 방법은 모범이다. 열매가 풍성한 신앙교육을 위해 부모가 자녀들에게 보여줘야 할 것들 중에 성경말씀을 가까이 하는 삶과 기도 생활이 무엇보다 중요하다. 그리고 가정과 교회생활과 그리고 직업에서 자녀들에게 모범을 보임으로써 자녀들도 그런 삶을 본받도록 도와야 한다. 부모는 자녀들에게 무엇을 그리고 어떻게 자녀들에게 보여줘야 할까?

가. 자녀의 발달 상태를 살피라

교육에 있어서 중요한 것 중 하나는 학습자의 발달 상황을 이해하는 것이다. 자녀가 어릴 때는 그림책을 보여준다. 자녀가 네 살 전후가 되면 큰 글자가 포함된 그림책을 읽어준다. 이제 일곱 살이 넘어가면 그림보다 글이 많은 책을 읽게 한다. 열 살이 되면 그림이나 사진이 가끔 나오는 책을 자녀들이 읽게 한다.

간혹 천재가 있어서 어린 나이에 미적분도 풀곤 하지만 그런 일은 극히 예외적인 일이다. 대부분의 어린이들은 피아제가 말하는 인지발달단계를 따라 성장한다. ("제3부 IV 발달심리학을 통한 신앙교육"을 참고하라.) 물론 비고츠키가 밝힌 대로 부모는 자녀들의 현재의 인지발달 또는 언어발달보다 조금 높은 수준의 말과 일들을 가르치긴 해야 한다. 그러나 자녀의 수준보다 지나치게 높은 것을 가르치면, 아이들은 흥미를 잃거나 아예 하려고 하지 않게 된다.

성경을 가르칠 때 어린아이에게는 이야기(story telling) 방식으로 재미있게 가르쳐야 한다. 유년기부터는 성경을 읽고 어린이들에게 질문을 하면서 성경의 내용을 알아가게 한다. 열 살이 넘어가면 유대인의 교육방법인 하브루타[204]도 사용해야 한다. 이 시기는 피아제의 본격적(형식적) 조작기에 들어서는 때이다. 청소년들에게는 인과관계를 연결하는 지능이 발달하므로 대화와 토론 방식의 교육이 필요하다.

　신앙교육에서 부모나 교사가 성경의 내용을 학생에게 가르치는 것은 중요하다. 그러나 부모가 일방적으로 가르치기만 한다고 자녀들의 삶에 변화가 일어날 가능성은 많지 않다. 자녀가 그 가르침을 어떻게 이해하고 그의 삶에 적용하는가를 고려할 때 비로소 바람직한 교육이 된다. 주입식(impression) 교육에서 벗어나 자녀들의 생각을 발표할 기회를 주고 나눌 수 있다면(expression), 전인적인 삶의 변화를 가져오는 교육이 될 수 있다. 이를 위해 질문법과 하브루타는 탁월한 교육 방법이다.

　청소년기는 에릭슨에 따르면 정체감이 형성되는 시기이고, 파울러에 따르면 '종합적-관습적 신앙'의 단계이고, 웨스터호프에 의하면 '귀속적 신앙' 단계이다. 청소년들은 자신이 소속한 공동체의 신앙이 확립되는 시기다. 따라서 공동체의 좋은 점을 가르치고 보여주는 가운데 (자녀들 앞에서 교회에 대한 비판을 삼가라) 신앙생활에 대한 자부심을 청소년들이 갖도록 도와야 한다. 부모는 자녀의 발달 상태를 살피고 이를 고려하여 신앙교육을 실행해야 한다.

나. 부모(양육자)의 모범

　아기들뿐만 아니라 모든 사람은 모방을 통해 말을 배우고 새로운 일들을 익힌다. 모방은 발견과 발명의 출발점이다. 자녀의 신앙교육에 있어서도 부모의 모범은 정말 중요하다. 모범이라고 할 때 주의할 것은 자녀에게 보여주기 위해 무엇인가를 의무감에서 억지로 해서는 안 된다는 것이다. 때때로 의무감에서 행동하는 것이 불가피할 때도 없지는 않다. 그러나 계속 보여주기식의 삶을 살 때, 부모는 기쁨을 잃어버리고 대신에 피로감을 느끼고 짜증을 내게 된다. 부모의 모범은 결과가 되어야지 목적이 되어서는 안 된다. 부모가 예수 그리스도 안에서 진정한 기쁨을 누리면서 예수님을 닮아가는 가운데 자녀들이 부모를 닮아가도록 도와야 한다.

교육에서 매우 중요한 것 가운데 하나는 학습자들이 자기주도적인 사람으로 세우는 것이다. 부모나 교사가 시키는 것만 하는 학습자가 아니라, 스스로 책도 읽고 생각도 하고 자기 의견을 발표도 할 수 있는 사람으로 양육하는 것이다. 이런 사람을 세우기 위해서 꼭 필요한 것이 부모가 예수님처럼 살아가는 것이다.

그러면 부모가 무엇을 어떻게 하면 자녀들이 부모의 삶을 본받게 될까? 어떻게 하면 자녀들이 믿음의 사람으로 자라갈 수 있을까? 부모의 삶에 반드시 있어야 할 것 몇가지를 제시한다.

1. 사랑

무엇보다 먼저 부모는 사랑의 사람이 되어야 한다. 하나님은 사랑이시다. 하나님은 세상을 사랑하셔서 그의 독생자 예수 그리스도를 우리에게 주셨다. 예수님은 십자가에서 죽으시기까지 죄인들을 사랑하셨다. 그 사랑을 받은 사람들은 하나님을 사랑하고 이웃을 사랑한다.

용서하는 사랑

사랑의 핵심에는 용서가 있다. 용서는 사랑을 확인하게 만들고 사랑의 관계를 새롭게 하고 발전시킨다. 마태복음 18장에서 하나님께서 사람들의 죗값을 지불하신 것을, 1만 달란트에 비유하고 있다. 1만 달란트(6,000데나리온 X 10,000)는 하루 일당을 10만 원으로 잡으면 6조 원에 해당한다. 마태복음 20장의 포도원 품군의 비유를 보면, 한 데나리온은 당시 하루 품삯이기 때문이다. (예수님이 이 비유를 2024년에 하셨다면 아마도 1만 달란트라고 하지 않으시고 일천만 달란트라고 하셨을 것 같다. 왜냐하면 오늘날 6조 원 재산이 있는 사람들은 종종 있기 때문이다. 그러나 6천조 원을 가진 개인은 없을 것이다.) 우리가 이웃의 잘못을 용서하는 것을 예수님은 100데나리온에 비유하신다. 따라서 100데나리온은 1천만 원(100 X 100,000원)에 해당하는 금액이다. 1만 달란트는 100데나리온의 60만 배가 되는 돈이다.

하나님의 용서와 사랑은, 사람의 것과 족히 비교할 수 없다. 그럼에도 불구하고 오늘 우리에게 1천만 원은 꽤 큰 돈이다. 그래서 하나님으로부터 엄청난 은혜와 용서의 복을 받고도 이웃의 잘못을 용서하기가 어렵다. 그러나 나의 힘으로는 불가능하지만 성령님의 도우심을 받으면 예수님의 사랑으로 용서할 수가 있다. 사람은 연약하고 부족하며 악하기까지 하다. 자주 실수하고 실패한다. 우리는 부부간에 그리고 부모와 자녀 사이에 용서를 통해 사랑을 표현하며 또 나누어야 한다.

부부간의 사랑

인간관계의 출발은 에덴동산에서 아담과 하와 두 사람으로부터 시작되었다. 부부관계는 모든 인간관계에 영향을 끼친다. 그런데 부부가 서로 사랑하며 사는 것은 쉽지 않은 일이다. 서로에 대한 요구와 기대는 큰데, 이것들을 채워주는 것은 쉽지 않기 때문이다. 결혼은 서로 도우며 가장 좋은 친구를 얻기 위함이다(창2:18). 동역을 통해 하나님의 뜻을 이루며(창1:27-28), 거룩한 자녀를 얻으며(말2:15), 성적인 욕구를 채우기 위함(고전12:1-5)이다. 결혼의 목적 중 잊지 말아야 할 것은 부부생활에서 일어나는 모든 갈등 가운데 예수님을 닮아가는 것이다(엡5:21-32). 어떻게 하면 부부가 서로 사랑하며 살 수 있을까? 나 자신이 1만 달란트 용서받은 사람임을 기억하고 감사할 때, 배우자의 부족함이나 잘못을 용서할 수 있다. 결혼의 목적을 이루기 위해 서로 돕고 사랑하며 살 수 있다. 부모가 서로 사랑하며 섬기며 사는 것을 보는 자녀들은 부모를 존경하고 부모에게 순종하기가 쉽다. 그들은 부모의 사랑을 자연스럽게 본받게 된다.

그러나 부모가 서로 비난하고 싸우는 것을 보는 자녀들은 부모에게 순종하기가 매우 어렵다. 부부 사이가 나쁠 때 "네 아버지처럼 되지 마라." "네 엄마 같은 사람 만나면 평생 고생이다." 이런 말을 자녀들에게 쉽게 할 것이다. 그러면 자녀들은 부모를 존경하기가 더 어렵게 된다. 부모가 교회에서는 거룩한 척하면서 집에서는 서로 사랑하지 않는 모습을 볼 때, 그들은 부모를 불신하게 된다. 그들이 청소년기가 되면 기독교 신앙에 회의를 느끼고 교회를 멀리할 가능성이 높아지게 된다.

부부가 서로 사랑할 때 자녀들의 신앙교육은 절반 이상 성공할 가능성이 있다. 예수 그리스도 안에서 모든 죄를 용서받고, 하나님의 자녀의 권세를 받고, 영생의 복을 받은 사람으로서 서로 사랑하는 부모가 되어야 한다. 부부가 서로 사랑할 때, 자녀들을 사랑하기가 쉬워진다. 그러나 부부가 서로 미워하면 자녀들까지도 싫어하게 되고 미워하게도 된다.

부부 사이에 사랑이 없으면 자녀들은 마음에 상처를 받는다. 집에 들어가기가 싫어지고 친구들과 어울리다 보면 쉽게 잘못된 길에 빠지게 된다. 부부가 서로 사랑하며 도울 때, 자녀들도 예쁘게 보이고 사랑하게 된다. 부모의 사랑을 받는 자녀들은 부모를 공경하고 순종하게 된다. 부모의 믿음을 본받아 하나님을 사랑하고 교회를 사랑하는 사람으로 성장하게 된다.

부모의 자녀 사랑

부모의 자녀를 향한 사랑에서 잊지 말아야 할 것이 있다. 자녀를 사랑한다고 그들이 원하는 것을 다 해주는 것이다. 약 50년 전에는 한 가정에 자녀들이 다섯 명 내외였다. 거기다가 조부모가 함께하는 대가족이 보통이었다. 인구가 너무 많다고 생각한 한국정부는 산아제한 운동을 1960년대에 시작했다. 이로 인해 오늘날에는 핵가족이 되어 대부분 자녀가 한두 명이 전부다.

옛날에는 부모가 계획하고 결정하면 자녀들이 순응했다. 오늘날에는 부모가 자녀들이 무얼 먹고 싶은지를 물어보고 그것을 식탁에 내놓는다. 자녀의 의사를 존중하는 것은 좋은 일이다. 하지만 부모가 자녀의 종처럼 되어서는 안 된다. 부모는 자녀의 형편을 살펴야 하지만, 권위를 가지고 그들을 하나님 앞에 바로 세워야 한다. 자녀들이 원하는 것을 다 해주고 집안일(정리정돈, 청소, 설거지 등)도 시키지 않는 것은, 진정으로 그들을 사랑하는 것이 아니다. 쉽고 편한 인생, 소위 '잘먹고 잘사는' 그리고 '갑질'할 수 있는 인생을 살도록 부모가 자녀를 가르치는 것은 그들을 멸망으로 이끄는 잘못된 사랑이다. 부모는 하나님을 사랑하고 이웃을 사랑하는 삶을 이루어야 하고, 자녀가 이를 본받도록 이끌어야 한다.

하나님은 다윗을 택하셨다. 사무엘을 통해 기름을 그에게 부으시고 이스라엘의 왕으로 세우려 하셨다. 다윗이 왕으로 등극한 것은 첫 번째 기름부음을 받은 후 적어도 15년 후의 일이다. 그동안 다윗은 온갖 시험과 시련을 다 겪었고 '사망의 음침한 골짜기'를 지나는 어려움을 경험했다. 이런 고난과 역경을 통해 하나님은 다윗을 위대한 왕으로 준비시키셨다.

자녀가 수학여행을 떠날 때 부모가 나서서 여정에 필요한 모든 것을 빠짐없이 준비해 주기도 한다. 그러나 자녀가 열 살이 넘으면 스스로 필요한 것을 알아서 짐을 싸도록 하는 것도 필요하다. 미처 준비 못한 것이 있으면, 아이가 현장에서 직접 자기 힘으로 해결하게 하는 것이다. 그러면 아이는 다음 여행 때는 보다 철저한 준비를 하는 지혜를 얻게 된다.

필자의 아이가 초2때인가, 하루는 점심 도시락을 챙기지 않고 학교에 갔다. 학교에 전화를 해서 담임선생님에게 어떻게 하면 좋겠냐고 물었다. 선생님은 그냥 놔두라고 하면서, 그래야 다음에는 잘 챙길 것이라고 했다. 선생님이 야박하게 생각되고 아이가 애처롭기도 했지만, 자신의 실수에 대해 본인이 책임지도록 하는 것은 아이의 인생살이에 귀중한 교훈이 된다.

부모는 자녀들이 '꽃길'만 걷는 인생이 아니라, 하나님을 의지하면서 고난도 이겨나가는 삶을 살도록 가르쳐야 한다. 부모는 자녀들이 편한 인생보다 하나님 앞에서 옳은 인생을 살도록 모범을 보여야 한다. 그것이 부모의 자녀를 향한 진정한 사랑이다. 게리 토마스는 다음과 같이 조언한다. "우리가 자녀에게 절대 역경의 시기를 허용하지 않는다면, 그들은 살벌하기 그지없는 세상에 변화를 가져올 만큼 예수께서 우리 모두를 위해 그리하신 것처럼 절대로 강해질 수 없다."[205]

2. 성경

성경은 우리의 매일의 삶에 등불이 되고, 우리의 일생의 목표를 분명하게 보여준다(시119:105). 부모는 성경을 가까이하고 하나님의 말씀에 순종해야 한다. 그리할 때 자녀들도 그렇게 살아갈 가능성이 높아진다.

성경은 하나님의 말씀이다. 하나님을 믿고 그가 주시는 복과 은혜를 누리기 위해 우리에게 필요한 것은 무엇일까? 로마서 10:17은 믿음은 그리스도의 말씀을 들음에서 생긴다고 한다. 성경 말씀을 듣고 묵상하는 가운데 우리를 향한 그의 사랑과 뜻을 알게 된다. 성경을 멀리해서는 하나님을 알 수 없고, 하나님과의 친밀한 관계도 가질 수 없다. 부모는 자신을 위해서 성경을 읽고 묵상하고 적용해야 한다. 나아가 말씀을 통해 자신이 깨달은 바를 자녀들에게 모범을 보이며 가르칠 수 있어야 한다.

성경읽기

그리스도인으로서 그리고 부모로서 성경을 꼭 읽도록 한다. 가능하면 하루에 3-4장씩 읽어서 매년 적어도 1독 하도록 한다. 분주한 집안일이나 직장생활로 성경 읽을 시간을 내기 어려울 수도 있다. 그렇다면 집안일을 하거나 차로 이동하는 중에 오디오 성경을 들으면 가능할 것이다. 사람이 떡으로만 사는 것이 아니라 하나님의 입에서 나오는 말씀으로 산다고 예수님은 말씀하셨다(마4:4).

성경은 젖과 같고 밥과 같다. 아기는 본능적으로 젖을 먹는다. 젖을 잘 먹는 아기는 키가 자라고 몸무게가 늘면서 발육과 성장이 있게 된다. 밥과 반찬이 맛이 있어서 입을 다시며 먹을 때가 있다. 그러나 맛이 없지만 건강을 위해 또는 배가 고프기 때문에 억지로 먹을 때도 있다. 또 "시장이 반찬이다"라는 속담처럼 배가 고프기 때문에 맛이 별로인 음식도 맛있게 먹을 수도 있다. 그리스도인은 생명의 떡인 성경 말씀을 읽어야 한다. 흥미를 가지고 읽을 때도 있지만, 의무감을 가지고 억지로라도 읽어야 한다. 억지로 먹든 맛있게 먹든, 뱃속에 들어간 음식은 소화가 되어 몸에 영양분을 공급하고 힘을 준다.

말씀 묵상

듣고 읽은 말씀을 묵상하고 그 말씀을 중심으로 기도하면 우리의 영혼은 더욱 활력을 얻는다. 묵상은 소가 되새김질하는 것에 비유하듯이 말씀을 거듭 곱씹는 것이다. 묵상을 통해 말씀을 잘 이해하게 되면 영혼에 필요한 힘을 얻게 된다. 말씀을 묵상할 때 오늘을 사는 나에게 주시는 하나님의 은혜와 진리를 알게 된다.

성경이 우리에게 말씀하시는 가르침은 주로 두 가지다. 첫째는 하나님은 어떤 분이시며, 어떻게 일하시는가에 대해서다. 둘째는 그런 하나님을 믿는 나는 어떤 존재이며 어떻게 살아야 하는가를 가르쳐준다. 이렇게 말씀을 묵상함으로써 우리는 보다 구체적으로 하나님의 뜻을 알게 된다. 그리고 그 교훈을 나와 교회와 세상에서 적용하며 살아가게 된다.

부모는 홀로 성경을 읽을 뿐만 아니라, 성경 읽는 모습을 자녀들에게 보여줄 수 있어야 한다. 요즘 텔레비전이나 유튜브나, 카카오톡, 페이스북, 메신저, 인스타그램, 틱톡 등과 같은 SNS가 사람들의 관심을 압도하고 있다. 너도나도 책을 읽기보다는 스마트폰을 들여다보며 시간을 보낸다. 부득이하게 스마트폰으로 성경을 읽을 수도 있다. 그러나 부모가 자주 성경책을 펴서 읽고 묵상하며 기도하는 모습을 자녀들에게 보여줘야 한다. 부모가 성경을 가까이하는 모범을 자녀들이 볼 때 그들도 성경을 읽어야 하겠다는 마음을 갖게 된다. 부모는 TV 드라마를 본방사수 하면서, 자녀들에게 방에 들어가 공부하라고 등을 떠미는 것은 바람직하지 않다. 부모가 책을 보면 자녀들도 책을 본다.

하나님의 말씀에 순종하며 열매를 맺으라

성경을 홀로 읽고 묵상하며 주일예배에서 들은 설교말씀을 되새김질하는 부모는 하나님의 뜻에 순종하는 삶을 살기가 쉽다. 말씀을 묵상하는 부모는 시냇가에 심은 나무와 같이 시절을 좇아 열매를 맺게 된다(시1편). 성령의 열매(갈 5:22-23)를 맺으며, 찬송하며 입술의 열매(히13:15)를 맺는다. 전도의 열매(요 4:35-36)를 맺으며, 의의 열매(빌1:11)를 맺는다.

하나님의 말씀을 묵상하며 기도하면서 성령님을 의지하는 부모는 열매를 맺게 된다. 열매를 맺는 부모에게 하나님은 기쁨을 주신다. 기쁨을 누리는 부모는 자녀들도 그렇게 살기를 원하게 된다. 그들은 자녀들이 하나님의 말씀에 순종하도록 가르친다. 자녀들은 부모의 가르침에 기꺼이 순종한다. 부모가 하나님의 말씀에 순종하며 열매를 맺을 때, 자녀들에게 믿음의 유산을 삶의 모범을 통해 물려주게 된다.

성경을 통해 받은 은혜와 진리를 자녀들과 나눠라

부모는 성경을 읽으며 깨닫게 된 것을 자녀들과 나눈다. 가정예배를 하면서 나눌 수 있다. 식탁에서 또는 길을 함께 걸으면서 또는 차를 타고 가면서 나눌 수 있다. 부모가 말씀의 교훈을 자녀들과 나눌 때, 그들은 살아계셔서 오늘도 말씀하시는 하나님을 점점 깊이 알고 믿고 의지하게 된다.

자녀들과 직접 만날 기회가 적을 때는 전화로 또는 카톡이나 문자로 말씀의 은혜를 나눌 수 있다. 이때 부모의 이런 노력들을 자녀들이 잔소리로 느끼지 않도록 주의해야 한다. 그들이 나와 상관없는 말을 부모가 길게 한다고 느끼게 되면, 그들은 귀를 막고 마음을 닫는다. 실제로 부모가 보낸 문자나 카톡글을 읽지 않고, 읽음 표시만 하고 삭제할 수도 있기 때문이다. 잔소리나 책망이 아닌,

진정으로 자녀들을 사랑하는 마음으로 긍정적인 글을 쓰고 나누라.

3. 기도

기도하는 부모

부모는 기도해야 한다. 자신을 위해 그리고 자녀들을 위해. 그뿐만 아니라 교회를 위해 이웃과 나라와 세계를 위해 하나님께 기도해야 한다. 기도로써 우리의 짐을 하나님 아버지께 맡기며 그의 지혜와 능력을 구해야 한다. 부모는 은밀한 가운데 계신 하나님 아버지께 홀로 기도해야 한다. 그리고 자녀들을 축복하며 그들과 함께 기도해야 한다.

"기도하지 않는 사람은, 실제로는 무신론자다"라는 말이 있다. 성경을 읽고 성경의 내용을 안다고 해도 기도하지 않는 사람은 하나님과 상관없이 살아가는 사람이기 때문이다. 아무리 신학박사학위를 가지고 있다고 해도 하나님과 대화하지 않는 사람은 하나님을 믿는 사람이라고 인정하기가 어렵다. 성경을 깊이 알아가는 것이 필요 없다는 뜻은 절대로 아니다. 하나님을 알아가면 하나님을 더욱 사랑하게 되고 그와 이야기를 나누고 싶게 된다. 사랑하는 사람끼리는 대화로 마음을 나눈다.

하나님의 은혜를 받고 그의 사랑을 받아 누리면, 그를 기쁘시게 할 생각이 들게 된다. 하나님을 기쁘시게 하려고 하면 자신의 부족함과 연약함 그리고 악함을 깨닫게 된다. 자신의 힘으로는 하나님의 뜻을 이해하기도 어렵고 설혹 안다고 해도 순종하기가 불가능함을 절감하게 된다. 따라서 하나님의 도우심을 구하는 기도를 하게 된다. 기도하는 사람은 하나님을 알고 믿고 의지하는 사람이다. 기도는 하나님께 무엇을 구하기 위해서도 하지만 궁극적으로는 하나님과의 사귐과 친밀한 교통을 위함이다.

대화의 3단계, 그리고 기도의 3단계

대화에는 세 단계가 있다. 첫째 단계는 일상에 대한 대화이다. "안녕하셨어요? 식사하셨어요? 오늘 잘 지내셨어요?"와 같은 이야기를 나누는 것이다. 이런 대화는 의례적인 것이다. 구태여 자세한 답을 들으려고 하지 않을 수도 있어, 서로 스쳐 지나가면서도 한다.

교회생활을 오래 한 사람이 식사기도할 때 이런 모습을 자주 볼 수 있다. 별생각 없이 약 2초(?) 정도 눈을 감고 항상 하던 대로 초고속으로 기도하는 것이다. 개인기도 시간에도 늘 하던 대로 기도한다면 1단계를 벗어나지 못한 하나님과의 대화 시간이다. 이런 기도의 단계에 머무르고 있다면 곤란하다. 하나님의 얼굴을 구하며 그의 면전에서 대화가 이루어지도록 해야 한다. 시편 기자는 이렇게 기도했다. "너희는 내 얼굴을 찾으라 하실 때에 내가 마음으로 주께 말하되 여호와여 내가 주의 얼굴을 찾으리이다 하였나이다"(시27:8) 하나님과 독대하면서 이야기를 나눈다는 생각을 하며 기도하라.

둘째 단계는 감정을 나누는 대화이다. "오늘 하루 어떻게 지냈어요?"라는 물음에 "그저 그랬어요"라고 대답하면 1단계의 대화이다. 그러나 "오늘 좀 힘들었어요. 직장 동료와 다투었거든요"라고 솔직하게 응답하면 감정이 교류된다. 이 두 사람 사이는 상당히 친밀하다고 할 수 있다. 두 번째 단계의 대화가 이루어지고 있다. 자신의 마음을 열고 감정을 나누고 있기 때문이다.

하나님과 대화에서도 자신의 감정을 표현할 수 있어야 한다. 어떤 그리스도인들은 자신의 마음을 닫고 피상적인 내용만으로 기도하고 있는 듯하다. 항상 하던 대로 기도하는 사람은 2단계의 대화로 나아가야 한다. 나를 사랑하시는 하나님께 나의 마음을 내어놓아야 한다. 감사기도와 더불어 "하나님 아버지, 제가 오늘 답답합니다. 제가 원하는 대로 일이 진행되지 않아서 힘이 많이 듭니다. 도와주세요"라는 기도를 할 수 있어야 한다.

시편 62:8은 이렇게 말씀한다. "백성들아 시시로 그를 의지하고 그의 앞에 마음을 토하라 하나님은 우리의 피난처시로다." 우리의 마음에 부대끼는 생각과 감정들을 하나님께 쏟아놓으라고 권면한다. 한글 번역은 '토하라'고 했다. 저녁 먹은 것이 소화가 안 되어 고통스러울 때, 토함으로써 속이 편해지게 된 경험이 있을 것이다. 여러 가지 불편한 생각과 힘든 일로 말미암아 마음이 복잡할 때, 하나님께 기도로 우리의 속에 있는 생각들을 토해내야 한다. 그리할 때 하나님이 주시는 진정한 편안함과 쉼을 누릴 수 있다. 항상 기도하던 대로 기도하는 습관을 벗어나, 마음을 쏟아내는 변화를 시도하라.

하나님이 기뻐하시는 기도는 어떻게 하는 것일까? 그 첫 번째 조건은 오래 기도하는 것이 아니다. 많은 사람들이 오래 기도해야 한다는 고정관념 때문에 아예 기도를 안 한다. 그러나 하나님과 복된 대화를 위해 필요한 것은 진실하게 자신의 마음을 내어놓는 것이다. 언제 어디서나 자신의 마음을 하나님께 토해낼 때, 하나님과 은혜로운 대화가 이루어진다.

로렌스 수도사의 『하나님의 임재연습』이라는 책이 있다.[206] 그는 카르멜 수도원의 부엌에서 일을 하는 장애인이었다. 그는 매사에 하나님과 대화하면서 일했다. 하나님의 도우심을 누리며 하나님을 찬양하며 순간순간을 살았다. 그는 자신이 맡은 책임을 지혜롭게 수행했을 뿐만 아니라, 다른 사람들에게 많은 도움을 주었다. 하나님과 대화했기 때문에 그런 일이 가능했다. 그는 하나님과 친밀한 관계 가운데 항상 하나님과 이야기를 나누었다.

기도할 때 하나님이 즉각적으로 응답하지 않는 경우도 종종 있다. 이런 때에는 한적한 곳을 찾아 하나님과 독대하면서 오랜 시간 깊이 있는 대화를 해야 한다. 언제 어디서나 하나님께 마음을 열고 수시로 기도해야 한다. 이와 함께 때로는 새벽기도나 금식기도 같이 긴 시간을 마음을 토해내며 하나님과 함께 깊이 있게 이야기하는 시간도 가져야 한다.

대화의 셋째 단계는 감정을 나누는 것을 넘어서 꿈을 나누고 상대방과 의견을 나누면서 계획을 함께 세우는 것이다. 이런 일들을 나누는 것은 상대방을 깊이 신뢰할 때만이 가능하다. 당신에게 이런 세 번째 단계의 대화를 할 수 있는 상대가 있는가? 만약 그렇다면 당신은 복이 많은 사람이다.

우리에게 그런 사람이 없다 해도 실망할 필요는 없다. 왜냐하면 우리의 모든 것을 아시고 우리가 하고 싶은 말을 기쁘게 들어주시는 하나님 아버지가 계시기 때문이다. 하나님 아버지는 우리의 말을 들어주실 뿐만 아니라, 자신의 생각을 우리에게 말씀하는 분이시다. 하나님은 이렇게 말씀하셨다. "여호와께서 이르시되 내가 하려는 것을 아브라함에게 숨기겠느냐?"(창18:17) 예레미야 33:3은 "너는 내게 부르짖으라 내가 네게 응답하겠고 네가 알지 못하는 크고 은밀한 일을 네게 보이리라"고 약속한다.

다윗의 예

성경의 인물 중 다윗은 탁월하게 하나님과 3단계의 대화를 한 사람이다. 사무엘하 17장에 보면 그는 먼저 성전을 건축할 의향을 선지자 나단에게 말한다. 나단은 그것이 좋은 일이기 때문에 기꺼이 동의한다. 그러나 하나님의 생각은 달랐다. 하나님은 나단을 통해 성전 건축은 다윗에게 주어진 일이 아니라고 하셨다. 이후 다윗은 하나님의 뜻에 순복한다. 하나님의 계획과 약속을 듣고 하나님을 찬양하며 감사를 표한다. 다윗은 하나님의 깊은 마음을 듣고 자신의 생각을 하나님께 아뢰는 가운데 3단계의 대화를 가졌다.

속마음을 나누는 세 번째 단계의 대화가 이루어지려면 자신의 마음을 솔직히 하나님께 말씀드려야한다. 그리고 자신의 꿈이나 목표 그리고 소원을 하나님께 아뢰어야 한다. 아니면 나에 대해 하나님께서 어떤 계획을 가지고 계신지 질문해야 한다. 하나님께 나의 생각을 말씀드리거나 하나님의 생각을 물어보아야 한다. 그 후 성경말씀과 들었던 설교를 생각하고 기도하면서 하나님의 뜻을 분별해야 한다. 하나님께 나의 생각을 말씀드리고 성령 하나님의 조명을 통해 우리는 세 번째 단계 대화로 나아간다. 이 과정을 통해 하나님은 나의 꿈과 비전을 인정해 주시거나 아니면 나의 생각과 다른 길을 보여주신다. 하나님은 우리와 함께하시며 우리를 보호하시고 인도해주시는 분이시다(창28:15).

자녀들이 기도하게 도우라

부모는 자녀들에게 성경말씀을 통해 하나님의 성품과 하시는 일을 가르쳐야 한다. 그리고 기도를 통해 성경에 근거하면서도 구체적으로 말씀하시는 하나님을 보여줄 수 있어야 한다. 기도를 안 하면 무신론자나 다름없고, 대화하는 기도를 하면 오늘도 살아 계셔서 자기를 찾는 자에게 상을 주시는 하나님을 경험할 수 있다(히11:6).

그리스도인은 하나님과 대화하면서 그와 동행하는 복된 인생을 살아가는 사람이다. 기도하는 아름답고 복된 삶을 부모는 자녀들에게 보여줘야 한다. 하나님께서 기도에 응답하신 내용을 자녀들과 나누어야 한다. 자녀들과 함께 기도하면서 피난처 되시고 도움이 되시는 구원의 하나님을 공동으로 경험하는 기회를 가져야 한다. 부모가 자녀들에게 하나님과 대화하는 기도의 모범을 보여줄 때, 자녀들도 그런 기도의 사람이 되기 마련이다.

기도의 은혜를 누리며 가르치기 위한 제안

생생한 기도, 대화가 이루어지는 기도, 기도를 통해 하나님께서 주시는 기쁨과 은혜를 누리는 구체적인 몇 가지 방안을 다음과 같이 제시한다.

1) 하나님과 나 사이에 직접적인 일대일의 관계를 확인하며 기도하라

한국인들 중 1980년대 이전에 출생한 사람들은 유교적 전통과 관습 아래 성장했다. 유교는 상급자와 하급자, 부모와 자녀, 남편과 아내, 선생과 학생 사이의 상하관계를 철저하게 가르친다. 인간관계에서 유교의 영향을 직접 또는 간접으로 받은 한국인들은 윗사람의 권위를 인정하고 존중한다. 한국어에서 이런 존중은 존댓말로 나타난다.

성경을 한글로 번역하거나 기도할 때, 나와 너의 관계를 나타내는 2인칭 대명사를 사용하게 된다. 이때 해결해야 할 문제가 있다. 예를 들면 시편 23:4 개역개정판은 이렇게 번역했다. "내가 사망의 음침한 골짜기로 다닐지라도 해를 두려워하지 않을 것은 주께서 나와 함께하심이라 주의 지팡이와 막대기가 나를 안위하시나이다" 여기서 "주께서"로 번역된 히브리어 원문은 2인칭대명사로 "당신께서"이다. '주' 대신에 '당신'을 넣어서 읽어보라. 그러면 목자가 되시는 하나님이 좀 더 가깝게 느껴질 것이다.

한국어에서 '당신'이라는 단어는 3인칭대명사로 사용될 때는 존댓말이다. 그러나 2인칭대명사가 되면 상대방을 낮추는 말로 사용된다. 그러나 이런 언어의 용법은 요즘들어 많이 바뀌었다. 복음찬송 중 "당신은 사랑받기 위해 태어난 사람"이 있다. 이 찬송을 부를 때 '당신'이라는 말을 썼다고 불쾌하게 생각하는 사람은 거의 없을 것이다. 그만큼 '당신'이라는 2인칭대명사의 사용법이 변했다.

개정된 주기도문에서 "아버지의 이름을 거룩하게 하시며, 아버지의 나라가 오게 하시며, 아버지의 뜻이…"라고 번역된 헬라어 성경 원문은 "당신의 이름, 당신의 나라, 당신의 뜻"이다. 그런데 '당신'이라고 번역하는 데 부담을 느낀 번역자가 '아버지'라고 의역했다. 필자는 이런 번역을 2.5인칭이라고 부른다. 즉 보통명사를 사용하여 2인칭대명사를 대신하기 때문이다. 이런 번역은 하나님과 그리스도인 사이의 관계에서 거리감을 느끼게 만든다.

이 글을 읽으시는 분 가운데 기도할 때, "하나님 아버지"라고 부른 후에, "나를 사랑해 주셔서 감사합니다. 저도 당신을 사랑합니다"라고 하시는 분이 얼마나 계신지 궁금하다. 거의 모든 분들이 "저도 하나님을 사랑합니다"라고 2.5인칭을 사용할 것이다. '하나님'이라고 부르는 대신에 '당신'이라고 해보라. 처음에는 좀 어색하더라도 자주 사용하다 보면 하나님과 나 사이에 거리가 좁혀지는 것을 경험할 것이다. 하나님과 얼굴을 맞대고 대화가 이루어짐을 느끼게 될 것이다.

앞으로 성경 번역에서 히브리어나 헬라어 성경에서 '당신'이라고 나오는 것은 2.5인칭으로 번역하지 말아야 한다. 그리고 기도할 때도 2.5인칭을 사용하여 하나님을 부르는 대신에, '당신'이라고 2인칭대명사를 사용함으로써 하나님의 얼굴을 직접 뵙고 기도하는 데 도움을 얻어야 한다. 부모가 홀로 먼저 이렇게 기도하고, 자녀들과 함께 기도할 때도 하나님을 '당신'이라고 부를 때, 임마누엘 하나님의 은혜를 좀 더 풍성하게 누리며 가르칠 수 있다.

2) 기도할 때 믿음을 고백하라

많은 사람들이 "하나님, 나와 함께해 주세요" "주님, 우리 교회를 사랑해 주세요"라고 기도한다. 이런 기도가 잘못됐다고 생각하지는 않는다. 하나님이 나와 함께하지 않으신다거나 우리 교회를 사랑하지 않는다는 생각이 들면 그렇게 기도할 수도 있기 때문이다. 그러나 주님은 "볼지어다 내가 세상 끝날까지 너희와 항상 함께 있으리라"(마28:20)고 약속하셨다. 이 약속을 믿는다면, 믿음을 고백하고 또 믿음이 없었음을 회개하며 기도하는 것이 바람직하다. 다음과 같이 기도하는 것이 바람직하다. "하나님 아버지, 나와 함께해 주심을 믿습니다. 그런데 나와 함께하시는 당신을 믿지 못하고 걱정하고 순종하지 못했습니다. 용서해 주세요. 담대하게 믿음으로 살겠습니다. 도와주세요."

우리 앞에 어려운 일이 있을 때, "나의 앞에 있는 큰 문제를 해결해 주세요"라고 기도할 수 있다. 그런데 이렇게 기도할 수도 있다. "아버지 하나님, 우리 교회에 어려운 문제가 있습니다. 많이 힘듭니다. 그러나 당신께서 이 문제를 해결해 주실 줄 믿습니다. 우리의 잘못을 용서해 주세요. 지혜와 힘을 주세요. 그리고 속히 이 문제를 해결해 주세요." 우리의 소원을 아뢰기 전에 먼저 하나님의 약속을 생각하고, 말씀에 근거한 믿음을 고백하라. 때로는 믿음 없음을 회개하라. 그리고 당신 편에서 해야 할 일을 하겠다고 말씀드려라.

3) 결단을 말씀드려라

개혁신앙을 가졌다고 하는 한국 그리스도인들 중에 하이퍼-칼빈주의자(hyper Calvinist)가 가끔 있다. 그들은 하나님이 택하신 사람들은 어차피 예수님을 믿고 구원을 얻을 것이기에 전도할 필요가 없다고 주장하는 사람들이다. 이들은 하나님의 작정을 믿기 때문에 사람의 책임과 의무를 도외시한다. 그리스도인들이 직접 해야 마땅한 일들도 다 하나님께 맡기는 경우다. 내가 해야 할 기도나 전도나 사랑의 섬김 등을 자신이 적극적으로 할 생각을 하지 않고 하나님께 떠넘기는 것이다.

다음과 같은 기도에서 이런 면을 볼 수 있다. "아내/남편을 사랑하게 해주세요." "저에게 주신 자녀들을 믿음의 사람으로 키우게 해주세요." "교회 청소년들을 위해 기도하길 원합니다." "제가 우리나라를 사랑하길 원합니다." "제가 교회를 더 사랑하게 해주세요." 이런 기도는 하나님이 하실 일과 내가 해야 할 일을 혼돈하는 데서 비롯된 것 같다. 따라서 하나님이 이렇게 살라고 명하신 일들에 대해 그리스도인은 그렇게 살겠다고 결단을 하나님께 아뢰는 것이 옳다.

다음과 같이 기도하는 것이 바람직하다. "아내/남편을 사랑하겠습니다." "저에게 주신 아이들을 믿음의 사람으로 키우겠습니다." "교회 청소년들을 위해 계속 기도하겠습니다." "우리나라를 사랑하겠습니다." "제가 교회를 더욱더 사랑하겠습니다." 이렇게 결단의 기도를 할 때 마음에 부담이 생길 수 있다. "과연 내가 그렇게 할 수 있을까? 자신이 없는데." 그럴 때 우리는 하나님께 질문할 수 있다. "아이들을 믿음의 사람으로 키우려면 어떻게 해야 할지 가르쳐주세요."

자신이 '극단적 칼빈주의자'라고 생각하는 사람은 아마 없을 것이다. 그런데 기도생활에서는 이런 성향을 가진 사람들이 자주 눈에 띈다. 하나님께서 나에게 하라고 하신 일들에 대해서 우리는 "내가 하겠습니다"라고 기도해야 한다. 그리고 그렇게 순종할 능력이나 지혜가 나에게 없다면 하나님의 도우심을 구하는 기도를 하는 것이 마땅하다. 결단의 기도를 먼저 하라. 그리고 하나님의 지혜와 능력을 기도로 구하라.

4) 질문을 하라

"남편/아내를 사랑하겠습니다. 그러나 제가 그렇게 하기가 정말 힘듭니다. 어떻게 하면 좋겠습니까? 가르쳐주세요." "자녀들을, 하나님을 사랑하고 이웃을 사랑하는 사람들로 양육하겠습니다. 그런데 어떻게 해야 할지 모르겠습니다. 하나님 아버지! 저를 도와주세요. 무엇을 해야 할지, 어떻게 해야 할지 당신께서 가르쳐주세요." "교회 청소년들을 위해 기도하겠습니다. 그런데 그들을 위해 제가 무엇을 어떻게 해야 좋을지 가르쳐주세요"처럼 하나님께 질문하는 것이다.

사무엘하 2:1-4에 보면 다윗의 기도가 나온다. 다윗은 사울 왕과 그의 세 아들이 블레셋과 전쟁에서 죽은 후, 위험과 기회를 동시에 직면했다. 이때 다윗은 하나님께 기도한다. "내가 유다 한 성읍으로 올라가리이까?"라고 질문한다. 그리고 하나님이 "올라가라!"라고 하시는 응답을 받는다. 다윗은 또 질문한다. "어디로 가리이까?" 하나님은 "헤브론으로!"라고 말씀하신다. 하나님의 인도하심을 따라 다윗은 식솔들과 자기를 따르는 이들과 함께 헤브론으로 올라간다. 하나님은 헤브론에 간 다윗을 유다 지파의 왕으로 세우신다.

대화가 풍성하게 이루어지려면 일방적인 나의 요구나 주장을 강요하는 대신에 상대방의 생각을 듣는 것이 필요하다. 솔로몬은 왕이 되면서 "듣는 마음"을 달라고 하나님께 기도했다(왕상3:9). 상대방의 의견을 듣는 방법 가운데 하나는 "당신의 생각은 어떤가요?"라고 질문하는 것이다. 그리고 경청한다. 그다음 자신의 의견을 겸손하고 진실하게 이야기한다. 자신의 생각만을 일방적으로 주장하는 것도 교만이다. 잠언 13:10은 이렇게 말씀한다. "교만에서는 다툼만 일어날 뿐이라 권면을 듣는 자는 지혜가 있느니라"

인격적인 관계가 좋아지려면 내 생각보다 상대방의 생각을 들어보려고 하고 또 존중하는 것이 필요하다. 하나님과 우리 사이도 마찬가지다. 우리는 내가 원하는 것을 일방적으로 하나님께 요구할 때가 많다. 이제는 마음을 바꿔서 하나님이 어떻게 생각하시는지 질문하라. 그러면 하나님과 소통이 이루어지고 그의 지혜와 힘을 얻게 될 것이다.

기도의 응답이 없는가? 하나님은 때때로 침묵하시는데, 우리의 생각을 더 듣고 싶으셔서 그럴 경우가 많다. 우리의 형편을 더 구체적으로 듣고 싶고, 우리가 얼마나 절박한 형편에 있는지 확인하고 싶으셔서, 하나님은 잠잠히 기다리기도 하신다. 때로는 하나님께 질문하고 인내하면서 그가 하시는 말씀을 기다려라. 또 침묵하시는 하나님께 나의 마음을 쏟아내라. 그러면 그가 하시는 말씀을 듣게 되고 그의 마음을 알게 될 것이다.

5) 질문에 대한 하나님의 응답을 헤아려 보라

"하나님, 말씀하십시오. 제가 듣고 순종하겠습니다." 하나님께 기도할 때 하나님의 응답을 기대하지 않는 그리스도인들이 있는 듯하다. 그냥 일방적으로 내가 하고 싶은 말만을 하나님께 쏟아낸다. 그리고 "예수님의 이름으로 기도합니다. 아멘"하고 자리를 뜬다. 내가 원하는 말만 한 후 하나님이 나의 기도에 무어라고 응답하시는지 알려고 하지 않는 것이다.

오래전에 어떤 귀부인이 값비싼 진주 목걸이를 하고 음악회에 갔다. 그런데 집에 돌아와 보니 목걸이가 없어졌다. 그는 공연장에 전화했다. 혹시 자신이 앉았던 자리에 목걸이가 떨어져 있는지 알아봐 달라고 담당자에게 부탁했다. 몇 분이 지나도록 소식이 없자 그는 낙심하고 전화를 끊었다. 그런데 바로 그때 담당자가 목걸이를 찾았다고 전하려고 했지만 전화는 이미 끊겨 있었다. 그 여인은 매니저의 응답을 기다리지 못함으로써 목걸이를 찾을 기회를 잃어버렸다.

많은 사람들이 자기의 답답함이나 소원을 하나님께 기도하며 내어놓는다. 하지만 하나님의 응답을 기대하지 않고 기도를 마치기 때문에, 은혜를 누리지 못할 때가 종종 있다. 또 믿음이 자랄 기회를 잃어버리는 경우가 자주 있다. 기도

하는 사람들은 자신의 기도에 대해 하나님이 무어라고 하시는지 그의 대답을 기대하고 기다려야 한다. 하나님이 나의 기도를 들으시고 응답하심을 알게 될 때, 친밀한 관계가 형성되고, 은혜와 복을 풍성하게 누리게 된다.

하나님은 성령님을 통해 말씀하신다. 성령 하나님은 방금 읽었던 또는 지난 날에 들었던 말씀이 생각나게 하신다. 이를 통해 나의 기도에 응답하신다. 많은 경우 성령 하나님은 나의 기도에 대해 구체적으로 무엇을 해야 할지, 그리고 어떻게 해야 할지를 가르쳐주신다. 기도하는 이들에게 지혜를 주시고 힘을 주신다. 기도할 때 질문을 하라. 그리고 하나님의 대답을 기다려라. 그리고 하나님의 응답에 대해 반응하고 순종하라. 그러면 하나님과 대화인 기도생활에 활력을 얻고 감사가 넘치게 된다.

6) 기도한 후 하나님의 응답에 대해 반응하라

많은 교회들이 기도모임을 갖는다. 수요기도회, 금요기도회로 모여 개인적으로 때로는 공동의 기도제목을 나누고 기도한다. 그런데 다음 기도회 때 이전에 기도한 일들이 어떻게 되었는지에 대해서 말해주는 교회는 많지 않다. 기도 응답을 받은 경우, 감사하는 기도를 안하고 슬그머니 그 기도제목을 뺀다. 응답을 받지 않은 기도제목에 대해서는 아무 말 없이 다시 기도 요청을 올린다. 가정에서 기도할 때도 마찬가지다. 하나님이 나의 기도에 어떻게 응답하셨는지를 헤아려 보고 감사하거나 계속 기도해야 한다. 그리고 가족들과 나눠야 한다.

다윗은 기도한 후 하나님께서 말씀하신 대로 순종하는 것을 볼 수 있다. 그가 감사했다는 언급은 분명하게 나오지 않는다. 그러나 하나님께서 응답하신 대로 그는 순종하여 헤브론으로 간다. 다윗은 결국 헤브론에서 유다 지파의 왕으로 등극한다. 이를 볼 때 다윗이 하나님의 인도하심에 감사했으리라 충분히 짐작할 수 있다.

어제 또는 한 주 전에 했던 기도가 그대로 재탕 삼탕 될 수도 있다. 그러나 가능하면 기도가 날마다 조금이라도 새로워져야 한다. 살아계신 하나님과 대화이며 영혼의 호흡(날숨과 들숨)이 기도라고 한다면, 지난번의 기도에 하나님께서 어떻게 응답하셨는지를 점검해야 한다. 나의 소원대로 이루어진 기도 제목에 대해서는 감사와 찬송을 하나님께 드려야 한다. 아무런 응답이 없는 기도에 대해서는 왜 하나님이 들어주지 않으셨는지에 대해서 질문해야 한다. 내가 정욕으로 쓰려고 구했기 때문에 나의 기도 내용을 바꿔야 하는 것은 아닌지 확인해야 한다. 아니면 하나님의 때가 되지 않았기 때문이라면 낙망하지 않고 계속 기도해야 한다. 그리할 때 살아계신 하나님과 대화로써 기도는 더욱 생동감과 기쁨을 느끼며 진행될 것이다.

7) 기도의 지평을 넓혀라

하나님은 믿음의 조상 아브람을 복(의 근원)이 되게 하셨다. 예수님은 그의 제자들이 모든 민족을 가슴에 품고 땅끝까지 나아가길 원하셨다. 주님은 오늘도 우리가 그의 증인 그리고 세상의 소금과 빛의 역할을 수행하길 원하신다. 이 책임을 감당할 첫 번째 방법은 기도하는 것이다. 우리는 자신과 가족만을 위한 기도에서 한 걸음 더 나아가 이웃과 나라와 세계를 품고 기도해야 한다.

하나님의 사람은 먼저 하나님의 나라와 그의 의를 구한다. 자녀들이 학업에서 좋은 성적을 얻게 해달라고 부모는 기도할 수 있다. 그러나 거기에 머무르지 않아야 한다. 기도의 지평을 넓혀 이웃들과 교회와 나라 그리고 세계를 위해 부모는 기도해야 한다. 자녀들이 이기적인 사람이 아니라, 이웃을 위하고 세계를 품고 섬기는 하나님의 사람이 되도록 기도에서 본을 보여야 한다.

8) 마음을 얼굴에 드러내라

표정은 사람의 마음을 드러낸다. 편한 사람을 만나면 표정이 부드럽다. 반대로 사이가 좋지 않은 사람을 보게 되면 얼굴이 굳어진다. 당신이 기도할 때 당신의 얼굴은 어떤 모습인가 스스로 생각해 보라. 마음이 무겁고 힘들어 기도할 때, 표정이 심각한 것은 당연하다. 그러나 기도의 내용이 하나님을 찬양하고 감사하는 것인데도 불구하고 인상을 찌푸리고 있다면, 그 이유를 이렇게 생각할 수 있다. 기도할 때 하나님을 대면하면서 하지 않았던지 아니면 진정한 나의 마음을 담지 않고 기도한 것이 아닐까? 나의 마음, 나의 기도의 내용이 담긴 얼굴로 하나님과 대화하라.

기도는 하나님과 대면하여 가지는 대화이다. 따라서 마음을 담아 기도하면, 하나님을 찬양할 때 그의 위대하심과 능력과 사랑으로 인해 얼굴에 기쁨이 드러나게 된다. 하나님께서 베푸신 은혜를 감사할 때 그의 긍휼과 자비 그리고 인자하심으로 말미암아 환한 얼굴이 된다. 항상 찡그린 얼굴로 기도하는 것이 습관이 되어 있기가 쉽다. 하나님을 독대하여 기도한다는 것을 기억하고 나의 마음을 진실하게 아룀으로써 기도의 내용이 나의 얼굴에 반영되어야 한다.

항상 손을 모으고 기도할 것도 아니다. 어린 아이들이 장난치는 것을 방지하기 위해 손을 모으고 기도하게 할 필요가 있다. 그러나 철이 든 사람이라면 달라져도 된다. 다른 사람과 이야기를 나눌 때 손을 자연스럽게 움직이게 된다. 이와같이 기도할 때도 하나님 앞에서 손을 모으고 할 뿐만 아니라 손을 활짝 펴거나 손을 높이 들거나 가슴을 치거나 하는 것도 마음을 드러내는 자연스러운 행동이다. 마음이 드러나는 표정과 몸짓은 진심이 담긴 기도의 증거가 된다.

부모는 자녀들에게 기도를 가르치기 전에 자신이 먼저 하나님과 친밀한 대화(기도)를 해야 한다. 위에 제시한 방법들을 잘 활용할 때 하나님의 은혜와 복을 날마다 새롭게 누릴 수 있다. 자녀들을 위해 기도하고 그들과 함께 기도할 때 부모는 자녀들에게 아름답고 복된 기도의 유산을 물려주게 된다. 자녀들도 하나님과 친밀한 대화를 통해 그의 복을 누리며 그를 기쁘시게 하는 삶을 이루게 된다.

4. 교회생활

지금부터 30년 또는 40년 전만 해도 대부분의 그리스도인들의 삶은 가정, 교회 그리고 직장이나 학교를 중심으로 이루어졌다. 그때까지만 해도 어른이나 아이들을 막론하고 교회는 많은 그리스도인들에게 예배의 자리이며, 기쁨과 즐거움을 주는 곳이었다. 교회는 그리스도인들의 삶에 큰 자리를 차지했었다. 그러나 오늘날 그리스도인들은 책임을 따라 분주하게 살고 있다. 그리고 다양한 사회적 관계들로 인해 교회가 삶에 차지하는 비중이 줄어들고 있다.

오늘날 많은 그리스도인들이 주일 오전 예배에 참석하는 것으로 교회생활을 다 한 것으로 여긴다. 오후 예배나 수요기도회에 참여하는 분들이 줄어든 데서 이런 현상을 분명히 볼 수 있다. 더욱이 2019년 말에 시작되어 2022년 초까지 유행했던 코로나19 팬데믹은 이런 분위기를 더욱 악화시켰다.

아직도 신실하게 교회에서 직분자로 교회학교 교사로 섬기는 분들이 있긴 하지만, 많은 교인들은 가능하면 교회 일을 맡지 않으려고 한다. 치열한 생존경쟁 속에서 살아남기 위해 교회 봉사를 사양하는 분들도 있다. 물론 교회의 일만 하나님의 일은 아니다. 가정의 일과 사회적인 책임을 다하는 것도 하나님의 일임은 분명하다. 그러나 교회의 일과 책임을 아예 외면하는 것은 그리스도인으로서 올바른 태도가 아님 또한 확실하다. 최선을 다해서 교회의 일도 감당하려는 자세가 그리스도인에게 있어야 하기 때문이다.

예배자로서

부모로서 자녀들에게 보여줄 모범 가운데 예배 참여가 있다. 주일 오전 예배는 말할 것도 없다. 주일 오후 또는 저녁 예배 역시 적극적으로 참여해야 된다. 십계명(출20장과 신5장)은 구약과 신약 시대의 하나님의 백성들에게 주어진 도덕법이다. 그 중 제4계명은 "안식일을 기억하여 거룩하게 지키라"이다. 구약시대의 안식일(토요일)은 신약시대에 와서 주일(일요일)이 되었다. 이에 대해 웨스트민스터 신앙고백서 21장 "예배와 안식일" 7절은 안식일과 주일의 관계를 다음과 같이 알려준다.

"일반적으로 하나님께 예배하기 위하여 일정한 시간을 정하는 것은 자연의 법칙에 합당한 것이다. 그래서 하나님은 그의 말씀을 통하여 적극적이고 도덕적이며 영구적인 명령으로써 모든 시대의 모든 사람들에게, 특별히 이레(七日) 중 하루를 안식일로 택정하여 하나님께 거룩하게 지키도록 명하셨다. 그 날은 창세로부터 그리스도의 부활까지는 한 주간의 마지막 날이었으나, 그리스도의 부활 이후로는 한 주간의 첫째 날로 바뀌었다. 성경에서는 이 날을 주의 날(主日)로 부른다. 이 날은 세상 끝날까지 기독교의 안식일로 지켜야 하는 것이다."

안식일을 지켜야 할 이유에 대해 출애굽기와 신명기는 조금 다르게 설명한다. 출애굽기에서는 창조의 원리에 근거해서, 신명기는 구원(구속)의 원리에 근거한다. 출애굽기 20:11, "이는 엿새 동안에 나 여호와가 하늘과 땅과 바다와 그 가운데 모든 것을 만들고 일곱째 날에 쉬었음이라 그러므로 나 여호와가 안식일을 복되게 하여 그 날을 거룩하게 하였느니라" 신명기 5:15, "너는 기억하라 네가 애굽 땅에서 종이 되었더니 네 하나님 여호와가 강한 손과 편 팔로 거기서 너를 인도하여 내었나니 그러므로 네 하나님 여호와가 네게 명령하여 안식일을 지키라 하느니라"

따라서 그리스도인은 하나님께서 엿새 동안 창조사역을 마치고 쉬셨음과, 예수 그리스도 안에서 주신 구원의 은혜를 기억하고 주일을 쉬어야 한다. 나의 삶이 나의 노동에 달려있지 않고 전적으로 하나님의 손에 있음을 신앙고백하는 것이 주일에 쉬는 것이다. 주일에는 하나님께 모든 것을 맡겨야 한다. 내일을 준비하는 일이나, 내일의 삶에 필요한 것을 얻기 위한 활동으로부터 쉬며 자유해야 한다. 하나님은 공중 나는 새, 들의 백합화를 돌보시며 또 우리의 삶을 책임져 주시는 분이시다. 주일에 내일의 생존이나 여유로운 삶을 위한 일로부터 자유를 누리며 쉬는 것은 정녕 하나님께서 그의 자녀에게 주신 특별한 복이다. 주일을 어떻게 보내야 합당한가? 쉼을 누리며, 예배에 힘쓰며, 선한 일을 하면서 주일을 보내야 한다(웨스트민스터 소요리문답 60번 참고).[207] 하나님은 안식일을 복되게 하시며 거룩하게 하셨다. 부모는 자녀들에게 주일에 안식을 누리며, 선한 일(이웃 돌봄)을 찾아 행하며, 무엇보다도 예배를 통하여 하나님의 이름을 높이며, 은혜와 복을 누리는 본을 보여주어야 한다.

봉사자로서

승천하신 예수님은 성령님을 보내셔서 그리스도인들 각 사람에게 은사를 주신다. 또한 주님은 은사를 따라 교회에 직분자를 세우신다. 그리스도인들은 교회당에 모여 함께 하나님을 예배하며, 교회의 가르침을 받아 그리스도의 성숙한 제자로 성장한다. 나아가 예수님의 증인으로 그리고 세상의 소금과 빛으로 살기 위해 교회에서 교육과 훈련을 받는다.

그리스도인 부모는 성령께서 허락하신 은사를 따라 교회를 섬길 책임이 있다. 그리스도인은 교회에서 맡긴 책임을 성실하고 충성스럽게 감당해야 한다. 그러면 그것을 보고 배우는 자녀들도 교회의 귀한 봉사자로 자연스럽게 성장하게 된다.

교회를 섬길 때 주의할 것이 있다. 자녀들 앞에서는 교역자나 다른 교우들의 약점이나 단점을 이야기하지 말아야 한다. 그런 험담은 자녀들로 하여금 그들을 존경하는 마음을 잃어버리게 하고 교회를 멀리하게 만들기 때문이다. 부모는 교회를 봉사할 때 겸손한 마음을 지녀야 한다. 겸손한 사람은 동역자들을 폄훼하며 비방하는 말을 하지 않는다. 겸손은 모든 그리스도인 특별히 교회의 봉사자가 지녀야 할 가장 중요한 덕(德 virtue)이다.[208]

봉사와 함께 생각할 것은 헌금 생활이다. 헌금에서 가장 기본적인 것은 소득의 십일조. 십일조는 모세를 통해 율법을 주시기 전, 아브람이 실천했다(창 14:20). 십일조를 율법에 속한 것으로 치부하여 오늘날에는 할 필요가 없는 것으로 생각할 수도 있다. 그러면 어떻게 헌금을 해야 할까?

예수님이 오신 후 신약시대의 그리스도인들에게 요구되는 경제생활은 어떤 모양일까? 모든 것이 하나님의 것이니 모든 것을 하나님의 뜻대로 사용하는 것이다. 물론 여기에는 우리의 생활에 필요한 일에 사용하는 것도 하나님의 뜻에 포함된다. 그렇게 생각하다 보면 소득 가운데 얼마를 헌금해야 할지 매번 고민하게 될 것이다. 따라서 나의 생활에 필요한 모든 것들을 사용한 후에 헌금을 하기보다는 일단 십일조를 구분하여 먼저 드리는 것이 모든 면에서 바람직하다.

소득의 다소를 불문하고 십일조를 드리는 부모는 자녀에게 헌금의 원리를 가르치기가 쉽다. 사실 십일조를 하는 그리스도인들은 주일헌금이나 감사헌금 그 외의 헌금을 따지면 보통 십의 2조(2/10)를 하게 된다. 소득이 많은 사람은 십의 9조(9/10)까지 헌금할 수도 있다. 그러나 헌금의 가장 기본은 부자나 가난한 사람이나 동일하게 십일조라고 할 수 있다.

부모는 헌금생활에 있어서 모든 것이 주님께로부터 왔음을 인정해야 한다. 그리고 최소한 10분의 1은 기본적으로 하나님께 드리는 모범을 자녀들에게 보여주어야 한다. 지난날 한국교회가 크게 성장한 이유 중에 그리스도인들이 십일조를 훨씬 넘는 헌신적인 헌금생활에 있었음은 누구도 부인할 수 없다. 헌금은 인색한 마음으로가 아니라 힘대로 또는 힘에 지나도록 기쁨으로 하라고 고린도후서 8장과 9장에서 말씀한다.

성도의 교제(교통)

성령께서 하시는 일 가운데 "성도의 교제"가 있다. 대부분의 그리스도인들은 사도신경으로 신앙을 고백하면서 이 사실을 언급한다. 교제는 구역모임과 같이 말씀을 서로 나누고 서로를 위해 기도하는 가운데 이루어진다. 그러나 교제에서 빼놓을 수 없는 것은 음식이나 다과를 나누는 것이다. 예수님은 음식을 나누는 것을 매우 중요하게 여기셨다. 성찬식도 떡과 포도주 즉 음식을 나누는 것을 통해 영적 양식을 누리는 것이다. 한국교회는 주일예배 후 식사를 같이하는 좋은 전통이 있다. 이 전통을 계속 지켜나가며, 성도의 식탁 교제가 더 풍성해지기 위한 방안들을 마련할 필요가 있다.

지금부터 약 20년 전만 해도 교우들을 집에 초대하는 일들이 많이 있었다. 그러나 일상의 삶이 분주해지고 복잡해지고 생활수준이 높아지면서, 사람들은 이웃을 집으로 초대하는 것을 꺼리고 부담스럽게 생각하게 되었다. 식당에서 음식을 나누는 것을 더 선호하게 되었다. 히브리서 13:2은 이렇게 말씀한다. "손님 대접하기를 잊지 말라 이로써 부지중에 천사들을 대접한 이들이 있었느니라"

교회에 새로 나온 분을 집에 그리고 식사에 초대하라. 한 사람 또는 한 가족으로부터 시작하면 좋다. 동년배의 사람들뿐만 아니라 청년들, 청소년들, 그리고 자녀의 친구들과 식탁 교제를 나눌 기회를 만들어라. 혼자서 많은 사람들을 섬기기가 힘들면 몇몇 교우들이 학생들 또는 청년들을 한두 사람씩 나누어 맡아서 대접하면 된다. 아니면 미국사람들이 많이 하는 '포트럭'(potluck)방법이 있다. 각 사람 또는 가족 당 여러 사람이 먹을 음식 한 가지씩 만들어 와서 함께 나누며 먹는 것이다. 그러면 다양한 음식을 큰 부담없이 나눌수 있다. 천사를 대접하는 복을 자녀들과 함께 나누며, 그 복을 자녀들에게 물려주라.

가능하면 식사 시 어린 자녀들도 자리를 같이하도록 하라. 우리나라는 유교의 전통을 따라 남자와 여자, 어른과 아이들이 함께하길 어려워한다. 이런 습관을 극복할 필요가 있다. 유대인들은 어른들의 대화에 어린이들을 참여하게 한다. 이로써 가족 또는 공동체 의식을 함양한다. 또 아이들의 사고력과 발표력을 키워준다. 손님 대접은 비록 힘이 들기는 하지만 그보다 더 큰 하나님의 은혜와 복을 누리게 한다.

5. 생업(직업)

자녀들에게 교회의 일만이 하나님의 일이 아니라, 가정의 일과 직장이나 학교에서 공부하는 것도 다 하나님의 일임을 보여주고 가르쳐라. 모든 일이 하나님의 일임을 특별히 마르틴 루터가 밝혔다. -그는 일과 직업은 생활에 필요한 돈을 얻거나 물품을 얻기 위함임을 인정한다. 거기에 더하여 루터는 하나님의 뜻을 따라 이웃을 사랑하는 방편이 일이라고 천명했다. 하녀의 일이나 군주의 일이 하나님의 부르심(소명)의 면에서 차이가 없다고 루터는 단언했다.[209]

중세에는 수도원에 들어가 경건하게 사는 것을 최고의 가치로 사람들은 생각했다. 이에 대해 칼빈은 그것보다 더 하나님이 원하시는 것은 직업과 가정을 통해 하나님의 뜻을 이루는 것이라고 다음과 같이 밝힌다. "그러나 경건한 가장이 모든 탐욕과 야심과 육의 다른 정욕을 버리고 일정한 직업으로 하나님을 섬기려는 목적을 추구하면서 가정을 다스리는 일에 전심하는 편을 하나님께서는 더욱 기뻐하신다."[210]

부모는 가사(家事)나 직장의 일을 성실하게 감당해야 한다. 그리고 이런 일들이 생활에 필요한 돈이나 재화(財貨)를 얻기 위한 방편일 뿐만 아니라, 이웃을 섬기기 위한 일임을 자녀들에게 보여주고 가르쳐야 한다. 부모는 다른 모든 직업인들(저임금 노동자 등)을 무시하지 않고 존중하는 모습을 자녀들에게 보여줘야 한다.

자녀들에게 하나님께서 주신 달란트(재능)를 발견할 기회를 주고 계발할 수 있도록 도와야 한다. 그들을 부르시는 하나님의 뜻을 찾을 수 있도록 함께 기도하며 지도해야 한다. 자녀들이 직업을 통해 이웃을 섬기며 하나님의 이름을 높일 수 있도록 모범을 보이며 조언해야 한다. 옛날에는 일하러 가면서 아이들에게 "아빠, 돈 벌러 갔다 올게"라는 말을 많이 했다. 그러나 일하는 목적이 돈을 버는 것만 되어서는 안 된다. 따라서 "일하러 갔다 올게"라는 말을 사용해야 한다.

다. 자녀를 노엽게 하지 않음[211]

"또 아비들아 너희 자녀를 노엽게 하지 말고 오직 주의 교훈과 훈계로 양육하라"(엡6:4)

하나님은 부모에게 자녀를 노엽게 하지 말라고 하신다. '노엽게 하다'는 헬라어로 '파로르기조'(παροργίζω)이다. 이 말은 지나친 책망으로 화나게 만든다는 의미이다. 부모는 때때로 자녀의 마음을 상하게 한다. 때로는 화가 나서 때리기도 하고, 거친 말로써 그들에게 상처를 준다. 때로는 그럴 생각이 전혀 없었는데 자녀의 마음에 흠집을 내기도 한다. 자녀를 훌륭한 사람으로 키우기를 원하지 않는 부모는 없을 것이다. 그러나 교회의 성실한 일군으로 그리고 사회에 이바지할 신실하고 유능한 사람들로 자녀를 키우는 것은 인간의 힘만으로는 불가능하다.

루소(Jean-Jacques Rousseau 1712-1778)라는 프랑스의 철학자가 있다. 그는 현대 사상계와 정치, 교육에 놀랄 만한 영향을 끼친 사람이다. 그의 저서 중 『사회계약론』은 프랑스 혁명의 사상적 기초를 제공했다. 에밀이라는 아이가 출생해서, 소피라는 여성과 결혼하기까지 어떤 교육이 필요한가를 다룬 루소의 저서도 있다. 『에밀』이 바로 그 책이다. 여기서 그는 인간의 본성과 자연을 어우르는 교육사상을 강조한다. 독일의 괴테는 이 책을 교사들을 위한 복음서라고 평가했다.

루소는 르바쉬에르(Thérèse Levasseur)와 결혼하여 다섯 자녀를 얻었다. 그러나 루소는 이들 모두를 고아원에 위탁했다.[212] 그는 육아에 대한 이상적인 생각과 이론을 주장했지만, 막상 자신의 자녀들을 양육하는 것이 물심양면으로 부담이 되었기 때문이었다. 자녀교육이 부모에게 감당하기 힘든 일임을 단적으로 보여준다.

자녀는 하나님이 주신 선물임을 부모는 잊지 말아야 한다. 부모는 하나님의 뜻을 따라 자녀를 돌보며 양육하고 가르쳐야 한다. 에베소서 6장에서 주의 교훈과 훈계로 자녀들을 양육하면서 부모는 자녀들의 마음에 지나친 책망으로 상처를 주지 않아야 한다고 명령한다. 아래는 부모가 자녀들의 마음을 노엽게 하여 부모와 자녀 사이의 관계를 어렵게 만드는 몇 가지 이유다. 부모는 지나친 책망뿐만 아니라 아래와 같은 일들을 삼가 조심하면서 자녀들에게 하나님의 뜻을 가르쳐야 한다.

1. 부모가 자녀의 필요를 채워주지 않을 때 자녀들은 마음에 불만이 싹튼다

자립 능력이 없는 자녀들은 먹는 것, 입는 것, 학교생활에 필요한 것들을 부모에게 의존한다. 술을 많이 마시면서 자녀들의 이런 필요를 채워주지 않는 아버지는 자녀들을 노엽게 만든다. 사치스러운 옷을 입고 비싼 화장품은 쓰면서 자녀들에게 영양가 있는 음식은 제공하지 않는 어머니는 자녀들에게 상처를 준다. 능력이 있으면서도 생활이나 학업에 필요한 것을 시시때때로 공급해 주지 않는 책임감이 없는 부모에 대해 자녀들은 원망하는 마음을 갖는다. 부모는 자녀들의 영적, 심리적, 물질적 필요를 최선을 다해 공급해주어야 한다. 비록 경제적으로 여유가 없어서 자녀들에게 필요한 것을 충분히 제공하지 못해도 부모가 최선을 다하면 자녀들은 부모에게 고마운 마음을 갖는다.

2. 부모가 자녀들의 심리적인 필요를 챙겨주지 않을 때 자녀들은 안정감을 잃고 노여워한다

아버지가 가족들에게 관심이 없을 때 청소년들은 분노를 느끼고 공격적이 된다. 학교에서 집에 돌아왔을 때, 집에 아무도 없어 공허감을 느끼는 어린 아이들이나 청소년들은 밖으로 나돌기가 십상이다. 특별히 자녀들이 어릴 때, 학교를 마치고 집에 돌아오는 그들을 맞이하고 환영해 주는 부모나 누군가가 있어야 한다. 그렇게 할 때 자녀들의 마음은 외로움이나 분노 대신에 평안과 기쁨을 누리게 된다. 부모는 자녀들에게 항상 열린 귀와 따뜻한 품과 기댈 어깨를 제공해야 한다. 그렇지 못할 때 자녀들은 방황하게 되고 노여워한다. 부모가 할 수 없을 경우, 교회의 어르신들에게 이런 역할을 부탁할 수 있다면 모두에게 유익할 것이다.

3. 부모가 물질적인 필요는 채워주지만, 따뜻한 말이나 칭찬이나 인정을 해주지 않을 때 자녀들은 섭섭함을 느낀다

사람에게는 사랑받고 싶은 욕구와 인정받고 싶은 마음이 있다. 자녀들은 부모의 관심과 사랑을 필요로 한다. 자녀들은 부모가 자기를 사랑한다는 말을 듣고 싶어 한다. 또 부모의 칭찬과 인정받기를 원한다. 재정적으로 넉넉하지 않아도 부모가 자녀들을 사랑하고 최선을 다해 돌볼 때, 아이들은 건강하게 성장한다.

부모는 하루에 적어도 한번은 자녀들을 안아주면서 사랑한다는 고백을 해야 한다. 그렇지 않을 때 아이들은 부모의 사랑에 대해 의심을 하며 낮은 자존감을 갖게 된다. 자녀들에게 사랑을 베풀고 인정해 주며 칭찬해 주는 데 돈이 드는 것도 아니다. 하나님께서 맡기신 생명이라는 사실을 확신하고, 하나님의 사람으로 세우려는 마음을 가질 때 가능하다.

4. 부모가 자식을 편애할 때 차별을 당하는 자녀들은 노여워한다

편애는 자녀들의 심성을 비뚤어지게 만든다. 사랑을 받는 아이는 교만해지고, 그렇지 못한 아이는 비굴해지거나 앙심을 품는다. 부모는 자녀들 가운데 어느 하나를 편애하지 않고, 모두를 공평하게 사랑하도록 힘써야 한다. 우리는 야곱의 삶에서 편애의 아픔과 고통을, 그 자신과 열두 아들들 모두에게서 보게 된다. 편애는 우월감이나 열등감을 갖게 한다. 관계를 파괴하고 기쁨 대신에 미움과 분노를 키운다.

부모에게는 특별히 마음이 많이 가는 자녀가 있을 수 있다. 그러나 편애가 가져올 비극을 기억하고 공평한 사랑을 모든 자녀들에게 베풀어야 한다. 성령님의 도우심을 구하고 의식적으로 노력해야 모든 자녀들에게 사랑을 골고루 나누어줄 수 있다.

5. 다른 사람과 비교할 때 자녀는 상처를 받는다.

"옆집 누구는 공부를 잘하는데 너는 왜 이 모양이냐? 너의 형님은 그렇지 않은데 너는 왜 그리 말썽이냐?"와 같이 비교하는 말은 자녀들의 마음에 열등감과 반발심을 일으킨다. 부모는 자녀들 하나하나의 특별한 존재 가치를 인정해줌으로써 비교의 덫에서 벗어나야 한다.

부모는 공부를 잘하는 자녀들을 사랑하는 경향이 있다. 그러나 하나님은 모든 아이들에게 각각 특별한 재능을 주셨다. 하버드대학교의 가드너(Howard Gardner)교수는 다중지능이론을 제창했다. 그는 처음에는 7가지의 지능을 제시했다. 언어지능, 논리수학지능, 음악지능, 신체운동지능, 공간지능, 대인관계지능, 자기성찰지능이 그것이다. 그후 그는 여기에 자연친화지능, 실존적지능을 추가했다. 하워드는 모든 사람은 이 아홉 가지 지능 중 적어도 한 가지 이상을 가지고 있다고 한다.[213]

유대인 부모들은 모든 자녀들이 공부에서 1등 하기를 원하지 않는다. 그들은 "자신의 자녀들이 남들과 다르게 살아야 한다고 가르친다."[214] 그들은 하나님께서 자녀들에게 각각 다른 성격과 재능을 주셨다고 믿는다. 그렇기 때문에 자녀들을 서로 비교하지 않는다. 그들은 자녀들 하나하나의 독특함을 발견하여 그것들을 계발할 수 있도록 돕는다. 자녀교육에서 우리 모두가 배우고 실천해야 할 지혜다.

6. 지나친 책망이나 인격을 무시하는 비난의 말은 자녀들을 비뚤어지게 하고 노엽게 만든다

"이 바보야!" "싹이 노랗다." "너는 도대체 틀려먹었다." 등의 말은 자녀들의 마음에 비수를 꽂는 것과 같이 치명적이다. 자녀들의 잘못한 행동을 지적하고 고치도록 도와야 한다. 그러나 그들의 인격을 모독하는 말을 해서는 절대로 안 된다.

아이들이 잘못할 때 적절한 벌을 줄 수 있다. 그러나 그 잘못한 일로 그 아이의 인격과 가능성을 짓밟으면 아이들은 분노하고 좌절한다. 부모는 자녀의 행동과 인격을 구별하여 생각하고 말해야 한다. 인격을 짓밟는 말이나 체벌을 결코 해서는 안 된다.

7. 자녀들의 현재의 형편을 이해하지 않고, 부모가 과도한 요구를 하면 아이들은 힘겨워한다

행동의 동기나 과정을 살피지 않고 결과만을 가지고 아이를 비판하면 아이는 절망감을 갖게 된다. 시험이 끝난 뒤에는 좀 쉬면서 긴장을 풀어야 함에도 불구하고, "공부 안 하고 뭐하니?"라고 한다면 아이는 어깨가 짓눌리는 기분을 느낄 것이다. 아이가 열심히 공부했는데도 성적이 안 올라서 낙심하고 있는데 "너는 왜 이 모양이냐?"라고 윽박지르면 아이는 희망을 잃어버릴 것이다.

사랑은 작은 긍정적인 변화를 인정해 주고 기뻐하는 것이다. 아이를 사랑한다면 아이가 능력이 안 되기 때문에 또는 실수로 잘못하는 것은 간과(看過)할 수 있어야 한다. 그리고 조금이라도 잘해보려고 노력하는 것을 알아주고 칭찬해야 한다. 부모가 자기 체면 때문에 자녀들의 한계나 노력을 무시하고 과도한 성과를 요구한다면, 아이는 분노한다. 그리고 의욕을 잃어버린다.

사랑은 무조건적이고, 기쁨은 조건적이다. 자녀의 현재 형편에서 그를 이해해 주고 칭찬과 격려를 하라. 부모는 자녀가 공부를 잘하든지 못하든지, 말썽을 부리든지 모범생이든지 그를 무조건 사랑해야 한다. 부모는 자녀가 공부를 잘

하고 말을 잘 들으면 기쁨을 얻는다. 자녀들이 잘하면 기쁘고, 잘못하면 걱정이 되고 답답하다. 기쁨은 조건적이기 때문이다.

그러나 사랑은 무조건적으로 해야 한다. 그들이 잘하든지 잘못하든지 그들을 너그럽게 포용해 주고 안아주고 사랑을 베풀어야 한다. 자녀들로부터 기쁨을 얻지 못한다고, 부모가 그에 대한 사랑마저 잃어버려서는 안 된다. 자녀가 부모를 답답하게 만들고 힘들게 할 때 부모는 이렇게 말해야 한다. "그래도 나는 너를 사랑한다. 그러나 네가 이렇게 하면 나도 힘들다. 내가 어떻게 도와주면 좋겠니?"

8. 부모가 자녀들과 한 약속을 어길 때 자녀들은 실망하고 부모를 원망한다

부모가 자녀와 한 약속은 어떻게 하든지 지키기 위해 최선을 다해야 한다. 따라서 부모는 자녀들과 지킬 가능성이 없으면 아예 약속을 하지 않는 것이 좋다. 지킬 수 있는 약속만을 해야 한다. 약속을 지키지 못하거나, 지키기 어렵게 되었을 때는 그 사실을 알기 쉽게 설명해 주어야 한다. 또 용서를 구해야 한다. 대안을 만들어서 약속했던 것을 어쨌든 지키도록 해야 한다. 자녀들이 부모를 신뢰할 때 신앙교육도 원활하게 이루어진다.

9. 부모가 이유 없이 자녀들에게 화를 낼 때 자녀들은 기쁨을 잃어버린다

부부싸움 후에 자녀들에게 괜한 일로 부모가 역정을 내서는 안 된다. 직장에서 언짢은 기분으로 집에 돌아와서, 대수롭지 않은 일을 가지고 아이들을 야단해서는 안 된다. 이럴 때 자녀들은 자존감을 잃어버린다. 부모가 폭력적인 언어나 행동으로 자녀에게 분풀이하면 아이들은 절망한다.

외출했다가 집에 돌아왔을 때 집안이 어지럽혀 있다면 부모는 보통 "왜 집을 이렇게 엉망으로 만들어 놓았니?"라고 야단을 칠 것이다. 그러나 이렇게 말해보면 어떨까? "야, 너희들 오늘 신나게 놀았나 보구나." 그런 후 "이제 어지럽힌 것을 정리할 시간이다. 깨끗이 치워보자."

자녀들을 바라볼 때 잘못한 것이 눈에 먼저 들어오는 것은 인지상정이다. 그러나 부모가 사랑하는 마음으로 자녀들의 단점보다 장점을 먼저 보고 인정해줘야 한다. 그다음에 마땅히 해야 할 일을 가르쳐주면 자존감과 책임감을 함께 키워줄 수 있다. 그럼으로써 부모는 자녀들을 사랑하고 자녀들은 부모를 존경하는 관계를 발전시킬 수 있다.

10. 자녀들은 부모가 사랑한다는 증거를 얻기 원한다

무더운 여름에 자녀가 다가와서 부모에게 안기려고 하면 짜증이 날 수 있다. "더운데 왜 이러니?" 하면서 자녀를 밀칠 수 있다. 이때 자녀들은 자신이 거부 당했다는 섭섭함을 갖게 된다. 대신에 부모가 덥지만 자녀를 잠깐이라도 안아주면, 그는 부모가 자기를 사랑한다는 것을 확인하게 된다. 그 다음 "아빠가 더우니까 조금 떨어져서 앉아 있을래?"라고 할 수 있다.

아이들은 귀찮은 행동을 부모나 어른들에게 종종 한다. 공연히 "엄마, 엄마!" 하고 부르기도 한다. 신경질 날만한 행동을 할 때도 있다. 그런 때 "내 예쁜 딸아, 왜 그러니"하고 눈을 쳐다보며 다정스런 반응을 보이면 자녀의 마음은 금방 편안해질 것이다. 또 부모의 말씀에 순종하려는 마음을 갖게 될 것이다.

11. 부모가 서로 사랑하지 않고 화내고 싸울 때 자녀들은 슬픔과 분노를 느낀다

요즘 이혼하는 가정을 심심찮게 볼 수 있다. 그래서 자녀들은 부모가 싸우면 혹시 이혼하는 것은 아닌가 하며 불안해 한다. 서로 미워하는 부모에 대해 자녀들은 존경심을 갖기 어렵다. 부모가 서로를 비난하며 아이들을 자기의 편으로 만들기 위해 상대방의 잘못을 들춰내면 아이들은 힘들어하고 분노를 품게 된다. 서로 사랑할 때 부모는 자녀들을 사랑하기가 쉬워진다.

부부가 서로 사랑하는 것은, 자녀들을 올바로 양육하는 데 가장 중요한 것 중 하나다. 부부가 서로 사랑하면 자녀들에 대해 권위를 가질 수 있다. 아이들을 하나님의 뜻에 따라 살도록 가르치며 지도할 수 있다. 어떤 가정은 부모의 의견보다 자녀들의 의견이 더 존중되기도 하는데, 이것은 옳지 않다. 부모는 자녀들에게 의견을 말할 기회를 주어야 하지만, 최종 결정권은 부모가 가지고 있음을 보여주어야 한다. 부부가 서로 사랑할 때 아이들은 부모의 권위를 인정하고 순종한다. 부부가 서로 사랑할 때 자녀교육은 순조롭게 이루어진다. 부부싸움은 아이들의 마음에 불안과 노여움과 반항심을 불러일으킨다. 부부가 꼭 다툴 일이 있다면 아이들이 없는 데서 해야 한다.

12. 결혼한 자녀들도 부모의 지나친 간섭에 노여워할 수 있다

부모가 결혼한 자녀의 개인적인 일이나 가정의 일에 간섭을 할 때다. 그러면 자녀들은 사랑보다 부담을 느끼기 쉽다. 부모가 며느리 또는 사위에 대해 의식적이건 무의식적이건 간에 비판을 하거나 훈수를 둘 때 그들은 분노를 느낀다. "이러므로 남자가 부모를 떠나…"(창2:24)라는 말씀처럼 자녀가 가정을 이룬 후에 부모는 조언은 할 수 있지만 명령해서는 안 된다. "너를 사랑한다. 너를 위해 기도한다"라고 부모는 장성한 자녀에게도 말해야 한다. "내가 도울 일이 있으면 언제든지 말해라"라고 할 수 있다. 이렇게 하면 자녀를 존중하면서 또 도움을 요청할 때 도와줄 수 있다. 부모가 자녀의 가정을 좌지우지하려는 것은 월권(越權)이다. 결코 서로 모두에게 유익이 되지 않는다.

"아비들아, 너희 자녀를 노엽게 하지 말라!"는 말씀은 부모로서 지키기가 쉽지 않은 것이 사실이다. 그리스도 안에서 새로운 피조물이 된 하나님의 자녀들은 그럼에도 자녀를 노엽게 하지 않도록 주의해야 한다. 그리고 부모는 자녀를 노엽게 하거나 잘못한 일이 있을 때, 자신의 잘못을 인정해야 한다. 자녀에게 용서를 구해야 한다. 자녀를 노엽게 하지 않게 하는 것이나 잘못한 후 그들에게 용서를 구하는 것은 사람의 힘만으로는 쉽지 않다. 그러나 우리를 도우시는 성령님을 의지하고 그의 인도하심에 순종할 때 우리는 할 수 있다. 그런 후에 우리는 자녀들을 사랑하고 존중하는 관계 속에서 주님의 교훈과 훈계로써 그들을 양육할 수 있다.

라. 주의 교훈과 훈계로

"또 아비들아 너희 자녀를 노엽게 하지 말고 오직 주의 교훈과 훈계로 양육하라"(엡6:4)

여기서 '교훈'은 헬라어 '파이데이아'(παιδεία)의 번역이다. 원래의 뜻은 책망과 훈련 그리고 바로잡는 것을 의미한다. 부모는 자녀들을 훈련해야 한다. 성경 읽고 묵상하기와 기도하는 생활을 가르치고 실천하도록 해야한다. 그리고 자녀들에게 집안일을 나이에 따라 적당하게 맡겨야 한다. 현관에 있는 신을 정리하는 일, 응접실이나 자기 방 정리, 설거지 등 책임을 맡기고 성실하게 수행하도록 훈련해야 한다.

'훈계'는 '누테시아'(νουθεσία)인데, "경고하고 교훈하고 조언을 한다"는 뜻이다. 부모가 자녀에게 조언을 할 때는 잔소리가 되지 않도록 해야 한다. 자녀가 잘못하는 일들을 일일이 지적하고 야단치는 것은 바람직하지 않다. 사소한 잘못은 간과하는 것이 때로는 필요하다. 부모가 보기에 자녀가 하는 일 가운데 꼭 조언을 해야 되겠다는 일이 있다면 어떻게 해야 할까? 부모는 그를 따로 불러서 그의 말을 먼저 들어봐야 한다. 그후에 부모가 할 말이 있으면 진지하게 한다.

이런 교훈과 훈계는 '주(主)의' 뜻을 따라 해야 함을 기억하라. '파이데이

아'(교훈, 훈련)나 '누테시아'(훈계, 조언)는 자녀들이 노여워하지 않는 범위에서 해야 한다. 그러기 위해서는 부모가 감정에 휘둘려서는 안 된다. 자녀들이 주님 앞에서 옳지 못한 것이 분명할 경우 부모가 사랑으로 이를 바로잡기 위한 것이어야만 한다. 자녀들의 인격을 모욕하는 말이나 지나친 체벌은 삼가고 따뜻이 품어주시는 주님의 은혜와 사랑이 출발점이 되어야 한다. 거기에 더하여 지혜롭게 잘못을 깨우치는 진리에 근거한 부모의 책망과 훈련 그리고 교훈이어야 한다.

앞에서 부모가 자녀들을 노엽게 하지 않도록 해야 할 몇 가지를 살펴보았었다. 그러나 설령 자녀들이 기분 나빠하고 싫어해도 부모가 해야 할 일이 있다. 그것은 자녀들이 하나님 앞에서 올바로 행하지 않을 때, 부모가 그들을 경고하고 징계하는 것이다. 부모의 책망이나 징계를 생각이 깊지 않은 자녀들은 일시적으로 불만스러워하고 부모를 싫어할 수도 있다. 그렇지만 주님의 뜻일 때 부모는 이를 회피해서는 안 된다.

히브리서 12:11은 징계에 대한 하나님의 자녀들의 반응을 이렇게 말씀한다. "무릇 징계가 당시에는 즐거워 보이지 않고 슬퍼 보이나 후에 그로 말미암아 연단 받은 자들은 의와 평강의 열매를 맺느니라." 하나님은 능력과 공의와 사랑이 완전한 분이시다. 그의 징계는 조금도 잘못된 것이 없다. 그럼에도 불구하고 하나님의 징계를 받는 그의 자녀들이 슬픔을 느끼고 힘들어 할 때도 있다.

잠언 13:24은 이렇게 말씀한다. "매를 아끼는 자는 그의 자식을 미워함이라 자식을 사랑하는 자는 근실히 징계하느니라." 자녀를 체벌하는 것은 부모가 심사 숙고한 후에 할 일이다. 그러나 하나님께서 그의 자녀들을 사랑으로 근실히 징계하듯이 육신의 부모도 참사랑을 가지고 자녀들을 징계해야 한다. 엘리 제사장은 아들들이 하나님 앞에서 불량배처럼 행했지만 그들을 따끔하게 징계하지 않았다. 그 결과 자신과 아들들이 함께 망했고 국가적으로도 큰 어려움을 겪게 했다(삼상2-4장).

부모는 자녀를 징계하기 전에 그 징계가 주님의 교훈과 훈계를 따른 것인지 점검해야 한다. 그리고 과도하지 않으면서도 가볍게 생각하지 않을 정도로 벌을 내려야 한다. 자녀를 징계할 때 그가 하는 짓이 귀엽다고 해서 웃으면서 하면 절대로 안 된다. 근엄한 태도로 해야 한다. 징계가 자녀를 위해 필요한 것이라면, 그들이 슬퍼하고 힘들어할지라도 반드시 해야 한다. 주의 교훈과 훈계를 따라 하는 가르침과 징계는 결국 의와 평강의 열매를 맺게 되기 때문이다.

마. 가정예배

필자는 기독교 가정에서 태어났다. 매일 아침 식사 전에 가정예배가 있었다. 당시 가정예배를 거른 적은 나의 기억에 없다. 아침에 바쁜 사람이 있으면 밤으로 미룬 적은 있어도. 필자의 어릴 때 가정예배 순서는 다음과 같다. 부친이 선택한 찬송가 한 장을 가족들이 함께 부른다. 성경 한 장을 가족들이 1/n 장씩 나누어 돌아가면서 읽는다. 한 사람이 대표로 기도한다. 그리고 기도가 끝나면 "세 번 아멘"(찬송가 643장) 세월이 좀 지난 후에는 "우리 기도를 들어주시고"(631장)를 다 함께 부름으로써 마쳤다.

필자가 어릴 때는 부모님과 누나들과 형이 가정예배를 하는 데 내가 끼어드는 형국이었다. 자의식이 별로 없는 어린 상태에서 내가 가정예배에 참석하는 것은 반론의 여지가 없는 당연한 일이었다. 나는 거부감을 가질 이유가 전혀 없었다. 그러나 비교의식이 형성되는 청소년기에 이르러서는 가정예배의 시간이 필자에게 지겹고 무의미하게 느껴질 때가 있었다. "늦잠도 자고 싶고 바쁘기도 한데 꼭 아침마다 이렇게 해야 하는가?" 하는 생각이 들기도 했다. 그래서 나는 다음과 같은 생각을 한 적도 있다. "내가 결혼해서 아이를 낳게 되면 가정예배를 하지 않겠다. 아이들에게 신앙의 자유를 주겠다."

그러나 이런 생각은 필자가 예수님을 인격적으로 만난 뒤로는 사라졌다. 다음과 같은 생각이 자녀들을 신앙으로 일찍부터 키워야 하겠다는 생각에 힘을 보탰다. 즉 유명한 음악가들은 천부적인 재능이 있는 사람들일 수 있다. 그러나 그와는 별개로 대부분의 유명 음악가들은 모태에서부터 음악을 들었다. 그리고 그들 중 많은 이들은 아주 어릴 때부터 부모의 도움으로 악기를 가까이 한 사람들이다. 따라서 사람에게 가장 중요한 하나님을 믿는 믿음, 그의 은혜와 복을 누리며 그의 뜻을 이루는 삶도 모태에서 또는 어릴 때부터 시작하는 것은 지극히 당연하다.

결혼 후 부부가 함께 가정예배를 했다. 그러나 매일 빠짐없이 하지는 못했다. 아이들을 낳은 뒤 저녁 식탁에서 가정예배를 했다. 그러나 역시 나의 부모님이 하셨던 것처럼 매일 하지는 못했다. 필자나 아이들(2녀1남)이 함께 저녁 식사하는 기회가 줄어서 그렇게 됐던 것 같고, 가장으로서 필자가 적극적으로 대안을 만들지 않았기 때문이기도 하다.

지난 10여 년간 가정예배와 관련하여 많은 책들이 출판되었다. 그 가운데 임경근의 『교리와 함께하는 365가정예배』(세움북스, 2015), 김태희의 『시끌벅적 소요리문답가정예배』(디다스코, 2016), 박지훈의 『예수님과 동행하는 매일가정예배』(규장, 2021)가 있다. 그리고 많은 교회들이 가정예배 자료를 인터넷을 통해 공유하고 있다. 검색을 해서 자신의 가정에 적합한 자료를 택해서 활용하면 좋다. 그중에 천안중앙교회가 제공하는 인터넷에서 무료로 다운받을 수 있는 "가정예배 지침서"도 있다.[215]

가정예배를 언제, 어떻게 시작하고 어떤 식으로 진행해야 할지, 그리고 가정예배의 유익과 주의할 점들을 간단히 소개한다.

1. 언제 그리고 어떻게

신혼 시절부터 부부가 함께 찬송하고, 성경읽기와 나눔, 그리고 기도하는 시간을 가져라. 신혼 때부터 부부가 함께 가정예배를 할 때, 아기가 태어난 후에도 가정예배가 이어지기 쉽다. 갓난아기 때부터 자녀들이 가정예배에 참여하면 가정예배는 가족의 삶의 일상이 된다.

자녀들이 자란 후에 가정예배를 시작하려면 가족들의 형편을 따라 그들의 의견을 종합해서 가정예배 시간을 정한다. 저녁식사 전후 시간이 좋을 수 있다. 특별한 사정으로 가정예배 시간을 조정할 수밖에 없는 때가 발생하기도 한다. 그러나 최선을 다해서 그 시간을 지키도록 하라.

매일 잠깐이라도 저녁식사 전후에 가정예배를 하는 것을 원칙으로 하라. 그러나 그럴 형편이 안 되면 요일을 정하여 매주 2회(주일을 포함하여) 이상은 하도록 하라. 주일을 포함해야 할 이유는 여유가 있고 예배 시간에 들었던 설교말씀을 나눌 기회를 갖는 것이 중요하기 때문이다. 그리고 주일에는 지난 주간을 돌아보며 새로운 주간의 계획을 나눌 수 있다.

가정예배는 찬송-성경읽기-성경말씀 또는 삶을 나눔-기도 순서로 하되 사정에 따라 바꿀 수 있다. 삶을 나누기가 설교가 되지 않도록 주의해야 한다. 단순하게 부모의 마음을 전하고 자녀들의 삶과 마음을 한두 사람이 자연스럽게 나누면 된다. 나눌 이야기가 없으면 빨리 기도로 마무리하는 것이 좋을 수도 있다. 가족끼리 이야기를 나누는 시간이 많지 않은 것이 오늘날 대부분 가정들의 형편이다. 어릴 때부터 가족들이 서로 마음을 열고 이야기를 나눌 때 서로 간에 친밀함과 사랑이 풍성해질 수 있다.

가정예배의 길이는 자녀들의 연령에 달려있다. 일단 10분 내외로 생각하는 것이 좋다. 그리고 나눔의 시간이 참여하는 가족들에게 얼마나 의미가 있고 흥미가 있느냐에 따라 늘어날 수 있다. 나눔의 시간에 아버지가 가르치려고 하지 않도록 하라. 설교하는 것이 부담스러워서 아버지가 가정예배를 힘들어할 수도 있다. 그리고 아버지의 일방적인 가르침을 아이들이 더 힘들어할 수 있다. 설교를 통해 아이들을 책망하지 않도록 하라. 책망할 일이 있으면 아이와 개인적으로 따로 시간을 내서 하라. 가정예배는 항상 하나님의 이름을 높이며 기쁘고 즐거운 시간이 되도록 하라.

아버지가 인도하되 가장의 부재 시 어머니가 한다. 아이들이 커감에 따라 때때로 자녀 중 하나에게 인도의 책임이나 순서의 일부를 맡긴다. 자녀들에게 가정예배를 인도할 기회를 준다. 그러면 그들이 보다 적극적으로 참여하게 된다. 때로는 그들의 창의적인 인도를 통해 가정예배가 업그레이드되는 계기가 될 수 있다.

2. 가정예배의 유익

가정의 주인이 하나님이심을 고백하며, 하나님이 받으시기에 합당한 영광을 그에게 돌릴 수 있다. 사람의 제일 되는 목적을 실천할 수 있다.

하나님의 사랑과 보호하심과 인도를 받는 복을 나눌 수 있다. 지혜의 근본은 하나님을 경외함에 있다. 가정예배는 하나님의 사랑과 복을 누리며, 하나님과 이웃을 사랑하는 사람으로 성장하는 기회를 제공한다.

하나님을 사랑하는 부모의 모습을 통해 자녀들이 하나님 중심의 삶을 체득하게 된다.

말씀과 기도로 가족 모두가 하나님을 가까이하게 될 뿐만 아니라, 가족들끼리 삶을 나누며 서로를 위해 기도하는 가운데 하나님의 살아계심을 경험하게 된다. 가족들 사이에 서로 사랑하는 마음이 커진다. 서로의 마음이 멀어지거나 상처가 났을 때 용서를 구하고 용서함으로써 회복의 자리가 될 수 있다.

가정과 교회, 학교와 직장 그리고 친구 관계에서 일어나는 일들을 나눔으로써 서로에 대해 더 깊이 알아가며 구체적인 도움을 서로에게 베풀 수 있다.

찬송은 아이들의 음악성을 제고시킨다. 성경읽기는 자녀들이 한글을 읽고 이해하는 데 큰 도움을 준다. 가족끼리 삶을 나누는 대화는 자녀들의 인간관계와 대화의 기술을 발전시킨다.

3. 가정예배 시 주의할 것들

의무감에서 가정예배를 하지 않도록 주의하라. 때로는 의무감에서 할 수도 있다. 그러나 매번 하나님을 사랑하고 가족들을 사랑하는 마음으로 가정예배를 하라. 이를 위해 성령님을 의지하고 도움을 구하라.

예배의 순서는 자녀의 인지발달, 언어발달, 사회성발달에 맞추라. 그렇지 않으면 형식적 율법적인 시간으로 변질되기 쉽다. 따라서 자녀들의 발달을 고려해서 순서를 갖도록 하라. 성경읽기도 자녀들이 어릴 때는 한두 절 짧은 것으로 한다. 그리고 성경번역도 『쉬운성경』을 사용하는 것도 유익하다.

찬송도 때로는 간단한 복음성가나 어린이 찬송을 부르기도 한다. 청소년이라면 자신들이 좋아하는 곡을 부모에게 가르쳐주면서 찬송할 수도 있다. 어릴 때는 부모가 먼저 기도 말을 하고 자녀들은 따라서 하는 식으로 할 필요도 있다. 나눔의 순서도 부모가 말을 많이 할 것이 아니라, 자녀들에게 말할 기회를 많이 주어야 한다.

특별한 사정으로 가정예배를 못하게 될 때 그냥 넘어가지 않도록 하라. 한번 못하면 계속 못하게 될 가능성이 커진다. 따라서 어떻게 하든지 보완할 방안을 강구하라. 자기 전에 잠깐 함께 손잡고 기도만 하는 방법도 있다.

가정예배의 가장 큰 걸림돌은 하나님의 이름을 높이며 가족들 사이의 나눔이 형식적으로 변하는 것이다. 일시적으로 이렇게 되는 것은 불가피하지만, 이를 극복할 방법을 찾고 실행해야 한다. 예배순서를 조금 변형하거나 신앙에 유익한 짧은 동영상을 함께 볼 수도 있다. 독후감을 발표하고 나누는 시간도 유익하다. 때로는 기대하지 않았던 간식 나눔이나 칭찬과 상을 줌으로써 분위기를 바꾸는 것도 좋다.

바. 상황을 통한 교육

예수님은 회당에서 가르치셨다. 그러나 때로는 산에서 설교하시고 갈릴리 호숫가에서도 가르치셨다. 예수님은 제자들과 함께 길을 가시다가도 가르치셨다. 때때로 예수님은 현실에서 부닥치는 사건을 통해서 제자들을 교훈하셨다. 가장 효과적인 교육 방법은 모범을 보이는 것이다. 모범과 함께 가족들이 삶에서 부닥치는 일들을 통해서 가르치는 방법 또한 학습자들의 마음에 그 교훈이 깊이 각인되게 만든다. 이를, 상황을 통한 학습(situated learning), 즉석교육(Impromptu teaching)이라고 부른다.

가정교육의 대헌장이라고 할만한 신명기 6장의 쉐마 본문에서도 삶을 통한 그리고 상황을 통한 즉석교육을 강조하며 부모에게 이렇게 명령한다.

> 6 네 자녀에게 부지런히 가르치며 집에 앉았을 때에든지 길을 갈 때에든지
> 7 누워 있을 때에든지 일어날 때에든지 이 말씀을 강론할 것이며

부모는 자녀들에게 하나님이 어떤 분이신가를 부지런히 가르치고 또 그분만을 사랑하도록 가르쳐야 한다. 집에서 그리고 길을 가면서 자녀들을 가르쳐야 한다. 잠자리에서 그리고 하루를 시작하면서 여호와가 유일하신 하나님이심과 그를 전심으로 사랑할 것을 교육해야 한다. 이런 가르침은 일상의 대화를 통해서도 이루어진다. 부모는 자녀들과 함께 있을 때 이야기를 나누어야 한다. 때로는 부모가 경험했던 일들과 미래의 일들을 자녀들에게 이야기해 준다. 그리고 아이가 겪었던 일들과 앞으로 하고 싶은 일을 들으면서 느낀 점들을 나누어야 한다. 이런 대화를 통해 부모와 자녀 사이의 친밀감이 커지며 효과적인 가르침이 있게 된다.

사. 교육 도구를 활용한 교육

쉐마 본문의 8-9절은 다양한 교육 도구를 활용해서 자녀들을 가르치라고 부모들에게 명한다.

> 8 너는 또 그것을 네 손목에 매어 기호를 삼으며 네 미간에 붙여 표로 삼고
> 9 또 네 집 문설주와 바깥 문에 기록할지니라

교육은 말이나 글을 통해 주로 이루어진다. 따라서 부모는 자녀들이 상대방의 말을 경청하도록 훈련해야 한다. 그리고 그들이 문해력(文解力)을 높이고 삶에 적용할 수 있게끔, 읽은 책에 대해 서로 묻고 대답하는 시간을 가져야 한다. 말이나 글과 함께 시청각 도구를 사용하면 교육의 효과는 대개 배 이상으로 커진다.

쉐마 말씀에서도 이스라엘의 부모들은 손목에 매는 것, 눈썹 사이에 붙이는 상자, 그리고 집의 문설주와 바깥 문에 기록하는 것을 통해 자녀들을 교육했다. 정통파 유대인들은 오늘날에도 그런 모습을 특별한 자리에서 갖추기도 한다. 먼저 손목에 매는 띠와 이마에 붙이는 상자를 볼 수 있는데 그 띠와 상자[마23:5 '경문'(테필린, Phylactery)] 속의 종이에는 네 개의 성구(출13:1-10, 11-16, 신 6:4-9, 11:13-21)가 적혀있다.[216]

다음으로 문설주와 바깥 문에 기록하라고 신명기 6:9에서 말하는데, 이를 메주자(Mezuzah)라고 부른다. 오늘날에는 상품화되어서 구입할 수도 있다. 이것은 집 현관과 심지어 호텔 문에 붙이기도 한다. 메주자 속에도 출애굽기와 신명기 말씀이 담겨있다. 유대인들은 문을 드나들 때마다 손을 입에 댄후 메주자에 손을 댄다.

쉐마 본문에는 나오지 않지만 유대인들은 기도할 때 보자기를 쓰곤 한다. 이를 탈릿(tallit)이라고 부른다. 예수님은 마태복음 23:5에서 유대인 지도자들의

외식을 경고하시면서 다음과 같이 말씀하신 적도 있다. "그들의 모든 행위를 사람에게 보이고자 하나니 곧 그 경문 띠를 넓게 하며 옷술을 길게 하고" 여기서 '옷술'은 찌지트(tzitzit)라고 부른다. 찌지트는 민수기 15:38 "이스라엘 자손에게 명령하여 대대로 그들의 옷단 귀에 술을 만들고 청색 끈을 그 귀의 술에 더하라"는 말씀에 기인한다. 이를 통해 하나님은 그들이 율법을 기억하고 정결한 삶을 살도록 이끄셨다.

그리스도인들은 구약시대의 유대인들이 하는 방식이 자녀들의 신앙교육에 유익하다면 그대로 따라 할 수도 있을 것이다. 그러나 꼭 그렇게 해야만 할 이유는 전혀 없다. 신약시대의 교회가 그렇게 했다는 증거는 찾아보기 힘들다. 그 대신에 자녀들이 하나님의 말씀을 기억하고 순종할 수 있는 창의적인 교육방법을 찾아서 실천해야 한다. 다음과 같은 방법을 사용할 수 있다.

저녁 식사 후 가정예배 시간에 자녀들의 형편에 맞게 적당한 길이의 성경을 읽는다. 매주 성경 한 절 정도는 암송하도록 한다. 교회학교에서 배우는 공과의 요절을 가지고 할 수도 있다. 그 구절은 식탁 옆에 크게 써붙여 놓는다. 식사 때마다 온 가족이 함께 읽고 외운다. 자녀들의 가방에 가끔 부모의 사랑이 담긴 짧은 편지와 함께 성경구절을 써놓는다.

성경 인물의 이야기나 신앙 위인들의 전기를 구하여 함께 읽고 나누는 시간을 가지는 것도 유익하다. 말씀과 책을 통해 느낀 점들을 그림이나 만들기(공작)로 표현하며 식탁 위에 전시할 수도 있다. 카톡이나 페이스북에 올려 다른 가족들에게 보여주고 기록으로 남길 수도 있다. 교육은 말과 글이 전달의 주요한 방편이지만, 이와 함께 다양한 시청각자료를 동원함으로써 보다 효과적인 교육이 이루어질 수 있다.

아. 홈스쿨, 대안학교 그리고 기독교학교

크리스천 부모는 자녀를 공립학교에 보내는 대신 다른 방안을 선택할 수 있다. 홈스쿨이나 대안학교 그리고 기독교 사립학교가 그것이다. 홈스쿨 또는 기독교학교는 학교가 아예 없는 곳이나 공교육을 신뢰하지 못하는 사람들에 의해 시작되었다. 유럽에서는 공교육이 시작되기 전, 가정과 교회가 어린이로부터 어른까지 모든 교육을 담당했다.

공교육이 본격적으로 세상에 나타난 것은 마르틴 루터의 활약 덕분이다. 그는 국가를 튼튼히 하기 위해서는 성벽을 쌓는 것도 중요하지만, 모든 아이들을 교육시켜야 한다고 당시의 위정자들을 설득했다. 루터가 주장한 교육의 핵심 내용은 "성경과 하나님이 만드신 세계를 이해하는 교과로서 인문학과 자연과학, 예술"이었다.[217] 그러나 1700년을 전후해서 등장한 계몽주의와 1791년 정교분리를 표명한 미국 수정 헌법 제1조가 채택되면서 공교육에서 성경을 멀리하게 만드는 단초를 제공했다.

공교육의 실태를 잘 보여주는 사건이 미국 '버틀러 법'폐기 사건이다. 과거 미국 테네시주는 공립학교에서 성경에 반하는 진화론을 가르치는 것을 금지하는 '버틀러 법'을 1925년 3월 13일에 통과시켰다. (버틀러 John W. Butler는 당시 테네시주 하원의원이자 근본주의협회 테네시주 지부 회장이었다.) 그후 미국에서는 이 법의 부당성을 주장하는 소송이 이어졌고, 그 후 상황은 역전되어 공교육에서 하나님의 창조사건을 가르칠 수 없게 되었다. '버틀러 법'은 결국 1967년 5월 18일 폐기되었다.[218]

한국의 일반학교에서 하나님의 창조를 가르치는 교과서를 사용하는 학교는 없다. 진화론만을 가르칠 뿐이다. 공교육에서는 교사가 크리스천이 아닌 이상 성경의 진리를 학생들에게 가르칠 여지가 전혀 없다. 크리스천 교사라고 해도 학교 울타리 안에서 학생들에게 성경을 가르치는 것은 공식적으로 법이 허용하지 않는다. 공교육은 하나님과 하나님 앞에서 삶에 대해 관심이 전혀 없다. 오직 학생들이 좋은 대학에 들어가고 세상이 인정하는 직장에 입사하게 하는 데 학교는 몰두하고 있다. 사회는 성적과 학벌로 사람들을 한 줄 세우기를 하면서 그들 대부분을 옥죄고 고통스럽게 만든다. 이런 상황에서 홈스쿨은 기독인 학부모에게 오아시스가 될 수 있다.

1. 홈스쿨(homeschool)

공교육은 여러 가지 면에서 비성경적이고 반기독교적인 경향이 많다. 따라서 성적 위주의 줄 세우기를 하는 학교 분위기를 싫어하고, 아이들을 생존경쟁이나 입시지옥에 몰아넣는 것을 거부하고, 출세지향적인 세속문화와 포스트모더니즘(반권위주의, 탈종교, 탈도덕, 동성애 옹호 등)으로부터 자녀를 보호하고 싶은 부모들은 홈스쿨[219]을 선택하게 된다. 일반 홈스쿨에 대해 나무위키는 다음과 같이 정의한다. "초/중등 교육 과정에서 학교에 전혀 다니지 않거나, 25시간 미만의 수업에만 참석하고 가정에서 별도의 교육을 받는 경우를 말한다. 독학은 물론 부모나 가정으로 초빙한 교사의 도움을 받을 수도 있다."[220]

오늘날 우리나라에서 홈스쿨을 하는 것은 결코 쉽지 않은 일이다. 다음은 홈스쿨이 힘든 몇 가지 이유다. 무엇보다 부모가 해야 할 일이 많아져 부모의 부담이 너무 크다. 아이들이 또래들과 관계를 맺기가 힘든 것, 가르칠 내용이 어려워질수록 부모가 능력에 한계를 느끼는 것, 그리고 교육이 부모의 생각대로 진행되지 않을 때 자녀를 방치할 수도 있는 것 등. 이와 함께 홈스쿨링을 한 아이들은 대학을 가기 위해서는 검정고시를 거치게 되는데, 여기에 검정고시 출신에 대한 사회적인 편견이 따르기도 한다. 그럼에도 불구하고 홈스쿨이 자녀들에게 더 유익하다고 생각하는 부모들은 이를 선택하게 된다.[221]

그러나 홈스쿨링의 장점도 적지 않다. 부모의 희생이 크긴 하지만 자녀에게 많은 자유를 누리게 할 수 있다. 홈스쿨은 공교육과 달리 자녀에게 특화된 교과

나 재능을 고려한 가르침이 가능하다. 공교육이 6년 걸리는 초등과정을 대부분의 홈스쿨러들은 맞춤형 교육을 통해 2년 내외의 단기간에 끝낼 수 있다. 학교를 통해 영향받을 수 있는 또래들의 세속문화로부터 아이들을 보호할 수 있다. 더욱이 자녀들이 부모와 시간을 많이 가짐으로써 친밀한 관계를 증진시킬 수 있다. 여행도 비수기 때 자유롭고 알차게 할 수 있다. 어떻게 보면 홈스쿨링은 단점보다 장점이 더 많다.

오늘날 우리 주변에서 홈스쿨을 하기 위해 도움을 받을 수 있는 길들이 많이 열렸다. 홈스쿨링을 하고 있는 가정도 많이 생겼다. 몇 가정이 어울려 책임을 나눠서 자녀들을 가르칠 수도 있다. 홈스쿨을 위해 출판된 다양한 교재도 보급되었다. 자신의 자녀에게 적합한 교재를 구하기 쉽게 되었다. 코로나19 사태를 거치면서 인터넷을 통한 교육도 크게 발전했다. 이에 따라 홈스쿨링에서 많은 부분들을 인터넷 강의의 도움을 받을 수 있게 되었다.

현실의 제약 때문에 홈스쿨링을 하지 못하고 자녀들을 공교육기관에 보내는 기독인 학부모는 어떻게 해야 할까? 그리스도인들은 공교육의 여러 가지 단점에 대해 방관하거나 비판만 해서는 안 된다. 자녀들을 홈스쿨링 하기가 어려워 공교육기관에 보내야만 할 형편에 있는 부모라면 더욱 그러하다. 그 학교가 교과서나 교육방식에서 특히 교사에게서 반(反) 상식적이거나 반기독교적인 면은 없는지 자녀와 대화하면서 살펴야 한다. 그리고 개선할 방안들을 모색해야 한다.

문제가 발견될 때만 아니라 평소에도 다음과 같은 활동을 통해 바람직한 교육이 이루어지도록 부모는 힘써야 한다. 즉 자녀의 담임교사와 정기 또는 비정기적 만남, 학교 일에 자원봉사, 학부모들과 공식 또는 비공식 모임, 학교운영위원회 참여 등이다. 강영택은 다음과 같이 제안한다. "단순히 학교가 요구하는 대로 수동적으로 할 것이 아니라 기독교적 가치 혹은 공공선을 구현하는 방식으로 [학교 일에 참여]해야 한다. 기독학부모는 학교에 돌봄과 배움의 공동체가 형성되도록 노력해야 하고, 지역사회에 건강한 교육생태계가 조성되도록 적극적인 실천을 해야 한다."[222]

2. 대안학교 (alternative school)

대안학교는 "종래의 학교교육의 문제점을 보완하고자 학습자 중심의 자율적인 프로그램인 대안교육을 실천하는 학교다. 일반학교와는 달리 전인교육과 체험학습 등에 중점을 둔 별도의 프로그램을 운영하도록 고안된 학교이다."[223] 영국에서 1921년 닐(A.S. Neill)에 의해 설립된 서머힐 스쿨(Summerhill School)이 대표적인 대안학교다.

우리나라의 대안학교는 1998년 3월에 다섯 개 학교가 시작되었다. 그 후 많은 종류의 대안학교가 설립되었다. 자율형 대안 고등학교는 2022년 통계에 의하면 25개, 그 외 다양한 대안학교가 32개가 운영되고 있다.[224] 대안학교에는 학력을 교육부가 인정하는 곳과 비인가학교로 나뉘어진다. 비인가학교의 학생들은 상급학교 진학을 하려면 검정고시를 통과해야 한다.

크리스천 부모로서 공교육을 신뢰하지 못하면서 홈스쿨링을 하기 어려운 경우의 선택지가 대안학교라고 하겠다. 대안학교는 자녀에게 특별한 재능이나 필요가 있을 경우 부모가 좋아할 만하다. 기독교를 표방하는 대안학교들의 모임인 한국기독교대안학교연맹이 있다. 자녀를 대안학교에 보낼 의향이 있는 부모라면 이 단체의 홈페이지를 통해 1차적인 정보를 얻을 수 있다.[225]

대안학교의 장점은 우선 부모의 시간과 수고의 부담을 줄일 수 있다는 것이다. 그리고 대안학교가 학생들 개개인에 특화된 돌봄과 교육을 제공한다는 점이다. (물론 그렇지 못한 학교도 있을 것이다. 적합한 학교를 찾기 위해서 학부모는 홈페이지를 통해 정보를 확보해야 한다. 그리고 학교를 직접 방문하여 교사나 재학생들을 직접 인터뷰하여 확인할 필요가 있다.) 자녀를 대안학교에 보낸 학부모는 지속적으로 담임교사와 연락하며 또 자녀와 직접 대화를 함으로써 교육의 개선을 도모할 수 있다.

초·중·고 과정의 대안학교는 기숙형인 경우가 많다. 기숙형일 경우 부모와 자녀가 적어도 주중에는 떨어져 지내야 한다. 이것이 많은 경우 대안학교의 단점이 될 수 있다. 때로는 자녀가 부모로부터 분리되어 자유를 느낄 수도 있고, 아니면 견디기 어려워하는 경우도 있다. 그리고 비용 면에서 기숙형학교는 학부모에게 부담이 될 수 있다. 그러나 학원 같은 사(私)교육 비용을 고려하면 크게 차이가 나지 않을 수도 있다.

이런 장점과 단점을 고려하여 학부모는 최선의 결정을 해야 한다. 하나님 앞에서 자녀의 신앙과 학업의 발전을 위해 무엇이 더 좋을지 분별해야 한다. 여러 가지 정보를 수집하고 분석, 평가하면서 성령님의 인도하심을 따라 결정할 때 선한 결과가 있게 될 것이다.

3. 기독교학교(Christian school)

우리 주변에서 '기독교학교'와 '미션스쿨'(Mission school)을 구별하지 않고 사용하는 경우가 많다. 그러나 두 학교는 의미하는 바가 엄연히 다르다. 대한민국에서 '기독교학교'라고 불리는 대부분은 미션스쿨이다. 주중 한두 시간의 성경과목을 가르치거나, 1-2회의 채플을 갖는 학교라면 '미션스쿨' 즉 전도를 목적으로 세워진 학교다. '기독교학교'는 학교의 운영 원리나 교사, 교육 내용 모두가 성경과 성경적 세계관에 근거하여 이루어지는 학교를 가리킨다.

네델란드(화란) 계통의 개혁교회 교인들은 초·중·고 기독교학교 설립과 운영에 큰 관심을 가진다. 그들은 '기독교교육' 보다는 '개혁신앙 교육'이란 말을 더 좋아한다. 그들은 언약신학에 근거하여 자녀들에게 하나님의 은혜와 진리를 가르치고, 그들이 언약의 자녀답게 살아갈 수 있도록 교육한다. 그들은 힘을 모아 초등학교로부터 시작해서 중·고등학교를 세운다.[226] 이런 선례를 본받아 우리나라에서도 몇몇의 기독교학교가 설립되었다.[227]

오늘날 대안학교 가운데 기독교학교라고 인정할 만한 곳도 제법 있다.[228] 앞서 언급했듯이 '무늬'만이 아니라 교사나 학교 경영진(이사들)이나 교과 내용이 성경적이고 기독교 세계관에 부합된 경우다. 학부모는 대안학교나 기독교학교라고 자칭하는 기관들에 대해 이런 면을 살펴보아야 한다. 물론 완전한 기독교학교란 이 땅에 존재하지 않는다. 그렇지만 그 학교의 이사회의 구성원이나 그들이 현재 교육에서 목표하는 것이 무엇인지, 교사들의 신앙과 교수 능력은 어떤지, 학교운영위원회의 영향력 그리고 학교 재학생이나 학부모의 평가를 통해 대안학교에 관심을 가진 부모는 선택의 근거를 가질 수 있다.

II. 교회 지도자

제4부
신앙교육, 어떻게?(실천편)

18 예수께서 나아와 말씀하여 이르시되 하늘과 땅의 모든 권세를 내게 주셨으니
19 그러므로 너희는 가서 모든 민족을 제자로 삼아 아버지와 아들과 성령의 이름으로 세례를 베풀고
20 내가 너희에게 분부한 모든 것을 가르쳐 지키게 하라
볼지어다 내가 세상 끝날까지 너희와 항상 함께 있으리라 하시니라(마28:18-20)

가. 교회 지도자들에게 주어진 지상명령
(至上命令 The Great Commission)

세상 죄를 지고 십자가에서 죽으신 예수님은 죽음을 이기시고 부활하셨다. 예수님은 하늘과 땅의 모든 권세를 가지신 절대주권자로서 그의 열한 제자들에게 명령하신다. "가서 모든 민족을 제자로 삼아라!"

죽음을 이기시고 부활하신 예수님은 제자 삼는 일을 그의 열한 제자(사도)들에게 명하셨다. 사도들을 이어서 이 명령은 교회 지도자들에게 주어졌다. 여기서 교회 지도자들은 오늘날 1차적으로 담임목사를 가리킨다. 담임목사는 이 책임을 다른 교역자들과 장로, 집사, 권사 그리고 교회학교의 부장을 비롯한 임원들과 교사들과 분담한다. 예수 그리스도께서 가장 으뜸이 되는 사명으로 주신 "제자를 삼아라"는 명령을 교회 지도자들은 항상 기억하고 신실하게 순종해야 한다.

사람들을 제자로 삼는 방법은 먼저 아버지와 아들과 성령의 이름으로 세례를 베푸는 것이다. 그 다음으로 예수님이 분부한 모든 것을 그들이 지키도록 가르치는 것이다. 각각을 간략하게 살펴본다.

1. 세례를 베풀라

교회가 베푸는 세례에는 두 종류가 있다. 하나는 믿는 부모에게서 출생한 자녀에게 베푸는 유아세례다. 구약에서 시행했던 할례(출생한 지 8일 된 남아에게 행하는)처럼 언약의 자녀 됨을 유아세례를 통해 확인한다. 유아세례를 받은 아이는 보통 14세 이후 자신의 신앙고백을 통해 입교(入敎)한다.

유아세례

유아세례를 받은 아이의 신앙교육의 1차적인 책임은 부모에게 있다. 그러나 한 지역교회의 목사를 비롯한 모든 교인들도 공동의 책임이 있음을 잊지 말아야 한다. 유아세례교인은 그 부모의 자녀일 뿐만 아니라 교회의 아이다.[229]

유아세례를 받은 아이들에게 자기보다 나이가 적은 아기들이 세례받는 것을 볼 기회를 교회지도자들은 제공해야 한다. 일반적으로 어른 예배 시간에 세례를 베풀다 보면 유아세례를 받은 아이들이 다른 어린 아이의 유아세례식을 참관하는 것은 그들이 고등학교를 졸업한 후에 보통 이루어진다. 그들은 유아세례를 받는 의미가 무엇인지 전혀 생각할 기회를 갖지 못하고 10여 년을 보낸 것이다. 교회지도자들은 유아세례를 베풀 때 아이들이 이를 참관할 기회를 줌으로써 언약의 자녀가 누리는 은혜를 그들이 눈으로 볼 기회를 자주 주어야 한다. 그리고 집례자의 말을 통해 자신이 받은 유아세례의 의미와 은혜를 확인하도록 도와야 한다.

성인세례

유아세례와 더불어 성인세례가 있다. 유아세례를 받지 않은 사람이 성인이 되어 믿음을 고백할 때 교회가 세례를 베푸는 경우다. 입교나 성인세례를 베풀기 위해 교회가 먼저 해야 할 일이 있다. 그것은 구원의 복음을 선포하고 가르치는 일이다. 복음을 듣지 않고서는 믿을 수 없다. 예수님이 하나님의 아들, 나의 구주, 나의 주님이심을 알고 믿고 고백해야만 입교 또는 세례를 받을 수 있다. 따라서 교회의 지도자들은 설교를 통해 그리고 교리교육이나 성경공부를 통해, 성부와 성자와 성령 하나님의 성품(person)과 하시는 일들(works)에 대해 선포(설교)하고 가르쳐야 한다. 이와 함께 예수 그리스도를 믿음으로 주어지는 죄 용서받음과 하나님의 자녀가 되는 권세 얻음과 영생의 복 누림을 선포하고 가르침으로써 그들이 믿음을 고백하고 입교나 세례를 받도록 권해야 한다.

교회는 입교나 세례를 앞두고 교육을 시행해야 한다. 초대교회에서는 세례교육을 2-3년에 걸쳐 행했다는 기록도 있다.[230] 단지 교리만 가르친 것이 아니라 그리스도인의 삶까지 점검하고 지도했기 때문이다. 오늘날 교회의 지도자들은 세례교육을 좀 더 철저하게 할 필요가 있다.

많은 교회들이 예수님이 하나님의 아들, 나의 구주가 되심까지는 강조해서 가르친다. 그러나 예수님이 나의 왕, 나의 주님이시므로 그에게 절대복종해야 함을 교육하는 것은 소홀히 하는 경향이 있다. 세례를 받는 사람은 예수님과 함께 죽고 그와 함께 사는 것을 믿고 고백한다. 따라서 입교나 세례를 받는 이들이 목숨까지도 주님께 드릴 결단을 하도록 교회 지도자들은 그들을 가르치고 인도해야 한다.

세례식은 세례를 받는 당사자나 증인으로 참여하는 세례교인이나 모두가 하나님의 은혜를 확인하는 시간이다. 세례를 받는 사람은 자신이 예수님을 믿기 전의 삶과 예수님을 믿게 된 과정 그리고 믿은 후의 삶에 일어난 변화에 대해 간증할 기회를 가져야 한다. 이를 통해 이미 세례를 받은 사람들도 자신이 받고 누리는 하나님의 은혜를 재확인하며 헌신을 새롭게 할 수 있다.

2. 예수님이 분부한 모든 것을 지키도록 가르쳐라

한 사람이 신앙을 고백하고 세례를 받을 때 그는 예수님과 연합하게 된다. 그는 죄를 용서받고 하나님의 자녀의 권세를 받는다. 그뿐만 아니라 그는 예수님의 제자가 된다. 이제 그는 하나님의 자녀다운 사람, 예수님의 성숙한 제자로 성장해야 한다. 예수님은 교회 지도자들에게 세례받은 이들이 그가 분부한 모든 것을 지키도록 가르치라고 명령하신다. 예수님과 동행하며 예수님을 닮아가는 사람으로 세우라는 명령이다.

예수님의 가르침에는 수백 가지의 내용이 있을 것이다. 신구약 성경 모두가 우리 주님의 가르침이라고 할 때 그 내용은 수천 가지에 이를 것이다. 그런 내용들을 한 단어로 표현한다면 무엇일까? 그것은 '사랑'일 것이다. 조금 풀어서 말한다면 하나님 사랑, 이웃 사랑이 될 것이다. 예수님의 성숙한 제자로 성장하기 위해 우리 모두에게 필요한 것은 사랑이다.

신앙교육이란 예수님을 닮아가는 전인적인 삶의 변화를 추구한다. 여기서 '전인적'이란 지성, 정서, 의지 그리고 행동과 인격을 가리킨다. 교회 지도자는 자신이 먼저 예수님처럼 하나님을 사랑하고 이웃을 사랑하는 사람이 되기를 힘써야 한다. 사도 바울은 고린도전서 11:1에서 이렇게 말한다. "내가 그리스도를 본받는 자가 된 것 같이 너희는 나를 본받는 자가 되라" 모든 교회 지도자들은 이처럼 자신이 먼저 사랑의 예수님을 본받는 예수님의 성숙한 제자가 되어야 한다. 그리고 말과 삶을 통해 교인들이 예수님을 닮아가는 제자가 되도록 가르치고 도와야 한다.

신약성경에 '제자'와 관련된 명사와 동사 단어가 267회 등장한다.[231] 그런데 그 단어들은 사도행전까지만 나오고 로마서부터는 전혀 보이지 않는다. 아마도 당시 헬라(그리스) 사회에서 선생과 제자의 관계가 상업적으로 변질되었기 때문이 아닌가 추측한다. 로마서 이후에는 '스승과 제자' 대신에 부모와 자식의 관계에서 양육이 강조된다(고전4:15, 살전2:7, 11). 그때와는 달리 우리나라의 경우 오늘날 '제자훈련'이라는 말이 거부감 없이 사용되고 있다. 따라서 계속 '제자훈련'이란 말을 사용해도 무방하다. 그러나 이와 함께 부모의 마음으로 새가족을 돌보는 마음 또한 강조할 필요가 있다.

나. 교회의 다섯 가지 기능을 통한 신앙교육

모든 지상교회들은 다섯 가지 기능을 수행한다. 예배, 교제, 교육, 전도와 선교 그리고 봉사가 그것이다. 이 다섯 가지는 그 자체의 고유한 기능이 있다. 예배는 하나님을 경배하고 그에게 감사하며 그의 이름을 높이는 일이다. 성도가 서로 교통하며 영육 간에 돕고 섬기며 격려하는 일이 교제다. 교육은 교인들에게 성경과 교리 그리고 교회사를 가르침으로써 성숙한 그리스도인으로 세우는 기능이다. 예수 그리스도의 구원의 기쁜 소식을 같은 문화권 또는 타 문화권에 선포하고 가르치는 일이 전도와 선교다. 봉사는 그리스도인들이 은사를 따라 교회를 섬기며 개인적으로 또는 교회적으로 이웃을 돌봄으로써 세상의 소금과 빛으로 행하는 것이 봉사다.

교회의 다섯 가지 기능은 각각 위에서 언급한 고유의 역할이 있다. 이와 함께 각각의 일들은 그리스도인들을 성숙한 제자로 세우는 교육의 기능을 가진다. 예배를 예로 들어본다. 예배에 참여하는 그리스도인들은 예배를 통해 하나님께서 베푸신 구원과 돌보심의 은혜를 감사한다. 그리고 하나님의 위대하신 능력과 지혜를 찬양한다. 하나님을 경배한다.

여기서 잠깐 생각해 보라. 예배순서에는 감사와 찬양과 경배만 있는 것이 아니다. 설교가 있다. 설교를 통해 하나님의 이름을 높이기도 한다. 그러나 다른 한편으로 설교는 교육의 기능이 크다. 찬송과 대표 기도를 통해 교인들은 모르던 찬송을 배우기도 하고 기도를 어떻게 해야 하는지도 알게 된다. (특별히 예배의 경우 위의 두 가지 기능에 더하여, 교회의 정체성을 드러내는 기능을 가진다. 즉 새가족은 예배를 통해 그 교회가 지향하는 신학이나 강조하는 가르침 그리고 교회의 분위기를 알게 된다.)

교제나 교육 그리고 전도와 봉사도 마찬가지다. 교제 활동에 참여하는 교인들은 어떻게 서로 사랑하고 도울 수 있는지를 배운다. 교육은 더 말할 것도 없다. 교회학교 어린이들은 교사들의 가르침과 모범을 통해 성숙한 그리스도인이 되며 또 장차 좋은 교사로 자라간다.

전도에 처음으로 참여하는 사람은 직접 전도도 하지만, 경험이 많은 전도자들을 통해 어떻게 전도해야 하는가를 배우게 된다. 독거노인이나 장애인 그리고 미혼모나 환자 방문 등의 봉사를 통해 좀 더 나은 봉사를 어떻게 해야 할지를 서로가 배울 수 있다. 이와같이 교회의 모든 기능들은 보다 성숙한 신앙인으로 성장하는 데 큰 역할을 한다.

이런 이유로 '교육목회'(educational ministry)라는 말이 나왔다. 교육을 교회의 여러 가지 기능 중 하나로만 보는 것이 아니다. 도리어 교육을 다른 모든 기능을 통합하는 것으로 보는 것이다. 교육목회의 대표적인 학자로 해리스(Maria Harris)가 있다.[232] 해리스는 그의 책에서 코이노니아(교제 κοινωνία), 레이투르기아(예배 λειτουργία), 디다케(교육 διδαχή), 케리그마(전도 κήρυγμα), 그리고 디아코니아(봉사 διακονία)를 교육목회의 관점에서 자세하게 다룬다.

교회 지도자들은 교회의 다섯 가지 기능을 교인들이 잘 이해하도록 가르쳐야 한다. 그리고 이 다섯 가지 기능을 통해 교인들이 성숙한 그리스도인으로 성장하도록 계획하고 실행해야 한다. 교회에서 하는 모든 일들이 교인들 한 사람 한 사람을 예수 그리스도의 성숙한 제자로 세우는 데 기여하도록 관심을 기울여야 한다. 담임목사를 중심으로 장로, 집사, 권사 그리고 교회학교 임원들과 교사들이 교육적인 마인드를 가지고 교회를 돌볼 때 하나님을 사랑하고 이웃을 사랑하는 성숙한 그리스도인들이 세워질 것이다. 이와 함께 교회가 그리스도의 장성한 분량에 이르도록 자라가는 것을 보게 될 것이다.

다. 세대통합예배

교회 지도자들이 신앙교육에서 관심을 가져야 할 일이 세대통합예배다. 신앙교육에서 성경과 교리 그리고 교회사를 가르치는 것은 절대적으로 필요하다. 신앙이란, 지식과 이해(동의)와 신뢰로 구성된다. 신앙의 출발점은 지식이다. 그러나 성경 지식이 신앙의 전부는 아니다. 성경의 가르침을 머리로 알뿐만 아니라 가슴으로 느끼고 마음으로 신뢰해야 하기 때문이다. 웨스터호프는 참 믿음에 이르기 위해 3세대로 이루어지는 공동체가 필요하다고 보았다.

대부분의 교회는 세 종류의 세대로 이루어져 있다. 웨스터호프는 삼 세대를 다음과 같이 설명한다.[233] "1세대(자녀들)는 미래를 향한 환상과 꿈에 사는 세대라 할 수 있다. 하지만 기억 없이 꿈을 지닐 수는 없다 더구나 그 기억은 제3세대(조부모들)에 의해 정비되는 것이다. 제2세대(부모들)는 현재에 사는 세대다. 이 제2세대가 기억의 세대 및 환상의 세대와 연합될 때, 이 세대는 공동체를 현실 앞에 바르게 자리잡게 하는 기능을 다한다. 하지만 고립되게 하거나 현재 속에 방치되거나 할 때 그 생활은 견딜 수 없는 무의미한 것이 되고 만다."

이런 3세대는 교회의 과거와 현재와 미래를 보여준다. 먼저 지난날의 업적과 실패를 남겨놓은 과거 세대가 있다. 이를 교훈 삼아 새로운 도전과 발전을 도모하는 현재 세대가 있다. 그리고 이를 보고 기쁨 또는 아쉬움을 느끼며 내일을 꿈꾸는 미래 세대가 있다. 이처럼 과거와 현재와 미래 사이에 조화로운 상호작용이 이루어질 때, 그 교회는 진정한 사귐과 격려와 희망이 넘치는 공동체가 된다.

오늘날 많은 교회들 안에 이런 세 종류의 세대들이 함께 존재한다. 그러나 서로에 대해 관심이 많지 않고 서로 간에 대화가 잘 이루어지지 않는 형편이다. 이 3세대들이 함께 하는 시간이 거의 없어, 서로 영향을 주고 받지 않기 때문이다. 각 세대가 지니고 있는 잠재력을 활용하지 못하고 묵혀두고 있다. 이를 극복하여 과거와 현재와 미래 세대가 시너지(synergy)를 발휘하는 교회가 되기 위한 방법으로 세대통합예배가 있다.

교회지도자들은 교회 안의 모든 세대가 함께 모여 교제하며 예배하는 모임을 계획하고 실행해야 한다. 우선 한 달에 한 번 정도 오후에 세대통합예배를 가지는 것이 출발점이 된다. 주일 오전에는 각 세대별로 예배와 교회학교 프로그램을 진행한다. 오후 예배에는 대개 헌신된 교인들이 참석한다. 그들은 아이들이 조금 소란스럽게 해도 용납할 수 있는 사람들이다. 따라서 세대통합예배가 자리를 잡는 데 위험부담이 적을 수 있다.[234]

세대통합예배가 하나님의 이름을 높이며 세대 간에 도움이 되려면 어린 아이들에게 기쁨과 유익이 있어야 한다. 이를 위해 어린이나 청소년 그리고 청년들이 참여할 기회를 제공해야 한다. 찬양인도나 특별 찬양, 대표기도나 성경봉독 그리고 설교나 책을 읽은 후 소감 발표, 안내위원 같은 일에 각 세대가 참여할 수 있게 한다. 무엇보다도 설교가 모든 세대에게 의미가 있도록 만들어야 한다.

오전 예배는 보통 일방적인 선포식의 설교를 할 것이다. 그러나 세대통합예배 때에는 설교 중에 각 세대에게 적합한 질문을 하고 답을 들어보며 대화식으로 진행하는 것도 참여도를 높이는 좋은 방법이다. 각 세대가 교회의 과거와 현재와 미래에 대해 점검하고 비전을 나누는 발표의 기회를 갖는 것도 유익할 것이다. 아울러 윗 세대가 아랫 세대를 축복하며 함께 기도하는 시간도 가질 필요가 있다.

교회는 세 종류의 세대들이 공존하며 과거의 유산과 미래의 꿈과 현재의 일들을 공유하며 발전을 도모하는 공동체다. 각 세대가 지니는 역할을 드러내고 나누며, 내일을 향해 전진하는 교회가 되도록 교회지도자들은 관심을 기울여야 한다. 일차적으로 세대통합예배를 구상하고 시작해야 한다. 시작은 쉽지 않고 때로 난관에 부닥칠 수 있다. 하지만 포기하지 않아야 한다. 모든 세대가 함께 모여 예배함으로써 하나님께 영광을 돌리며, 모든 세대가 유익을 얻는 예배가 되도록 개선해 나아가야 한다. 그럼으로써 각 세대에게 주어진 책임과 역할을 다할 때, 하나님을 기쁘시게 하는 공동체가 이루어질 것이다. 진정한 신앙교육은 모든 세대가 모여 교제하며 서로 영향을 끼치는 공동체를 통해 활발하게 이루어진다.

라. 구역모임/사랑방/가정교회

규모가 큰 교회에는 보통 세 종류의 그룹이 있다. 첫째는 모든 교인들이 함께 모여 예배하는 대그룹이다. 둘째는 30명 내외가 모이는 전도회나 연령별로 모이는 교회학교 같은 중(中)그룹이다. 셋째는 소그룹이다. 소그룹은 열 명을 넘지 않는 모임이다. 열 명을 넘게 되면 세포 분열처럼 두 개로 나누어 소그룹 성격을 유지한다. 구역모임이나 사랑방, '가정교회' 등이 소그룹이다. 교회학교의 반별 또는 학년별 또는 지역별 모임이 역시 소그룹이다.

규모가 작은 교회는 예배로 모이는 전체 그룹이 있다. 그리고 나머지 다른 모임들은 모두 소그룹 또는 일대일의 모임이다. 중그룹의 성격을 가진 모임은 없을 것이다.

교회지도자들은 각 교인들이 성숙한 그리스도인으로 성장하기 위해 소그룹을 조성하고 적극적으로 참여하도록 도와야 한다. 대그룹으로 드리는 예배는 이웃보다는 하나님께 집중한다. 중그룹은 사역(일)을 이루기 위한 모임이다.

소그룹은 서로에 대해 알아가며 서로를 영육 간에 섬기는 기능을 한다. 소그룹에서는 자신의 삶을 나누는 것이 필수다. 성경을 공부하면서 자신의 삶에 적용할 것들을 서로 나누어야 한다. 기도제목을 나눔으로써 자신의 형편을 적나라하게 드러낸다. 그리고 서로를 위해 기도하며 마음을 나눈다. 이로써 피를 나눈 형제보다 더 친밀한 성도의 지체의식이 자라간다.

"독신으로 살면 천사는 될 수 있지만, 결혼하면 예수님을 닮아간다"는 말이 있다. 이 말은 사람이란 부대낌을 통해서 성장하고 성숙함을 가르쳐준다. 신앙교육의 궁극적인 목표는 예수님을 더 의지하며 닮아감으로써 하나님의 이름을 높이며 이웃을 사랑하는 그리스도인이 되는 것이다. 소그룹은 서로를 알아가며 서로를 돕고 섬기는 많은 기회를 제공한다.

사람들을 만나기를 꺼려하여 예배만 드리고 사라지는 교인들이 종종 있다. 심지어는 '가나안 교인'들도 많이 있다. 이것은 자기만족을 위한 신앙생활이지 결코 "자기 십자가를 지고 나를 따르라"는 주님의 뜻과 거리가 먼 삶이다. 교회 지도자들은 모든 교인들이 소그룹을 통해 진정으로 하나님을 사랑하고 이웃을 사랑하는 그리스도인이 되도록 돕고 이끌어야 한다.

하나님과 이웃과 관계를 회복하고 풍성하게 하기 위해 예수님이 오셨다. 교회지도자들은 소그룹을 통해 관계의 회복과 기쁨과 감사가 풍성한 교인들이 되도록 최선을 다해야 한다. 코로나19 팬데믹 사태 가운데서도 크게 타격을 받지 않은 교회들이 있다. 그런 교회들의 특징은 소그룹이 활발하게 움직이는 것이었다.[235] 구역모임이나 사랑방 같은 소그룹은 성도의 교제를 통해 건실한 그리스도인들을 세운다. 나아가 교회가 건강해진다. 교회 지도자는 사랑이 넘치는 가정을 세우고, 소그룹을 살아 움직이게 도움으로써 교회를 든든하게 세울 수 있다.

III. 교회 공동체 '서로'

"피는 물보다 진하다"라는 말이 있다. 피를 나눈 가족관계는 끈끈하다. 디모데전서 5:8은 이렇게 말씀한다. "누구든지 자기 친족 특히 자기 가족을 돌보지 아니하면 믿음을 배반한 자요 불신자보다 더 악한 자니라" 성경은 분명하게 피를 나눈 가족들을 귀중히 여기고 그들을 책임지고 돌보라고 그리스도인들에게 명령한다. 그러나 피보다 진한 것이 있다. 무엇일까? 그것은 언약관계다. 예수 그리스도를 믿음으로 하나님의 자녀가 되고, 믿음으로 형제자매가 된 그리스도인들의 관계는 더 진하다.

예수님의 십자가에서 죽으심과 부활 그리고 승천, 성령님의 오순절 강림 사건이 있었다. 이후 예루살렘 교회가 시작되었다. 예수 그리스도를 믿고 고백하여 세례를 받은 이들은 성령의 선물(은사)을 받았고 교회를 이루었다. 예루살렘 교회는 기쁨과 찬송이 넘쳤고 떡을 떼며 음식을 나누었다. 이 당시의 모습을 사도행전 2:43-47은 이렇게 증거한다.

"사람마다 두려워하는데 사도들로 말미암아 기사와 표적이 많이 나타나니 믿는 사람이 다 함께 있어 모든 물건을 서로 통용하고 또 재산과 소유를 팔아 각 사람의 필요를 따라 나눠 주며 날마다 마음을 같이하여 성전에 모이기를 힘쓰고 집에서 떡을 떼며 기쁨과 순전한 마음으로 음식을 먹고 하나님을 찬미하며 또 온 백성에게 칭송을 받으니 주께서 구원 받는 사람을 날마다 더하게 하시니라"(행 2:43-47)

피를 나눈 당신의 부모(함께 살고 있지 않을 때)나 형제자매를 지난 1년간 몇 번이나 만난 적이 있는가? 피를 나누지는 않았지만 언약의 백성인 그리스도인을 지난 한 달간 몇 번이나 만났는가? 최소한 주일예배 네 번은 얼굴을 보고 가까운 교우들과는 다과나 식사를 하면서 이야기도 나누었을 것이다. 새벽기도모임에 참석하는 이들은 한 달에 30회 이상 교역자들과 교인들을 만났음에 틀림

없다. 언약을 통해 맺어진 형제자매의 관계는 피를 나눈 관계보다 더 진하다.

성경은 언약 관계 안에서 서로를 돌보라고 명령한다. 사도신경에서도 성령님의 역할 가운데 하나를 "성도의 교제… 믿습니다"로 강조한다. 오늘날 많은 교회 안에서 서로 사랑하며 돌보는 가운데 믿음이 자라는 모습을 많이 볼 수 있다. 앞서 본 것처럼 교회 안의 소그룹은 예수님을 닮아가는 삶을 위한 신앙교육의 보금자리다. 교회지도자들은 소그룹을 활성화 하는 데 힘써야 한다. 그리고 교인들 각자는 서로를 돌보는 일에 관심을 가지고 힘을 다해야 한다.

가. 서로 사랑하라

성경에서 '서로'라는 헬라어는 '알렐론'(ἀλλήλων)이다. 신약성경에 100회가 등장한다.[236] 대표적인 것이 요한복음 13:34-35이다. "새 계명을 너희에게 주노니 서로 사랑하라 내가 너희를 사랑한 것 같이 너희도 서로 사랑하라 너희가 서로 사랑하면 이로써 모든 사람이 너희가 내 제자인 줄 알리라" "서로 사랑하라"는 말씀은 16회 신약성경에 보인다. 여기서 그리스도인은 하나님을 사랑하라는 명령에 순종하면서 이웃을 사랑해야 하고 특별히 언약관계에 있는 교회의 형제자매를 사랑해야 함을 알 수 있다.

나. 믿음이 성장하도록 서로 격려하고 가르치라

서로의 믿음이 성장하기 위한 신앙교육과 직접적으로 연관된 '서로'에 대한 권면을 찾아보면 아래와 같다.

데살로니가전서 5:11, "그러므로 [서로 격려]하고 [피차] 덕을 세우기를 너희가 하는 것 같이 하라"(필자의 수정 번역) 그리스도인들은 서로를 격려하므로 믿음으로 살도록 도와야 하고, 교회의 유익을 위해 서로를 섬겨야 한다.

로마서 15:14, "내 형제들아 너희가 스스로 선함이 가득하고 모든 지식이 차서 능히 서로 권하는 자임을 나도 확신하노라" 그리스도인들은 선함과 지식을 충만히 가짐으로써 서로를 권면하며 모두가 하나님 앞에 바로 서야 한다.

에베소서 4:25, "그런즉 거짓을 버리고 각각 그 이웃과 더불어 참된 것을 말하라 이는 우리가 서로 지체가 됨이라" 머리이신 그리스도의 지체로서 거짓을 버리고 참된 것을 말함으로써 서로를 진리 위에 세워야 한다.

에베소서 5:21, "그리스도를 경외함으로 피차(서로) 복종하라" 그리스도를 함께 섬기는 형제자매로서 서로를 존중하고 상대방의 말을 경청하며 복종하는 가운데 하나님의 뜻을 이뤄야 한다.

골로새서 3:16, "그리스도의 말씀이 너희 속에 풍성히 거하여 모든 지혜로 피차(헤아우투 ἑαυτοῦ) 가르치며 권면하고 시와 찬송과 신령한 노래를 부르며 감사하는 마음으로 하나님을 찬양하고" 그리스도인들은 서로 가르치고 권면함으로써 하나님 앞에서 바로 살도록 서로 도와야 한다. 이를 위해 모든 그리스도인들은 주님의 말씀이 각자의 마음에 풍성히 거하도록 힘써야 한다. 그리고 말씀을 통해 얻은 지혜로 함께 신령한 노래를 부르며 감사하면서 하나님의 이름을 높여야 한다.

베드로전서 4:10, "각각 은사를 받은 대로 하나님의 여러 가지 은혜를 맡은 선한 청지기 같이 서로(헤아우투) 봉사하라" 성령께서는 각 사람에게 은사를 선물로 주신다. 그 은사에는 가르치며(롬12:7) 예언(설교)하는(고전14:3) 은사가 포함된다. 그리스도인 중 가르치며 예언하는 은사를 맡은 이들은 선한 청지기의 마음을 가지고 이웃을 섬겨야 한다.

그리스도인들이 오지에 파송된 선교사와 같이 불가피하게 혼자 하나님의 일을 수행해야 할 때도 없지는 않다. 그러나 대부분은 교회 안에서 은사를 발휘하게 된다. 모든 그리스도인들은 서로를 권면하고 가르칠 책임이 있다. 특별히 가르치고 예언하는 은사를 받고 직분을 맡은 이들은 그 은사를 활용하는 일에 더욱 최선을 다해야 할 것이다. (예언의 은사와 관련하여 특별히 기억할 것은 다음과 같다. 신약시대의 예언의 은사는 성경에 근거하여 이루어진다. 현실을 해석하면서 회개를 촉구하거나 구체적인 순종을 촉구하면서 교회의 덕을 세우는 기능을 한다. 따라서 점쟁이처럼 미래의 일을 단정적으로 이야기하는 것은 이 은사와 관련이 희박하다. 성령의 은사로서 예언은 죄를 책망하며 선행을 격려하며 소망을 주는 목회활동이다.)

다. 내가 먼저

영아나 유아를 제외한 모든 이들은 가르칠 대상이 있다. 어린 아이도 많은 제한이 있겠지만 영아나 유아를 가르칠 수 있기 때문이다. 모든 그리스도인들은 서로를 가르치고 섬겨야 함을 잊지 말아야 한다. 가장 좋은 교육방법은 자신이 먼저 실천함으로써 본을 보이는 것임을 기억해야 한다.

예수 그리스도 안에서 하나님의 사랑을 받고 누리는 내가 되어야 한다. 내가 먼저 성령님의 도우심을 힘입어 항상 기뻐하고 쉬지 않고 기도하며 범사에 감사하는 그리스도인이 되어야 한다. 이웃을 깊이 사랑하기 때문에 그들을 위해 간절히 기도해야 한다. 사랑으로 그들을 품고 섬겨야 한다. 그리고 때로는 성령님의 인도하심을 따라 입을 열어 이웃의 잘못과 허물에 대해 하나님의 뜻을 전하고 가르친다. 그럼으로써 거룩한 교회를 이루며 서로 사랑하고 섬기는 공동체가 이루어진다. 진정한 신앙교육은 믿음이 성숙한 그리스도인이 주위 사람들에게 본을 보이며 선한 영향력을 발휘하는 데서 매우 효과적으로 이루어진다.

나가는 말

　사람에게 있어 최고의 기쁨은 관계로부터 나온다. 돈을 많이 벌고 지위가 높아지고 인기가 있으면 기쁘고 즐거울 수 있다. 그러나 그런 성공에 대해 감사와 영광을 돌릴 하나님과 아무런 관계가 없다면, 또는 함께 기뻐할 사람들이 없다면 그에게 어떤 일이 생길까?
　미국에서 성공한 어떤 분의 이야기를 들은 적이 있다. 그는 사업으로 큰 돈을 벌었다. 그는 골프장과 저택을 사고, 최고로 비싼 자가용과 요트도 구입했다. 명품 시계, 명품 옷으로 치장하고 다녔다. 그러나 이 모든 값비싼 것들이 얼마 있지 않아 그에게 하찮은 것들이 되었다. 그 이유는 무엇일까?
　그의 업적을 알아주고 부러워하는 사람이 그의 주변에 없었고, 또 성공의 기쁨을 나눌 사람이 없었기 때문이었다. 넉넉지 않은 형편에서도 가족끼리 서로 돌보며 사랑한다면 행복한 사람이 된다. 그러나 돈은 많으나 서로 더 많이 가지려 다투며 살면 불행한 가정이 된다. 사람에게 관계만큼 중요한 것이 없다. 관계는 지옥을 경험하게도 하고 천국을 누리게도 한다.

사람들의 인정을 받고 사랑을 받는다 해도 사람은 결국 죽음 앞에서 허무한 존재가 될 뿐이다. 그뿐만 아니라 예수님의 재림으로 있게 될 마지막 심판을 통해 예수 그리스도를 믿는 이들은 천국의 복으로 들어가지만, 믿지 않는 자들은 지옥의 영원한 고통에서 헤어나지 못하게 된다. 하나님과 관계가 끊어진 곳에는 빛이 없고 의미가 없고 희망이 없다. 지옥이 된다. 단테는 신곡(神曲, La Divina Commedia)에서 지옥에 들어오는 이들을 향한 엄중한 경고를 다음과 같이 한다. "나를 거쳐 가려는 자는 모든 희망을 버려라."[237]

하나님은 사랑이시다. 하나님은 진노 중에도 긍휼을 베푸신다. 사람을 구원하신다. 죄로 말미암아 반역자가 되고 원수노릇하는 사람들을 하나님은 그대로 버려두지 않으신다. 창조주와 피조물, 심판주와 죄인의 관계에서 아버지와 자녀의 놀라운 관계로 바꾸신다. 하나님은 성자 예수님을 세상 죄를 지고가는 어린 양이 되게 하셨다. 죄인들은 예수 그리스도를 믿음으로 죄를 용서받고, 하나님의 자녀의 권세를 받으며 영생을 누린다.

은혜로 구원받은 하나님의 자녀들은 삼위일체 하나님을 더 깊이 알아간다. 하나님 아버지와 친밀한 관계를 누린다. 성령님의 도우심을 받아 예수님을 깊이 생각하며 그를 닮아간다. 예수님과 동행한다. 나아가 예수 그리스도의 증인으로 세상의 소금과 빛으로 살아간다. 세상에서 도피하는 자가 아니라 이웃을 가까이하며 그들을 돕고 섬긴다. 그들은 하나님께 영광을 돌리며 영원토록 그를 즐거워한다.

오늘날 가정과 교회가 어려움을 겪고 있다. 절대적인 성경의 진리를 무시 내지 부정하는 사람들이 우리 주변에 많이 있다. 많은 사람들이 권위를 무시하고 자기를 세상의 중심에 두고 생각하고 판단하며 살아간다. 돈과 경제원리가 세상을 지배하고 있다. 공의와 정의로운 사회를 세우는 것에 대해 무관심하거나 하나님의 방법을 무시한다. 올바른 가치관보다 쾌락을 따라 살아가는 시대가 되었다. 많은 가정과 사회와 국가 그리고 세상이 어둠과 혼돈과 다툼의 소용돌이에서 헤어나지 못하고 있다.

　가정과 교회가 하나님의 은혜와 진리 위에 굳게 서야 한다. 내가 먼저 예수 그리스도를 통해 주시는 하나님의 구원의 은혜와 진리를 알고 믿고 고백해야 한다. 그리스도인들은 성령님을 의지하여 예수 그리스도의 증인으로서 또 세상의 소금과 빛으로서 살아가야 한다. 하나님을 사랑하고 이웃을 사랑하는 그리스도인이 되어야 한다. 그리스도인들은 자신이 먼저 변화되어야 한다. 나아가 이웃과 세상에 하나님의 통치가 임하도록 기도하며, 성령으로 충만함을 받아 화평케 하는 그리스도인으로 살아야 한다. 하나님과 관계, 나 자신과 관계, 이웃과 관계, 그리고 세상 만물과 관계를 하나님의 뜻대로 세워가야 한다.

　교육은 변화를 추구한다. 모든 사람은 하나님을 사랑하고 이웃을 사랑해야 한다. 한 사람의 전인적인 변화와 교회의 개혁과 하나님의 나라가 세상에 흥왕하도록 하려면 신앙교육이 필요하다. 부모(양육자)가 먼저 가정에서 자녀를 신앙으로 양육해야 한다. 교회 지도자들은 교회를 통해 하나님 중심, 성경 중심, 가정과 교회 중심으로 이웃을 섬기는 사람들을 세워야 한다. 그들의 신앙교육을 통해 교회가 부흥하며 직장과 사회, 국가와 세계에 하나님의 나라가 임하며 흥왕하기를 소원한다. 하나님의 은혜 가운데 하나님의 뜻이 하늘에서 이루어진 것처럼 이 땅(가정, 교회, 세상)에서 이루어질 것을 기대하며 책을 마무리한다.

미주

1   아미쉬는 메노나이트(Mennonite) 교파에서 1693년에 탈퇴했던 스위스의 주교인 야콥 암만 Jakob Amman(1644-1712)의 가르침을 따르는 사람들이다. 아미쉬 사람들은 18세기부터 유럽에서 미국으로 이주하기 시작했다. 그들 대부분은 펜실베니아 주에 정착했고 일부는 이웃 주(州)(오하이오, 인디애나, 뉴욕 등)로 옮겨가기도 했다. 이들을 재(再)세례파라고도 부른다. 유아세례는 아기가 예수 그리스도를 믿고 고백함으로써 세례를 받은 것이 아니기에 무효라고 한다. 따라서 유아세례를 받은 사람들은 성인이 되어 신앙고백 후 세례를 다시(再) 받아야 한다고 주장한다.

2   아미쉬는 정치와 종교를 분리해서 생각하는 경향을 보인다. 그러나 '정교분리'를 개혁신학에서는 정부와 교회의 영역주권적 분리를 말한다. 그리스도인은 정부와 사회의 일에 적극적으로 참여해야 함을 가르친다.

3   펜실베니아 화란어로 "점프하다, 돌아다니다" jumping or hopping around 라는 뜻이다.

4   Wikipedia, "Rumspringa" https://en.wikipedia.org/wiki/Rumspringa 2022, 9. 24 (20220928 접속)

5   Metych, Michele. "rumspringa". Encyclopedia Britannica, 1 Feb. 2023, https://www.britannica.com/topic/rumspringa. Accessed 15 May 2023.

6   https://www.amazon.com/Rumspringa-Be-Not-Amish/dp/0865477426 Tom Shachtman의 2007년 소설과 https://www.youtube.com/watch?v=tzFQy4v3k71 Mira Thiel 감독의 2022년 넷플릭스 영화가 있다. (20231006 접속)

7   https://en.wikipedia.org/wiki/Amish

8   리오. "현대문명에 맞선 아미쉬 공동체의 운명" https://m.blog.naver.com/physist/221421111001 2018, 12. 17 (20230515 접속). Ian Birrell. "'Our faith will be lost if we adopt technology': can the Amish resist the modern world?" Dec. 15, 2018. (20230515 접속) https://www.theguardian.com/society/2018/dec/15/faith-lost-if-adopt-technology-amish-resist-modernworld

9   Wikipedia contributors, "List of U.S. states by Amish population," Wikipedia, The Free Encyclopedia, https://en.wikipedia.org/w/index.php?title=List_of_U.S._states_by_Amish_population&oldid=1141669010 (20230714 접속).

10 끄적끄적. "사도신경, 니케아신경, 아타나시우스신경 비교" https://blog.naver.com/hwanquee/222676328515, 2022, 3. 28 (20240130 접속) 참고.

11 교리의 필요성을 몇 가지 열거해 본다. 성경을 올바로 이해하기 위해, 구원의 교리를 정확하게 알고 믿어 입교 또는 세례를 받기 위해, 구원받은 그리스도인으로서 거룩한 삶을 제대로 살기 위해, 성경적 신앙을 전도하고 변호하기 위해, 부모나 교사로서 자녀와 교인들에게 성경의 진리를 효과적으로 가르치기 위해, 그리고 표준적인 신앙고백을 통해 신앙공동체를 이루며 교회의 연합과 일치를 위해 등을 말할 수 있다.

12 삼위 하나님의 상호 관계를 묘사하는 이 단어의 동사형은 나지안주스의 그레고리[Gregory of Nazianzus (389년 경 사망)]에 의해 처음 사용된 것으로 알려지고 있다. 그후 다마스커스의 요한[John of Damascus (749년 사망)]은 삼위 하나님 간의 관계를 '상호침투'(interpenetration)로 설명하면서 이 단어를 널리 알렸다. Wikipedia, "Perichoresis," https://en.wikipedia.org/wiki/Perichoresis (20230715 접속)

13 이동영,『송영의 삼위일체론』(서울: 새물결플러스, 2017), 171-175.

14 이동영,『송영의 삼위일체론』, 174.

15 플라톤, 정준영 옮김,『테아이테토스』, 이제이북스, 155.

16 피아제는 12세가 지나면서 사람들은 이런 인지능력이 늘어나는 것을 발견했다. 그는 이 시기를 '형식적 조작기'(形式的 操作期 formal operational stage)라고 부른다. 필자는 '형식적'이라는 번역보다 '본격적'이라고 하는 것이 의미 전달 면에서 좋다고 생각한다.

17   실존주의의 키워드는 "실존이 본질에 앞선다"이다. 이 명제를 좀 더 설명하면 다음과 같다. 개인은 자신의 근원이나 삶의 목적이라는 본질을 찾는 것이 급한 것이 아니다. 도리어 실존 즉 지금 여기서 (here and now) 자신이 처한 현실을 깊이 생각하고 올바른 선택을 하는 것이 중요하다. 그리고 결과에 대한 책임을 스스로 져야 한다.

18   하두철, "한계상황", KONAS.NET, https://www.konas.net/article/article.asp?idx=27238#:~:-text=%EC%8B%A4%EC%A1%B4%EC%A3%BC%EC%9%98%20%EC%B2%A0%ED%95%9 9%EC%97%90%EC%84%9C%EB%8A%94%20%EC%82%AC%EB%9E%8C%EC%9D%B4,% EB%88%84%EA%B5%AC%EB%82%98%20%EA%B3%A0%EB%8F%85%ED%95%98%EB% 8B%A4%EB%8A%94%20%EA%B2%83%EC%9E%85%EB%8B%88%EB%8B%A4. 2011, 12. 31 (20230810 접속).

19   박영돈, "로마서 7장 14-25절의 해석", 고려신학대학원, 「선지동산」 50호 (2009, 9). https://www.kts.ac.kr/home/research/49?page=7

20   로렌스 크랩, 윤종석 역, 『결혼건축가』 (서울: 두란노, 2010) 참고. 크랩은 이 책에서 사람의 기본적인 욕구에 안전감의 욕구(need of security 사랑 받음)와 중요감의 욕구(need of significance 인정 받음) 두 가지가 있다고 설명한다. 이 욕구들을 채우기 위해 사람들은 돈, 명예, 인기, 권력을 추구한다. 이 과정에서 사람들은 거래로서의 삶을 가진다. 그러나 그것들로는 결코 안전감과 중요감을 채울 수 없다. 오직 예수 그리스도를 믿을 때 하나님이 주시는 사랑과 인정을 사람은 누리게 된다. 나아가 다른 사람으로부터 사랑과 인정을 받으려 하지 않고 이웃을 돌보는 섬김의 삶이 가능하게 된다.

21   송태현, "'생태 위기의 역사적 뿌리' 재고찰" 기독교세계관 학술동역회, "생태, 환경 & 건강 세미나" 154-161. file:///D:/Users/user/Downloads/C37_2020G004%20[%EC%86%A 1%ED%83%9C%ED%98%84_%E2%80%98%EC%83%9D%ED%83%9C%20 %EC%9C%84%EA%B8%B0%EC%9D%98%20%EC%97%AD%EC%82%AC%EC%A0%81%20 %EB%BF%8C%EB%A6%AC%E2%80%99%20%EC%9E%AC%EA%B3%A0%EC%B0%B0]%20 (5).pdf (20231101 접속).

22   송태현, "'생태 위기의 역사적 뿌리' 재고찰" 기독교세계관 학술동역회, "생태, 환경 & 건강 세미나".

23   송태현, "'생태 위기의 역사적 뿌리' 재고찰" 기독교세계관 학술동역회, "생태, 환경 & 건강 세미나"

24   M. G. Maudlin and M. Baer ed., The Green Bible: Understand the Bible's Powerful Message for the Earth (New York: HarperCollins), 2008.

25   김희석, "서평 The Green Bible: Understand the Bible's Powerful Message for the Earth" 성경원문연구 28호(2011), 256-258.

26   김농오, "기독교 환경론의 실증적 고찰" 기독교학문학회 발표논문 (2019, 10), file:///D:/Users/user/Downloads/%EA%B5%90%EC%88%98%EC%9D%BC%EB%B0%98_% EC%83%9D%ED%83%9C%ED%99%98%EA%B2%BD%EB%B6%84%EA%B3%B- C_%EA%B9%80%EB%86%8D%EC%98%A4.pdf (20231101 접속).

27   세종특별자치시, "탄소 사용량을 감축시키는 방법" https://www.sejong.go.kr/kor/sub04_040901.do (20231102 접속).

28   두란노, '중보' https://www.duranno.com/bdictionary/result_vision_detail.asp?cts_id=18508 (20240201 접속).

29   나무위키, "95개조 반박문" https://namu.wiki/w/95%EA%B0%9C%EC%A1%B0%20 %EB%B0%98%EB%B0%95%EB%AC%B8. 2023, 08. 13 (20240304 접속).

30   유해무, 『개혁교의학』 (서울: 크리스챤 다이제스트, 1997), 455.

31   McNeill, John T. "Introduction". In McNeill, John T. (ed.). Institutes of the Christian Religion. 1.

(Louisville, KY: Westminster John Knox. 1960), p. xxxiii.

32 McNeill, John T. "Introduction". In McNeill, John T. (ed.). Institutes of the Christian Religion. 1. p. xxxiii. "The Institute of the Christian Religion, Containing almost the Whole Sum of Piety and Whatever It is Necessary to Know in the Doctrine of Salvation. A Work Very Well Worth Reading by All Persons Zealous for Piety, and Lately Published. A Preface to the Most Christian King of France, in Which this Book is Presented to Him as a Confession of Faith. Author, John Calvin, Of Noyon. Basel, MDXXXVI."

33 John Calvin, Institutes of the Chrisitan Religion, 성문 편집부역, 『영한 기독교강요』 (서울: 성문출판사), I.2.1, 73.

34 다음 한국어사전, '신앙', https://dic.daum.net/search.do?q=%EC%8B%A0%EC%95%99&dic=kor. (20190620 접속).

35 다음 한국어사전, '만들다', https://dic.daum.net/search.do?q=%EC%8B%A0%EC%95%99&dic=kor. (20190724 접속).

36 네이버 국어사전, '믿음', https://ko.dict.naver.com/#/entry/koko/dae5cfd8e-3524ba198a18066fb053637. (20190709 접속).

37 다음 한국어사전, '믿음', https://dic.daum.net/word/view.do?wordid=kkw000098062&q=%EB%AF%BF%EC%9D%8C&supid=kku000121939. (20190709 접속).

38 한글 성경에서 '하나님'으로 번역된 히브리어는 '엘로힘 אֱלֹהִים'이다. 이 단어는 보통명사다. '하나님'으로 번역되기도 하고 '신들'로도 번역된다. 출3:14-15에서 하나님은 다른 신들과 구별된 자신을 분명히 드러내기 위해 '여호와 יהוה'라는 고유명사를 함께 사용하신다. 유대인과 기독교인들의 하나님에 대한 믿음의 차이는 유일신과 삼위일체 하나님을 믿는 데서 분명하게 구별된다.

39 유해무, 『개혁교의학』, 452.

40 자세한 내용은 『웨스트민스터 신앙고백서』 16장 7절 참고. "중생하지 못한 사람들의 어떤 행위가 그 자체로서는 하나님의 명령에 부합하여 자신뿐 아니라 다른 사람들에게 유익이 될 수 있다. 그러나 그것은 믿음에 의해 청결케 한 마음에서 난 것이 아니며 그 행위가 하나님의 말씀을 좇아서 올바르게 행해진 것이 아닐 뿐더러, 그 목적도 하나님의 영광을 위해서 한 것이 아니다. 그러므로 그것은 죄악 되고 하나님을 기쁘시게 하지 못하며 하나님의 은혜를 받기에 합당하게 할 수 없다. 하지만 그와 같은 행위마저 행하지 않으면 더욱 죄가 되며 하나님을 노엽게 하게 된다."

41 기린선교회, "성경 양적분석 종합- 한글 개역개정편" https://ikahochurch.tistory.com/143 2018, 5. 21(20231016 접속).

42 하이델베르크 요리문답은 총 129문답 중 23-58문답에서 믿음의 내용에 대해 사도신경을 중심으로 접근하고, 웨스트민스터 소요리문답은 총 107문답 중 1-38문답에서 사도신경을 직접 사용하지 않으면서, 인생의 목적, 성경 그리고 구원 얻는 믿음에 대해 조직적으로 접근한다.

43 하이델베르크 요리문답의 구성은 다음과 같다.
제1주일: 전체의 서론으로 '위로'에 관하여
제2-4주일: 우리의 죄와 비참함에 관하여
제5-31주일: 우리의 구속에 관하여 (제8-22주: 사도신경 중심)
제32-52주일: 우리의 감사에 관하여 (제34-44주일: 십계명 중심; 제46-52주일: 주기도문 중심)

44 개혁신앙, "사도신경 형성 배경" http://www.thetruthlighthouse.org/%EC%82%AC%EB%8F%84%EC%8B%A0%EA%B2%BD-%ED%98%95%EC%84%B1-%EB%B0%B0%EA%B2%BD/ 2016, 1. 23 (20231114 접속).

45 Christianity.com staff, "What the Old Testament Prophesied about the Messiah" https://www.

christianity.com/wiki/bible/what-the-old-testament-prophesied-about-the-messiah-11541169.html#google_vignette 2022, 12. 7 (20240604 접속).

46 박영철, "교회사인물(제47강) 다미엔" https://blog.naver.com/holytime5925/150093113502 2010, 9.1(20231120 접속).

47 한길교회, "웨스트민스터 대요리문답" https://cafe.daum.net/hgpch/L8PY/39 2014, 3. 8 (20242003 접속).

48 풍성한교회, "웨스트민스터 신앙고백 제20장 그리스도인의 자유와 양심의 자유" http://www.pungseong.org/official.php/home/info/2118 2018, 08. 11 (20240404 접속)

49 조우성, "아리스토텔레스 설득의 3요소 (로고스, 파토스, 에토스)", https://brunch.co.kr/@brunch-flgu/604, 2015, 11. 7 (20231121 접속).

50 찰스 M. 쉘든, 최정선 역, 예수라면 어떻게 하실까 (경기도 구리시: 지성문화사, 2019).

51 Wikipedia, "In His Steps" https://en.wikipedia.org/wiki/In_His_Steps, (20231121 접속).

52 보혜사는 '은혜로 돕는 스승'이라는 뜻인데, 헬라어 '파라클레토스(παράκλητος)'의 중국어 음역이다. 위키백과, '보혜사' 참고. https://ko.wikipedia.org/wiki/%EB%B3%B4%ED%98%9C%EC%82%AC. (20240622 접속).

53 이승구, "사도신경의 개신교적 의미", 한국장로교신학회, 「장로교회와 신학」, 2019(15호) 참고

54 현유광, 「교회문턱」(서울:생명의 양식, 2016」, 110-112 참고

55 제임스 몽고메리 보이스, 필립 그레이엄 라이큰, 이용중 역『개혁주의 서론』(서울: 부흥과개혁사, 2010), 184-189.

56 김헌수, "참된 믿음이란 무엇인가?" 기독교세계관동역회, Worldview Column에서 재인용. https://blog.naver.com/cworldview/220788774179 2016, 8. 16 (20240123 접속).

57 노준호, "믿음의 본질과 구원의 확신: 칼빈의『기독교 강요』(1559)를 중심으로" (Th.M.학위, 합동신학대학원대학교, 2017), 25. 노준호는 이 논문에서 칼빈의 말을 인용하면서도 동의를 '굳은 믿음' 대신에 '확실한 지식'에 포함시키고 있다. John Calvin, Institutes of Christian Religion, 제3권, 2장, 6항. (이하 Calvin, Inst., 3. 2. 6.으로 표기함) 『영한 기독교강요』. 편집부 번역 (서울: 성문출판사, 1996), 39. 필자의 생각으로 'disposition'은 '의지'라기보다는 '성향'이라고 번역하는 것이 더 좋을 것 같다.

58 노준호, "믿음의 본질과 구원의 확신: 칼빈의『기독교 강요』(1559)를 중심으로", 27.

59 풍성한 교회, "웨스트민스터 신앙고백 제10장 효과적인 부르심(유효소명)" http://www.pungseong.org/official.php/home/info/2074#:~:text=%EB%B0%9B%EC%A7%80%20%EB%AA%B-B%ED%95%98%EA%B2%8C%20%EB%90%9C%EB%8B%A4.-,3.,%EB%8F%84%20%EC%97%86%EA%B3%A0%20%EC%86%8C%EA%A7%9D%EB%8F%84%20%EC%97%86%EB%8B%A4. 2018, 05. 20 (20240405 접속)

60 Calvin, Inst., 3. 2. 6.

61 Calvin, Inst., 3. 2. 6.

62 이 책에서는 지식은 머리, 동의는 가슴, 신뢰는 마음과 연결시킨다.

63 웨스트민스터 소요리문답 제3문답.

64 유해무,『개혁교의학』, 448.

65 개혁청년의 탐구생활, "4영리, 사영리 전도방법에 대한 비판과 고찰" https://m.blog.naver.com/liming45/150088575772 2010, 6.21 (20230725 접속)

66 웨스트민스터 신앙고백서 "제15장 생명에 이르는 회개에 관하여", 하이델베르그 요리문답 제33주일(제

88-91문).

67 데일리굿뉴스, "예배, 기도, 회개 없는 구원파 이단 교리, 그 결과는…", http://www.goodnews1.com/news/news_view.asp?seq=58346. (2014, 6.23), 2019, 7.10 접속.

68 율법에 완전히 순종함이나 나의 선행을 통한 구원이 아닌 예수님의 대속의 은혜를 통해 주시는 구원을 믿는 믿음.

69 현유광, 『교회문턱』 (서울: 생명의 양식, 2016), 54-57 참고.

70 Wikipedia, "Four Stages of Competence", https://en.wikipedia.org/wiki/Four_stages_of_competence (2019, 3. 14) 2019, 7. 30 접속.

71 C.S. 루이스, 장경철, 이종태 역, 『순전한 기독교』 (서울: 홍성사, 2014), 285이하.

72 Wikipedia, 'black mulberry' https://en.wikipedia.org/wiki/Morus_nigra, (2019, 8. 21), 2019, 9. 3 접속. "Morus nigra is a deciduous tree growing to 12 m (39 ft) tall by 15 m (49 ft) broad."

73 개정개역 한글 성경에서는 '단번'(엡화팍스 ἐφάπαζ 롬6:10, 히7:27, 9:12, 10:10)이라고 했는데 정확하게 번역한다면 '영단번에'가 바람직하다.

74 자카리아스 우르시누스, 원광연 역, 『하이델베르크 요리문답해설』 (경기도 고양: 크리스챤 다이제스트, 2006), 202-208 참고.

75 자카리아스 우르시누스, 『하이델베르크 요리문답해설』, 203

76 다음 한국어사전, 플라세보(placebo 모조 약품)를 썼을 때 환자가 진짜 약으로 믿어 좋은 반응이 나타나는 일.

77 뿌리깊은 나무, "신사도운동이란 무엇인가?" http://blog.daum.net/pyhcm331/143, (2012, 6. 13) 참고, 2019, 8. 12 접속. 신사도운동은 엡4:11에 나오는 "사도, 선지자"를 교회의 창설직원으로 보지 않고 "목사와 교사"처럼 항존직으로 본다. 따라서 예수님과 사도시대에 일어났던 성령의 초자연적 역사가 오늘날도 그대로 일어난다고 믿는다. 이들은 성경과 상관없이 하나님의 직접 계시를 받아 선포하는 예언자가 오늘날도 있다고 말한다. 성령의 은사가 전이(轉移 impartation)될 수 있다고 주장한다.

78 미로슬라브 볼프, Work in the Spirit: Toward a Theology fo Work (New York, Oxford University Press, 1991) 참고.

79 게리 토마스, 윤종석 역, 『영성에도 색깔이 있다』 (서울: CUP, 2011).

80 케네스 보아, 송원준 역, 『기독교 영성, 그 열두 스펙트럼』 (서울: 디모데, 2002). 그 12가지 영성은 다음과 같다. 관계적, 패러다임, 훈련된, 교환된 삶의, 동기화된, 경건의, 포괄적, 과정, 성령충만의, 전투의, 양육의, 그리고 공동체적 영성이 그것이다.

81 네이버 국어사전, '맹신', https://dict.naver.com/search.nhn?dicQuery=%EB%A7%B9%EC%8B%A0&query=%EB%A7%B9%EC%8B%A0&target=dic&ie=utf8&query_utf=&isOnlyViewEE=. 2019, 7. 18접속.

82 다음 한국어사전, '미신', https://dic.daum.net/search.do?q=%EB%A7%B9%EC%8B%A0. 2019, 7. 18접속.

83 네이버 국어사전, '광신', https://dict.naver.com/search.nhn?dicQuery=%EA%B4%91%EC%8B%A0&query=%EA%B4%91%EC%8B%A0&target=dic&ie=utf8&query_utf=&isOnlyViewEE=. 2019, 7. 18접속.

84 다음 한국어사전, '광신', https://dic.daum.net/search.do?q=%EB%A7%B9%EC%8B%A0. 2019, 7. 18접속.

85 CT, "땅밟기 기도, 실익 있을까", http://www.ctkorea.com/news/articleView.html?idxno=2752

(2019, 7. 22), 2019, 7. 23 접속.

86 연합뉴스, "학교 운동장에 세워진 단군상 훼손", https://news.v.daum.net/v/19990828120100828?f=o (1999, 8. 28) 2019, 7. 23 접속. 물론 초등학교에 단군상 설치가 특정 종교집단에 의한 것이라는 이유를 들어 합법적으로 철거를 요청하는 방법도 있을 것이다.

87 나무위키 '관용', "자신과 다른 특성을 가진 사람의 인격권과 자유를 인정하는 것". https://namu.wiki/w/%EA%B4%80%EC%9A%A9

88 남기표 목사 카페, "기복과 기복주의 신앙을 말한다." http://cafe.daum.net/nkp.nkp/VMAu/88?q=%EA%B8%B0%EB%B3%B5%EC%A3%BC%EC%9D%98%2 0%EC%8B%A0%EC%95%99, (2018.07.17.), 2019, 7. 30 접속.

89 다음 한국어사전, '기복주의', https://dic.daum.net/search.do?q=%EA%B8%B0%EB%B3%B5%EC%A3%BC%EC%9D%98, 2019, 07. 30 접속.

90 방선기, "한국교회 신앙의 6가지 유형" 「목회와 신학」 (2018, 3), 46-52.

91 방선기, "한국교회 신앙의 6가지 유형", 48-9.

92 바른 구원관 선교회, "조용기 목사의 5중 복음, 3중 축복혼" http://cafe.daum.net/loveviafaith/47ef/93?q=%EC%A1%B0%EC%9A%A9%EA%B8%B0%20%EB%AA%A9%EC%82%AC%EC%9D%98%205%EC%A4%91%20%EB%B3%B5%EC%9D%8C (2005, 11. 14) 20191113 접속. 참고. 5중 복음이란, 중생의 복음, 성령충만의 복음, 신유의 복음, 축복의 복음, 재림의 복음이다.

93 다음백과, "새마을운동" https://100.daum.net/encyclopedia/view/b11s2659b, 20191113 접속.

94 Daum TIP, "여의도순복음교회 신도 수 얼마 되나요." https://tip.daum.net/question/114946111?q=%EC%97%AC%EC%9D%98%EB%8F%84+%EC%88%9C%EB%B3%B5%EC%9D%8C%EA%B5%90%ED%9A%8C+%EC%8B%A0%EB%8F%84%EC%88%98 참고. 20191113 접속. 여의도순복음교회, 「여의도순복음교회 50년사」 (서울: 여의도순복음교회 출판부, 2008).

95 방선기, "한국교회 신앙의 6가지 유형", 49.

96 방선기, "한국교회 신앙의 6가지 유형", 49.

97 '정교분리'는 교회의 예배 형식이나 전도방식이나 조직이 기본적인 인권이나 국가의 존망에 영향을 주지 않는 한 자유를 허용하는 것이다. 그리고 정부가 WTO에 가입하는 문제나 사법법을 개정하는 일에 대해 인권을 침해하거나 신앙양심을 저촉하는 일이 없는 한 교회로서는 침묵하는 것이다. 이와 아울러 교회가 특정 공직자 후보를 공식적으로 지지를 표명하는 것 역시 정교분리의 원칙에 위배된다. 기독교적인 이상을 실현하기 위해서라면 교회의 이름으로가 아니라 그리스도인들이 홀로 또는 정당을 구성해서 정부에 관여해야 한다.

98 방선기, "한국교회 신앙의 6가지 유형", 50-51.

99 기윤실/조성돈, "한국교회 신뢰도'췌크'-종교별 신앙심과 이념성향" https://cemk.org/10938/ (2018, 12. 20) 20191113 접속. 참고로 한국기독교목회자협의회의 '2023년 한국인의 종교생활과 신앙의식 조사'는 일반국민과 개신교인의 정치성향을 아래와 같이 보여준다. 기독일보 https://www.christiandaily.co.kr/news/125374#share 2023, 05. 23 (20240109 접속)

	일반국민	개신교인	50대 이상 일반국민	50대 이상 담임목사	3040 일반국민	3040 부목사
보수 (%)	31	43	38	51	20	37
중도 (%)	49	38	40	21	57	32
진보 (%)	20	19	22	28	23	31

100 방선기, "한국교회 신앙의 6가지 유형", 52.

101 방선기, "한국교회 신앙의 6가지 유형", 52.

102 황원하, "웨스트민스터 신앙고백서 제17-18장 해설 (성도의 견인, 구원의 확신)" 참고, http://ssc.or.kr/zboard/zboard.php?id=pastor_essay&no=150 (2017. 4. 21) 2019. 7. 27 접속.

103 김영재 편저, 『기독교 신앙고백』 (수원: 영음사, 2011), 636.

104 APM, Westminster Confession of Faith, http://www.apuritansmind.com/westminster-standards/chapter-18/ (20190805 접속).
4. True believers may have the assurance of their salvation divers ways shaken, diminished, and intermitted; as,
　　by negligence in preserving of it;
　　by falling into some special sin, which woundeth the conscience, and grieveth the Spirit;
　　by some sudden or vehement temptation;
　　by God's withdrawing the light of his countenance, and suffering even such as fear him to walk in darkness and to have no light:a
yet are they never utterly destitute of that seed of God, and life of faith, that love of Christ and the brethren, that sincerity of heart and conscience of duty, out of which, by the operation of the Spirit, this assurance may in due time be revived,b by the which, in the meantime, they are supported from utter despair.c
　　a. Psa 31:22; 51:8, 12, 14; 77:1-10; 88 throughout; Song 5:2-3, 6; Isa 50:10; Mat 26:69-72; Eph 4:30-31. • b. Job 13:15; Psa 51:8, 12; 73:15; Isa 50:10; Luke 22:32; 1 John 3:9. • c. Psa 22:1; 88 throughout; Isa 54:7-10; Jer 32:40; Micah 7:7-9.

105 APM, Westminster Confession of Faith, http://www.apuritansmind.com/westminster-standards/chapter-18/ (20190805 접속).

106 주님을믿는효서, "성령의 책망과 사탄의 참소는 어떤 차이가 있는가?" https://m.cafe.daum.net/waitingforjesus/BOKT/1588?listURI=%2Fwaitingforjesus%2FBOKT, 20070717(20230825 접속) 참조.

107 Puritan Reformed Theological Seminary, "The Canons of Dort", https://prts.edu/wp-content/uploads/2016/12/Canons-of-Dort-with-Intro.pdf, 2016, 12, (20191007 접속). Hollis, "도르트신조". https://hoibin.tistory.com/820, 2018.01.04., (20191007 접속).

108 조엘 R. 비키, 김효남 역, 믿음의 확신을 누리는 삶 (서울: 좋은씨앗, 2023), 36.

109 모나리자의 가격을 따지는 것은 무의미한데 왜냐하면 프랑스 정부가 절대로 안 팔 것이기 때문이다. Wikipedia, "List of most expensive paintings", https://en.wikipedia.org/wiki/List_of_most_expensive_paintings, (2019. 8. 20), 2019. 8. 29 접속. 위키피디어에 의하면 1962년에 1억 달러(약 1,200억 원), 2018년에는 8억3천만 달러((약 1조원)로 추정되었다.
JTBC, [차이나는클라스_2] "양정무교수 모나리자 세계최고 그림의 값은 얼마?", http://tv.jtbc.joins.com/clip/pr10010461/pm10041950/vo10266301/view, (2018.12.12), 2019.08.29 접속. 한국예술종합학교 교수인 양정무는 관광객 수입을 고려하면 최고 40조원이 될 수도 있다고 한다.

110 이남하, 『예수님 짜리』 (서울: 요단출판사, 1996) 참고.

111 다음 한국어사전, '교육' https://small.dic.daum.net/search.do?q=%EA%B5%90%EC%9C%A1 (20230908 접속)

112	Johhn G. Saxe, "장님과 코끼리" Norman DeJong, 신청기 역. 『진리에 기초를 둔 교육』, (서울: 생명의말씀사, 1985), 3-4에서 재인용.
113	죠지 R. 나이트, 『철학과 기독교교육』, 박영철 역, (대전: 침례신학대학출판부, 1993). 105-141 참고.
114	위키백과, '서당' 참고. https://ko.wikipedia.org/wiki/%EC%84%9C%EB%8B%B9. 2024, 6. 19 (20240703 접속).
115	다음백과, '오천석' https://100.daum.net/encyclopedia/view/14XXE0038569. 2019, 10.25 접속.
116	김아연, "104명 vs 37.5명…초등학교 학급당 학생수 변천사" 동아일보, http://www.donga.com/news/article/all/20170205/82723401/1 (2017, 2. 5), 20191025 접속.
117	교육통계서비스 공식 블로그, "OECD 학급당 학생수: 2018 OECD 교육지표" (2019, 5. 2), 2019, 10. 25 접속. http://blog.naver.com/PostView.nhn?blogId=kedi_cesi&logNo=221527703325
118	KOSIS(국가통계포털), "1. 학급당 학생수(시도/시/군/구)" https://kosis.kr/statHtml/statHtml.do?orgId=101&tblId=DT_1YL15001 2023, 9, 27 (20240113접속).
119	Allan C. Ornstein, An Introduction to the Foundations of Education, Rand McNally College Publishing Co., 1977, (조지 R. 나이트, 『철학과 기독교교육』, 107-108 재인용).
120	Daum 백과, "실용주의" https://100.daum.net/encyclopedia/view/b13s3319b 2019, 10. 26 접속.
121	손승남 외,교육철학 및 교육사 (서울: 학지사, 2019), 84-86.
122	Google, "University of Chicago Laboratory Schools-Who established laboratory school or activity school?". 2019, 10. 29 접속.
123	조지 R. 나이트, 『철학과 기독교교육』, 109.
124	조지 R. 나이트, 『철학과 기독교교육』, 109.
125	조지 R. 나이트, 『철학과 기독교교육』, 110-111.
126	물빛, "효과적 학습 방법, 학습피라민(Learning pyramid)" https://m.blog.naver.com/ksy54000/221108086496 2017, 9. 29 (20240210 접속) 참고.
127	조지 R. 나이트, 『철학과 기독교교육』, 133.
128	John B. Watson, Behaviorism (London: Kegan Paul, Trench, Trubner & Co., LTD, 1924).
129	John B. Watson, Psychology: From the Standpoint of a Behaviorist 3rd ed., rev. (Philadelphia: J.B. Lippincott Company, 1929).
130	papa2, "손다이크의 행동주의 학습이론" https://papa2.tistory.com/153 (2018, 4. 4). (2011016 접속).
131	건빵이랑 놀자, 행동주의 학습이론" https://leeza.tistory.com/5459?category=842018 (2019.10.04.)(20191118 접속).
132	신명희 외, 교육심리학 (서울 : 학시사, 2018), 274.
133	신명희 외, 교육심리학, 274-5.
134	한국스카우트연맹 홈페이지 http://www.scout.or.kr 참고.
135	미국의 시카고대학교의 인문학 중심의 항존주의 교육방식을 1937년 St. John's College가 수용하여 오늘까지 이어지고 있다. 이 학교의 '위대한 책들'(The Great Books)의 리스트를 보려면 다음 인터넷 주소를 찾아보라. https://www.sjc.edu/academic-programs/undergraduate/great-books-reading-list 서구의 위대한 책들에 대해 이 주소를 참고하라. https://en.wikipedia.org/wiki/Great_Books_of_the_Western_World

136 위키백과, "로버트 허친스",
https://ko.wikipedia.org/w/index.php?title=%EB%A1%9C%EB%B2%84%ED%8A%B8_%ED%97%88%EC%B9%9C%EC%8A%A4&oldid=35019398 (20230725 접속).

137 조지 R. 나이트, 『철학과 기독교교육』, 116-7.

138 조지 R. 나이트, 『철학과 기독교교육』, 119-123 참고.

139 몽매니저, "스티브 잡스의 혁신" https://blog.naver.com/redeunkyoung/100124992891 2011, 3. 30 (20240502 접속) 참고.

140 시각형(visual), 청각형(auditory), 읽기-쓰기형(read & write) 그리고 운동감각형(kinesthetic)으로 학습방식을 분류한다. 첫 글자를 따서 VARK 학습방식이라고 부르기도 한다. 뉴질랜드의 플레밍(Neil D. Fleming) 교수의 연구결과이다. Wikipedia, "Neil Fleming,",
https://en.wikipedia.org/w/index.php?title=Neil_Fleming&oldid=1093932448 (20230726 접속).

141 1991년 12월 26일 소비에트 연방 사회주의 공화국은 공식적으로 해체되었다.

142 죠지 나이트, 『철학과 기독교교육』 (대전: 침례신학대학 출판부, 1993), 123.

143 Wikipedia, 'Educational essentialism', 2023, 1. 30
<https://en.wikipedia.org/w/index.php?title=Educational_essentialism&oldid=1136549877> (20230801 접속).

144 죠지 나이트, 『철학과 기독교교육』, 124-6.

145 Aaron Earls, "Scripture Engaged: Who Are American Bible Readers?' Lifeway research, https://research.lifeway.com/2023/04/27/scripture-engaged-who-are-american-bible-readers/ 2023, 4. 27 (20230831 접속).

146 Navigators, "How to Have a Daily Quiet Time" https://www.navigators.org/resource/daily-quiet-time/(20230901 접속). [7분을 이렇게 사용하라고 한다. 30초 마음 준비, 4분 하나님의 음성 듣기-성경읽기, 2분30초 하나님과의 대화-기도]

147 신재혁, "이슬람식 교육과 어린이" 월드뷰,
https://theworldview.co.kr/archives/16338?fbclid=IwAR2PENSMxhv44mZtXSnz5JhJ_sRpsLnmc-cS9nukbuUyTzHVG4r13_zdxgc 2021년 5월, (20230831 접속).

148 존 웨스터호프 III, 정웅섭 역, 『교회의 신앙교육』 (서울: 대한기독교교육협회, 1983).

149 참조. 하니카, "존 웨스터호프 III세, 그는 누구인가?"
https://m.cafe.daum.net/hopevalley/Lawt/4?q=D_oNeYewAwh3Y0& 2010, 2. 5 (20230901 접속).

150 다음 한국어사전, "인문주의",
<https://small.dic.daum.net/search.do?q=%EC%9D%B8%EB%AC%B8%EC%A3%BC%EC%9D%98> (20230902 접속).

151 죠지 나이트, 『철학과 기독교교육』, 112.

152 죠지 나이트, 『철학과 기독교교육』, 113-6.

153 죠지 나이트, 『철학과 기독교교육』, 114.

154 A.S. 닐, 손정수 역, 서머힐 (서울: 산수야, 2014) 참고

155 위키백과, '서머힐 스쿨', 2022, 10.15,
<https://ko.wikipedia.org/w/index.php?title=%EC%84%9C%EB%A8%B8%ED%9E%90_%EC%8A%A4%EC%BF%A8&oldid=33479158> (20230904 접속)

156 나무위키, "Summerhill School", <https://namu.wiki/w/Summerhill%20School> 2023,6.19

(20230904 접속)

157 나무위키, "Summerhill School", <https://namu.wiki/w/Summerhill%20School> 2023,6.19 (20230904 접속)

158 나무위키, "도전 골든벨" https://namu.wiki/w/%EB%8F%84%EC%A0%84%20%EA%B3%A8%EB%93%A0%EB%B2%A8 2024, 04. 05(20240419 접속)

159 노만 디종, 『진리에 기초를 둔 교육』 (서울: 생명의 말씀사, 1985), 83-84.

160 파울로 프레이리, 성찬성 역, 『페다고지-민중교육론』 (전남 광주, 광주, 1986).

161 The Internet Encyclopedia of Philosophy, "Paulo Freire" https://iep.utm.edu/freire/#H7 (20230918 접속).

162 나무위키, "종교는 인민의 아편이다" https://namu.wiki/w/%EC%A2%85%EA%B5%90%EB%8A%94%20%EC%9D%B8%EB%AF%B-C%EC%9D%98%20%EC%95%84%ED%8E%B8%EC%9D%B4%EB%8B%A4 2024, 7. 21 (20240731 접속) 참고.

163 김백형, "'아브라함 카이퍼'를 말하다" 뉴스앤조이, https://www.newsnjoy.or.kr/news/articleView.html?idxno=32076#:~:text=%EC%B9%B4%EC%9D%B4%ED%8D%BC%EB%8A%94%20%EC%9E%90%EC%9C%A0%EB%8C%80%ED%95%99%EA%B5%90%EC%9D%98,%EC%9D%80%20%EB%8B%A8%20%ED%95%9C%20%EC%B9%98%EB%8F%84%20%EC%97%86%EB%8B%A4.%22, 2010, 8. 26 (20230918 접속).

164 기독교윤리실천운동 홈페이지 참고. https://cemk.org/

165 알빈 토플러, 장을병 역, 미래의 충격 (서울, 범우사: 1999), 349-350.

166 알빈 토플러, 장을병 역, 미래의 충격, 424-456.

167 알빈 토플러, 장을병 역, 미래의 충격, 455.

168 알빈 토플러, 장을병 역, 미래의 충격, 456.

169 죠지 나이트, 『철학과 기독교교육』, 132.

170 함께 해요, "장 피아제의 생애와 인지발달이론" 2006년 5월 29일 https://blog.naver.com/enjoycoco/40024839785 (20230728 접속).

171 위키백과, '자아중심주의', 2023년 1월 24일, 14:09 UTC, <https://ko.wikipedia.org/w/index.php?title=%EC%9E%90%EC%95%84%EC%A4%91%EC%8B%AC%EC%A3%BC%EC%9D%98&oldid=34222601> (20230728 접속).

172 bsj5729, "1. 피아제 이론 정리" 2008, 10. 9 https://m.blog.naver.com/bsj5729/60055994795 (20230728 접속).

173 공식적으로 "formal operational stage"는 '형식적 조작기'로 번역된다. 그러나 '형식적'이라는 번역이 이해하는 데 도움이 되지 않는다고 보고 필자는 '본격적'으로 번역한다.

174 Wikipedia, "Lev Vygotsky," https://en.wikipedia.org/w/index.php?title=Lev_Vygotsky&oldid=1178739616 (20231007 접속).

175 Wikipedia, "Lev Vygotsky," https://en.wikipedia.org/w/index.php?title=Lev_Vygotsky&oldid=1178739616 (20231009 접속).

176 Encyclopedia.com, "Developmental Stages, Theories of" https://www.encyclopedia.com/medicine/encyclopedias-almanacs-transcripts-and-maps/developmentalstages-theories#:~:text=According%20to%20Piaget%2C%20and%20to,reach-

es%20the%20formal%20operational%20stage. (20230928 접속).

177   Sprouts, "Vygotsky's Theory"
      https://sproutsschools.com/vygotskys-theory-of-cognitive-development-in-social-relationships/ 2020, 2. 28 (20231003 접속).

178   위키백과. "에릭 에릭슨." 2023, 3. 30,
      <https://ko.wikipedia.org/w/index.php?title=%EC%97%90%EB%A6%AD_%EC%97%90%EB%A6%AD%EC%8A%A8&oldid=34654133> (20230729 접속).

179   곰말나무, "에릭슨의 심리사회적 8단계 핵심 요약" 2018, 1. 24,
      https://m.blog.naver.com/pljh01/221192229330 (20230729 접속).

180   Alice Moldovan, "Godparents date back to ancient Christian times, but they've come a long way since then"
      https://www.abc.net.au/news/2019-08-18/changing-role-of-godparents-since-ancient-christian-times/11400580 2019, 8, 18 (20230921 접속).

181   고신총회, "예배지침" http://www.kosin.org/page_FmYe15 (20230921 접속).

182   현유광, 『교회문턱』, 115.

183   이화정, "노년기 특징" https://m.blog.naver.com/wndtla9/19693291 2005, 11.22 (20231010 접속).

184   존 웨스터호프 III, 정응섭 역, 『교회의 신앙교육』 (서울: 대한기독교교육협회, 1983) 103이하.

185   반찬이, "피아제와 콜버그의 도덕성발달의 차이점" https://petrus91.tistory.com/13734931 2009, 11.2 (20231108 접속) 참고.

186   skhemodel, "콜버그 로렌츠. 도덕발달이론"
      https://skhemodel.ru/ko/divorce/kolberg-lorenc-teoriya-moralnogo-razvitiya-l-kolberga/ (20231013 접속).

187   김명신의 블로그, "콜버그의 도덕성 발달단계이론" https://biumbium.tistory.com/11424365 20180331 (20231012 접속).

188   1958년의 1달러는, 인플레이션을 고려하면 2022년에 10.13달러에 해당한다. 따라서 당시의 1,000달러는 2022년 가치로는 10,130 달러에 해당하는 큰 돈이다.
      AIER,
      ] https://www.aier.org/cost-of-living-calculator/?utm_source=Google%20Ads&utm_medium=Google%20CPC&utm_campaign=COLA&gclid=CjwKCAiA3aeqBhTSEiwAxFiOBtaFNm4stL7GRvKUeK5mmVxoSWCxTWcEz3qzkQ2SiFT9t4Nhzy6UQRoCGhUQAvD_BwE (20231108 접속).

189   가브리엘 모란, 사미자 역, 『종교교육 발달』 (서울: 한국장로교출판사, 2003) 103-109 참고.

190   반찬이, "피아제와 콜버그의 도덕성발달의 차이점" https://petrus91.tistory.com/13734931.

191   Simply Psychology, "Kohlberg's Stages Of Moral Development" by Saul Mcleod. 2024, 01. 17 (20240416 접속).
      https://www.simplypsychology.org/kohlberg.html#Level-3-%E2%80%93-Postconventional-Morality

192   반찬이, "피아제와 콜버그의 도덕성발달의 차이점" https://petrus91.tistory.com/13734931.

193   십계명은 크게 네 가지의 기능을 한다. 첫째는 무엇이 죄인가를 보여줌으로써 사람들로 하여금 죄를 억제하는 기능. 둘째는 모든 사람이 죄인임을 알게 함으로써 구원의 길이신 예수 그리스도에게로 나아가게 하는 기능. 셋째는 예수님을 믿음으로 죄를 용서받고 하나님의 자녀가 된 이들이 하나님 사

	랑, 이웃 사랑의 삶으로 인도하는 기능. 넷째는 은혜언약 밖에 있는 이들의 심판의 근거.
194	한컴사전, "제유법", 수사법의 하나. 하나의 명칭으로 전체 또는 그와 관련되는 모든 것을 나타내는 표현법
195	Naver 지식백과, "상황윤리" 참고. https://terms.naver.com/entry.naver?docId=2377453&cid=50762&categoryId=51366 (20240801 접속).
196	James W. Fowler, Stages of Faith: The Psychology of Human Development and the Quest for Meaning (NY: HarperCollins Publishers, 1981).
197	김신권, "종교심리학 8주차 "제임스 파울러의 신앙발달이론" "신화적이라고 부르는 것은 이들의 사고가 거짓이라는 뜻이 아니다. 이것은 문화 인류학과 비교 종교학에서 사용하는 용어로서 '공동체가 궁극적인 실체를 기술하고 그 실체와의 관계에서 일상의 삶을 정의하는 설화'를 말한다." http://elearning.kocw.net/contents4/document/lec/2013/kumoh/parknokwon/8.pdf (202405033 접속)
198	사미자, 인간발달과 기독교교육 (서울: 한국장로교출판사, 2017), 228-229.
199	Biola Universtity, "John Henry Westerhoff, III" https://www.biola.edu/talbot/ce20/database/john-henry-westerhoff (20231205 접속).
200	존 웨스터호프, 『교회의 신앙교육』 (서울: 대한기독교교육협회, 1992).
201	존 웨스터호프, 『교회의 신앙교육』, 102-103.
202	현유광, 『교회문턱』, 202-205.
203	존 칼빈, 『기독교강요』, 4.1.4.
204	하브루타와 관련된 다음 동영상을 참고하라. Andrew Sim, "조용한공부VS말하는공부" 2014, 11. 13 (20240120 접속) https://www.google.com/search?q=%ED%95%98%EB%B8%8C%EB%A3%A8%ED%83%80+%EB%8F%99%EC%98%81%EC%83%81+ebs&sca_esv=593177731&tbs=-dur:m,cdr:1,cd_max:20150101&tbm=vid&sxsrf=AM9HkKku7y-wAo0rc3N_G3Ux_8xDcHS-jQg:1703633226199&ei=SmGLZeLpC-eevr0PobCcwA0&start=0&sa=N&ved=2ahUKEwjitpm-qoK6DAxVnj68BHSEYB9g4ChDy0wN6BAgDEAQ&biw=1235&bih=602&dpr=1#fpstate=ive&v-ld=cid:ca4eee27,vid:E7XgdSiTKQJ,st:0
205	게리 토마스, 윤종석 역, 부모학교 (서울: CUP, 2008), 49.
206	로렌스 형제, 윤종석 역, 『하나님의 임재연습』 (서울: 두란노, 2018).
207	"안식일을 거룩하게 지키는 것은 그날 종일을 거룩하게 쉼으로 할 것이니, 다른 날에 합당한 여러 가지 세상일과 오락까지 그치고 그 시간을 공사 예배에 마쳐 사용할 것이요, 그 외에는 사세 부득이한 일과 자선 사업에 사용할 수 있다."
208	칼빈은 기독교강요 2.2.11에서 어거스틴의 말을 다음과 같이 인용하면서 겸손의 중요성을 강조한다. "...어거스틴의 다음과 같은 말은 나를 더욱 기쁘게 한다. '웅변술의 제일 중요한 원칙은 무엇이냐고 하는 질문에 대하여 어떤 수사학자는 '화술이다'라고 그는 대답했다. 그와 같이, 그리스도교의 교훈들을 내게 묻는다면, 나는 첫째도, 둘째도, 셋째도, 그리고 항상 '겸손'이라고 대답하겠다.'"
209	최주훈, "루터의 직업소명론" 뉴스앤조이, https://www.newsnjoy.or.kr/news/articleView.html?idxno=208481 2017, 1. 20 (20231219 접속).
210	존 칼빈, 『기독교강요』 4.13.16
211	현유광, "아이들은 언제 노엽게 되는가?", 「선지동산」 1호 (1994, 3), 고려신학대학원 출판부, 4-5. 루

프리올로, 김명숙 역, 『네 자녀를 노하게 하지 말라』, (서울: 미션월드, 2006) 참고.

212 위키백과, "장자크 루소"
https://ko.wikipedia.org/wiki/%EC%9E%A5%EC%9E%90%ED%81%AC_%EB%A3%A8%EC%86%8C (20240326 접속).

213 나무위키, "다중지능이론"
https://namu.wiki/w/%EB%8B%A4%EC%A4%91%EC%A7%80%EB%8A%A5%EC%9D%B4%EB%A1%A0 2024. 03. 11 (20240326 접속).

214 박기현, "남들과 다르게 살아라, 유대인의 자녀교육 (1), 바끄로뉴스",
https://www.baccro.com/news/articleView.html?idxno=39141 2023. 1. 1 (20230809 접속).

215 http://www.caja.or.kr/index.php?mid=board_eBhU19&page=17&document_srl=106689&listStyle=viewer

216 크리스천 라이프, "경문에 담긴 4가지 성구" https://christianlife.nz/archives/18992 2022. 2. 6 (20231223 접속) 참고.

217 정병오, "한국 공교육에 대해 교회는 어떻게 응답해야 하는가?" 기독교세계관동역회, Christian Worldview. https://blog.naver.com/cworldview/30122956477, 2011, 11. 7 (20240123 접속). Martin Luther, 『기독교 학교를 세우고 운영할 것을 독일의 모든 시 의원들에게 권고함』, 양금희 (1999), 『종교개혁과 교육사상』, p.347에서 재인용

218 한국일보, "1925년 스코프스 재판, 진화론 대 창조론 논쟁 불지펴"
https://www.hankookilbo.com/News/Read/201507201280621314. 2015, 7. 20 (20240123 접속).

219 홈스쿨링을 자세히 알려면 크리스천 홈스쿨링 Community 홈페이지를 참고하라.
http://www.khomeschool.com

220 나무위키, "홈스쿨링" https://namu.wiki/w/%ED%99%88%EC%8A%A4%EC%BF%A8%EB%A7%81. 2023. 12. 10 (20240123 접속).

221 나무위키, "홈스쿨링".

222 강영택, "기독학부모의 학교교육참여에 대한 연구" 한국기독교교육학회, 기독교교육 논총 (2018), No.54, 121.

223 위키백과, "대안학교"를 참고했다.
https://ko.wikipedia.org/wiki/%EB%8C%80%EC%95%88%ED%95%99%EA%B5%90#:~:text=%EB%8C%80%EC%95%88%ED%95%99%EA%B5%90(%E4%B-B%A3%E6%A1%88%E5%AD%B8%E6%A0%A1%2C%20%EC%98%81%EC%96%B4,%EC%9A%B4%EC%98%81%ED%95%98%EB%8F%84%EB%A1%9D%20%EA%B3%A0%EC%95%88%EB%90%9C%20%ED%95%99%EA%B5%90%EC%9D%B4%EB%8B%A4 (20240124 접속).

224 이외에도 여러 학교가 존재한다.

225 http://www.casak.org/

226 허순길, 『개혁교회의 목회와 생활』 (서울: 총회출판국, 2014), 20.

227 한국기독교학교연합회, 홈페이지를 참고하라. 대표적 기독교학교로 샛별초, 샛별중, 거창고등학교를 들 수 있다. http://acsk.org/chnet2/home/?type=sub&step1=7&sid=15

228 대표적 기독교 대안학교로 다음 홈페이지를 참고하라. 샘물 초등학교, http://smca.or.kr/e/ 샘물중고등학교, http://smca.or.kr/mh/

229 유아세례 그리고 성인세례(입교)와 관련하여 다음의 책을 참고하라. 현유광, 교회문턱, 112-123.

230 정두성, "초대교회 세례준비자(Catechumen)교육과 한국교회에의 함의점" 개혁주의 학술원, 「갱신과 부흥」 21호 (2018) 14.

231 Strong's Greek Strong's Greek 3100 'μαθητεύω' 4회 https://biblehub.com/greek/3100.htm 그리고3101 'μαθητής' 263회 https://biblehub.com/greek/3101.htm 총267회.

232 Maria Harris, 고용수 역, 『교육목회 커리큘럼』 (서울: 한국장로교출판사, 1997) 참고.

233 존 웨스터호프 III, 정웅섭 역, 『교회의 신앙교육』 (서울: 대한기독교교육협회, 1983), 104.

234 세대통합예배를 위해 다음 책을 참고하라. 현유광 외, 『세대통합예배, 어떻게 할 것인가?』 (서울: 생명의 양식, 2018).

235 더미션, "팬데믹 기간에 부흥한 비결은?…답은 ㅇㅇㅇ에 있었다" https://www.themission.co.kr/news/articleView.html?idxno=64098 2023, 6. 7 (20240220 접속).

236 Stong's Greek 240. '서로'에 대한 긍정적인 명령은 다음 구절에 보인다. 롬12:10, 16, 14:19(살전5:11), 15:5, 7, 14(골3:16), 16:16, 고전12:25, 갈5:13, 6:2, 엡4:2, 32 (골3:13), 엡4:15, 25, 32, 5:19, 21(벧전5:5), 빌2:3, 4, 골3:13, 16, 살전4:18, 5:11, 히3:13, 10:24, 벧전4:9, 10, 5:5, 약5:16. '서로' 나쁜 짓을 하지 말라는 명령은 다음에서 볼 수 있다. 롬14:13, 갈5:15, 26, 골3:9, 약4:11, 5:9.

237 단테, 신곡, 정인섭 역 (서울: 삼성당, 1992), 31.

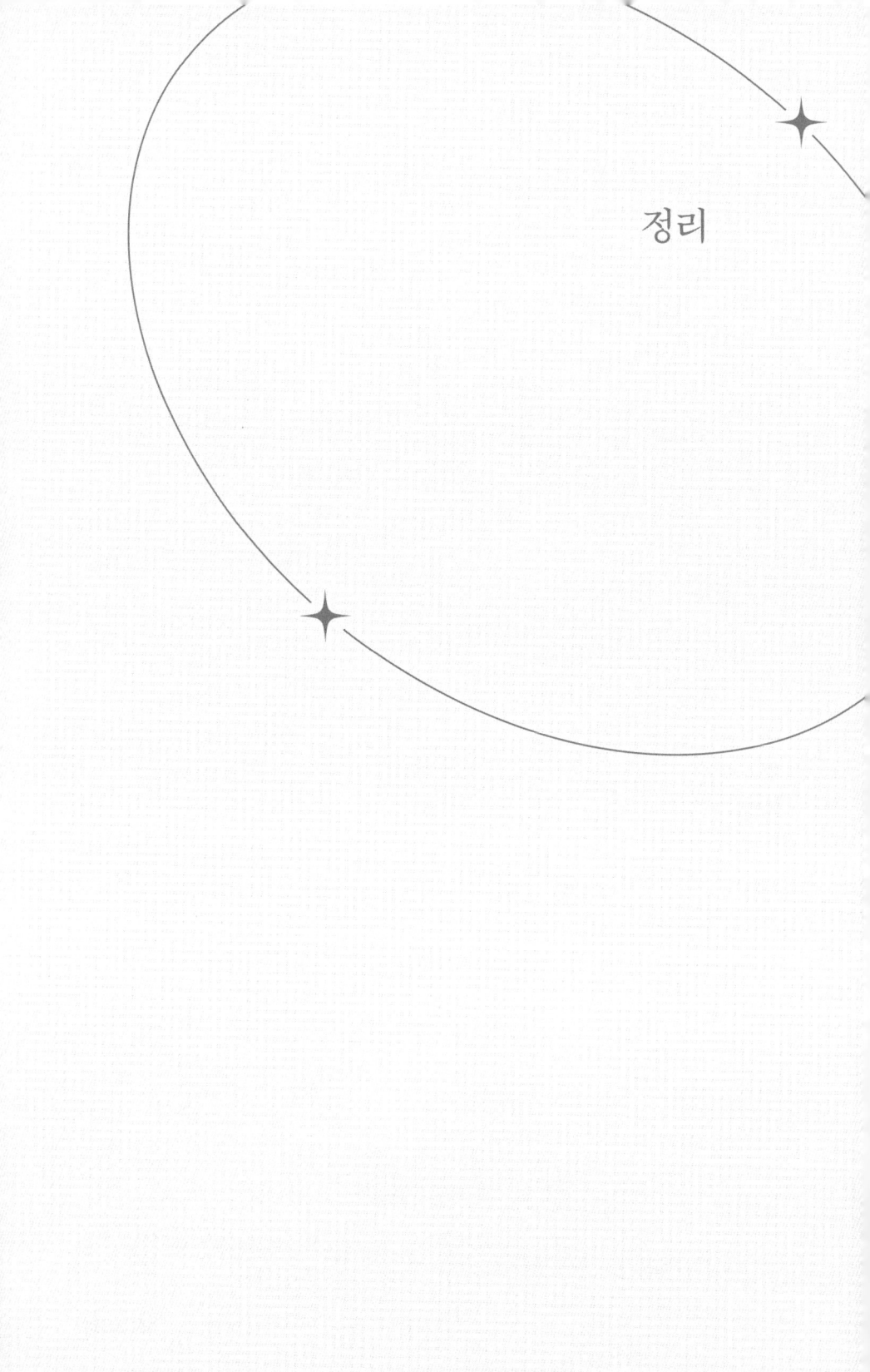

정리

정리   들어가는 말

1. 아미쉬 공동체의 교육방식에 대해 당신은 어떻게 생각하는가?
   장점과 단점을 말해보라.

2. 신앙교육을 위해 성경이 부모와 교회 지도자들에게 주는 두 가지 명령은 무엇인가?
   그 두 가지 명령에 순종하려는 당신이, 부모로서 그리고 교회 지도자로서 해야 할 일 한 가지씩을 말해보라. 그리고 실행해 보라.

정리   제1부 I. 성경이 보여주는 관계

1. 성경이 다루고 있는 주제를 한 단어로 말하면 '관계'라고 하는 필자의 주장에 대한 당신의 생각은?

2. 성경에서 보여주는 다양한 관계를 열거해 보라.

3. 각각의 관계에 대한 설명에서 당신이 새롭게 깨닫게 된 것이나 보충할 것을 서로 나누어 보라.

정리   제1부 II. 관계의 회복-예수 그리스도 그리고 믿음

1. 예수님이 이 세상에 오신 목적은 무엇인가?

2. 관계를 본격적으로 출발하게 하고 더 풍성하게 하기 위해 무엇이 필요한가?
   그 이유가 무엇인지 설명해보라.

3. 성경을 공부하고 교리를 배워야 할 목적은 무엇인가?

> **정리** **제2부 I. '신앙'(믿음)이란 무엇인가?**

1. 신앙이 무엇인지 당신 나름대로 설명해 보라.

2. "나는 믿는다."라는 말이 충분한 의미 전달을 위해 보충되어야 할 말은 무엇인가?

3. 신앙은 왜 선택과 고백의 과정이 필요한가?

4. 당신은 무엇을 선택하여 믿고 있으며, 그 믿음을 어떻게 과거에 고백했고 또 현재 고백하고 있는가?

> **정리** **제2부 II. 기독교 신앙의 핵심 내용**

1. 성경과 교리와 사도신경의 관계를 말해보라.

2. 당신이 믿는 성부 하나님은 어떤 분이신가?

3. 중2 학생이 당신에게 "예수님은 어떤 분이신가?"라고 물으면, 당신은 무어라고 대답하겠는가?

4. 당신이 믿고 누리고 있는 성령 하나님의 사역에 대해 3가지 이상 말해보라.

> **정리** **제2부 III. 신앙의 구조**

1. 신앙의 구조를 3요소로 설명해 보라.

2. 신앙의 구조를 2요소로 설명해 보라.

3. 신앙의 구조를 2요소 또는 3요소로 설명하려는 이유가 무엇인가?

> **정리**　**제2부 IV. 신앙의 3요소**

1. 신앙을 갖기 위해 지식이 중요한 이유는 무엇인가?

2. 신앙에 있어서 동의가 필요한 이유는 무엇인가?

3. 야고보서 2:19에서 "귀신들도 믿고 떠느니라"고 했는데, 귀신들이 구원을 받지 못하는 이유는 무엇인가?

4. 당신의 믿음이 성장하기 위해 지적, 정서적, 의지적인 면에서 필요한 것이 무엇이라고 생각하는가?

> **정리**　**제2부 V. 전도, 믿음 그리고 성령님이 하시는 일**

1. 전도를 해야 할 이유는 무엇인가?

2. 우리가 말을 잘 못해도 전도해야 할 이유가 무엇인가?
   (전도를 받는 사람이 믿음을 갖게 되는 것은 누가 하는 일인가?)

3. 사람이 거듭나는 것은, 하나님이 전도자를 사용하시지만, 성령님만이 하실 수 있는 일이다. 전도를 받은 사람이 예수님을 영접하는 과정을 나아만의 치유 또는 나사로가 다시 살아나는 과정과 연결지어 설명해 보라.

정리   **제2부 Ⅵ. 믿음과 행함 그리고 예수님을 닮은 인격형성의 관계**

1. 브로드웰이 정립한 가르침의 4단계를 설명해 보라.

2. 신앙교육은 전인적인 변화를 추구한다. 당신이 하나님께 순종하는 삶을 살려고 하는 동기는 무엇인가? 구원을 얻기 위함인가 아니면 구원을 받았기 때문인가?

3. 신앙교육의 궁극적인 목표는 한 사람의 인격의 변화(예수님을 닮아가기)다. 인격의 변화는 어떤 과정을 거쳐 이루어지는가?

4. 당신의 삶에서 예수님의 향기가 얼마나 드러나고 있다고 생각하는지

왜 그렇게 생각하는지 말해보라. 어떻게 하면 좀 더 예수님의 향기를 드러낼 수 있을지 이야기해 보고 행동으로 옮겨보라.

정리   **제2부 Ⅶ. 신앙의 종류**

1. 위에 언급된 대조적인 믿음의 각각에 대해, 당신의 현재의 믿음은 어떤 상태인지 점검해 보라.

2. 한국 기독교인들의 믿음에 비추어 당신의 믿음은 어떤 상태인지 평가해 보라.

3. 당신의 믿음이 당신과 다른 이념을 가진 사람들까지도 사랑으로 포용하는지 아니면 정죄하고 증오하는지 점검해 보라.

4. 한국 기독교인들이 예수님의 증인 그리고 세상의 소금과 빛으로 행하기 위해 당신의 교회에 필요한 것이 무엇인가 나누어 보라.

> **정리** 제2부 Ⅷ. 변함이 없는 '구원의 확신'은 가능한가?

1. 당신은 구원을 받았다고 확신하는가? 그 근거는 무엇인가?

2. 구원의 확신이 흔들리는 이유는 무엇인가?

3. 구원의 확신이 흔들리게 될 때 당신에게 필요한 것은 무엇인가?

4. 다빈치의 모나리자 그림이 훼손된 비유를 통해 당신이 느끼는 것은 무엇인가?

> **정리** 제3부 Ⅰ. 일반교육의 정의

1. 일반교육의 3요소를 말해보라.

2. '교육'이란 말을 듣거나 말할 때 당신이 머리에 꼭 떠올려야 할 단어는 무엇인가?

3. 한 사람에게 일어나야 할 전인적인 변화란 무엇인가?

> **정리** 제3부 Ⅱ. 신앙교육의 요소

1. 일반 교육에서 가장 중요한 요소는 무엇인가? 왜 그런가?

2. 신앙교육에 있어서 가장 중요한 역할은 누구에게 있는가?
   성령께서 하시는 일들을 5가지 이상 말해보라.

3. 내가 성령님을 통해 받은 은혜들을 이야기해 보라.

4. 내가 성령님의 도우심을 더 구하고 의지해야 할 일 한 가지는 무엇인가?

> **정리** **제3부 III. 일반 교육학과 신앙교육**

1. 전통적 교육방식이란 어떤 것을 말하는가? 간략히 설명해 보라.
   당신이 받고 있는 또는 당신이 주도하는 교육은 얼마나 전통적 교육방식을 벗어 났는가 평가해보라.

2. 전통적 교육방식을 극복하기 위한 진보주의자들의 제안을 말해보라.

3. 아래 각각의 교육사상에서 교회교육이 배워야 할 것은 무엇이며, 주의해야 할 것은 무엇인지 정리해 보라.
   1) 진보주의
   2) 행동주의
   3) 항존주의
   4) 본질주의
   5) 인문주의
   6) 재건주의
   7) 미래주의

> **정리** **제3부 IV. 발달심리학(發達心理學 developmental psychology)을 통한 신앙교육**

1. 발달심리학을 아는 것이 신앙교육에 어떤 도움을 줄 수 있는가?

2. 아래 인물들이, 신앙교육을 하는 부모나 교회 지도자들에게 주는 도움을 한 가지 이상 말해보라.
   1) 피아제
   2) 비고츠키
   3) 에릭슨
   4) 콜버그
   5) 파울러
   6) 웨스터호프

> **정리**　**제3부 V. 신앙교육의 목표 6가지**

1. 우리의 삶에 목표를 세우는 것이 필요한 이유를 말해보라.

2. 나 자신이나 내가 가르치는 사람들이 올바른 그리스도인이 되기 위해 갖추어야 할 것들(교육목표)에 어떤 것들이 있는가?

3. 그 목표들을 이루기 위해 내가 해야 할 일을 한 가지 이상 말해보라.

> **정리**　**제4부 I. 부모**

1. 부모가 자녀에게 신앙을 물려주기 위해 꼭 필요한 것이 무엇인가?

2. 성경말씀과 기도를 통해 하나님과 동행하는 삶을 자녀들이 누리도록 당신이 할 수 있는 것은 무엇인가?

3. 자녀를 노엽게 하지 않고 주의 교양과 훈계로 양육하기 위해 내가 주의해야 할 것은 무엇인가?

4. 가정예배를 통해 하나님을 영화롭게 하고, 하나님의 은혜를 누리기 위해 내가 할 일은 무엇인가?

> **정리**　**제4부 II. 교회 지도자**

1. 교회지도자들에게 주신 지상명령을 수행하는 두 단계를 설명하고, 각 단계에서 당신이 해야 할 일을 구체적으로 제시해 보라.

2. 세대통합예배에 대한 당신의 생각을 말해 보라.

> **정리**　　**제4부 III. 교회공동체 '서로'**
>
> 1. 피보다 진한 관계를 당신은 어디에서 가지고 있는가? 왜 그런가?
>
> 2. 교회 안에서 서로 교제하며 섬기며 가르치는 교우관계를 이루기 위해 당신이 지금 해야 할 것이 무엇인가?

신앙교육 어떻게 할 것인가?

초판 1쇄 인쇄   2025년 4월 25일
초판 1쇄 발행   2025년 5월 8일

지 은 이   현유광
발 행 인   이기룡
발 행 처   생명의 양식
내지디자인   정원주
표지디자인   오성민
등 록 번 호   서울 제 22-1443호(1998년 11월 3일)
주   소   06593 서울시 서초구 고무래로 10-5(반포동)
전   화   02-533-2182
팩   스   02-533-2185
홈 페 이 지   qtland.com